Dans la même collection

L'architecte maître d'œuvre
Cadre et outils juridiques – Conseils pratiques – Questions/réponses
Michel Huet
342 pages, 3e édition 2007.

Campagnes électorales
Financement et communication
Jérôme Grand d'Esnon et Philippe Blanchetier
194 pages, 2007.

Pratique du droit de l'environnement
ICPE – Droit de l'eau – Grands projets d'infrastructures – DUP – Sols pollués
Nathalie Baillon, Nicolas Nahmias et Elsa Sacksick
476 pages, 2006.

Sites et sols pollués
Outils juridiques, techniques et financiers de la remise en état
Jean-Pierre Boivin et Jacques Ricour
320 pages, 2005.

Le **nouveau régime** des **autorisations** d'**urbanisme**

ISBN : 978-2-281-12614-3

GUIDES JURIDIQUES

François-Charles Bernard et Patrick Durand

Le nouveau régime des autorisations d'urbanisme

Permis de construire, d'aménager, de démolir

Déclaration préalable

Contentieux

Editions
LE MONITEUR
17, rue d'Uzès – 75002 Paris

SOMMAIRE GÉNÉRAL

LISTE DES SIGLES ET ABRÉVIATIONS

ANAH	Agence nationale de l'habitat
ABF	Architecte des bâtiments de France
AJDA	*Actualité juridique du droit administratif*
BJDU	*Bulletin de jurisprudence du droit de l'urbanisme*
Bull. crim.	*Bulletin des arrêts de la Cour de cassation* (chambre criminelle)
C. env.	Code de l'environnement
C. patr.	Code du patrimoine
C. tour.	Code du tourisme
C. urb.	Code de l'urbanisme
CAA	Cour administrative d'appel
Cass. civ.	Cour de cassation (chambre civile)
Cass. crim.	Cour de cassation (chambre criminelle)
Cass. soc.	Cour de cassation (chambre sociale)
CCH	Code de la construction et de l'habitation
CDEC	Commission départementale d'équipement commercial
CE	Conseil d'État
CGCT	Code général des collectivités territoriales
Constr. & Urb.	*Construction – Urbanisme*
COS	Coefficient d'occupation des sols
CSP	Code de la santé publique
Dr. adm.	*Droit administratif*
ENL	Engagement national pour le logement
EPCI	Établissement public de coopération intercommunale
ERP	Établissement recevant du public
ICPE	Installation classée pour la protection de l'environnement
IGH	Immeuble de grande hauteur
ITD	Installations et travaux divers
J.- Cl. Coll. terr.	*Jurisclasseur Collectivités territoriales*
J.-Cl. Adm.	*Jurisclasseur Administratif*
J.-Cl. Not.	*Jurisclasseur Notarial*
JO	*Journal officiel*
JOAN	*Journal officiel*, débats à l'Assemblée nationale
MTP	*Le Moniteur des travaux publics et du bâtiment*
PLD	Plafond légal de densité
PLU	Plan local d'urbanisme
POS	Plan d'occupation des sols
PSVM	Plan de sauvegarde et de mise en valeur
Rép. min.	Réponse ministérielle
SHOB	Surface hors œuvre brute
SHON	Surface hors œuvre nette
SRU	Solidarité et renouvellement urbains
TA	Tribunal administratif
UTN	Unité touristique nouvelle

ZAC	Zone d'aménagement concerté
ZPPAUP	Zone de protection du patrimoine architectural, urbain et paysager

INTRODUCTION

La réforme des autorisations d'urbanisme trouve sa source, d'une part, dans la loi du 9 décembre 2004, dite de simplification du droit et, d'autre part, dans un rapport ministériel de 2005, communément dénommé « Rapport Pelletier ».

Origine et objectifs de la réforme

La loi du 9 décembre 2004 de simplification du droit (loi n° 2004-1343 du 9 décembre 2004, *JO* du 10 décembre 2004) a habilité le Gouvernement à légiférer par voie d'ordonnance sur la réforme du régime du permis de construire et des autorisations d'urbanisme.

En vue d'y parvenir, les ministres de la Justice et de l'Équipement ont chargé le 29 juin 2004, au nom du Gouvernement, un groupe de travail présidé par Me Philippe Pelletier, président de l'ANAH, de travailler sur des propositions concrètes et conformes aux objectifs que le Gouvernement s'était fixés.

Ces objectifs consistaient à mettre en place un régime qui devait faciliter l'acte de construire :
– en rendant plus accessible au public la législation sur les permis de construire et les autres autorisations d'urbanisme ;
– en simplifiant le droit par le regroupement des différents mécanismes de contrôle des constructions et des aménagements (substitution aux onze régimes différents d'autorisation et aux quatre régimes de déclaration, de trois autorisations et d'une seule déclaration préalable) ;
– en améliorant les conditions d'instruction des demandes par l'institution de délais d'instruction prévisibles et garantis ;
– en simplifiant, dans un souci d'efficacité, le contrôle de conformité des travaux aux permis délivrés ;
– en assurant, enfin, une meilleure articulation avec les autres législations qui touchent à l'occupation des sols, notamment avec l'autorisation d'installations classées prévue par le code de l'environnement.

C'est dans la perspective de la réalisation de ces objectifs, que le groupe de travail rendit son rapport au Garde des Sceaux, le 23 février 2005, sous la forme de trente-quatre propositions, après moult auditions, analyses et contributions de spécialistes.

Pivotant autour de quatre grands thèmes : qualité juridique et simplification des autorisations d'urbanisme, remise en cause des autorisations, amélioration du traitement des recours juridictionnels, sort des constructions achevées, le rapport « Pelletier » préconisait la codification de la réforme à venir à l'intérieur du Code de l'urbanisme, dans un souci de renforcement de la sécurité juridique des autorisations d'urbanisme.

La remise du rapport « Pelletier » au Gouvernement inaugura une deuxième phase de concertation, plus large, suivie de l'avis favorable, malgré quelques réserves, de la section des travaux publics du Conseil d'État (avis n° 372448), en date du 24 novembre 2005.

C'est ainsi que l'ordonnance relative au permis de construire et aux autorisations d'urbanisme (ordonnance n° 2005-1527, *JO* du 9 décembre 2005) fut adoptée en Conseil des ministres, le 7 décembre 2005, avant de paraître au *Journal officiel*, le 9 décembre 2005.

L'application de cette ordonnance est désormais assurée par le décret n° 2007-18 du 5 janvier 2007 (*JO* du 6 janvier 2007), après avoir été complétée par certaines dispositions de la loi portant engagement national pour le logement, dite « ENL » du 13 juillet 2006 (loi n° 2006-872 portant engagement national pour le logement, *JO* du 16 juillet 2006) et divers décrets spécifiques (décret n° 2006-958 du 31 juillet 2006 relatif aux règles de caducité du permis de construire et modifiant le code de l'urbanisme, *JO* du 2 août 2006 – décret n° 2006-1220 du 4 octobre 2006 relatif aux permis délivrés à titre précaire, *JO* du 6 octobre 2006).

Textes de la réforme

Il s'agit de l'ordonnance du 8 décembre 2005, de la loi portant engagement national pour le logement, dite « ENL » du 13 juillet 2006 et du décret du 5 janvier 2007 pris en application de ladite ordonnance.

L'ordonnance du 8 décembre 2005

Il s'agit du texte de base de la réforme, lequel modifie, de façon substantielle, le livre IV du code de l'urbanisme (régime applicable aux constructions, aménagements et démolitions).

L'ordonnance opère des changements importants, tels qu'ils ne s'en étaient pas produits depuis au moins une vingtaine d'années.

Ainsi, par exemple, le regroupement des onze autorisations et des quatre déclarations, en trois catégories de permis (de construire, d'aménager, de démolir) et une seule déclaration.

La loi ENL du 13 juillet 2006

La loi « ENL » s'inscrit dans la logique du renforcement de la sécurité juridique des autorisations d'urbanisme, inaugurée par l'ordonnance du 8 décembre 2005, même si son objet principal est d'accentuer la mobilisation de l'offre foncière pour la réalisation de logements, de diversifier et de développer cette offre, facilitant par là même l'accès au logement des plus défavorisés.

Les principales dispositions intéressant le droit de l'urbanisme concernent les contentieux tant administratifs que judiciaires.

La loi modifie le régime de retrait des autorisations d'urbanisme (art. 6 de la loi – C. urb., art. L. 424-5 nouv.), l'intérêt à agir des associations (C. env., art. L. 142-1 nouv. ; C. urb., art. L. 600-1-1 nouv.), les pouvoirs du juge administratif (C. urb., art. L. 600-5 nouv.), le régime des constructions édifiées irrégulièrement (C. urb, art. L. 111-12 nouv.) et le champ d'application de l'action civile en démolition (C. urb., art. L. 480-13 nouv.)

Mentionnons également que deux décrets spécifiques sont intervenus, l'un relatif aux règles de caducité du permis de construire (décret n° 2006-958 du 31 juillet 2006), l'autre relatif aux permis délivrés à titre précaire (décret n° 2006-1220 du 4 octobre 2006).

Le décret du 5 janvier 2007

Reprenant l'ensemble de l'apport des réformes précédentes, il en matérialise l'ambition, en réformant la partie réglementaire du code de l'urbanisme.

Le décret clarifie le droit de l'urbanisme et précise le champ d'application des différentes autorisations. Il réalise ainsi les objectifs de l'ordonnance du 8 décembre 2005 de simplification des onze d'autorisations différentes et des cinq régimes de déclarations. La réforme regroupe des autorisations en trois permis : permis de construire, permis d'aménager et permis de démolir et une seule déclaration préalable.

Le décret précise et encadre l'instruction des autorisations. Les délais d'instruction sont garantis. Les services consultés pour avis ou accord devront se prononcer dans les délais impartis par le décret, faute de quoi ces avis seront réputés favorables.

Entrée en vigueur

En principe, la réforme devait initialement entrer en vigueur le 1er juillet 2007 (circulaire n° 2007-1 du 6 janvier 2007). Toutefois, la loi n° 2007-209 du 19 février 2007 (*JO* du 21 février 2007) relative à la fonction publique territoriale a prévu, dans son article 72, que les dispositions de l'ordonnance du 8 décembre 2005 et celles du décret du 5 janvier 2007, entreraient en vigueur le 1er octobre 2007. Ce report permettra aux services de l'État de prendre toutes les mesures nécessaires pour la bonne application du nouveau régime.

1

LE NOUVEAU RÉGIME DU CERTIFICAT D'URBANISME

Si elle ne bouleverse pas l'objet du certificat d'urbanisme, l'ordonnance n° 2005-1527 du 8 décembre 2005 en modifie néanmoins le contenu, en unifie la durée et, surtout, en étend la portée ; ce qui résulte du seul nouvel article L. 410-1 du code de l'urbanisme.

1.1 L'objet et le contenu du certificat d'urbanisme

Le nouvel article L. 410-1 du code de l'urbanisme ne change pas l'objet du certificat d'urbanisme mais en modifie quelque peu le contenu.

TEXTE OFFICIEL

Code de l'urbanisme, article L. 410-1, al. 1 à al. 3 (nouv.)

Le certificat d'urbanisme, en fonction de la demande présentée :

a) indique les dispositions d'urbanisme, les limitations administratives au droit de propriété et la liste des taxes et participations d'urbanisme applicables à un terrain ;

b) indique en outre, lorsque la demande a précisé la nature de l'opération envisagée ainsi que la localisation approximative et la destination des bâtiments projetés, si le terrain peut être utilisé pour la réalisation de cette opération ainsi que l'état des équipements publics existants ou prévus.

Si la création d'un certificat d'urbanisme d'une troisième catégorie valant pré-autorisation pour les caractéristiques essentielles du projet fut un temps envisagée lors des travaux préparatoires, le nouvel article L. 410-1 du code de l'urbanisme conserve en l'état les deux précédents types de certificat, à savoir le certificat informatif et le certificat opérationnel mais n'en crée pas de nouveau ; le premier se bornant à renseigner sur l'éventuelle constructibilité du terrain considéré, le second se prononçant sur la faisabilité juridique d'une opération déterminée.

De même, leur contenu ne connaît que peu de modifications puisque le certificat informatif doit toujours indiquer « les dispositions d'urbanisme, les limitations administratives au droit de propriété et la liste des taxes et participations d'urbanisme à un terrain » mais ne doit plus, en revanche, préciser l'état des équipements publics existants ou prévus.

Quant au certificat d'urbanisme opérationnel, c'est-à-dire celui dont la demande précise « la nature de l'opération envisagée ainsi que la localisation approximative et la destination des bâtiments projetés », celui-ci doit indiquer, outre les mentions prévues pour le certificat d'urbanisme informatif, « si le terrain peut être utilisé pour la réalisation de cette opération » – ce qui était déjà le cas précédemment – « ainsi que l'état des équipements publics ou prévus », ce qui, antérieurement, relevait donc du seul certificat informatif.

Par ailleurs, le nouvel article L. 410-1 du code de l'urbanisme reprend une obligation déjà présente dans l'article R. 410-14 antérieur en précisant que tant le certificat d'urbanisme informatif que le certificat d'urbanisme opérationnel doivent indiquer si « un sursis à statuer serait opposable à une déclaration préalable ou à une demande de permis » ; ce qui tend donc à renforcer cette obligation en l'inscrivant parmi les dispositions législatives du code de l'urbanisme et non plus parmi celles d'origine réglementaire. Il reste que la rédaction du nouvel article L. 410-1 du code de l'urbanisme laisse en suspend une question et renvoie donc à la jurisprudence administrative le soin de préciser si à défaut de faire état de cette possibilité de sursis à statuer, le certificat d'urbanisme est illégal ou si une décision de sursis à statuer ne peut plus être ultérieurement opposée à la déclaration préalable ou à la demande de permis.

Enfin, il faut relever que le nouvel article L. 410-1 du code de l'urbanisme supprime l'obligation antérieurement faite à l'administration d'opposer une réponse négative « lorsque toute demande d'autorisation pourrait, du seul fait de la localisation du terrain, être refusée en fonction des dispositions d'urbanisme et, notamment, des règles générales du terrain », ce qui limite certes les causes de certificat négatif mais induit également que la faisabilité de l'opération au regard des prescriptions d'urbanisme relatives à la localisation du terrain ne sera réellement appréciée qu'au stade de l'instruction de la demande de permis ou de la déclaration préalable.

1.2 La durée de validité et la portée du certificat d'urbanisme

Aux termes du nouvel article L. 410-1 du code de l'urbanisme, le délai de validité du certificat informatif et du certificat opérationnel est unifié – alors qu'antérieurement, il variait selon son objet – et sa portée est considérablement étendue.

TEXTE OFFICIEL

Code de l'urbanisme, article L. 410-1, al. 4 (nouv.)

Lorsqu'une demande d'autorisation ou une déclaration préalable est déposée dans le délai de dix-huit mois à compter de la délivrance d'un certificat d'urbanisme, les dispositions d'urbanisme, le régime des taxes et participations d'urbanisme ainsi que les limitations administratives au droit de propriété tels qu'ils existaient à la date du certificat ne peuvent être remis en cause à l'exception des dispositions qui ont pour objet la préservation de la sécurité ou de la salubrité publique.

D'une part, le nouvel article L. 410-1 du code de l'urbanisme unifie et allonge la durée de validité du certificat d'urbanisme. En effet, précédemment sa durée de principe était limitée à douze mois mais pouvait être majorée pour les certificats d'urbanisme opérationnels ; cette majoration devant être fixée par le certificat lui-même.

Dorénavant, la durée de validité des deux types de certificat d'urbanisme est ainsi fixée à dix-huit mois, sans possibilité de majoration ou de prorogation.

Mais d'autre part et surtout, le nouvel article L. 410-1 modifie substantiellement la portée du certificat d'urbanisme qui, précédemment, ne gelait les dispositions applicables au terrain en cause au bénéfice de son titulaire qu'à la condition que ces dispositions aient été justement mentionnées par le certificat obtenu. En pareil cas, ces dispositions d'urbanisme ne pouvaient être remises en cause si la demande d'autorisation de construire présentée ultérieurement correspondait au projet visé par le certificat d'urbanisme obtenu et respectait celles-ci.

Il reste que la faisabilité du projet pouvait être remise en cause au regard des dispositions mentionnées par erreur par le certificat d'urbanisme ou en considération de celles omises par ce dernier ; son titulaire n'ayant alors que la possibilité d'engager la responsabilité de l'administration l'ayant délivré aux fins d'obtenir réparation du préjudice que lui aurait causé ses erreurs ou ses omissions (CE 24 juin 1988, Épx Bobin, req. n° 63.019).

Or, aux termes du nouvel article L. 410-1 du code de l'urbanisme, le certificat d'urbanisme cristallise pendant sa durée de validité les possibilités de construction au regard non plus seulement des dispositions d'urbanisme qu'il mentionne mais plus généralement en considération de celles qui existaient à sa date de délivrance, indépendamment donc des erreurs ou omissions dont il serait entaché : le nouveau régime du certificat d'urbanisme offre ainsi une réelle sécurité juridique à son titulaire. Mais dans une certaine mesure, il ménage également la responsabilité de l'administration dont les erreurs ou omissions génèreront moins de conséquences dommageables pour le titulaire du certificat d'urbanisme, lequel pourra néanmoins se prévaloir de l'ensemble des normes en vigueur à sa date d'obtention.

2

LES NOUVELLES AUTORISATIONS D'URBANISME ET LEUR CHAMP D'APPLICATION

L'ordonnance n° 2005-1527 du 8 décembre 2005 et le décret n° 2007-18 du 5 janvier 2007 simplifient, précisent et modifient en profondeur les autorisations d'urbanisme et leur champ d'application respectif.

Le premier apport de la réforme va dans le sens d'une plus grande clarté et d'une plus grande praticabilité du code de l'urbanisme puisque l'essentiel des dispositions se rapportant aux autorisations d'urbanisme sont réunies au sein d'un titre unique.

Son deuxième et peut-être principal intérêt est, tout en conservant certaines autorisations antérieures, tels le permis de construire et le permis de démolir, d'opérer une réelle simplification des procédures en faisant relever un ensemble de travaux qui, antérieurement, relevaient d'une grande diversité d'autorisations et de régimes déclaratifs, d'une autorisation (le permis d'aménager) et d'un régime déclaratif (la déclaration préalable) uniques.

Enfin, la réforme tente d'opérer une meilleure définition du champ d'application des autorisations d'urbanisme dans le but annoncé de concilier simplification des procédures et sécurisation des constructeurs.

2.1 Le permis de construire

La réforme du champ d'application du permis de construire vaut tant pour son régime général que pour les formes particulières de permis de construire que sont le permis de construire valant division, le permis de construire à titre précaire et le permis de construire portant sur des constructions saisonnières.

2.1.1 Régime général

S'ils ne bouleversent pas le champ d'application du permis de construire s'agissant des constructions nouvelles, en revanche, l'ordonnance n° 2005-1527 du 8 décembre 2005 et le décret n° 2007-18 du 5 janvier 2007 modifient significativement le champ d'application de cette autorisation s'agissant des travaux portant sur une construction existante.

Constructions nouvelles

Le champ d'application du permis de construire s'agissant des constructions nouvelles était précédemment défini par l'article L. 421-1, alinéa 1 du code de l'urbanisme.

TEXTE OFFICIEL

Code de l'urbanisme, article L. 421-1, al. 1 (anc.)

Quiconque désire entreprendre ou implanter une construction à usage d'habitation ou non, même ne comportant pas de fondations, doit, au préalable, obtenir un permis de construire sous réserve des dispositions des articles L. 422-1 à L. 422-5. Cette obligation s'impose aux services publics et concessionnaires de services publics de l'État, des régions, des départements et des communes comme aux personnes privées.

En résumé, toute construction nouvelle était donc assujettie à l'obtention d'un permis de construire sauf à ce qu'elle relève d'une des catégories d'ouvrage exonérées de toute autorisation par l'ancien article R. 421-1 du code de l'urbanisme ou d'une des catégories d'ouvrage soumis à simple déclaration de travaux préalable en application de l'ancien article R. 422-2 du code de l'urbanisme ; principe que conserve le nouvel article R. 421-1.

TEXTE OFFICIEL

Code de l'urbanisme, article R. 421-1 (nouv.)

Les constructions nouvelles doivent être précédées de la délivrance d'un permis de construire, à l'exception :

a) des constructions mentionnées aux articles R. 421-2 à R. 421-8 qui sont dispensées de toute formalité au titre du code de l'urbanisme ;

b) des constructions mentionnées aux articles R. 421-9 à R. 421-12 qui doivent faire l'objet d'une déclaration préalable.

En substance, toute construction nouvelle reste donc assujettie à permis de construire sauf à être expressément dispensée de toute formalité ou à relever du champ d'application de la déclaration préalable.

En premier lieu, il faut ainsi relever que les nouveaux articles L. 421-1 et R. 421-1 du code de l'urbanisme conservent la référence à la notion de « construction » comme critère déterminant du champ d'application matériel du permis de construire et ce, sans préciser cette notion et, notamment, sans se référer à la notion de bâtiment, ni au caractère immobilier de l'ouvrage considéré au regard de l'article 517 du code civil.

De ce fait, la réforme des autorisations d'urbanisme ne devrait donc pas modifier la notion de construction telle qu'elle a été dégagée par la jurisprudence administrative et judiciaire pour application de l'ancien article L. 421-1 du code de l'urbanisme.

Il s'ensuit que la notion de construction au sens de l'article L. 421-1 est indépendante de toute considération liée à son éventuelle absence de fondation, mais également à la destination de l'ouvrage projeté (1), à son caractère enterré (2), amovible ou démontable (Cass. crim. 17 mai 1988, pourvoi n° 86-93.179) ainsi qu'à la nature des matériaux utilisés (3).

À cet égard, l'ordonnance n° 2005-1527 du 8 décembre 2005 et le décret n° 2007-18 du 5 janvier 2007 ne résolvent donc pas les difficultés liées à la notion de construction et à son applicabilité à des ouvrages spécifiques, telles certaines installations techniques (4).

Mais en second lieu, l'intérêt du dispositif issu du décret n° 2007-18 du 5 janvier 2007 est de lister immédiatement à la suite du principe posé par le nouvel article R. 421-1 du code de l'urbanisme l'ensemble des ouvrages qui, pour constituer des constructions au sens de ce dernier ne relèvent cependant pas de son champ d'application, soit parce que leur réalisation est dispensée de toute formalité, soit parce qu'elle n'implique la formulation que d'une simple déclaration.

Constructions nouvelles non assujetties à permis de construire car dispensées de toute formalité

Aux termes des nouveaux articles R. 421-2 à R. 421-8 du code de l'urbanisme, constituent des constructions nouvelles dispensées de permis de construire puisque dispensées, par principe ou sous certaines conditions, de toute formalité :

- en raison de leur nature ou de leur faible importance sauf à être projetées dans un secteur sauvegardé ou dans un site classé (C. urb., art. R. 421-2) : les constructions nouvelles dont la hauteur au-dessus du

(1) CE 27 juin 1997, Lassogne, req. n° 158348 – Cass. crim. 23 novembre 1994, Beau, pourvoi n° 94-80.870.

(2) CE 23 juillet 1993, Cne associée de Labuissière, req. n° 88821 – Cass. crim. 27 mai 1986, Labesse, pourvoi n° 85-94.625, *Bull. crim.* n° 178.

(3) CE 18 juin 1980, SARL Constructions françaises, *Lebon*, p. 930 – Cass. crim. 18 juin 1997, pourvoi n° 96-83.032, *Bull. crim.*, n° 247.

(4) CE 26 mars 1987, ADLA, req. n° 172.183 – Cass. crim. 28 septembre 1999, Michèle, pourvoi n° 98-85234.

sol est inférieure à douze mètres et qui n'ont pas pour effet de créer de surface de plancher ou qui ont pour effet de créer une surface hors œuvre brute inférieure ou égale à deux mètres carrés ; les habitations légères de loisirs implantées dans un terrain de camping ou un parc résidentiel de loisirs autorisé et dont la surface hors œuvre nette est inférieure ou égale à trente-cinq mètres carrés ; les éoliennes dont la hauteur du mât et de la nacelle au-dessus du sol est inférieure à douze mètres ; les piscines dont le bassin a une superficie inférieure ou égale à dix mètres carrés ; les châssis et serres dont la hauteur au-dessus du sol est inférieure ou égale à un mètre quatre-vingts ; les murs dont la hauteur au-dessus du sol est inférieure à deux mètres, sauf s'ils constituent des clôtures régies par l'article R. 421-12 du code de l'urbanisme ; les clôtures, en dehors des cas prévus à l'article R. 421-12, ainsi que les clôtures nécessaires à l'activité agricole ou forestière ; le mobilier urbain ; les caveaux et monuments funéraires situés dans l'enceinte d'un cimetière ;

- en raison de leur nature sauf à être projetés dans un secteur sauvegardé (C. urb., art. R. 421-3) : les murs de soutènement ; tous ouvrages d'infrastructure terrestre, maritime ou fluviale tels que les voies, ponts, infrastructures portuaires ou aéroportuaires ;
- en raison de leur nature à condition qu'ils soient souterrains (C. urb., art. R. 421-4) : les canalisations, lignes ou câbles ;
- en raison de leur durée d'implantation, fixée selon la destination de l'ouvrage considéré et/ou son lieu d'implantation (C. urb., art. R. 421-5) : toutes constructions implantées pour une durée n'excédant pas trois mois ; les constructions nécessaires au relogement d'urgence des personnes victimes d'un sinistre ou d'une catastrophe naturelle ou technologique d'une durée inférieure à un an ; les classes démontables installées dans les établissements scolaires ou universitaires pour pallier les insuffisances temporaires de capacités d'accueil d'une durée inférieure à une année scolaire ; les constructions temporaires directement nécessaires à la conduite des travaux ainsi que les installations liées à la commercialisation d'un bâtiment en cours de construction implantées pendant la durée du chantier ainsi que les constructions nécessaires au maintien des activités économiques ou des équipements existants, lorsqu'elles sont implantées à moins de trois cents mètres du chantier d'une durée inférieure à une année ; les constructions ou installations temporaires directement liées à une manifestation culturelle, commerciale, touristique ou sportive pour la durée de la manifestation mais dans la limite d'un an ;
- en ce qu'il nécessite le secret pour des motifs de sécurité (C. urb., art. R. 421-8) : les constructions couvertes par le secret de la défense nationale ; les constructions situées à l'intérieur des arsenaux de la marine, des aérodromes militaires et des grands camps figurant sur une liste fixée par arrêté conjoint du ministre chargé de l'urbanisme et du ministre de la défense ; les dispositifs techniques nécessaires aux systèmes de radiocommunication numérique de la police et de la gendarmerie nationales.

REMARQUE

Dans les secteurs sauvegardés dont le périmètre a été délimité et dans les sites classés, la durée d'un an prévue pour les constructions liées à des manifestations culturelles, commerciales, touristiques ou sportives est ramenée à trois mois (art. R. 421-6). De même, dans les sites classés, les secteurs sauvegardés dont le périmètre a été délimité et dans des périmètres de protection délimités par une délibération du conseil municipal ou de l'organe délibérant de l'établissement public de coopération intercommunale compétent en matière de plan local d'urbanisme, d'une part, la durée de principe de trois mois mentionnée au premier alinéa de l'article R. 421-5 est limitée à quinze jours, et, d'autre part, celle d'un an prévue au *c)* du même article pour les installations de chantier, celles liées à la commercialisation des bâtiments en cours de construction et les constructions nécessaires au maintien des activités économiques ou des équipements existants, est limitée à trois mois (art. R. 421-7).

▸ **Mais il faut souligner que lorsqu'une des conditions relatives aux caractéristiques ou à la sectorisation de la construction projetée n'est pas remplie, celle-ci s'en trouve assujettie à permis de construire ; sauf à être expressément visée parmi les constructions nouvelles relevant du régime déclaratif.**

Constructions nouvelles non assujetties à permis de construire car relevant du régime déclaratif

Les constructions nouvelles dispensées de permis de construire car impliquant seulement une déclaration préalable sont, en fait, définies par le nouvel article R. 421-9 du code de l'urbanisme. Les nouveaux articles R. 421-10 à R. 421-12 visent d'autres constructions nouvelles soumises à déclaration préalable, mais leur logique est différente dans la mesure où il s'agit de faire relever de cette procédure, des constructions qui par principe auraient eu vocation à être dispensées de toute formalité.

Aux termes du nouvel article R. 421-9 du code de l'urbanisme, peuvent ainsi être considérées comme des constructions nouvelles exemptées de permis de construire car intégrées au champ d'application de la déclaration préalable, mais pour autant qu'elles soient projetées en dehors d'un secteur sauvegardé ou d'un site classé :

- les constructions ayant pour effet de créer une surface hors œuvre brute supérieure à deux mètres carrés et inférieure ou égale à vingt mètres carrés ;
- les habitations légères de loisirs implantées dans les conditions définies à l'article R. 111-32, dont la surface hors œuvre nette est supérieure à trente-cinq mètres carrés ;
- les constructions, autres que les éoliennes, dont la hauteur au-dessus du sol est supérieure à douze mètres et qui n'ont pas pour effet de créer de surface hors œuvre brute ou qui ont pour effet de créer une surface hors œuvre brute inférieure ou égale à deux mètres carrés ;
- les ouvrages et accessoires des lignes de distribution d'énergie électrique dont la tension est inférieure à soixante-trois mille volts ;
- les murs dont la hauteur au-dessus du sol est supérieure ou égale à deux mètres ;
- les piscines dont le bassin a une superficie inférieure ou égale à cent mètres carrés et qui ne sont pas couvertes ou dont la couverture, fixe ou mobile, a une hauteur au-dessus du sol inférieure à un mètre quatre-vingts ;

- les châssis et serres dont la hauteur au-dessus du sol est comprise entre un mètre quatre-vingts et quatre mètres, et dont la surface au sol n'excède pas deux mille mètres carrés sur une même unité foncière.

Aussi, lorsque lorsqu'une des conditions relatives aux caractéristiques ou à la sectorisation de la construction projetée n'est pas remplie, celle-ci s'en trouve assujettie à permis de construire.

REMARQUE Les constructions visées par l'article R. 421-9 du code de l'urbanisme ne sont, toutefois, soumises à déclaration préalable que si, eu égard à leurs caractéristiques et leur sectorisation, elles ne sont pas dispensées de toute formalité.

Constructions existantes

L'ordonnance n° 2005-1527 du 8 décembre 2005 et le décret n° 2007-18 du 5 janvier 2007 renversent le principe antérieur selon lequel les travaux sur des constructions existantes étaient, sauf exceptions expressément prévues, assujettis à permis de construire et, plus spécifiquement, appréhendent d'une façon totalement nouvelle la question des changements de destination. En revanche, ils ne définissent pas ce qu'il faut entendre par constructions existantes.

Notion de constructions existantes

Aucune des dispositions du code de l'urbanisme issues de l'ordonnance n° 2005-1527 du 8 décembre 2005 et du décret n° 2007-18 du 5 janvier 2007 ne définit ce qu'il faut entendre par « construction existante » alors que cette notion est essentielle à l'application du régime des travaux sur existant.

▸ **Au regard du droit de l'urbanisme, il faut en effet dissocier l'existence matérielle d'un bâtiment de son existence juridique.**

C'est pourquoi un bâtiment physiquement existant n'aura aucune réalité juridique dès lors qu'il aura été construit sans l'autorisation d'urbanisme requise, en vertu d'une autorisation annulée et/ou en méconnaissance de l'autorisation éventuellement obtenue (CE 5 mars 2003, M. Nicolas Lepoutre, req. n° 252422). Et en pareil cas, tout travaux devant prendre appui sur un tel bâtiment devra ainsi nécessairement faire l'objet d'une autorisation ayant pour objet de le régulariser dans son intégralité et, dans cette mesure, de lui conférer une existence juridique (CE 9 juillet 1986, Mme Thalamy, req. n° 51.172).

C'est ainsi qu'il a pu être jugé que des travaux projetés sur la façade d'un ouvrage dépourvu d'existence légale ne pouvaient relever d'une simple déclaration préalable, mais exigeaient l'obtention d'un permis de construire destiné également à régulariser cette construction, même si pris isolément ils relevaient du champ d'application de l'ancien article R. 422-2 du code de l'urbanisme (CE 20 mars 1994, Giroult, req. n° 137.881).

On peut donc regretter que le nouvel article R. 421-13 du code de l'urbanisme n'ait pas défini lui-même la notion de construction existante. Il reste qu'à cet égard, l'application du régime issu de l'article précité sera commandée par le nouvel article L. 111-12 du code l'urbanisme issu de la loi n° 2006-872 du 13 juillet 2006, dite « ENL ».

TEXTE OFFICIEL

Code de l'urbanisme, article L. 111-12 (nouv.)

Lorsqu'une construction est achevée depuis plus de dix ans, le refus de permis de construire ou de déclaration de travaux ne peut être fondé sur l'irrégularité de la construction initiale au regard du droit de l'urbanisme.

Les dispositions du premier alinéa ne sont pas applicables :

a) Lorsque la construction est de nature, par sa situation, à exposer ses usagers ou des tiers à un risque de mort ou de blessures de nature à entraîner une mutilation ou une infirmité permanente ;

b) Lorsqu'une action en démolition a été engagée dans les conditions prévues par l'article L. 480-13 ;

c) Lorsque la construction est située dans un site classé en application des articles L. 341-2 et suivants du code de l'environnement ou un parc naturel créé en application des articles L. 331-1 et suivants du même code ;

d) Lorsque la construction est sur le domaine public ;

e) Lorsque la construction a été réalisée sans permis de construire ;

f) Dans les zones visées au 1° du II de l'article L. 562-1 du code de l'environnement.

▸ **Il s'ensuit que les travaux projetés sur des constructions initialement illégales mais bénéficiant de la prescription décennale introduite par le nouvel article L. 111-2 du code de l'urbanisme devraient, *a priori*, bénéficier du régime des travaux sur existant, tel qu'organisé par le nouvel article R. 421-13.**

Travaux sur constructions existantes

Précédemment, le champ d'application du permis de construire s'agissant des constructions nouvelles était défini par l'article L. 421-1, alinéa 2 du code de l'urbanisme.

TEXTE OFFICIEL

Code de l'urbanisme, article L. 421-1, al. 2 (anc.)

Sous réserve des dispositions des articles L. 422-1 à L. 422-5, le même permis est exigé pour les travaux exécutés sur les constructions existantes, lorsqu'ils ont pour effet d'en changer la destination, de modifier leur aspect extérieur ou leur volume ou de créer des niveaux supplémentaires.

Par principe, les travaux projetés sur une construction existante impliquaient donc l'obtention préalable d'un permis de construire dès lors qu'ils en modifiaient la destination, le volume, le nombre de niveaux ou encore l'aspect extérieur, sauf à relever expressément des travaux visés par l'article R. 422-2 du code de l'urbanisme et à conséquemment n'exiger qu'une simple déclaration de travaux ; principe que bouleverse totalement le nouvel article R. 421-13.

TEXTE OFFICIEL

Code de l'urbanisme, article R. 421-13 (nouv.)

Les travaux exécutés sur des constructions existantes sont dispensés de toute formalité au titre du code de l'urbanisme à l'exception :

a) Des travaux mentionnés aux articles R. 421-14 à R. 421-16, qui sont soumis à permis de construire ;

b) Des travaux mentionnés à l'article R. 421-17, qui doivent faire l'objet d'une déclaration préalable.

Les changements de destination de ces constructions sont soumis à permis de construire dans les cas prévus à l'article R. 421-14 et à déclaration préalable dans les cas prévus à l'article R. 421-17.

Par principe, les travaux portant sur des constructions existantes sont donc dorénavant dispensés de toute formalité, sauf à relever des travaux expressément assujettis à permis de construire ou à déclaration préalable. On précisera ainsi que relèvent ou peuvent relever, sous certaines conditions, du champ d'application du permis de construire les travaux visés par les articles R. 421-14 à R. 421-16, à savoir :

- d'une façon générale : les travaux ayant pour effet la création d'une surface hors œuvre brute supérieure à vingt mètres carrés ; les travaux ayant pour effet de modifier les structures porteuses ou la façade du bâtiment, lorsque ces travaux s'accompagnent d'un changement de destination entre les différentes destinations définies à l'article R. 123-9 du code de l'urbanisme ; les travaux ayant pour effet de modifier le volume du bâtiment et de percer ou d'agrandir une ouverture sur un mur extérieur ;
- dans les seuls secteurs sauvegardés : les travaux exécutés à l'intérieur des immeubles ou parties d'immeubles visés au III de l'article L. 313-1 du code de l'urbanisme, lorsqu'ils ont pour objet ou pour effet de modifier la structure du bâtiment ou la répartition des volumes existants ; les travaux qui portent sur un élément que le plan de sauvegarde et de mise en valeur a identifié, en application du 7° de l'article L. 123-1, comme présentant un intérêt patrimonial ou paysager ;
- de façon plus spécifique et sauf à ce qu'ils soient dispensés de toute formalité en raison du fait qu'ils nécessitent le secret pour des motifs de sécurité : tous les travaux portant sur un immeuble ou une partie d'immeuble inscrit au titre des monuments historiques sont soumis à permis de construire.

Il faut, toutefois, relever que l'assujettissement de ces travaux au permis de construire ne vaut que pour autant qu'il ne s'agisse pas de « travaux d'entretien ou de réparations ordinaires » – notion qu'il incombera à la jurisprudence de définir – puisqu'en pareil cas, ces travaux seront dispensés de toute formalité.

Mais il faut surtout souligner le principe selon lequel, dans les secteurs sauvegardés, les travaux exécutés à l'intérieur des immeubles ou parties d'immeubles visés au III de l'article L. 313-1 du code de l'urbanisme sont soumis à permis de construire lorsqu'ils ont pour objet ou pour effet de modifier la structure du bâtiment ou la répartition des volumes existants, ce qui est une absolue innovation puisque antérieurement, les travaux d'aménagement intérieur n'étaient pas saisis par le droit des autorisations d'urbanisme, sauf à ce qu'ils emportent un changement de destination et soient conséquemment soumis, à ce titre, à permis de construire.

Or, il résulte du nouvel article R. 421-15 du code de l'urbanisme que dans les cas visés, ces travaux intérieurs seront assujettis à permis de construire indépendamment de toute considération liée à la question de savoir s'ils emportent ou non un changement de destination.

Changements de destination

Sous l'empire de l'ancien article L. 421-1 du code de l'urbanisme, tous les travaux emportant un changement de destination relevaient du permis de construire, quelle que soit la nature et l'importance des travaux projetés, y compris s'il s'agissait de simples travaux d'aménagement intérieur n'ayant aucun impact sur le volume, le nombre de niveaux et l'aspect extérieur de la construction existante considérée (Cass. crim. 11 février 1992, Cne de Cassis, pourvoi n° 90.80702). Il était toutefois nécessaire que des travaux soient effectués puisque le droit des autorisations d'urbanisme ne régissait pas le cas des changements de destination résultant d'un simple usage.

Il résulte des dispositions combinées des nouveaux articles R. 421-13, R. 421-14 et R. 421-17 du code de l'urbanisme que le principe et les règles issus de l'ancien article L. 421-1 sont ici encore bouleversés.

En premier lieu, les articles précités saisissent et régissent les changements de destination des constructions existantes en tant que tels et, par principe, indépendamment donc de toute considération liée au fait de savoir s'ils s'accompagnent ou non de travaux.

En second lieu, les changements de destination relèvent, par principe, du régime déclaratif, sauf, par exception, à relever des cas pour lesquels un permis de construire est requis au titre du nouvel article R. 421-14.

En dehors de ce cas, des travaux emportant un changement de destination ne pourront être assujettis à permis de construire qu'à la condition qu'à un autre titre, ils relèvent de l'un ou plusieurs des cas prévus par les nouveaux articles R. 421-14, R. 421-15 et R. 421-16 du code de l'urbanisme.

Mais en outre, le nouvel article R. 421-14 apporte deux précisions – ultérieurement reprises par le nouvel article R. 421-17 relatif aux travaux et changements de destination soumis à déclaration –concernant le mode d'appréciation de ces changements.

D'une part, il précise que les changements de destination à prendre en compte sont les changements entre les différentes destinations définies à l'article R. 123-9 du code de l'urbanisme relatif au contenu des prescriptions du règlement du plan local d'urbanisme. En effet, une des principales difficultés rencontrées pour l'application du régime du permis de construire aux travaux emportant un changement de destination d'une construction existante tenait, au premier chef, à ce que le code de l'urbanisme ne précisait jamais les différentes destinations possibles d'une construction ; les différentes catégories énoncées par le formulaire « CERFA » de demande de permis de construire ne trouvant leur fondement dans aucune disposition législative ou réglementaire du code.

Par conséquent, c'est à la jurisprudence qu'il incombait de déterminer si un changement d'usage ou d'affectation constituait ou non un changement de destination au sens, principalement, des anciens articles L. 421-1 et R. 422-2 (m) du code de l'urbanisme, ce dont il a résulté un nombre considérable de destinations possibles, aux limites et aux nuances parfois subtiles et difficiles à circonscrire.

Or, si l'article R. 123-9 du code de l'urbanisme dans sa rédaction issue de la loi du 13 décembre 2000, dite « SRU » est venu préciser cette notion, ce n'est qu'à l'égard des possibilités de moduler les prescriptions d'un règlement de plan local d'urbanisme en considération de la destination des constructions considérées.

Précisément, le nouvel article R. 421-14 du code de l'urbanisme fait de l'article R. 123-9 une référence plus générale valant également pour ce qui concerne le contrôle des changements de destination. Au sens du nouvel article R. 421-14, constitue ainsi un changement de destination celui intervenant entre les différentes catégories prévues par l'article R. 123-9, à savoir les constructions destinées à l'habitation, à l'hébergement hôtelier, aux bureaux, aux commerces, à l'artisanat, à l'industrie, les exploitations agricoles ou forestières.

REMARQUE

L'article R. 123-9 du code de l'urbanisme vise également « les constructions et installations nécessaires aux services publics ou d'intérêt collectif » qui, dans les plans locaux d'urbanisme, constituent une des destinations possibles d'une construction. Il s'agit d'une destination spécifique qui, en substance, se substitue à la destination primaire de l'ouvrage considéré.

C'est ainsi qu'à titre d'exemple, une usine d'incinération constitue intrinsèquement et en toute hypothèse une construction à destination industrielle, laquelle peut toutefois accéder au statut d'équipement collectif et être soumise aux prescriptions spécifiquement prévues par le plan local d'urbanisme pour ce type d'équipement, si d'une façon plus particulière l'usine considérée répond à un besoin de la population.

On peut dès lors se demander si la catégorie des « constructions et installations nécessaires aux services publics ou d'intérêt collectif » constituera une destination à part entière pour application du principe posé par les nouveaux articles R. 421-14 et R. 421-17. Mais *a priori*, la réponse devrait être négative puisque si tel était le cas, le simple fait pour une construction de perdre les caractéristiques pour lesquelles elle pouvait être considérée comme un équipement d'intérêt collectif, pour ainsi s'en retrouver réduite à sa destination primaire, constituerait un changement de destination.

D'autre part, le nouvel article R. 421-14 du code de l'urbanisme précise expressément que pour l'application de ses dispositions visant le cas d'un changement de destination, « les locaux accessoires d'un bâtiment sont réputés avoir la même destination que le local principal ».

Il faut rappeler, en effet, qu'au regard de la jurisprudence rendue en la matière, notamment, au titre des anciens articles L. 421-1 et R. 422-2 (m) du code de l'urbanisme, non seulement le nombre de destinations possibles d'une construction était élevé mais, en outre, une même construction pouvait présenter plusieurs destinations puisque la destination d'un ouvrage n'était pas déterminée en considération de sa vocation générale ou de sa destination dominante mais appréciée local par local.

JURISPRUDENCE

CE 5 avril 1996, Caisse générale de retraite des cadres par répartition, req. n° 133813

Considérant que les travaux projetés par la Caisse générale de retraite des cadres par répartition et relatifs à la transformation en salle de gymnastique du local jusque-là réservé au logement du gardien changeaient la destination de celui-ci ; qu'ils ne correspondaient à aucune des exceptions prévues par les articles L. 422-1 à L. 422-5 ; que par suite, et alors même que cette transformation ne changeait pas la vocation générale de l'ensemble de cette résidence, ces travaux n'étaient pas au nombre de ceux qui sont dispensés du permis de construire.

C'est ainsi qu'à titre d'exemple, des travaux tendant à rendre habitable un garage annexe d'une habitation emportaient un changement de destination de ce local exigeant un permis de construire et non pas une simple déclaration de travaux, y compris si sa surface de plancher était inférieure à 20 mètres carrés (CAA Nantes 2 décembre 1998, M. Luccioni, req. n° 96NT02119).

Précisément, il résulte de la règle posée par le nouvel article R. 421-14 du code de l'urbanisme qu'un tel changement ne constituera plus un changement de destination susceptible d'être soumis à autorisation puisque ce garage, en tant que local accessoire, sera réputé avoir la même destination que le local principal, en l'occurrence l'habitation. Ici encore, il incombera à la jurisprudence de définir ces notions de locaux accessoires et de locaux principaux.

2.1.2 Permis de construire spéciaux

La réforme des autorisations d'urbanisme opérée par l'ordonnance n° 2005-1527 du 8 décembre 2005 et le décret n° 2007-18 du 5 janvier 2007 intéresse tant le permis de construire valant division que le permis de construire délivré à titre précaire et le permis de construire portant sur une construction saisonnière.

Permis de construire valant division

Antérieurement régi par l'ancien article R. 421-7-1 du code de l'urbanisme, le permis de construire valant division relève dorénavant du nouvel article R. 431-24, lequel en modifie profondément le champ d'application.

TEXTES OFFICIELS

Code de l'urbanisme, article. R. 421-7-1, alinéa 1 (anc.)

Lorsque la demande de permis de construire porte sur la construction, sur un même terrain, par une seule personne physique ou morale, de plusieurs bâtiments dont le terrain d'assiette doit faire l'objet d'une division en propriété ou en jouissance, le dossier présenté à l'appui de la demande est complété par les documents énumérés à l'article R. 315-5 (A) et, le cas échéant, à l'article R. 315-6.

Code de l'urbanisme, article R. 431-24 (nouv.)

Lorsque les travaux projetés portent sur la construction, sur le même terrain, de plusieurs bâtiments dont le terrain d'assiette doit faire l'objet d'une division en propriété ou en jouissance avant l'achèvement de l'ensemble du projet, le dossier présenté à l'appui de la demande est complété par un plan de division et, lorsque des voies ou espaces communs sont prévus, le projet de constitution d'une association syndicale des acquéreurs à laquelle seront dévolus la propriété, la gestion et l'entretien de ces voies et espaces communs à moins que l'ensemble soit soumis au statut de la copropriété.

Champ d'application

Pour ce qui concerne son champ d'application matériel, le nouvel article R. 431-24 du code de l'urbanisme ne change donc rien à l'hypothèse de départ antérieurement visée, à savoir celle d'un projet tendant à la réalisation de plusieurs bâtiments sur un même terrain devant faire l'objet d'une division en propriété ou en jouissance.

En revanche, il supprime la condition selon laquelle un permis de construire valant division ne pouvait pas être obtenu conjointement par plusieurs maîtres d'ouvrage et précise qu'en relèvent les divisions pratiquées avant l'achèvement de l'ensemble du projet mais qu'en revanche, il ne s'applique pas lorsque l'ensemble relève de la copropriété.

Tout d'abord, si l'ancien article R. 421-7-1 du code de l'urbanisme se bornait à viser le cas d'une demande de permis de construire présentée « par une seule personne physique ou morale » – ce dont on aurait pu déduire qu'en cas de demande conjointe ou présentée pour le compte de plusieurs maîtres d'ouvrage cet article était inapplicable – le Conseil d'État avait considéré qu'un permis de construire plusieurs bâtiments sur un même terrain devant faire l'objet d'une division foncière ne pouvait être légalement délivré à plusieurs maîtres d'ouvrage, quand bien même feraient-ils appel à un même entrepreneur (CE 4 mai 1983, Chapel, req. n° 33.620).

▶ **Implicitement, le nouvel article R. 431-24 du code de l'urbanisme autorise donc qu'une demande de permis de construire valant division soit présentée par plusieurs maîtres d'ouvrage et, par voie de conséquence, qu'il leur soit délivré conjointement.**

Ensuite, la jurisprudence avait pu se montrer hésitante sur le moment auquel devaient intervenir ces divisions par rapport au dépôt de la demande et à la délivrance du permis de construire (CE 25 mars 1983, Caradec, req. n° 34.383), à l'exécution des travaux (CAA Lyon 12 novembre 1996, M. Tordo, req. n° 94LY00810) ou à leur achèvement (CAA Paris 14 juin 1994, SCI Cent Picpus, req. n° 93PA00362).

À cet égard, le principal intérêt du nouvel article R. 421-34 du code de l'urbanisme est donc de préciser que relèvent du champ d'application du permis de construire valant division, les divisions opérées avant l'achèvement des travaux.

Cette précision recouvre des hypothèses diverses et, en fait, n'exclut clairement que les divisions ultérieures à l'achèvement des travaux, lesquelles ne constituent pas non plus un lotissement relevant du permis d'aménager ou de la déclaration d'aménagement puisque les divisions constitutives d'un lotissement restent celles destinées à l'implantation de bâtiments.

Enfin, malgré de longues controverses doctrinales et universitaires, il était acquis que le seul fait de maintenir le terrain en copropriété ne s'opposait pas à ce que l'implantation des bâtiments emporte une division en jouissance de ce dernier relevant, le cas échéant, du champ d'application du permis de construire valant division.

Le recours à la copropriété exclut donc dorénavant l'opération du champ d'application du permis de construire valant division.

Néanmoins, il faut souligner que le nouvel article R. 431-24 du code de l'urbanisme précise expressément qu'il est inapplicable lorsque « l'ensemble (est) soumis au statut de la copropriété ». Il faut donc en déduire que pour que l'opération ne relève pas du champ d'application du permis de construire valant division, c'est non seulement le terrain mais également tous les bâtiments qui devront être soumis au statut de la copropriété.

Articulation du permis de construire valant division et du permis d'aménager ou de la déclaration portant sur un lotissement

Prise isolément, la rédaction du nouvel article R. 421-34 du code de l'urbanisme génère certaines interrogations quant à l'articulation du permis de construire valant division avec la définition du lotissement. Cette dernière n'a, aux termes du nouvel article L. 442-1, pas fondamentalement changé comparée à celle opérée par l'ancien article R. 315-1, du moins pour ce qui concerne la nature et l'objet des divisions susceptibles de relever de ce régime, à savoir celles pratiquées « en vue de l'implantation de bâtiments ».

En effet, si à la lecture de l'ancien article R. 421-7-1 du code de l'urbanisme, la condition dite de la « maîtrise d'ouvrage unique », telle qu'érigée par la jurisprudence administrative, pouvait surprendre, celle-ci n'était pas dénuée de toute cohérence avec la définition des lotissements puisque, par principe, l'intervention initiale de plusieurs maîtres d'ouvrage disposant chacun d'un droit à construire sur une même unité foncière emporte ou, à tout le moins, emportait nécessairement une division foncière préalable réalisée « en vue de l'implantation de bâtiments ».

Or, il résultait de la jurisprudence rendue en la matière que les divisions susceptibles de relever du champ d'application du lotissement et de l'ancienne autorisation de lotir étaient, par principe, l'ensemble de celles réalisées antérieurement ou concomitamment à l'acte de construction (CE 21 août 1996, Ville de Toulouse, req. n° 137 834) ou, plus simplement, l'ensemble de celles réalisées avant l'achèvement des travaux (CE 26 mars 2003, Leclercq, req. n° 231 425).

Ainsi, au regard de cette jurisprudence et en considération de l'absence de modification substantielle des divisions foncières saisies par le régime du lotissement, on peut se demander si un permis de construire valant division qui serait obtenu par plusieurs maîtres d'ouvrage en vue de la réalisation de plusieurs bâtiments sur un même terrain ne pourrait pas être constitutif d'un lotissement. Mais tel n'est pas le cas puisque le point *c)* du nouvel article R. 442-1 du code de l'urbanisme précise expressément que « ne constituent pas des lotissements [...] les divisions de terrains effectuées conformément à un permis de construire prévu à l'article R. 431-24 ».

REMARQUE

Le nouvel article R. 442-1 du code de l'urbanisme induit, néanmoins, qu'à s'en tenir à la lettre du nouvel article R. 431-24 et à la définition du lotissement résultant du nouvel article L. 442-1, une opération impliquant la réalisation par plusieurs maîtres d'ouvrage distincts de plusieurs bâtiments sur un même terrain devant être divisé avant l'achèvement des travaux aurait vocation à relever du champ d'application du permis de construire valant division tout en constituant un lotissement. Mais il s'ensuit également que dans ce cas, le permis de construire valant division vaut permis de construire et permis d'aménager ou déclaration d'aménagement d'un lotissement alors qu'antérieurement, compte tenu du critère dégagé par la jurisprudence s'agissant du moment d'intervention des divisions, il ne pouvait valoir autorisation de lotir et permis de construire mais permettait, en fait, de satisfaire à l'exigibilité d'un permis de construire et d'une déclaration de division au titre de l'ancien article R. 315-57 du code de l'urbanisme.

Il n'est, toutefois, pas si certain que plusieurs permis de construire valant division délivrés à titre individuel à des maîtres d'ouvrage distincts n'emportent pas la constitution d'un lotissement assujetti à permis d'aménager ou déclaration puisqu'au regard des critères précédemment dégagés par la jurisprudence, cette pluralité de maîtres d'ouvrage emporte nécessairement une division préalable, à tout le moins en jouissance du tènement d'origine, destinée à l'implantation de bâtiments. Or, les terrains qui en sont issus correspondent à l'assiette foncière respective de chacune de ces autorisations et ne peuvent donc pas, à proprement parler, être considérés comme résultant de division « effectuées conformément à un permis de construire prévu à l'article R. 431-24 » puisque ces dernières sont celles réalisées ultérieurement au sein du périmètre de chacun des permis.

Permis de construire à titre précaire

Pour assouplir le principe d'inconstructibilité d'un emplacement réservé, par un PLU ou un document d'urbanisme, à un ouvrage public, une voie publique, un espace vert ou une installation d'intérêt général et en considération du fait que cet emplacement peut demeurer plusieurs années avant que le projet en vue duquel il est réservé se concrétise, l'ancien article L. 421-3 du code de l'urbanisme autorisait à délivrer un permis de construire sur cet emplacement à la condition que la construction à édifier ait en elle-même, indépendamment de l'usage qu'entendait en faire son maître d'ouvrage, un caractère précaire ; ce que modifie totalement le nouvel article L. 433-1.

TEXTE OFFICIEL

Code de l'urbanisme, article L. 433-1 (nouv.)

Une construction n'entrant pas dans le champ d'application de l'article L. 421-5 et ne satisfaisant pas aux exigences fixées par l'article L. 421-6 peut exceptionnellement être autorisée à titre précaire dans les conditions fixées par le présent chapitre.

Dans ce cas, le permis de construire est soumis à l'ensemble des conditions prévues par les chapitres II à IV du titre II du présent livre.

En premier lieu, il n'est plus exigé que la construction à édifier présente un caractère précaire puisque c'est le permis de construire s'y rapportant qui est délivré à titre précaire ou, plus précisément, les droits y étant attachés qui se trouvent théoriquement frappés de précarité.

Il pourra donc s'agir de toute construction, y compris durable par destination, relevant du champ d'application du permis de construire ou de la déclaration de travaux puisque le nouvel article L. 433-1 du code de l'urbanisme se borne à viser le cas des constructions n'entrant pas dans le champ d'application du nouvel article L. 421-5, lequel a trait aux constructions dispensées de toute formalité.

REMARQUE

Le nouvel article R. 421-5 du code de l'urbanisme crée, d'ailleurs, un système de dispense de toute formalité pour les constructions qui en raison de leur nature ou de leur destination n'ont pas vocation à être implantées durablement.

Il reste que, précisément, une construction n'entrant pas dans le champ d'application du nouvel article L. 421-5 du code de l'urbanisme peut relever du champ d'application de la déclaration préalable. Or, une telle construction peut également ne pas satisfaire aux exigences fixées par l'article L. 421-6 qui ne vise expressément que le permis de construire et le permis d'aménager puisque, s'agissant des déclarations préalables, le nouvel article L. 421-7 du code de l'urbanisme se borne à renvoyer au principe posé par l'article L. 421-6.

En d'autres termes, une construction relevant du champ d'application de la déclaration préalable à laquelle l'article L. 421-7 du code de l'urbanisme est opposable est « une construction n'entrant pas dans le champ d'application de l'article L. 421-5 et ne satisfaisant pas aux exigences fixées par l'article L. 421-6 » au sens de l'alinéa 1er de l'article L. 433-1.

Or, l'alinéa 2 de l'article L. 433-1 du code de l'urbanisme ne vise que l'hypothèse du permis de construire délivré à titre précaire.

À s'en tenir à la rédaction de ce texte, deux interprétations de son dispositif sont donc possibles :

- soit, une construction relevant du champ d'application de la déclaration préalable mais à laquelle l'article L. 421-7 du code de l'urbanisme est opposable peut être autorisée à titre précaire mais alors par un permis de construire ;
- soit une telle construction ne peut pas bénéficier d'une exception pourtant ouverte aux constructions assujetties à permis de construire.

La même question se pose également à l'égard du permis d'aménager visé par le nouvel article L. 442-1 du code de l'urbanisme, c'est-à-dire celui incluant, à titre accessoire, la réalisation de constructions.

En second lieu, le permis de construire à titre précaire ne se borne plus à viser l'hypothèse d'une construction projetée sur un emplacement réservé mais, vise beaucoup plus généralement, le cas où cette construction ne respecte pas les exigences fixées par le nouvel article L. 421-6 du code de l'urbanisme et, en d'autres termes, méconnaît les règles, prescriptions et servitudes d'urbanisme qui lui sont opposables.

Par voie de conséquence, l'autorisation visée par le nouvel article L. 433-1 du code de l'urbanisme est bien plus qu'un permis de construire à titre précaire mais un véritable permis de construire en méconnaissance des prescriptions opposables au projet.

Or, la précarité de l'ouvrage n'aura pas nécessairement à être organisée puisqu'aux termes du nouvel article L. 433-2 du code de l'urbanisme – qui, à cet égard, reprend l'économie générale de l'ancien article L. 423-2 – l'arrêté de permis de construire « peut fixer un délai à l'expiration duquel le pétitionnaire doit enlever la construction autorisée » mais n'en a donc pas l'obligation, sous réserve des quelques exceptions prévues par le nouvel article R. 433-1.

TEXTE OFFICIEL

Code de l'urbanisme, article R. 433-1 (nouv.)

L'arrêté accordant un permis de construire à titre précaire comporte obligatoirement l'indication du délai à l'expiration duquel le pétitionnaire doit enlever la construction autorisée dans les cas suivants :

a) Lorsque le terrain d'assiette du projet n'est situé ni dans une zone urbaine, une zone à urbaniser ou un emplacement réservé délimités par un plan local d'urbanisme ni dans un secteur constructible délimité par une carte communale ;

b) Ou lorsque le terrain est situé dans un secteur sauvegardé ou un périmètre de restauration immobilière créé en application des articles L. 313-1 à L. 313-15 du code de l'urbanisme, dans un site inscrit ou classé en application des articles L. 341-1 et suivants du code de l'environnement, dans le champ de visibilité d'un monument historique tel que défini par le code du patrimoine ou dans une zone de protection du patrimoine architectural, urbain et paysager créée en application de l'article L. 642-1 du code du patrimoine.

Il est vrai que tel était déjà le cas sous l'empire de l'ancien article L. 423-2 du code de l'urbanisme. Il reste que le permis de construire prévu par l'ancien article L. 423-1 ne pouvait légalement porter que sur des constructions précaires par nature.

Or, non seulement le nouvel article L. 433-1 autorise les constructions durables par destination mais, en outre, si l'on s'en tient au nouvel article L. 433-3 du code de l'urbanisme, le constructeur ne serait tenu d'enlever la construction et de remettre en état le terrain qu'à l'expiration du délai éventuellement fixé et/ou lorsque la construction est située sur un emplacement réservé et/ou dans le périmètre d'une déclaration d'utilité publique, à la première demande du bénéficiaire de la réserve ou de l'expropriant.

À s'en tenir à la lettre de l'article précité, lorsque le permis de construire n'a pas fixé de délai pour l'enlèvement des constructions ou qu'il ne porte pas sur un terrain grevé d'un emplacement réservé ou sis dans le périmètre d'une déclaration publique, le constructeur ne sera donc jamais tenu de l'enlever.

Il incombera donc à la jurisprudence de préciser si l'administration pourra néanmoins en poursuivre la démolition, sachant que cette question n'est saisie que par le nouvel article L. 433-5 du code de l'urbanisme qui se borne à prévoir que « si l'arrêté accordant le permis de construire a fixé un délai pour l'enlèvement de la construction et si la remise en état intervient à l'initiative de la puissance publique avant l'expiration de ce délai, une indemnité proportionnelle au délai restant à courir est accordée ».

Il ne semble donc pas exclu qu'il soit jugé qu'à défaut de délai fixé par le permis de construire, l'administration peut poursuivre la démolition et la remise en état du terrain à tout moment puisqu'il résulte du nouvel article L. 433-5 du code de l'urbanisme que le délai pouvant être fixé constitue une véritable garantie ouvrant un droit à indemnité lorsque l'administration ne le respecte pas : à défaut de délai, son titulaire n'a donc aucune garantie et, par voie de conséquence, l'administration pourra vraisemblablement ordonner l'enlèvement de la construction sans indemnité.

Permis de construire portant sur des constructions saisonnières

Comparé à l'ancien article L. 421-1, alinéa 5 du code de l'urbanisme, le nouvel article L. 432-1 ne modifie pas substantiellement le régime du permis de construire applicable aux constructions saisonnières.

TEXTES OFFICIELS

Code de l'urbanisme, article L. 421-1, alinéa 5 (anc.)

Lorsque la construction présente un caractère non permanent et est destinée à être régulièrement démontée et réinstallée, le permis précise la ou les périodes de l'année pendant lesquelles la construction doit être démontée. Dans ce cas, un nouveau permis n'est pas exigé lors de chaque réinstallation de la construction. Le permis de construire devient caduc si la construction n'est pas démontée à la date fixée par l'autorisation.

Code de l'urbanisme, article L. 432-1 (nouv.)

Lorsqu'une construction est destinée à être périodiquement démontée et réinstallée, le permis précise la ou les périodes de l'année pendant lesquelles la construction doit être démontée. Un nouveau permis n'est pas exigé lors de chaque réinstallation.

Il faut néanmoins relever que le nouvel article L. 432-1 du code de l'urbanisme ne vise plus expressément le cas où « la construction présente un caractère non permanent » mais seulement, d'une façon générale, l'hypothèse où la construction « est destinée à être périodiquement démontée et réinstallée ».

Par ailleurs, le nouvel article L. 432-2 du code de l'urbanisme affine le régime du permis de construire portant sur une construction saisonnière en précisant qu'il devient caduc « si la construction n'est pas démontée à la date fixée par l'autorisation » et, en toute hypothèse, « à l'issue d'un délai qu'il fixe et qui ne peut excéder cinq ans ».

2.2 Le permis d'aménager

Le permis d'aménager constitue l'une des principales innovations de la réforme opérée par l'ordonnance n° 2005-1527 du 8 décembre 2005 et son décret d'application du 5 janvier 2007 dans la mesure où il s'agit d'une création destinée à faire relever d'une seule et même autorisation des travaux, des installations et des aménagements qui, antérieurement, relevaient d'autorisations distinctes, telles l'autorisation de lotir, l'autorisation d'installations et de travaux divers (dites « ITD »), l'autorisation d'aménagement de terrains de camping et l'autorisation de stationnement de caravanes. Mais il faut également relever qu'à la marge, son institution amène à soumettre à une procédure d'autorisation des travaux qui précédemment étaient exemptés de toute formalité.

Par principe, le permis d'aménager a toutefois un champ d'application résiduel dans la mesure où aux termes du nouvel article R. 421-18 du code de l'urbanisme, les travaux, installations et aménagements autres que ceux exécutés sur des constructions existantes – qui pour leur part sont régis par les nouveaux articles R. 421-13 à R. 421-17 – sont, par principe, dispensés de toute formalité et ne sont assujettis à permis d'aménager que par exception. Mais il faut préciser que lorsque les travaux projetés ne répondent à aucun des critères posés par les nouveaux articles R. 421-19 à R. 421-22 du code de l'urbanisme, cette circonstance ne peut permettre de conclure qu'ils sont ipso facto dispensés de toute formalité puisqu'ils peuvent relever de la déclaration d'aménagement dont le champ d'application est défini par les nouveaux articles R. 421-23 à R. 421-25.

Le champ d'application du permis d'aménager est ainsi défini d'une part, par le nouvel article R. 421-19 du code de l'urbanisme, lequel vise des travaux, installations et aménagements soumis à cette autorisation indépendamment, à une exception près, de toute considération liée à leur sectorisation et, d'autre part, par les nouveaux articles R. 421-20 à R 421-22, lesquels soumettent à permis d'aménager certains travaux lorsqu'ils sont prévus dans des secteurs sauvegardés, des sites classés, des réserves naturelles et des « espaces littoraux » au sens de l'article L. 126-6 du code de l'urbanisme.

2.2.1 Travaux, installations et aménagements assujettis à permis d'aménager indépendamment de leur sectorisation

Le nouvel article R. 421-19 du code de l'urbanisme soumet à permis d'aménager certains lotissements ainsi que d'autres travaux, installations et aménagements de nature plus spécifique.

TEXTE OFFICIEL

Code de l'urbanisme, article R. 421-19 (nouv.)

Doivent être précédés de la délivrance d'un permis d'aménager :

a) Les lotissements, qui ont pour effet, sur une période de moins de dix ans, de créer plus de deux lots à construire :

– lorsqu'ils prévoient la réalisation de voies ou espaces communs ;

– ou lorsqu'ils sont situés dans un site classé ou dans un secteur sauvegardé dont le périmètre a été délimité ;

b) Les remembrements réalisés par une association foncière urbaine libre régie par le chapitre II du titre II du livre III, lorsqu'ils prévoient la réalisation de voies ou espaces communs ;

c) La création ou l'agrandissement d'un terrain de camping permettant l'accueil de plus de vingt personnes ou de plus de six tentes, caravanes ou résidences mobiles de loisirs ;

d) La création ou l'agrandissement d'un parc résidentiel de loisirs prévu au 1° de l'article R. 111-34 ou d'un village de vacances classé en hébergement léger prévu par l'article L. 325-1 du code du tourisme ;

e) Le réaménagement d'un terrain de camping ou d'un parc résidentiel de loisirs existant, lorsque ce réaménagement a pour objet ou pour effet d'augmenter de plus de 10 % le nombre des emplacements ;

f) Les travaux ayant pour effet, dans un terrain de camping ou d'un parc résidentiel de loisirs, de modifier substantiellement la végétation qui limite l'impact visuel des installations ;

g) L'aménagement d'un terrain pour la pratique des sports ou loisirs motorisés ;

h) L'aménagement d'un parc d'attractions ou d'une aire de jeux et de sports d'une superficie supérieure à deux hectares ;

i) L'aménagement d'un golf d'une superficie supérieure à vingt-cinq hectares ;

j) Lorsqu'ils sont susceptibles de contenir au moins cinquante unités les aires de stationnement ouvertes au public, les dépôts de véhicules et les garages collectifs de caravanes ou de résidences mobiles de loisirs ;

k) À moins qu'ils ne soient nécessaires à l'exécution d'un permis de construire, les affouillements et exhaussements du sol dont la hauteur, s'il s'agit d'un exhaussement, ou la profondeur dans le cas d'un affouillement, excède deux mètres et qui portent sur une superficie supérieure ou égale à deux hectares.

Lotissements assujettis à permis d'aménager

Le champ d'application du permis d'aménager à l'égard des lotissements résulte de l'application combinée des nouveaux articles L. 442-1 et R. 421-19 (a) du code de l'urbanisme.

TEXTES OFFICIELS

Code de l'urbanisme, article L. 441-1 (nouv.)

Constitue un lotissement l'opération d'aménagement qui a pour objet ou qui, sur une période de moins de dix ans, a eu pour effet la division, qu'elle soit en propriété ou en jouissance, qu'elle résulte de mutations à titre gratuit ou onéreux, de partage ou de locations, d'une ou de plusieurs propriétés foncières en vue de l'implantation de bâtiments.

Code de l'urbanisme, article R. 421-19 a) (nouv.)

Doivent être précédés de la délivrance d'un permis d'aménager : les lotissements, qui ont pour effet, sur une période de moins de dix ans, de créer plus de deux lots à construire :

– lorsqu'ils prévoient la réalisation de voies ou espaces communs ou lorsqu'ils sont situés dans un site classé ;

– ou dans un secteur sauvegardé dont le périmètre a été délimité.

Comparée à celle issue des anciens articles L. 315-1 et R. 315-1 du code de l'urbanisme, la définition du lotissement n'est donc pas fondamentalement changée pour ce qui concerne la nature, la cause et la finalité des divisions ainsi que la période pendant laquelle elles sont prises en compte.

Concernant la nature des divisions, tout d'abord, il s'agit encore de toutes divisions foncières qu'elles soient en propriété ou en jouissance, ces dernières devant être comprises comme celles qui sans transférer la propriété du terrain considéré ont néanmoins pour effet de conférer à un tiers, qui n'en est donc pas propriétaire, le droit d'y construire.

JURISPRUDENCE

CAA Versailles 8 juin 2006, M. Aires X., req. n° 04VE03538

Considérant qu'il ressort des pièces du dossier que le projet litigieux porte sur la construction de cinq maisons individuelles sur un même terrain appartenant à M. X ; que ces maisons sont destinées, selon les déclarations du pétitionnaire, à faire l'objet d'une location et qu'il n'est pas établi, contrairement à ce que soutient la commune, que chacune de ces habitations soit destinée à devenir la propriété exclusive et particulière de chaque occupant ; que si la commune de Mareil-le-Guyon soutient également que la location de ces logements implique, conformément à l'article 1709 du code civil, la jouissance privative des habitations louées, cet usage personnel ne saurait être assimilé, par lui même, à une opération de division du sol en propriété ou en jouissance visée par les dispositions précitées du 2e alinéa de l'article R. 315-1 et de l'article R. 421-7-1 du code de l'urbanisme, un tel usage n'impliquant le bénéfice d'aucun droit à construire ; qu'ainsi, le terrain d'assiette du projet n'ayant pas vocation à faire l'objet d'une division en propriété ou même en jouissance, c'est à tort que le Tribunal administratif de Versailles a considéré que le projet nécessitait la délivrance d'un permis de construire groupé prévu par les dispositions précitées de l'article R. 421-7-1 du code de l'urbanisme.

Mais il faut noter que le nouvel article R. 442-1 du code de l'urbanisme exclut de la notion de lotissement certaines divisions foncières, en reprenant une partie de celles déjà saisies par l'ancien article R. 315-2, comme n'étant pas constitutives d'un lotissement tout en y ajoutant expressément le permis de construire prévu par le nouvel article R. 431-24, c'est-à-dire le permis de construire valant division lequel, antérieurement, n'était qu'indirectement visé au *c)* de l'ancien article R. 315-2.

TEXTE OFFICIEL

Code de l'urbanisme, article R. 442-1 (nouv.)

Ne constituent pas des lotissements au sens du présent titre :

a) Les divisions effectuées dans le cadre d'une opération de remembrement réalisée par une association foncière urbaine autorisée ou constituée d'office régie par le chapitre II du titre II du livre III ;

b) Les divisions effectuées par l'aménageur à l'intérieur d'une zone d'aménagement concerté ;

c) Les divisions de terrains effectuées conformément à un permis de construire prévu à l'article R. 431-24 ;

d) Les divisions par ventes ou locations effectuées par un propriétaire au profit de personnes qu'il a habilitées à réaliser une opération immobilière sur une partie de sa propriété et qui ont elles-mêmes déjà obtenu une autorisation de lotir ou un permis de construire portant sur la création d'un groupe de bâtiments ou d'un immeuble autre qu'une maison d'habitation individuelle ;

e) Les divisions résultant de la vente, de la location ou de l'attribution ultérieure des lots issus des opérations énumérées au a, à la condition que chaque lot vendu ait été délimité par le plan de remembrement approuvé.

Concernant leur cause, ensuite, la notion de lotissement reste indépendante de toute considération liée à la question de savoir si la division résulte de mutations à titre gratuit ou onéreux, de partage ou de locations.

Concernant leur finalité, enfin, il s'agit toujours des divisions réalisées en vue de l'implantation de bâtiments, c'est-à-dire si l'on s'en tient à la jurisprudence du Conseil d'État rendue s'agissant de la notion de lotissement au sens de l'ancien article R. 315-1 du code de l'urbanisme, celles réalisées avant l'achèvement des travaux [(5)] ; ce dont il résulte que les lots qui ne sont pas destinés à accueillir un bâtiment n'ont pas à être pris en compte, comme le confirme d'ailleurs le nouvel article R. 421-19 (a) en ce qu'il ne vise que les « lots à construire ».

De même, la réunion de ces conditions reste appréciée sur une période de dix ans, laquelle doit être comptée depuis la date de la première division et non pas depuis la date de délivrance du permis de construire (TA Toulouse 14 décembre 1995, Sté Cazals, D. 1996, somm. 277).

Deux remarques s'imposent néanmoins. D'une part, il résulte des dispositions combinées des nouveaux articles L. 442-1, R. 421-19 (*a*) et R. 421-23 (*a*), ce dernier étant relatif aux lotissements assujettis à déclaration préalable, que le nombre de lots créés ou, plus précisément, la question de savoir si les divisions pratiquées créent ou non plus de deux lots à construire ne participe plus à la définition du lotissement mais concours seulement à établir si celui à créer relève du permis d'aménager.

▸ **La division d'un terrain en deux lots constituera donc un lotissement, qui sera seulement assujetti à déclaration préalable au titre du nouvel article R. 421-23 du code de l'urbanisme.**

Toutefois, il faut souligner qu'aux termes du nouvel article R. 442-2 du code de l'urbanisme, lequel reprend sur ce point l'essentiel des cas prévus par l'ancien article R. 321-1, certains terrains n'ont pas à être pris en compte pour apprécier le nombre de lots à créer.

TEXTE OFFICIEL

Code de l'urbanisme, article R. 442-2 (nouv.)

Pour l'application du a de l'article R. 421-19, ne sont pas pris en compte pour l'appréciation du nombre de terrains issus de la division d'une propriété foncière :

---

(5) CE 21 août 1996, Ville de Toulouse, req. n° 137834 – CE 26 mars 2003, M. et Mme Leclercq, req. n° 231425.

Les terrains supportant des bâtiments qui ne sont pas destinés à être démolis ;
Les parties de terrain détachées d'une propriété et rattachées à une propriété contiguë ;
Les terrains détachés d'une propriété par l'effet d'une expropriation, d'une cession amiable consentie après déclaration d'utilité publique et, lorsqu'il en est donné acte par ordonnance du juge de l'expropriation, d'une cession amiable antérieure à une déclaration d'utilité publique ;
Les terrains réservés acquis par les collectivités publiques dans les conditions prévues aux articles L. 230-1 à L. 231-6 ;
Les cessions gratuites et les apports de terrains résultant de l'application du e du 2° de l'article L. 332-6-1 et de l'article L. 332-10 ;
Les terrains issus des divisions mentionnées à l'article R. 442-1.

On soulignera plus particulièrement que les terrains bâtis ne sont pas pris en compte dès lors que les bâtiments existants ne sont pas destinés à être démolis alors que sous l'empire de l'ancien article R. 315-1, ces terrains n'étaient exclus du calcul qu'à la condition supplémentaire que les bâtiments soient achevés depuis plus de dix et ne soient pas destinés à être démolis dans un délai de moins de dix et, au surplus, que leur destination n'ait pas vocation à être modifiée dans ce même délai.

D'autre part, il faut relever que le nouvel article L. 442-1 du code de l'urbanisme vise la division « d'une ou de plusieurs propriétés foncières ». Et si tel était déjà le cas de l'ancien article L. 315-1, il reste que l'ancien article R. 315-1 ne visait que la « division d'une propriété » et ne prenait en compte que « les terrains issus de la dite propriété » ; ce qui pouvait laisser à penser qu'un lotissement ou, plus précisément, une autorisation de lotir ne pouvait porter que sur une seule et même unité foncière.

Le nouvel article R. 421-19 (*a*) du code de l'urbanisme ne traitant pas de cette question, il est donc clair que, le cas échéant, un même lotissement pourra être constitué de plusieurs unités foncières.

Mais précisément, toute la question est alors de savoir s'il convient d'apprécier le nombre de lots créés à l'échelle de l'ensemble du terrain d'assiette de l'opération ou à l'échelon de chaque unité foncière le constituant. L'article précité se borne en effet à viser, sur ce point, « les lotissements, qui ont pour effet, sur une période de moins de dix ans, de créer plus de deux lots à construire » et ce, en application du nouvel article L. 422-2 du code de l'urbanisme, qui dispose simplement qu'un « décret en Conseil d'État précise en fonction du nombre de terrains issus de la division, de la création de voies et d'équipements communs et de la localisation de l'opération, les cas dans lesquels la réalisation d'un lotissement doit être précédée d'un permis d'aménager ».

Or, à suivre la rédaction du nouvel article R. 421-19 (*a*) du code de l'urbanisme, il ne semble pas exclu qu'une opération de construction projetée sur un terrain regroupant deux unités foncières contiguës dont une aurait vocation à être divisée en deux relève du permis d'aménager puisqu'à l'échelle de l'ensemble d'un terrain cette division aboutira à créer « plus de deux lots à construire », en l'occurrence trois, bien que seulement deux soient directement issus de la division d'une unité foncière.

Mais dans la mesure où le nouvel article R. 444-2 précise que « pour l'application du a de l'article R. 421-19, ne sont pas pris en compte pour l'appréciation du nombre de terrains issus de la division d'une propriété foncière » – et non pas « de plusieurs unités foncières » – il semble raisonnable de considérer que le nombre de lots créés doit être apprécié à l'échelon de chaque unité foncière et non pas à l'échelle de l'ensemble du terrain de l'opération lorsqu'il est constitué de plusieurs unités foncières.

Mais quoi qu'il en soit, la seule circonstance que l'opération de division emporte la création « de plus de deux lots à construire » ne suffira pas à faire relever le lotissement du permis d'aménager puisqu'aux termes du nouvel article R. 421-19 (*a*) du code de l'urbanisme, il sera encore nécessaire que ce lotissement implique la réalisation de voies ou espaces communs et/ou qu'il soit situé dans un site classé ou dans un secteur sauvegardé dont le périmètre a été délimité : à défaut, le lotissement projeté relèvera du régime déclaratif.

Autres travaux, installations et aménagements assujettis à permis d'aménager indépendamment de leur sectorisation

Les points *b)* à *k)* du nouvel article R. 421-19 du code de l'urbanisme assujettissent à permis d'aménagement dix catégories de travaux et d'aménagements en considération non seulement de leur nature mais, le plus souvent, au regard de leur importance.

Remembrements réalisés par une association foncière urbaine

Antérieurement soumis à autorisation de lotir, ces remembrements relèvent désormais du champ d'application du permis d'aménager lorsqu'ils prévoient la réalisation de voies et/ou espaces communs alors qu'aux termes de l'ancien article R. 315-1 du code de l'urbanisme, ils relevaient de l'autorisation de lotir lorsque le plan de remembrement délimitait plus de deux lots.

Création ou agrandissement d'un terrain de camping

Un permis d'aménager est également requis pour la création ou l'agrandissement d'un terrain de camping permettant l'accueil de plus de vingt personnes ou de plus de six tentes, caravanes ou résidences mobiles de loisirs ainsi que pour la création ou l'agrandissement d'un parc résidentiel de loisirs prévu au 1° de l'article R. 111-34 ou d'un village de vacances classé en hébergement léger prévu par l'article L. 325-1 du code du tourisme. Le permis d'aménager est également requis pour « le réaménagement d'un terrain de camping ou d'un parc résidentiel de loisirs existant, lorsque ce réaménagement a pour objet ou pour effet d'augmenter de plus de 10 % le nombre des emplacements » ainsi que pour « les travaux ayant pour effet, dans un terrain de camping ou d'un parc résidentiel de loisirs, de modifier substantiellement la végétation qui limite l'impact visuel des installations ».

À cet égard, la principale difficulté a trait aux modalités d'application du point *e)* du nouvel article R. 421-19 du code de l'urbanisme en ce qu'il soumet à permis d'aménager le réaménagement d'un terrain de camping ou d'un parc résidentiel de loisirs existant « lorsque ce réaménagement a pour objet ou pour effet d'augmenter de plus de 10 % le nombre des emplacements » et à son articulation avec le *c)* qui n'assujettit à cette autorisation la création ou l'agrandissement de ces campings et de ces parcs que lorsqu'ils permettent d'accueillir plus « de vingt personnes ou plus de six tentes ». La question est ainsi de savoir si le réaménagement, à titre d'exemple, d'un camping ayant pour effet d'augmenter de plus de 10 % le nombre d'emplacements existants tout en restant en deçà du seuil de vingt personnes et de six tentes exige un permis d'aménager : *a priori*, la réponse semble devoir être négative non seulement pour des considérations logiques mais également parce qu'un tel réaménagement ne peut qu'être assimilé à un agrandissement de camping au sens du point *c)* du nouvel article R. 421-19.

▸ **Force est donc de considérer qu'un réaménagement augmentant de plus de 10 % les emplacements d'un terrain de camping sans pour autant permettre l'accueil de plus de vingt personnes et de plus de six tentes ne relève pas du champ d'application du permis d'aménager.**

Aménagement d'un terrain pour la pratique des sports ou loisirs motorisés et d'un parc d'attractions ou d'une aire de jeux

De la même manière, sont soumis à permis d'aménager « l'aménagement d'un terrain pour la pratique des sports ou loisirs motorisés » ainsi que « l'aménagement d'un parc d'attractions ou d'une aire de jeux et de sports d'une superficie supérieure à deux hectares » alors que sous l'empire de l'ancien article R. 422-2 du code de l'urbanisme, des travaux étaient susceptibles de relever du champ d'application de l'autorisation « ITD ». On relèvera, toutefois, que l'ancien article R. 422-2 était indépendant de toute considération liée à la surface du terrain à aménager et qu'en revanche, aux termes du nouvel article R. 421-19 (*g* et *h*) il importe peu que les terrains, parcs et aires visées soient ou non ouverts au public.

Aménagement d'un golf

Un permis d'aménager est également exigible pour « l'aménagement d'un golf d'une superficie supérieure à vingt-cinq hectares ». Et l'on peut penser que le permis d'aménager pourra également inclure, au titre du nouvel article L. 442-1 du code de l'urbanisme, les constructions nécessaires au fonctionnement du golf à aménager pour autant qu'elles présentent un caractère accessoire par rapport à ce dernier.

Aire de stationnement ouvertes au public, dépôt de véhicule, garage collectif de caravane ou de résidence mobile

Relèvent du champ d'application du permis d'aménager les aires de stationnement ouvertes au public, les dépôts de véhicules et les garages collectifs de caravanes ou de résidences mobiles de loisirs ou les résidences mobiles « lorsqu'ils sont susceptibles de contenir au moins cinquante unités » alors que ces aménagements pouvaient précédemment être soumis à autorisation « ITD » dès lors qu'ils étaient susceptibles de contenir au moins dix unités.

Affouillements et exhaussements du sol

Un permis d'aménager s'impose également pour les affouillements et les exhaussements du sol dont la hauteur, s'il s'agit d'un exhaussement, ou la profondeur dans le cas d'un affouillement, excède deux mètres et qui portent sur une superficie supérieure ou égale à deux hectares ; sauf si ces travaux sont nécessaires à l'exécution d'un permis de construire.

Le nouvel article R. 421-19 (*k*) du code de l'urbanisme assouplit donc considérablement le contrôle des travaux d'affouillement et d'exhaussement du sol, du moins pour ce qui concerne la surface concernée par les travaux, puisqu'antérieurement, ils étaient susceptibles d'être soumis à autorisation « ITD » dès lors que cette surface s'élevait à 100 mètres carrés pour autant, déjà, que leur hauteur ou leur profondeur soit supérieure à deux mètres.

Quant à la précision selon laquelle, le permis d'aménager n'est pas requis lorsque ces travaux sont nécessaires à l'exécution d'un permis de construire, il ne s'agit pas d'une réelle nouveauté puisque l'ancien article R. 422-3 du code de l'urbanisme prévoyait qu'une autorisation « ITD » n'était pas exigible lorsque ces travaux étaient autorisés par un permis de construire.

Pour conclure sur ce point, on relèvera donc que les points *b)* à *k)* du nouvel article R. 421-19 du code de l'urbanisme assujettissent à cette autorisation bon nombre de travaux, d'installations et d'aménagements qui antérieurement relevaient de l'autorisation « ITD » et ce, le plus souvent, en assouplissant les critères en considération desquels ils sont ou non soumis à autorisation. Il reste que là où l'autorisation « ITD » n'était requise que dans les zones et secteurs visés par l'ancien article R. 442-1 du code de l'urbanisme, le permis d'aménager est exigible sur l'ensemble du territoire national.

2.2.2 Travaux, installations et aménagements assujettis à permis d'aménager en considération de leur sectorisation

Les nouveaux articles R. 421-20 à R. 422-22 du code de l'urbanisme intègrent au champ d'application du permis d'aménager certains travaux en considération de leur localisation.

En premier lieu, le nouvel article R. 421-20 du code de l'urbanisme assujettit à permis d'aménager dans les secteurs sauvegardés dont le périmètre a été délimité, dans les sites classés et dans les réserves naturelles :

- tout d'abord, « les aménagements mentionnés aux h, i et j de l'article R. 421-19 », c'est-à-dire les parcs d'attractions et les aires de jeux et de sports, les golfs ainsi que les aires de stationnement ouvertes au public, les dépôts de véhicules et les garages collectifs de caravanes ou de résidences mobiles de loisirs et ce « quelle que soit leur importance » ;
- ensuite, « les affouillements et exhaussements du sol dont la hauteur, s'il s'agit d'un exhaussement, ou la profondeur dans le cas d'un affouillement, excède deux mètres et portant sur une superficie supérieure ou égale à cent mètres carrés » ;
- et enfin, « la création d'un espace public », catégorie pour le moins vague et imprécise qui semble cependant devoir s'entendre d'espaces ouverts au public et non pas seulement d'espaces aménagés par une personne publique.

REMARQUE

Concernant les affouillements et exhaussements du sol, on retrouve les critères utilisés par l'ancien article R. 442-2 du code de l'urbanisme pour définir ceux assujettis à autorisation « ITD ». En revanche, il est surprenant que le nouvel article R. 421-20 ne les exclut pas du champ d'application du permis d'aménager, lorsque ces travaux sont nécessaires à l'exécution d'un permis de construire comme le précise le nouvel article R. 421-19 (*k*).

En deuxième lieu, le nouvel article R. 421-21 du code de l'urbanisme fait relever du permis d'aménager, dans les seuls secteurs sauvegardés dont le périmètre a été délimité, les travaux ayant pour effet de créer une voie ou de modifier les caractéristiques d'une voie existante et ce, sans distinguer les voies publiques des voies privées.

▸ **À cet égard, le nouvel article R. 421-21 du code de l'urbanisme soumet donc à autorisation des travaux qui, sous l'empire de l'ancien article R. 421-1, étaient dispensés de toute formalité.**

En troisième et dernier lieu, le nouvel article R. 421-22 du code de l'urbanisme assujettit à permis d'aménager, dans les espaces remarquables ou milieux du littoral qui sont identifiés dans un document d'urbanisme comme devant être préservés en application de l'article L. 146-6, les aménagements mentionnés aux points *a), b), c)* et *d)* de l'article R. 146-2, à savoir :

- lorsqu'ils sont nécessaires à la gestion ou à l'ouverture au public de ces espaces ou milieux, les cheminements piétonniers et cyclables et les sentiers équestres ni cimentés, ni bitumés, les objets mobiliers destinés à l'accueil ou à l'information du public, les postes d'observation de la faune ainsi que les équipements démontables liés à l'hygiène et à la sécurité tels que les sanitaires et les postes de secours lorsque leur localisation dans ces espaces est rendue indispensable par l'importance de la fréquentation du public ;
- les aires de stationnement indispensables à la maîtrise de la fréquentation automobile et à la prévention de la dégradation de ces espaces par la résorption du stationnement irrégulier, sans qu'il en résulte un accroissement des capacités effectives de stationnement, à condition que ces aires ne soient ni cimentées ni bitumées et qu'aucune autre implantation ne soit possible ;

- la réfection des bâtiments existants et l'extension limitée des bâtiments et installations nécessaires à l'exercice d'activités économiques ;
- mais à l'exclusion de toute forme d'hébergement et à condition qu'ils soient en harmonie avec le site, les aménagements nécessaires à l'exercice des activités agricoles, pastorales et forestières ne créant pas plus de 50 mètres carrés de surface de plancher ainsi que, dans les zones de pêche, de cultures marines ou lacustres, de conchyliculture, de saliculture et d'élevage d'ovins de prés salés, les constructions et aménagements exigeant la proximité immédiate de l'eau liés aux activités traditionnellement implantées dans ces zones, à la condition que leur localisation soit rendue indispensable par des nécessités techniques.

2.3 La déclaration préalable

Aux termes de l'ordonnance n° 2005-1527 du 8 décembre 2005 et du décret n° 2007-18 du 5 janvier 2007, la déclaration préalable devient un mode de contrôle à part entière de l'occupation et de l'utilisation des sols. Antérieurement, en effet, la déclaration préalable constituait le plus souvent un régime dérogatoire. Tel était le cas, au premier chef, de la déclaration de travaux, qui n'était qu'un mode de contrôle spécifique de certains travaux et constructions relevant du champ d'application du permis de construire mais soumis, par exception au principe d'autorisation préalable, à simple déclaration.

En outre, il n'existait pas un mais plusieurs régimes déclaratifs puisqu'à la déclaration de travaux instituée par l'ancien article L. 422-2 du code de l'urbanisme s'ajoutaient, notamment, la déclaration de clôture prévue par l'ancien article L. 441-2 ou, plus spécifiquement, la déclaration d'installation et de travaux divers au champ d'application défini par l'ancien article R. 442-3-1.

Un des principaux intérêts de la réforme des autorisations d'urbanisme est de rendre autonome le régime déclaratif tout en l'unifiant puisqu'il procède dorénavant du seul nouvel article L. 421-4 du code de l'urbanisme. Ce régime concerne tant certains travaux de construction nouvelle que certains travaux sur construction existante ou encore certains travaux, aménagements et installations.

2.3.1 Constructions nouvelles

Aux termes des nouveaux articles R. 421-9 à R. 421-12 du code de l'urbanisme, le champ d'application de la déclaration préalable recouvre deux principales situations : celle où la construction nouvelle aurait dû être soumise à permis de construire mais relève de la déclaration et celle où la construction nouvelle aurait pu être dispensée de toute formalité mais va néanmoins être soumis au régime déclaratif.

Déclaration préalable valant dispense de permis de construire

Les constructions nouvelles dispensées de permis de construire puisque expressément soumises à déclaration préalable sont définies par le nouvel article R. 421-9 du code de l'urbanisme.

TEXTE OFFICIEL

Code de l'urbanisme, article R. 421-9 (nouv.)

En dehors des secteurs sauvegardés dont le périmètre a été délimité et des sites classés, les constructions nouvelles suivantes doivent être précédées d'une déclaration préalable, à l'exception des cas mentionnés à la sous-section 2 ci-dessus :

a) Les constructions ayant pour effet de créer une surface hors œuvre brute supérieure à deux mètres carrés et inférieure ou égale à vingt mètres carrés ;

b) Les habitations légères de loisirs implantées dans les conditions définies à l'article R. 111-32, dont la surface hors œuvre nette est supérieure à trente-cinq mètres carrés ;
c) Les constructions, autres que les éoliennes, dont la hauteur au-dessus du sol est supérieure à douze mètres et qui n'ont pas pour effet de créer de surface hors œuvre brute ou qui ont pour effet de créer une surface hors œuvre brute inférieure ou égale à deux mètres carrés ;
d) Les ouvrages et accessoires des lignes de distribution d'énergie électrique dont la tension est inférieure à soixante-trois mille volts ;
e) Les murs dont la hauteur au-dessus du sol est supérieure ou égale à deux mètres ;
f) Les piscines dont le bassin a une superficie inférieure ou égale à cent mètres carrés et qui ne sont pas couvertes ou dont la couverture, fixe ou mobile, a une hauteur au-dessus du sol inférieure à un mètre quatre-vingts ;
g) Les châssis et serres dont la hauteur au-dessus du sol est comprise entre un mètre quatre-vingts et quatre mètres, et dont la surface au sol n'excède pas deux mille mètres carrés sur une même unité foncière.

Le nouvel article R. 421-9 du code de l'urbanisme vise ainsi, pour l'essentiel, un ensemble d'ouvrages spécifiques qui, au regard de leurs particularités techniques et constructives constituent des constructions au sens des nouveaux articles L. 421-1 et R. 421-1. A ce titre, ces constructions devraient donc être assujetties à permis de construire mais en considération, le plus souvent, de leurs dimensions et/ou de leur surface relèvent donc du régime déclaratif.

Il s'ensuit que lorsque les caractéristiques de la construction considérée excèdent un des plafonds fixés par l'article R. 421-9 du code de l'urbanisme, sa réalisation sera assujettie à permis de construire. En revanche, lorsqu'elles sont inférieures aux seuils qui lui sont applicables, sa réalisation sera dispensée de toute formalité ; ce qui fait d'autant moins de doute que la liste des ouvrages établie par l'article R. 421-9 recouvre l'essentiel de celle opérée par le nouvel article R. 421-5 du code de l'urbanisme relatif aux constructions dispensées de toute formalité en considération de leur nature et de leur très faible importance.

Mais ce sont les points *a)* et *c)* du nouvel article R. 421-9 du code de l'urbanisme qui attirent plus particulièrement l'attention et, en toute hypothèse, appellent des commentaires plus particuliers.

Au titre de l'article R. 421-9 (*a*), d'une part, relèvent de la simple déclaration préalable « les constructions ayant pour effet de créer une surface hors œuvre brute supérieure à deux mètres carrés et inférieure ou égale à vingt mètres carrés ». On retrouve ici l'économie générale de l'ancien article R. 422-2 (*m*) aux termes duquel relevaient de la déclaration de travaux « les constructions ou travaux n'ayant pas pour effet de changer la destination d'une construction existante et qui n'ont pas pour effet de créer une surface de plancher nouvelle ou qui ont pour effet de créer, sur un terrain supportant déjà un bâtiment, une surface de plancher hors œuvre brute inférieure ou égale à 20 mètres carrés » ; à trois nuances près.

Tout d'abord, l'article précité précise expressément que le régime déclaratif ne s'applique qu'à compter de deux mètres carrés de SHOB créée puisqu'en deçà, la construction sera dispensée de toute formalité au titre du nouvel article R. 421-2 (*a*). Quant au plafond de vingt mètres carrés de SHOB créée, celui-ci devrait s'appliquer construction par construction. En d'autres termes, plusieurs constructions qui pour être édifiées en même temps seraient néanmoins divisibles pourraient relever de la déclaration préalable dès lors que la surface de chacune est inférieure à ce seuil de 20 m^2, quand bien même la surface globale de ces constructions l'excéderait-elle.

JURISPRUDENCE **TA Nice 24 mai 2006, Mme Baracco, req. n° 0205432**

Considérant qu'il ressort des pièces du dossier que les auvents litigieux, respectivement de 16 m^2 et de 12 m^2 de SHOB, (...) sont destinés, respectivement, à couvrir une aire de stationnement et une terrasse situées à des étages différents et que la commune ne saurait dès lors utilement soutenir qu'ils présenteraient un caractère indissociable permettant d'additionner leurs surfaces pour apprécier si le seuil de 20 m^2 imparti par les dispositions de l'article R. 422-2 (*m*) du code de l'urbanisme est ou non atteint ; qu'il résulte de ce que dit précédemment qu'ils ont, chacun, une surface inférieure à 20 m^2 de SHOB sur un terrain supportant déjà une construction ; que leur édification était, dès lors, soumise au régime déclaratif des articles L. 422-2 et R. 422-2 et suivants du code de l'urbanisme ; que le refus litigieux doit, dans ces conditions, être regardé comme rapportant en réalité la décision tacite de non-opposition à travaux intervenue le 3 juin 2002.

Ensuite, le nouvel article R. 421-9 (*a*) ne vise pas le cas où les travaux emportent un changement de destination, ce qui est *a priori* logique s'agissant d'une disposition applicable aux constructions nouvelles ; sans compter qu'aux termes du nouvel article R. 421-17, les changements de destination relèvent également, par principe, du régime déclaratif.

Enfin et contrairement à l'ancien article R. 422-2 (*m*) du code de l'urbanisme, le nouvel article R. 421-9 (*a*) ne vise plus l'hypothèse où la construction est projetée « sur un terrain supportant déjà un bâtiment ». Il faut donc en déduire que toute construction nouvelle répondant aux critères posés par ces nouvelles dispositions relève de la déclaration préalable, y compris si elle est projetée sur un terrain nu.

Au titre de l'article R. 421-9 (*c*), d'autre part, relèvent de la simple déclaration préalable « les constructions, autres que les éoliennes, dont la hauteur au-dessus du sol est supérieure à douze mètres et qui n'ont pas pour effet de créer de surface hors œuvre brute ou qui ont pour effet de créer une surface hors œuvre brute inférieure ou égale à deux mètres carrés ».

La principale question posée par cet article a trait à son articulation avec le nouvel article R. 421-9 (*a*) du code de l'urbanisme s'agissant des constructions d'une hauteur supérieure à douze mètres dont la SHOB est comprise entre deux et vingt mètres carrés.

En effet, lorsque la construction projetée ne crée pas de SHOB ou une SHOB égale ou inférieure à deux mètres carrés et présente une hauteur inférieure ou égale à douze mètres, elle sera dispensée de toute formalité en application de l'article R. 421-2 (*a*) du code de l'urbanisme. Si sa hauteur est inférieure ou égale à douze mètres et si sa SHOB est comprise entre deux et vingt mètres carrés, sa réalisation relèvera de la déclaration de travaux en application des dispositions combinées des nouveaux articles R. 421-2 (*a*) et R. 421-9 (*a*) du code de l'urbanisme. Toutefois, si sa SHOB est supérieure à vingt mètres, sa réalisation relèvera en toute hypothèse du permis de construire, quelle que soit sa hauteur, puisqu'elle excédera ainsi le plafond fixé par le nouvel article R. 421-9 (*a*) du code de l'urbanisme.

En revanche, la réponse est moins évidente s'agissant des constructions d'une hauteur supérieure à douze mètres dont la SHOB est comprise entre deux et vingt mètres carrés.

En première analyse, sa réalisation relèverait du régime déclaratif au titre du nouvel article R. 421-9 (*a*) du code de l'urbanisme, lequel vise les constructions d'une SHOB comprise entre deux et vingt mètres carrés, indépendamment de toute considération liée à leur hauteur.

Si l'on s'en tient à la lettre du nouvel article R. 421-9 (*c*) du code de l'urbanisme, une construction d'une hauteur supérieure à douze mètres ne relève du régime déclaratif que si sa SHOB est inférieure ou égale à deux mètres.

REMARQUE

Au surplus, on voit mal pourquoi le point *c)* aurait été spécifiquement et distinctement inséré au nouvel article R. 421-9 du code de l'urbanisme, si une construction d'une hauteur supérieure à douze mètres devait également relever du régime déclaratif au titre de l'article R. 421-9 (*a*) lorsque sa SHOB, pour être supérieure à deux mètres carrés est néanmoins inférieure ou égale à vingt mètres carrés. Si tel devait être le cas, il aurait été plus simple et logique de ne prévoir qu'un alinéa se bornant à faire relever du régime déclaratif toutes les constructions nouvelles qui ne créent pas de SHOB ou créent une SHOB inférieure ou égale à vingt mètres carrés, sans viser distinctement le cas des constructions d'une hauteur supérieure à douze mètres.

En l'état, force serait donc de considérer, d'une part, qu'une construction d'une hauteur supérieure à douze mètres ne relève du régime déclaratif que si elle respecte les seuils fixés par le point c) du nouvel article R. 421-9 du code de l'urbanisme, c'est-à-dire si elle ne crée pas de SHOB ou crée une SHOB inférieure ou égale à deux mètres carrés et, d'autre part et par voie de conséquence, que les constructions dont la SHOB est comprise entre deux et vingt mètres carrés ne relèvent du régime déclaratif que si leur hauteur est inférieure ou égale à douze mètres.

Toutefois, à la lecture du nouvel article R. 421-2 (*a*) du code de l'urbanisme, qui dispense de toute formalité « les constructions nouvelles dont la hauteur au-dessus du sol est inférieure à douze mètres et qui n'ont pas pour effet de créer de surface de plancher ou qui ont pour effet de créer une surface hors œuvre brute inférieure ou égale à deux mètres carrés », et en considération du fait que le nouvel article R. 421-9 (*a*) est indépendant de toute considération liée à la hauteur de la construction en cause, il semble falloir comprendre que l'article R. 421-9 (*c*) soumet à régime déclaratif les constructions qui ne créent pas de SHOB ou une SHOB supérieure ou égale à deux mètres carrés dès lors que leur hauteur est supérieure à douze mètres et, par voie de conséquence, que relèvent du régime déclaratif, au titre de l'article R. 421-9 (a), les constructions nouvelles d'une SHOB comprise entre deux et vingt mètres carrés, quelle que soit leur hauteur.

Il n'en demeure pas moins qu'il incombera à la jurisprudence d'éclairer l'articulation de ces dispositions et, surtout, la portée du point c) du nouvel article R. 421-9 du code de l'urbanisme ; d'autant que le nouvel article R. 421-11 (*a*) ajoute encore à l'incertitude.

Mais en toute hypothèse, il résulte du nouvel article R. 421-9 du code de l'urbanisme que les constructions visées par ses points *a)* à *g)*, remplissant les critères qui leur sont opposables, ne relèvent du régime déclaratif que pour autant qu'elles sont projetées en dehors d'un secteur sauvegardé ou d'un site classé : si tel n'est pas le cas, leur réalisation a donc vocation, par principe et sauf exceptions, à relever du permis de construire.

Déclaration préalable comme exception à la dispense de toute formalité

Tout d'abord, le nouvel article R. 421-10 du code de l'urbanisme assujettit à déclaration préalable les ouvrages d'infrastructure terrestre, maritime ou fluviale tels que les voies, ponts, infrastructures portuaires ou aéroportuaires lorsque leur réalisation est projetée dans un secteur sauvegardé dont le périmètre a été délimité. En dehors de ces secteurs, ces ouvrages sont dispensés de toute formalité au titre du nouvel article R. 421-3 (*a*) du code de l'urbanisme.

Ensuite, le nouvel article R. 421-11 (*b*) du code de l'urbanisme assujettit à déclaration préalable « les murs, quelle que soit leur hauteur » lorsque leur réalisation est projetée « dans les secteurs sauvegardés dont le périmètre a été délimité, dans un site classé, dans les réserves naturelles, dans les espaces ayant vocation à être classés dans le cœur d'un futur parc national dont la création a été prise en considération en application de l'article R. 331-4 du code de l'environnement et à l'intérieur du cœur des parcs nationaux délimités en application de l'article L. 331-2 du même code ». En dehors de ces zones, il résulte des dispositions combinées des nouveaux articles R. 421-2 (*f*) et R. 421-9 (*e*) que la réalisation d'un mur d'une hauteur inférieure à deux mètres est dispensée de toute formalité, sauf à ce qu'il constitue une clôture.

REMARQUE En l'état, le régime déclaratif prévu par l'article R. 421-11 (*b*) du code de l'urbanisme semble également valoir pour les murs de soutènement bien que le nouvel article R. 421-3 (*a*) les dispense de toute formalité, quelle que soit leur hauteur, avec pour seule exception le cas où ils sont sis dans un périmètre sauvegardé.

Mais c'est le point *a)* du nouvel article R. 421-11 du code de l'urbanisme qui s'avère le plus surprenant en ce qu'il précise que, dans les mêmes secteurs, sites, réserves et espaces, « doivent être précédées d'une déclaration préalable (...) les constructions n'ayant pas pour effet de créer une surface hors œuvre brute ou ayant pour effet de créer une surface hors œuvre brute inférieure ou égale à vingt mètres carrés, quelle que soit leur hauteur ».

Or, si cette précision présente un intérêt concernant les constructions d'une hauteur inférieure à douze mètres et ne créant pas de SHOB ou créant une SHOB inférieure ou égale à deux mètres carrés (qui aux termes du nouvel article R. 421-1 (*a*) du code de l'urbanisme sont, par principe, dispensées de toute formalité), on en saisit mal la portée s'agissant des constructions d'une SHOB comprise entre deux et vingt mètres carrés, lesquelles relèvent déjà du régime déclaratif au titre du nouvel article R. 421-9 (*a*), quelle que soit leur hauteur ; sauf à ce qu'elles soient projetées dans un secteur sauvegardé ou un site classé.

▸ **Il faut donc en déduire que les constructions d'une SHOB comprise entre deux et vingt mètres carrés projetées dans un secteur sauvegardé ou un site classé relèvent non pas du permis de construire mais du régime déclaratif, en application non pas du nouvel article R. 421-2 (*a*) mais du nouvel article R. 421-11 (*a*) du code de l'urbanisme.**

Enfin, le nouvel article R. 421-12 du code de l'urbanisme assujettit à déclaration préalable les clôtures, lorsqu'elles sont projetées dans un des secteurs et sites qu'il vise.

TEXTE OFFICIEL

Code de l'urbanisme, article R. 421-12 (nouv.)

Doit être précédée d'une déclaration préalable l'édification d'une clôture située :

a) Dans un secteur sauvegardé dont le périmètre a été délimité, dans le champ de visibilité d'un monument historique défini à l'article L. 621-30-1 du code du patrimoine ou dans une zone de protection du patrimoine architectural, urbain et paysager créée en application de l'article L. 642-1 du code du patrimoine ;

b) Dans un site inscrit ou dans un site classé en application des articles L. 341-1 et L. 341-2 du code de l'environnement ;

c) Dans un secteur délimité par le plan local d'urbanisme en application du 7° de l'article L. 123-1 ;

d) Dans une commune ou partie de commune où le conseil municipal ou l'organe délibérant de l'établissement public de coopération intercommunale compétent en matière de plan local d'urbanisme a décidé de soumettre les clôtures à déclaration.

En dehors de ces cas, l'édification d'une clôture sera dispensée de toute formalité comme le confirme le nouvel article R. 421-2 (*g*) du code de l'urbanisme qui vise « les clôtures, en dehors des cas prévus à l'article R. 421-12, ainsi que les clôtures nécessaires à l'activité agricole ou forestière » et dont il semble résulter que les clôtures nécessaires à l'activité agricole et forestière sont en toute hypothèse dispensées de toute formalité, y compris lorsqu'elles sont prévues dans un des secteurs et sites visés par le nouvel article R. 421-12.

2.3.2 Travaux sur constructions existantes et changements de destination soumis à déclaration préalable

Outre certaines constructions nouvelles, le champ d'application de la déclaration préalable inclut également certains travaux sur existant ainsi que les changements de destination de bâtiment existant.

Travaux sur existant relevant du régime déclaratif

Au titre des points *a)* et *c)* à *g)* du nouvel article R. 421-17 du code de l'urbanisme et par exception au principe posé par le nouvel article R. 421-13 aux termes duquel les travaux sur existant sont dispensés de toute formalité, certains de ces travaux relèvent du régime déclaratif pour autant qu'ils ne s'accompagnent pas ou ne soient pas inclus dans des travaux sur existant assujettis à permis de construire en application des nouveaux articles R. 421-14 à R. 421-16.

Tel est le cas, en premier lieu, des travaux de ravalement et des travaux ayant pour effet de modifier l'aspect extérieur d'un bâtiment existant, ce qui était déjà le cas sous l'empire de l'ancien article R. 422-2 du code de l'urbanisme, bien que la jurisprudence ait longtemps hésité au sujet des travaux modifiant l'aspect extérieur des constructions qui aux termes de l'ancien article L. 421-1, alinéa 2 du code de l'urbanisme relevaient expressément du permis de construire mais aussi du régime déclaratif prévu par l'ancien article R. 422-2 (*m*) en ce qu'il visait les travaux n'ayant pas pour effet de changer l'aspect extérieur de la construction.

En deuxième lieu, sont également assujettis à déclaration préalable les travaux effectués à l'intérieur des immeubles sis « dans les secteurs sauvegardés dont le plan de sauvegarde et de mise en valeur n'est pas approuvé ou dont le plan de sauvegarde et de mise en valeur a été mis en révision » ; étant relevé que dans les cas visés par le nouvel article R. 421-15 (*a*) du code de l'urbanisme, ces travaux sont assujettis à permis de construire.

En troisième lieu, le nouvel article R. 421-17 (*d*) du code de l'urbanisme place sous le régime déclaratif « les travaux exécutés sur des constructions existantes ayant pour effet de modifier ou de supprimer un élément que le plan local d'urbanisme ou un document d'urbanisme en tenant lieu a identifié, en application du 7° de l'article L. 123-1, comme présentant un intérêt patrimonial ou paysager ». Mais il faut rappeler que dans les secteurs sauvegardés dont le plan de sauvegarde et de mise en valeur est approuvé, « les travaux qui portent sur un élément que le plan de sauvegarde et de mise en valeur a identifié, en application du 7° de l'article L. 123-1, comme présentant un intérêt patrimonial ou paysager » relèvent en revanche du permis de construire, au titre du nouvel article R. 421-15 (*b*).

En quatrième lieu, relèvent encore du régime déclaratif « les travaux exécutés sur des constructions existantes ayant pour effet, dans une commune non couverte par un plan local d'urbanisme, de modifier ou de supprimer un élément, qu'une délibération du conseil municipal, prise après enquête publique, a identifié comme présentant un intérêt patrimonial ou paysager ». Il résulte que les travaux portant sur ces constructions sans les supprimer, ni les modifier sont *a priori* dispensés de toute formalité, y compris dans les secteurs sauvegardés puisque ces travaux ne sont pas envisagés par le nouvel article R. 421-15 du code de l'urbanisme.

En cinquième lieu, « les travaux ayant pour effet la création d'une surface hors œuvre brute supérieure à deux mètres carrés et inférieure ou égale à vingt mètres carrés » sont également assujettis à déclaration préalable, ce qui est le corollaire de la règle posée par le nouvel article R. 421-9 (*a*) du code de l'urbanisme relatif aux constructions nouvelles relevant du régime déclaratif et non pas du permis de construire.

Enfin, le point g) du nouvel article R. 421-17 vise « les travaux ayant pour effet de transformer plus de dix mètres carrés de surface hors œuvre brute en surface hors œuvre nette », ce qui est une modulation, voire une exception à la règle posée par son point *f)* puisque ces travaux relèvent donc du régime déclaratif alors même qu'ils ne créeraient aucune SHOB nouvelle. Il constitue également l'une des hypothèses où des travaux d'aménagement intérieur pourront être contrôlés par le droit des autorisations d'urbanisme alors même qu'ils ne s'accompagnent d'aucun changement de destination.

Mais en tous les cas, tous les travaux visés au nouvel article R. 421-17 du code de l'urbanisme ne relèvent pas du régime déclaratif mais sont donc dispensés de toute formalité, s'ils consistent en de simples « travaux d'entretien ou de réparation ordinaire ».

Changements de destination relevant du régime déclaratif

Antérieurement les changements de destination n'étaient saisis par le droit des autorisations d'urbanisme qu'à la condition qu'ils s'accompagnent de travaux pour alors exiger un permis de construire, quelle que soit l'importance de ces derniers. Il résulte des dispositions combinées des nouveaux articles R. 421-13, R. 421-14 (*b*) et R. 421-17 (*b*) du code de l'urbanisme que les changements de destination – au regard des destinations prévues par l'article R. 123-9 du code de l'urbanisme – sont dorénavant contrôlés indépendamment de toute considération liée à la question de savoir s'ils s'accompagnent ou non de travaux et relèvent, par principe, du régime déclaratif.

▸ **Il n'en demeure pas moins que lorsque le changement de destination s'accompagne de travaux visés par les nouveaux articles R. 421-14, R. 421-15 ou R. 421-16 du code de l'urbanisme, ils doivent relever d'un permis de construire au titre de ces derniers.**

Mais comme pour le permis de construire, le nouvel article R. 421-17 (*b*) restreint la notion de changement de destination en précisant que « les locaux accessoires d'un bâtiment sont réputés avoir la même destination que le local principal », ce dont il résulte que, contrairement au régime antérieur, le changement de destination n'a plus vocation à être apprécié local par local mais doit être apprécié à l'échelle de l'ensemble de l'immeuble.

2.3.3 Travaux, aménagements et installations relevant du régime déclaratif

Ici encore, il résulte des nouveaux articles R. 421-23 à R. 421-25 du code de l'urbanisme que le champ d'application de la déclaration préalable en la matière recouvre deux principales hypothèses : celle où les travaux sont soumis à déclaration principalement en considération de leur nature et ce, par référence, le plus souvent, au champ d'application du permis d'aménager et celle où les travaux sont soumis à déclaration également en considération de leur nature mais surtout au regard de leur sectorisation.

Mais en toute hypothèse, l'exigence d'une déclaration préalable constitue une exception au principe posé par le nouvel article R. 421-18 du code de l'urbanisme selon lequel les travaux, installations et aménagements sont dispensés de toute formalité.

Travaux, aménagements et installations relevant du régime déclaratif en considération de leur nature

La liste des travaux, aménagements et installations relevant du régime déclaratif en considération principalement de leur nature est fixée par le nouvel article R. 421-23 du code de l'urbanisme.

TEXTE OFFICIEL

Code de l'urbanisme, article R. 421-23 (nouv.)

Doivent être précédés d'une déclaration préalable les travaux, installations et aménagements suivants :

a) Les lotissements autres que ceux mentionnés au a de l'article R. 421-19 ;

b) Les divisions des propriétés foncières situées à l'intérieur des zones délimitées en application de l'article L. 111-5-2, à l'exception des divisions opérées dans le cadre d'une opération d'aménagement autorisée, des divisions effectuées, avant la clôture de l'opération, dans le cadre d'une opération d'aménagement foncier rural relevant du titre II du livre Ier du code rural et des divisions résultant d'un bail rural consenti à des preneurs exerçant la profession agricole ;

c) L'aménagement ou la mise à disposition des campeurs, de façon habituelle, de terrains ne nécessitant pas un permis d'aménager en application de l'article R. 421-19 ;

d) L'installation, en dehors des terrains de camping et parcs résidentiels de loisirs, d'une caravane autre qu'une résidence mobile mentionnée au j ci-dessous lorsque la durée de cette installation est supérieure à trois mois par an ; sont prises en compte, pour le calcul de cette durée, toutes les périodes de stationnement, consécutives ou non ;

e) Lorsqu'ils sont susceptibles de contenir de dix à quarante-neuf unités, les aires de stationnement ouvertes au public, les dépôts de véhicules et les garages collectifs de caravanes ;

f) À moins qu'ils ne soient nécessaires à l'exécution d'un permis de construire, les affouillements et exhaussements du sol dont la hauteur, s'il s'agit d'un exhaussement, ou la profondeur dans le cas d'un affouillement, excède deux mètres et qui portent sur une superficie supérieure ou égale à cent mètres carrés ;

g) Les coupes ou abattages d'arbres dans les cas prévus par l'article L. 130-1 ;

h) Les travaux ayant pour effet de modifier ou de supprimer un élément que le plan local d'urbanisme ou un document d'urbanisme en tenant lieu a identifié, en application du 7° de l'article L. 123-1, comme présentant un intérêt patrimonial ou paysager ;

i) Les travaux autres que ceux exécutés sur des constructions existantes ayant pour effet, dans une commune non couverte par un plan local d'urbanisme, de modifier ou de supprimer un élément, qu'une délibération du conseil municipal, prise après enquête publique, a identifié comme présentant un intérêt patrimonial ou paysager ;

j) L'installation d'une résidence mobile visée par l'article 1er de la loi n° 2000-614 du 5 juillet 2000 relative à l'accueil et à l'habitat des gens du voyage, constituant l'habitat permanent des gens du voyage, lorsque cette installation dure plus de trois mois consécutifs ;

k) Les aires d'accueil des gens du voyage.

Le champ d'application de la déclaration d'aménagement est donc calqué sur celui du permis d'aménager pour un certain nombre de travaux, d'installations et d'aménagements tels les lotissements, les aires de stationnement et les travaux d'affouillement ou d'exhaussement du sol.

Mais il faut souligner que malgré l'objectif de clarification et de simplification poursuivi par la réforme des autorisations d'urbanisme, la seule lecture du nouvel article R. 421-23 du code de l'urbanisme ne permet pas à elle seule de déterminer le champ d'application de la déclaration d'aménagement. Il est en effet encore nécessaire de procéder par recoupement avec le champ d'application du permis d'aménager tel qu'il est défini par les articles R. 421-20 à R. 421-22.

Ainsi, à s'en tenir ou point *e)* du nouvel article R. 421-23, il pourrait être compris qu'une aire de stationnement de moins de dix unités est, en toute hypothèse, dispensée de toute formalité et qu'aux termes de son point *f)* « les affouillements et exhaussements du sol dont la hauteur, s'il s'agit d'un exhaussement, ou la profondeur dans le cas d'un affouillement, excède deux mètres et qui portent sur une superficie supérieure ou égale à cent mètres carrés » ne relèvent que de la déclaration d'aménagement. Il résulte du nouvel article R. 421-21 du code de l'urbanisme que ces travaux, installations et aménagements sont soumis à permis d'aménager lorsqu'ils sont projetés dans un secteur sauvegardé, un site classé ou une réserve naturelle.

Quant aux lotissements leur régime est, en revanche, plus clairement formulé : le nouvel article R. 421-23 vise expressément « les lotissements autres que ceux mentionnés au a de l'article R. 421-19 ». Il s'ensuit qu'une déclaration d'aménagement s'impose pour la constitution d'un lotissement n'étant pas soumis à permis d'aménager au titre du nouvel article R. 421-19 du code de l'urbanisme. Mais force est de constater que le nouvel article R. 421-23 vise des travaux, des installations et des aménagements qui ne sont pas visés par le nouvel article R. 421-19, ce dont il résulte que la déclaration d'aménagement n'est pas une dérogation au permis d'aménager mais a, pour partie, un champ d'application autonome.

Divisions des propriétés foncières

Sont ainsi spécifiquement soumises à déclaration d'aménagement « les divisions des propriétés foncières situées à l'intérieur des zones délimitées en application de l'article L. 111-5-2 », laquelle se substitue à la déclaration préalable prévue par l'ancien article R. 315-57 du code de l'urbanisme.

TEXTE OFFICIEL **Code de l'urbanisme, article R. 315-57 (anc.)**

Est soumise à la déclaration préalable prévue à l'article L. 111-5-2 toute division volontaire, en propriété ou en jouissance, par ventes ou locations simultanées ou successives d'une propriété foncière, lorsque cette division a pour objet ou, sur une période de moins de dix ans, a pour effet de porter à plus de trois le nombre de terrains issus de ladite propriété.

Les terrains mentionnés au troisième alinéa de l'article R. 315-1 ne sont pas pris en compte pour l'appréciation du nombre de terrains issus de la division d'une propriété foncière.

En outre, ne sont pas soumises à la déclaration préalable prévue à l'article L. 111-5-2 :

Les divisions de propriétés foncières mentionnées à l'article R. 315-2 ;

Les divisions effectuées dans le cadre des opérations d'aménagement foncier relevant du titre Ier du livre Ier du code rural, à l'exception de celles opérées après la clôture desdites opérations ;

Les divisions résultant d'un bail rural consenti à des preneurs exerçant la profession agricole.

Aménagement ou mise à disposition des campeurs de terrains ne nécessitant pas un permis d'aménager et installation d'une caravane

Une déclaration d'aménagement s'impose également pour l'aménagement ou la mise à disposition des campeurs de terrains ne nécessitant pas un permis d'aménager en application de l'article R. 421-19 ainsi que l'installation, en dehors des terrains de camping et parcs résidentiels de loisirs, d'une caravane autre qu'une résidence mobile lorsque la durée de cette installation est supérieure à trois mois par an, ce qui en soi ne pose pas de difficulté, si ce n'est qu'il devrait être difficile d'établir, comme le prévoit le nouvel article R. 421-23, que la mise à la disposition des campeurs du terrain s'opère de façon habituelle et que la durée de l'implantation de la résidence mobile ou de la caravane est de plus de trois mois par an lorsqu'elle ne procède pas d'une période de stationnement consécutive.

Coupes ou abattages d'arbres

Relèvent désormais de la déclaration d'aménagement « les coupes ou abattages d'arbres dans les cas prévus par l'article L. 130-1 », c'est-à-dire dans les secteurs classés espaces boisés, lesquels étaient auparavant assujettis à l'autorisation prévue par l'ancien article R. 130-1 du code de l'urbanisme.

Travaux ayant pour effet de modifier ou de supprimer un élément présentant un intérêt patrimonial ou paysager

« Les travaux ayant pour effet de modifier ou de supprimer un élément que le plan local d'urbanisme ou un document d'urbanisme en tenant lieu a identifié, en application du 7° de l'article L. 123-1, comme présentant un intérêt patrimonial ou paysager » ainsi que « les travaux autres que ceux exécutés sur des constructions existantes ayant pour effet, dans une commune non couverte par un plan local d'urbanisme, de modifier ou de supprimer un élément, qu'une délibération du conseil municipal, prise après enquête publique, a identifié comme présentant un intérêt patrimonial ou paysager » sont également soumis à déclaration d'aménagement, ce qui constitue le corollaire de la règle selon laquelle ces travaux sont assujettis à déclaration préalable, au titre du nouvel article R. 421-17 du code de l'urbanisme, lorsqu'ils portent sur une construction existante.

Installation d'une résidence mobile et d'une aire d'accueil des gens du voyage

Le nouvel article R. 421-23 assujettit à déclaration d'aménagement « l'installation d'une résidence mobile visée par l'article 1er de la loi n° 2000-614 du 5 juillet 2000 relative à l'accueil et à l'habitat des gens du voyage, constituant l'habitat permanent des gens du voyage, lorsque cette installation dure plus de trois mois consécutifs » ainsi que « les aires d'accueil des gens du voyage ». Mais à cet égard, deux précisions s'imposent.

D'une part, l'installation pour une durée de plus de trois mois consécutifs d'une résidence mobile visée par l'article 1er de la loi n° 2000-614 du 5 juillet 2000 impose la formulation d'une déclaration préalable même lorsqu'elle n'a pas lieu sur une aire d'accueil des gens du voyage ou même, *a priori*, lorsqu'elle a lieu sur une aire précédemment aménagée en exécution d'une précédente déclaration.

D'autre part, la déclaration d'aménagement ne concerne que la réalisation de l'aire d'accueil à proprement parler et non pas les constructions devant y être implantées qui, elles relèvent du champ d'application du permis de construire. Toutefois, lorsque le projet implique également la réalisation de telles constructions, il sera vraisemblablement possible d'obtenir un permis d'aménager valant également autorisation de construire au titre du nouvel article L. 442-1 du code l'urbanisme pour autant, comme l'exige ce dernier, que les constructions projetées présentent un caractère accessoire.

Travaux, aménagements et installations relevant du régime déclaratif en considération de leur sectorisation

La liste des travaux, aménagements et installations relevant du régime déclaratif en considération principalement de leur sectorisation est fixée par les nouveaux articles R. 421-24 et R. 421-25 du code de l'urbanisme :

- dans les secteurs sauvegardés dont le périmètre a été délimité, les travaux ayant pour effet de modifier l'aménagement des abords d'un bâtiment existant doivent être précédés d'une déclaration préalable à l'exception des travaux d'entretien ou de réparations ordinaires ;
- dans les secteurs sauvegardés dont le périmètre a été délimité, les sites classés et les réserves naturelles, l'installation de mobilier urbain ou d'œuvres d'art, les modifications des voies ou espaces publics et les plantations qui sont effectuées sur ces voies ou espaces, à l'exception des travaux d'entretien ou de réparations ordinaires et des travaux imposés par les réglementations applicables en matière de sécurité, doivent également être précédées d'une déclaration préalable.

À cet égard, le champ d'application de la déclaration d'aménagement a pour effet d'assujettir à une procédure préalable certains ouvrages qui, sous l'empire de l'ancien article R. 421-1 du code de l'urbanisme, étaient dispensés de toute formalité, tels les ouvrages d'art lorsque leur hauteur était inférieure à 12 mètres et leur volume inférieur à 40 mètres cubes ou le mobilier urbain lorsqu'il était implanté sur le domaine public.

REMARQUE

On peut relever que, dans les secteurs sauvegardés dont le périmètre a été délimité, les sites classés et les réserves naturelles, le mobilier urbain est ici visé au titre des travaux, aménagements et installations alors qu'il est visé, en dehors de ces zones, par le nouvel article R. 421-2 (h) comme une construction nouvelle. Ceci révèle que malgré l'objectif de clarification et de simplification des procédures, la détermination du régime dont relève un ouvrage implique une lecture complète des dispositions du code de l'urbanisme relatives à cette question.

2.4 Constructions, aménagements, installations et travaux dispensés de toute formalité

À proprement parler, l'ordonnance n° 2005-1527 du 8 décembre 2005 et son décret d'application n° 2007-18 du 5 janvier 2007 ne bouleversent pas le mode de détermination des constructions, aménagements, installations et travaux exemptés de toute formalité préalable, bien que la liste de ceux en étant expressément dispensés soit substantiellement modifiée et étendue.

2.4.1 Détermination des constructions, aménagements, installations et travaux expressément dispensés de toute formalité

Tout d'abord et sauf pour ce qui concerne les constructions neuves, ce sont évidemment les constructions, aménagements, installations et travaux qui ne relèvent pas expressément du champ d'application du permis de construire, du permis d'aménager, du permis démolir, de la déclaration préalable qui sont dispensés de toute formalité préalable.

À cet égard, l'ordonnance n° 2005-1527 du 8 décembre 2005 et son décret d'application du 5 janvier 2007 conservent donc la méthode d'exclusion implicite déjà pratiquée par le code de l'urbanisme dans sa version antérieure : étaient en effet dispensés de toute formalité les travaux ne relevant pas expressément du champ d'application des diverses autorisations et régimes déclaratifs qu'il prévoyait.

Ensuite, il faut rappeler qu'aux termes du nouvel article R. 421-13 du code de l'urbanisme « les travaux exécutés sur des constructions existantes sont dispensés de toute formalité au titre du code de l'urbanisme à l'exception des travaux mentionnés aux articles R. 421-14 à R. 421-16, qui sont soumis à permis de construire (et) des travaux mentionnés à l'article R. 421-17, qui doivent faire l'objet d'une déclaration préalable ».

De même, s'agissant des travaux, installations et aménagements affectant l'utilisation, le nouvel article R. 421-8 du code de l'urbanisme précise que « les travaux, installations et aménagements autres que ceux exécutés sur des constructions existantes sont dispensés de toute formalité au titre du code de l'urbanisme à l'exception de ceux, mentionnés aux articles R. 421-19 à R. 421-22, qui sont soumis à permis d'aménager (et) de ceux, mentionnés aux articles R. 421-23 à R. 421-25, qui doivent faire l'objet d'une déclaration préalable ».

Or, si les exceptions sont nombreuses, il n'en demeure pas moins qu'aux termes de l'article R. 421-8 précité, les travaux sur des constructions existantes ainsi que les travaux, installations et aménagements affectant l'utilisation du sol sont, par principe, dispensés de toute formalité.

Enfin, seules les constructions nouvelles exemptées de toute formalité sont expressément listées ; ce qui est logique dès lors qu'à l'inverse des travaux sur les constructions existantes ou des aménagements et autres installations, les constructions nouvelles sont par principe assujetties à permis de construire ou à déclaration préalable. Tel était déjà le cas antérieurement, puisque l'ancien article R. 421-1 du code de l'urbanisme énonçait expressément les travaux exclus du champ d'application du permis de construire, c'est-à-dire n'impliquant ni permis de construire, ni déclaration de travaux préalable.

2.4.2 **Constructions nouvelles**

La liste des constructions, des aménagements, des installations et des travaux expressément dispensés de toute formalité préalable est fixée par les nouveaux articles R. 421-2 à R. 421-5 et R. 421-8 du code de l'urbanisme. Sans refaire le détail exhaustif des constructions visées et des conditions posées, lesquelles ont été exposées lors de l'examen du champ d'application du permis de construire s'agissant des constructions nouvelles, on peut néanmoins formuler plusieurs observations.

En premier lieu, il convient de souligner que les dispenses prévues par les nouveaux articles R. 421-2 et R. 421-3 du code de l'urbanisme ne valent pas à l'égard des constructions nouvelles implantées dans des secteurs sauvegardés et/ou des sites classés. En pareil cas, la construction projetée est assujettie à permis de construire, sauf à ce qu'elle soit expressément intégrée au champ d'application de la déclaration préalable.

En second lieu, on peut relever que comparé à l'ancien article R. 421-1 du code de l'urbanisme, les dispenses dont bénéficiaient déjà, d'une part, les murs d'une hauteur inférieure à deux mètres ne constituant pas une clôture et, d'autre part, les installations de chantier, sont conservées en l'état. Il en va de même pour ce qui concerne la dispense prévue par le nouvel article R. 421-8 à l'égard des « constructions couvertes par le secret de la défense nationale », des « constructions situées à l'intérieur des arsenaux de la marine, des aérodromes militaires et des grands camps figurant sur une liste fixée par arrêté conjoint du ministre chargé de l'urbanisme et du ministre de la défense » et des « dispositifs techniques nécessaires aux systèmes de radiocommunication numérique de la police et de la gendarmerie nationales », si ce n'est qu'antérieurement ces ouvrages étaient exclus du champ d'application du permis de construire en application des anciens articles L. 422-1 et R. 422-1 du code de l'urbanisme.

▸ **À cet égard, l'apport du décret n° 2007-18 du 5 janvier 2007 est donc de réunir au sein d'une même sous-section du code l'ensemble des ouvrages dispensés de toute formalité.**

Mais pour le reste, les nouveaux articles R. 421-2 et suivants du code de l'urbanisme modifient substantiellement les cas de dispense antérieurement prévues par l'ancien article R. 421-1 en en supprimant certains, en en créant d'autres et en modifiant ou précisant les conditions dans lesquelles certains ouvrages, antérieurement exemptés de permis de construire et de déclaration de travaux, sont dispensés de formalité.

Tout d'abord, il résulte des nouveaux articles R. 421-2 et suivants du code de l'urbanisme que les statues, monuments et œuvres d'art, les terrasses ainsi que les poteaux, pylônes, candélabres et les antennes d'émission ou de réception de signaux radioélectriques ne sont plus spécifiquement visés, comme c'était le cas sous l'empire de l'ancien article R. 421-1.

Il s'ensuit que ces ouvrages ne pourront être dispensés de toute formalité que s'ils ne présentent pas les caractéristiques d'ouvrage expressément assujettis à permis de construire ou à déclaration préalable ou si, de par leurs caractéristiques, ils peuvent relever d'une des catégories générales d'ouvrages exemptés de formalité tel, à titre d'exemple, « les constructions nouvelles dont la hauteur au-dessus du sol est inférieure à douze mètres et qui n'ont pas pour effet de créer de surface de plancher ou qui ont pour effet de créer une surface hors œuvre brute inférieure ou égale à deux mètres carrés » visées au point *a)* du nouvel article R. 421-2 du code de l'urbanisme.

Ensuite, les nouveaux articles R. 421-2 et suivants du code de l'urbanisme modifient et/ou précisent les conditions dans lesquelles certains ouvrages, antérieurement exemptés de permis de construire et de déclaration de travaux, sont dispensés de toute formalité.

Ainsi, tout le mobilier urbain est dorénavant dispensé de toute formalité et non plus seulement celui implanté sur le domaine public comme c'était auparavant le cas. De même, sont dispensées de toute formalité « les constructions nouvelles dont la hauteur au-dessus du sol est inférieure à douze mètres et qui n'ont pas pour effet de créer de surface de plancher ou qui ont pour effet de créer une surface hors œuvre brute inférieure ou égale à deux mètres carrés » alors que l'ancien article R. 421-1, alinéa 10 du code de l'urbanisme ne visait que les « ouvrages dont la surface au sol est inférieure à 2 mètres carrés et dont la hauteur ne dépasse pas 1,50 mètre au-dessus du sol ». Par ailleurs, l'article R. 421-2 (*c*) précise que la hauteur de douze mètres en deçà de laquelle les éoliennes sont dispensées de toute formalité, comme le prévoyait déjà l'ancien article R. 421-1, alinéa 8 du code de l'urbanisme, s'entend de la hauteur du mât et de la nacelle.

Dans le même sens, les nouveaux articles R. 421-3 et R. 421-4 du code de l'urbanisme procèdent à certaines modifications *a priori* d'ordre rédactionnel mais qui ont néanmoins pour effet, selon les cas, d'étendre ou de réduire certains cas de dispense précédemment prévus par l'ancien article R. 421-1.

Ainsi, le nouvel article R. 421-3 (*b*) dispense de toute formalité « les ouvrages d'infrastructure terrestre, maritime ou fluviale tels que les voies, ponts, infrastructures portuaires ou aéroportuaires » alors que l'ancien article R. 421-1 visait les ouvrages d'infrastructure des voies de communication ferroviaires, fluviales, routières ou piétonnières, publiques ou privées, ainsi que les ouvrages d'infrastructure portuaire ou aéroportuaire. De même, le nouvel article R. 421-4 du code de l'urbanisme vise « les canalisations, lignes ou câbles, lorsqu'ils sont souterrains » là où l'ancien article R. 421-1 exemptait de permis de construire et de déclaration de travaux, lorsqu'ils étaient souterrains, les ouvrages ou installations de stockage de gaz ou fluides et les canalisations, lignes ou câbles.

Enfin, les nouveaux articles R. 421-2 et suivants du code de l'urbanisme créent de nouveaux cas de dispense, notamment, en exemptant de toute formalité certaines constructions qui précédemment relevaient du régime de la déclaration de travaux. Se trouvent ainsi dispensés de toute formalité :

- les habitations légères de loisirs implantées dans un terrain de camping ou un parc résidentiel de loisirs autorisé et dont la surface hors œuvre nette est inférieure ou égale à trente-cinq mètres carrés alors qu'antérieurement ces installations relevaient du régime de la déclaration de travaux mais ce, indépendamment de toute considération liée à leur lieu d'implantation ;
- les piscines dont le bassin a une superficie inférieure ou égale à dix mètres carrés alors qu'auparavant les piscines étaient au mieux assujetties à déclaration de travaux et ce, non pas en considération de leur superficie mais au regard de leur caractère découvert ;
- les châssis et serres dont la hauteur au-dessus du sol est inférieure ou égale à 1,80 mètre alors que précédemment les châssis et serres étaient dispensés de toute formalité lorsque leur hauteur était inférieure à 1,50 mètre ou relevaient du régime de la déclaration de travaux lorsque leur hauteur était comprise entre 1,50 mètre et 4 mètres si, dans les deux cas, leur superficie était inférieure à 2 000 mètres carrés ;
- les clôtures autres que celles visées par le nouvel article R. 421-12, c'est-à-dire autres que celles situées dans un secteur sauvegardé, un site classé, une zone délimitée par le plan local d'urbanisme au titre de l'article L. 123-1-7° du code de l'urbanisme ou dans une commune où le conseil municipal a assujetti les clôtures à déclaration ;
- les caveaux et monuments funéraires situés dans l'enceinte d'un cimetière ;
- les murs de soutènement alors qu'antérieurement, ces murs n'étaient pas expressément saisis par le code de l'urbanisme, si bien qu'ils ne pouvaient être exclus du champ d'application du permis de construire qu'au titre de l'ancien article R. 421-1 en ce qu'il visait les murs d'une hauteur inférieure à deux mètres et, dans les autres cas, relevaient du régime de la déclaration de travaux (TA Nice 31 décembre 1998, M. Giovani Carpino, req. n° 95-03555).

Plus spécifiquement, le nouvel article R. 421-5 du code de l'urbanisme crée une nouvelle catégorie d'ouvrages dispensés de toute formalité. En effet, alors qu'en application des anciens articles L. 421-1 et L. 422-1, les dérogations au principe d'assujettissement à permis de construire des constructions procédaient de la seule prise en compte de la nature spécifique ou de la faible importance des ouvrages considérés, *le nouvel article R. 421-5 du code de l'urbanisme crée un système de dispense résultant de la seule durée d'implantation de la construction en cause.*

Ainsi et par principe, les constructions qui en raison de leur nature ou de leur destination n'ont pas vocation à être implantées pour une durée supérieure à trois mois sont dispensées de toute formalité. Mais l'article R. 421-5 précise que cette durée est portée à :

- un an pour les constructions nécessaires au relogement d'urgence des personnes victimes d'un sinistre ou d'une catastrophe naturelle ou technologique, ce qui a pour effet de créer un nouveau cas de dispense comparé à l'ancien régime ;
- une année scolaire pour les classes démontables installées dans les établissements scolaires ou universitaires pour pallier les insuffisances temporaires de capacité d'accueil alors qu'antérieurement les classes démontables relevaient du régime de la déclaration de travaux lorsque leur surface hors œuvre brute ne dépassait pas de 150 mètres carrés et sous réserve que la surface totale des bâtiments de ce type n'excède pas 500 mètres carrés sur un même terrain ;
- la durée du chantier pour les constructions temporaires directement nécessaires à la conduite des travaux ainsi que les installations liées à la commercialisation d'un bâtiment en cours de construction, ce qui ne diffère pas de ce que prévoyait l'ancien article R. 421-1, alinéa 3 ;
- un an pour les constructions nécessaires au maintien des activités économiques ou des équipements existants, lorsqu'elles sont implantées à moins de trois cents mètres des chantiers, ce qui a également pour effet de créer un nouveau cas de dispense ;
- la durée de la manifestation culturelle, commerciale, touristique ou sportive, dans la limite d'un an, pour les constructions ou installations temporaires directement liées à cette manifestation alors que précédemment l'ancien article R. 421-1, alinéa 4 exemptait de permis de construire et déclaration de travaux les modèles de construction implantés temporairement dans le cadre de foires-expositions et ce, pendant leur durée.

REMARQUE

On peut se demander s'il est pertinent d'avoir limité la durée d'implantation des classes démontables à une année scolaire puisque cela pourrait générer des difficultés d'application s'agissant des classes installées en cours d'année. De même, s'agissant des constructions liées à des manifestations culturelles, commerciales, touristiques ou sportives dont l'implantation est dès l'origine prévue pour être d'une durée supérieure à un an, il incombera à la jurisprudence de préciser si elles doivent immédiatement faire l'objet d'un permis de construire ou si cette autorisation n'est exigible qu'au terme de l'année suivant leur édification.

Toutefois, les nouveaux articles R. 421-6 et R. 421-7 apportent certaines restrictions en limitant la durée d'implantation en considération de laquelle la construction peut être dispensée de toute formalité.

Ainsi, dans les secteurs sauvegardés dont le périmètre a été délimité et dans les sites classés, la durée d'un an prévue pour les constructions liées à des manifestations culturelles, commerciales, touristiques ou sportives est ramenée à trois mois.

De même, dans les sites classés, les secteurs sauvegardés dont le périmètre a été délimité et dans des périmètres de protection délimités par une délibération du conseil municipal ou de l'organe délibérant de l'établissement public de coopération intercommunale compétent en matière de plan local d'urbanisme, d'une part, la durée de principe de trois mois mentionnée au premier alinéa de l'article R. 421-5 est limitée à quinze jours, et, d'autre part, celle d'un an prévue au point *c)* du même article pour les installations de chantier, celles liées à la commercialisation des bâtiments en cours de construction et les constructions nécessaires au maintien des activités économiques ou des équipements existants, est limitée à trois mois.

2.5 Le permis de démolir

La réforme opérée par l'ordonnance n° 2005-1527 du 8 décembre 2005 et le décret n° 2007-18 du 5 janvier 2007 modifie la finalité, le champ d'application, les cas de dispenses ainsi que le caractère du permis de démolir dont l'utilité devient quasi-résiduelle.

2.5.1 Nouvelle finalité du permis de démolir

Institué par la loi n° 76-1285 du 31 décembre 1976 pour atténuer le principe d'interdiction de démolir instauré par l'ordonnance n° 45-2394 du 11 octobre 1945 dans certaines communes subissant une crise du logement, le permis de démolir, antérieurement régi par les articles L. 430-1 et suivants et R. 430-1 et suivants du code de l'urbanisme, a toujours été étroitement lié au contrôle des changements d'affectation des locaux existants et à l'objectif de préservation du logement.

De ce fait, le permis de démolir présentait donc un caractère mixte puisqu'il répondait tout à la fois à des préoccupations d'ordre urbanistique et également à des considérations relevant de la politique de l'habitat.

Au vu du contexte dans lequel ont été adoptés l'ordonnance n° 2005-1527 du 8 décembre 2005 et son décret d'application du 5 janvier 2007 – entre lesquels s'est, en outre, insérée la loi du 13 juillet 2006 dite « ENL » – il n'était donc pas illégitime de s'attendre à ce que ce caractère du permis de démolir soit renforcé ou, à tout le moins, préservé. Mais tout au contraire, l'ordonnance n° 2005-1527 du 8 décembre 2005 dissocie le permis de démolir de la politique de l'habitat puisqu'aux termes du nouvel article L. 421-6 du code de l'urbanisme « *le permis de démolir peut être refusé ou n'être accordé que sous réserve de l'observation de prescriptions spéciales si les travaux envisagés sont de nature à compromettre la protection ou la mise en valeur du patrimoine bâti, des quartiers, des monuments et des sites* ».

▸ **Il s'ensuit que seuls des motifs d'ordre strictement urbanistique peuvent dorénavant justifier un refus de permis de démolir puisque cette autorisation est aujourd'hui étrangère à la police du logement.**

Ce qui est certes conforme au principe d'indépendance des législations et va dans le sens de l'évolution du droit du permis de démolir depuis son institution mais ne manque pas de surprendre s'agissant d'une réforme adoptée dans un contexte où le droit de l'urbanisme est de plus en plus mobilisé au soutien de la politique de l'habitat.

2.5.2 Champ d'application

Champ d'application territorial

Contrairement au permis de construire, lequel est requis sur l'ensemble du territoire national pour les travaux relevant de son champ d'application matériel, le permis de démolir n'était en revanche exigible que dans les zones et secteurs visés par l'ancien article L. 430-1 du code de l'urbanisme, à savoir :

- dans les communes visées à l'article 10-7° de la loi n° 48-1360 du 1er septembre 1948, modifié par l'article 4 de l'ordonnance n° 58-1343 du 27 décembre 1958 ;
- dans les secteurs sauvegardés et les périmètres de restauration immobilière créés en application des articles L. 313-1 à L. 313-15 du code de l'urbanisme ;
- dans les zones auxquelles s'appliquent les dispositions de l'article L. 621-31 du code du patrimoine et de la loi du 2 mai 1930 modifiée relative à la protection des monuments naturels et des sites ;
- dans les zones délimitées par un plan d'occupation des sols rendu public ou un plan local d'urbanisme approuvé, en application du 7° de l'article L. 123-1 du code de l'urbanisme ;
- dans les zones délimitées à l'intérieur des périmètres sensibles dans les conditions définies à l'article L. 142-3 du code de l'urbanisme dans sa rédaction antérieure à la loi n° 85-729 du 18 juillet 1985, dans les zones délimitées en application de l'article L. 142-11 du même code dans sa rédaction issue de ladite loi ou dans les zones d'environnement protégé créées en application de son article L. 143-1 dans sa rédaction antérieure à la loi n° 83-8 du 7 janvier 1983 ;
- dans les zones de protection du patrimoine architectural et urbain créées en application des articles L. 642-1 et L. 642-2 du code du patrimoine ;
- dans les communes qui ne sont pas dotées d'un plan local d'urbanisme ou d'un plan d'occupation des sols approuvé, dans des périmètres délimités par délibération du conseil municipal ;
- ainsi qu'aux immeubles ou parties d'immeubles inscrits au titre des monuments historiques comme aux immeubles ou parties d'immeubles adossés aux immeubles classés au titre des monuments historiques ; les immeubles classés au titre des monuments historiques en application du code du patrimoine et les sites classés en application du code de l'environnement demeurant, toutefois, régis par les dispositions particulières à ces codes.

Le nouvel article L. 421-3 du code de l'urbanisme conserve ce principe en disposant que « les démolitions de constructions existantes doivent être précédées de la délivrance d'un permis de démolir lorsque la construction relève d'une protection particulière définie par décret en Conseil d'État ou est située dans une commune ou partie de commune où le conseil municipal a décidé d'instaurer le permis de démolir ». Néanmoins, le champ d'application territorial du permis de démolir est modifié par les nouveaux articles R. 421-27 et R. 421-28 du code de l'urbanisme.

TEXTES OFFICIELS

Code de l'urbanisme, article R. 421-27 (nouv.)

Doivent être précédés d'un permis de démolir les travaux ayant pour objet de démolir ou de rendre inutilisable tout ou partie d'une construction située dans une commune ou une partie de commune où le conseil municipal a décidé d'instituer le permis de démolir.

Code de l'urbanisme, article R. 421-28 (nouv.)

Doivent en outre être précédés d'un permis de démolir les travaux ayant pour objet de démolir ou de rendre inutilisable tout ou partie d'une construction :

Située dans un secteur sauvegardé dont le périmètre a été délimité ou dans un périmètre de restauration immobilière créé en application des articles L. 313-1 à L. 313-15 ;

Inscrite au titre des monuments historiques ou adossée à un immeuble classé au titre des monuments historiques ;

Située dans le champ de visibilité d'un monument historique défini à l'article L. 621-30-1 du code du patrimoine ou dans une zone de protection du patrimoine architectural, urbain et paysager créée en application de l'article L. 642-1 du code du patrimoine ;

Située dans un site inscrit ou classé en application des articles L. 341-1 et L. 341-2 du code de l'environnement

Identifiée comme devant être protégée par un plan local d'urbanisme, en application du 7° de l'article L. 123-1, située dans un périmètre délimité par le plan en application du même article ou, dans une commune non dotée d'un plan local d'urbanisme ou d'un document d'urbanisme en tenant lieu, identifiée par délibération du conseil municipal, prise après enquête publique, comme constituant un élément de patrimoine ou de paysage à protéger et à mettre en valeur.

Sans bouleverser en tous points le champ d'application territorial du permis de démolir, les nouveaux articles R. 421-27 et R. 421-28 du code de l'urbanisme tendent néanmoins à le modifier, tout en opérant une forme de simplification et de clarification.

Plus particulièrement, on peut relever l'insertion de nouveaux secteurs issus du code du patrimoine et du code de l'environnement ainsi que la soustraction des communes visées à l'article 10-7° de la loi n° 48-1360 du 1er septembre 1948, modifié par l'article 4 de l'ordonnance n° 58-1343 du 27 décembre 1958, ce qui corrobore le détachement du permis de démolir de la politique de l'habitat.

Mais surtout, les nouveaux articles R. 421-27 et R. 421-28 du code de l'urbanisme clarifient la situation des communes pour ce qui concerne leur faculté d'instituer le permis de démolir en dehors des secteurs où il est exigible de plein droit.

À s'en tenir, en effet, à la lettre de l'ancien article L. 430-1 du code de l'urbanisme, les communes dotées d'un plan local d'urbanisme ou d'un document d'urbanisme local en tenant lieu ne pouvaient étendre le champ d'application territorial du permis de démolir qu'indirectement et ce, à travers l'institution dans ce document de zones créées en application de l'article L. 123-1-7° dont on rappellera qu'il permet d'identifier et de localiser des éléments de paysage et délimiter des quartiers, îlots, immeubles, espaces publics, monuments, sites et secteurs à protéger, à mettre en valeur ou à requalifier pour des motifs d'ordre culturel, historique ou écologique et de définir, le cas échéant, les prescriptions de nature à assurer leur protection.

En revanche, les communes non dotées de tels documents pouvaient par simple délibération de leur conseil municipal créer librement des périmètres au sein desquels le permis de démolir était exigible, sans que les motifs d'une telle institution ne soient encadrés.

Le nouvel article R. 421-28 du code de l'urbanisme conserve le principe selon lequel dans les communes dotées d'un plan local d'urbanisme ou d'un document d'urbanisme en tenant lieu, un permis de démolir est exigible pour la démolition des constructions identifiées et/ou sises dans un secteur délimité au titre de l'article L. 123-1-7°. Mais par ailleurs, il crée un dispositif équivalent pour les communes non dotées de tels documents, lesquelles pourront par une délibération du Conseil municipal, prise après enquête publique, identifier des constructions constituant un élément de patrimoine ou de paysage à protéger et à mettre en valeur dont la démolition est assujettie à permis de démolir.

Il reste qu'aux termes du nouvel article R. 421-27 du code de l'urbanisme, toutes les communes, qu'elles soient ou non dotées d'un plan local d'urbanisme ou d'un document d'urbanisme local en tenant lieu, ont également la possibilité d'instituer librement sur tout ou partie du territoire communal le permis de démolir.

▶ **Cet article conserve donc aux communes non dotées d'un plan local d'urbanisme ou d'un document en tenant lieu la possibilité de créer librement des zones où le permis de démolir est exigible, tout en étendant expressément cette faculté aux communes dotées de tels documents.**

Toutefois, on peut s'interroger sur l'utilité du dispositif prévu par le nouvel article R. 421-28 du code de l'urbanisme à l'égard des communes non dotées d'un document d'urbanisme local puisque le nouvel article R. 421-27 leur permettra *a priori* de parvenir au même objectif – en incluant les éléments de patrimoine ou de paysage à protéger dans des secteurs créés au titre de ce dernier article – mais ce, sans enquête publique préalable à l'adoption de la délibération nécessaire à cet effet.

Champ d'application matériel

Le champ d'application matériel du permis de démolir procède, au premier chef, des nouveaux articles R. 421-27 et R. 421-28 du code de l'urbanisme dont il résulte que cette autorisation est exigible pour « les travaux ayant pour objet de démolir ou de rendre inutilisable tout ou partie d'une construction ».

Les articles précités conservent donc le principe posé par l'article L. 430-2 du code de l'urbanisme dans sa rédaction antérieure à la réforme opérée par l'ordonnance n° 2005-1527 du 8 décembre 2005 et son décret d'application du 5 janvier 2007, selon lequel un permis de démolir est exigible tant pour les démolitions totales que pour les démolitions partielles.

De même, ils perpétuent l'assimilation des travaux ayant pour objet de rendre inutilisables les locaux considérés aux travaux de démolition opérée par l'ancien article L. 430-2, si ce n'est qu'ils suppriment cette assimilation à l'égard de ceux ayant pour effet de rendre dangereuse l'utilisation de ces locaux.

Il faut donc en déduire que les travaux ayant pour seul objet de rendre l'utilisation des locaux dangereuse sans pour autant les rendre objectivement inutilisables au regard des prescriptions de sécurité qui leurs sont opposables ont donc vocation à être exemptés de permis de démolir.

Les nouveaux articles R. 421-27 et R. 421-28 du code de l'urbanisme étendent, en revanche, le champ d'application matériel du permis de démolir pour ce qui concerne le sujet des travaux projetés puisqu'ils visent les constructions alors que l'ancien article L. 430-2 se limitait aux bâtiments.

Or, en droit de l'urbanisme, la notion de construction est plus large que celle de bâtiment, ce qui sous le régime antérieur, avait d'ailleurs conduit le juge administratif à exempter de permis de démolir des travaux de démolition portant sur des installations qui pour constituer des constructions n'en présentaient pas pour autant les caractéristiques d'un bâtiment [(6)] bien *qu'a contrario*, la jurisprudence ait parfois eu une conception quelque peu extensive de la notion de bâtiment (à propos d'un ensemble composé d'un mur et d'un portail : CE 13 mars 1992, Association de sauvegarde de Chantilly, *Dr. adm.* 1992, comm. n° 215). *A priori*, cette harmonisation des notions utilisées par le droit du permis de construire et par le droit du permis de démolir, qui dorénavant visent tous deux les constructions, devrait aboutir à faire relever du champ d'application matériel du permis de démolir certains travaux de démolition qui n'en relevaient pas sous l'empire de l'ancien article L. 430-2 du code de l'urbanisme.

Enfin, on peut s'interroger sur la précision apportée par le nouvel article L. 421-3 du code de l'urbanisme, selon laquelle relèvent du permis de démolir les démolitions de « constructions existantes ».

On sait, en effet, qu'au regard du droit de l'urbanisme et sous réserve de la prescription introduite par l'article L. 111-12 du code de l'urbanisme dans sa rédaction issue de l'article 9 de la loi du 13 juillet 2006, il faut distinguer les constructions physiquement existantes de celles juridiquement existantes ; une construction matériellement existante pouvant être dépourvue de toute existence légale lorsqu'elle a été édifiée sans autorisation, en exécution d'une autorisation annulée ou en méconnaissance des prescriptions de l'autorisation obtenue. En première analyse, on pourrait donc en déduire que la démolition des constructions illégales et donc dépourvue d'existence légale est, en toute hypothèse, exemptée de permis de démolir. Mais à l'examen des dispenses de permis de démolir prévue par le nouvel article R. 421-29 du code de l'urbanisme, force est de constater que tel n'est le cas que lorsque cette démolition a été ordonnée par une décision de justice devenue définitive.

(6) Voir en ce sens : CE 6 mars 1987, Cne de Champigny-sur-Marne, req. n° 46354 – CAA Paris 25 mars 2004, Assoc. Montsouris Environnement, req. n° 00PA02132 – TA Versailles 6 novembre 1997, Durand, req. n° 97-03456.

2.5.3 Dispenses de permis de démolir

L'ancien article L. 430-3 du code de l'urbanisme prévoyait un certain nombre de cas dans lesquels les démolitions étaient dispensées de permis de démolir, à savoir :

- les démolitions opérées en application de l'article L. 1331-28 du code de la santé publique sur un immeuble insalubre ainsi que celles effectuées en application des articles L. 511-1 à L. 511-3 du code de la construction et de l'habitation sur un bâtiment menaçant ruine ; cette seconde dispense s'exerçant dans les conditions déterminées en application de l'article L. 313-15 du code de l'urbanisme en ce qui concerne les secteurs sauvegardés et en application des dispositions des articles 2 et 13 *bis* de la loi du 31 décembre 1913 sur les monuments historiques et les dispositions des articles L. 341-1 à L. 341-22 du code de l'environnement en ce qui concerne les immeubles ou les zones auxquels elles s'appliquent ;
- les démolitions effectuées en application d'une décision de justice devenue définitive ;
- les démolitions imposées par l'autorité compétente en application de l'article L. 123-1-10°, lequel permet aux plans locaux d'urbanisme de délimiter les secteurs dans lesquels la délivrance du permis de construire peut être subordonnée à la démolition de tout ou partie des bâtiments existants sur le terrain où l'implantation de la construction est envisagée ;
- les démolitions prévues par un plan de sauvegarde et de mise en valeur rendu public ou approuvé et réalisées dans les conditions fixées par l'article L. 313-1, alinéa 3 du code de l'urbanisme ;
- les démolitions de bâtiments frappés de servitude de reculement en exécution de plans d'alignement approuvés sous le régime de l'ordonnance n° 59-115 du 7 janvier 1959 et des textes pris pour son application.

Dorénavant, les cas de dispenses de permis de démolir sont énoncés par le nouvel article R. 421-29 du code de l'urbanisme.

TEXTE OFFICIEL

Code de l'urbanisme, article R. 421-29 (nouv.)

Sont dispensées de permis de démolir :

– les démolitions couvertes par le secret de la défense nationale ;

– les démolitions effectuées en application du code de la construction et de l'habitation sur un bâtiment menaçant ruine ou en application du code de la santé publique sur un immeuble insalubre ;

– les démolitions effectuées en application d'une décision de justice devenue définitive ;

– les démolitions de bâtiments frappés de servitude de reculement en exécution de plans d'alignement approuvés en application du chapitre Ier du titre IV du livre Ier du code de la voirie routière ;

– les démolitions de lignes électriques et de canalisations.

En premier lieu, le nouvel article R. 421-29 du code de l'urbanisme maintient donc la dispense dont bénéficient, d'une part, les démolitions de bâtiments frappés de servitude de reculement en exécution de plans d'alignement en se bornant à actualiser la référence du texte en vertu duquel ces plans ont été approuvés et, d'autre part, les démolitions effectuées en application d'une décision de justice devenue définitive.

Cette seconde dispense confirme ainsi qu'alors même que le nouvel article L. 421-3 du code de l'urbanisme vise les « constructions existantes », la dispense de permis de démolir ne vaut pas pour l'ensemble des constructions illégales mais uniquement pour celles dont la démolition a été ordonnée par une décision de justice devenue définitive. On rappellera, en effet, que cette dispense initialement prévue par l'ancien article L. 430-3 (*b*) du code de l'urbanisme ne vaut qu'aux fins de remédier à l'illégalité d'une construction édifiée sans l'autorisation d'urbanisme requise, en exécution d'une autorisation d'urbanisme annulée ou en méconnaissance des prescriptions de celle obtenue (CE 30 juillet 1997, Choquet, req. n° 159.419) de telle sorte que le constructeur condamné à démolir ne puisse s'affranchir de cette obligation en invoquant un éventuel refus de permis de démolir (Cass. 3e civ. 18 avril 1969, *Bull. civ.*, III, n° 309).

En deuxième lieu, le nouvel article R. 421-29 du code de l'urbanisme simplifie la dispense initialement prévue par l'ancien article L. 430-3 (*a*) en faisant relever, d'une façon générale et sans référence à des conditions de mise en œuvre spécifiques, l'ensemble des démolitions opérées en application du code de la construction et de l'habitation sur un bâtiment menaçant ruine ou en application du code de la santé publique sur un immeuble insalubre.

Il reste, toutefois, nécessaire que cette démolition intervienne en application du code de la construction et de l'habitation pour ce qui concerne les immeubles menaçant ruine.

Mais pour les autres, on relèvera que le nouvel article L. 451-2 du code de l'urbanisme conserve le principe, initialement posé par l'ancien article L. 460-6, selon lequel « le permis de démolir ne peut être refusé lorsque la démolition est le seul moyen de mettre fin à la ruine de l'immeuble », pour autant, bien entendu, que cet état de ruine soit caractérisé et certain (pour exemple : CAA Paris 1er février 2000, Mlle Foret, req. n° 96PA01892).

En troisième lieu, le nouvel article R. 421-29 du code de l'urbanisme supprime la dispense dont bénéficiaient antérieurement, d'une part, les démolitions imposées par l'autorité compétente en application de l'article L. 123-1-10° et, d'autre part, les démolitions prévues par un plan de sauvegarde et de mise en valeur et réalisées dans les conditions fixées par l'article L. 313-1, alinéa 3 du code de l'urbanisme.

En dernier lieu, le nouvel article R. 421-29 du code de l'urbanisme crée deux nouveaux cas de dispense.

D'une part, cet article exempte de permis de démolir les démolitions couvertes par le secret de la défense nationale, ce qui permet d'harmoniser le régime des ouvrages couverts par le secret de la défense nationale puisque si antérieurement à la réforme opérée par l'ordonnance n° 2005-1527 du 8 décembre 2005 et son décret d'application du 5 janvier

2007, la construction de ces ouvrages était déjà exonérée de permis de construire, leur démolition n'était en revanche pas affranchie de l'obtention préalable d'un permis de démolir par l'ancien article L. 430-3.

D'autre part, le nouvel article R. 421-29 du code de l'urbanisme dispense de permis de démolir, les démolitions de lignes électriques et de canalisations, ce qui confirme l'effet extensif de la référence à la notion de construction et non plus seulement de bâtiment.

REMARQUE

Aux termes du nouvel article R. 421-4 du code de l'urbanisme, les lignes électriques et les canalisations constituent d'ailleurs des constructions, lesquelles sont toutefois dispensées de toute formalité lorsqu'elles sont souterraines. Force est, en effet, de considérer qu'à défaut de la dispense prévue par l'article R. 421-29-e), les démolitions de lignes électriques et de canalisations auraient pu être assujetties à permis de démolir et, en d'autres termes, que ces installations constituent des constructions au sens du nouvel article L. 421-3 du code de l'urbanisme alors qu'elles ne constituaient vraisemblablement pas des bâtiments au sens de l'ancien article L. 430-2.

2.5.4 **Caractère subsidiaire et résiduel du permis de démolir**

Antérieurement et en dehors des cas de dispenses prévus par l'ancien article L. 430-3 du code de l'urbanisme, une opération de construction impliquant au préalable la démolition d'un bâtiment nécessitait l'obtention d'un permis de construire et d'un permis de démolir. En vertu du principe d'indépendance des législations, le Conseil d'État (CE 25 avril 1990, Smet, req. n° 80.938) et la Cour de cassation (Cass. civ. 15 juillet 1964, *JCP* 1964.II.13843) avaient, en effet, jugé qu'un permis de construire ne saurait valoir permis de démolir.

En outre, l'ancien article R. 421-3-4 du code de l'urbanisme imposait au pétitionnaire de produire à son dossier de demande de permis de construire le justificatif d'une demande de permis de démolir le bâtiment dont la démolition était le préalable nécessaire à la réalisation de son projet de construction. À défaut d'une telle justification, le permis de construire délivré s'en trouvait affecté d'illégalité (CE 9 décembre 1992, Mlle Céline Richert, req. n° 90058), sauf à ce que le permis de démolir ait été obtenu avant la délivrance du permis de construire (CE 26 octobre 1994, OPHLM du Maine-et-Loire, req. n° 127.718).

La réforme opérée par l'ordonnance du 8 janvier 2005 et son décret d'application du 5 janvier 2007 simplifie ainsi le régime des opérations de démolition/construction puisqu'aux termes du nouvel article L. 451-1 du code de l'urbanisme « lorsque la démolition est nécessaire à une opération de construction ou d'aménagement, la demande de permis de construire ou d'aménager peut porter à la fois sur la démolition et sur la construction ou l'aménagement. Dans ce cas, le permis de construire ou le permis d'aménager autorise la démolition ».

Bien qu'il résulte des termes de l'article précité qu'il s'agit d'une simple faculté, on peut raisonnablement parier que le plus souvent les constructeurs opteront pour un permis de construire ou un permis d'aménager valant autorisation de démolition, d'autant que le risque de contentieux ne devrait pas nécessairement s'en trouver globalisé puisque dans l'hypothèse où le permis de construire ou d'aménager serait illégal du fait d'une irrégularité relative à l'opération de démolition, le juge administratif pourra *a priori* se borner à prononcer l'annulation partielle du permis attaqué en ce qu'il vaut permis de démolir, au titre du nouvel article L. 600-5 du code de l'urbanisme.

De ce fait, le permis de démolir semble donc destiné à devenir un instrument d'utilisation résiduelle et limité aux opérations de démolition qui ne sont pas concomitantes d'un projet de construction ou qui sont parallèles à un projet de construction relevant du régime déclaratif. On soulignera, en effet, que la possibilité de fusion prévue par le nouvel article L. 451-1 du code de l'urbanisme ne concerne pas la déclaration préalable ; ce qui est normal puisqu'il serait difficilement concevable qu'une procédure d'autorisation soit intégrée à une procédure déclarative.

2.6 La fusion des autorisations d'urbanisme et leur articulation avec les autorisations relevant d'autres législations

Alors qu'il s'agissait d'un des aspects annoncés de la réforme dans lequel les opérationnels avaient fondé le plus d'espoirs, force est de constater que les cas où une même autorisation d'urbanisme pourra en valoir plusieurs, de nature différente, sont pour le moins limités. De même, l'articulation des autorisations d'urbanisme avec celles relevant d'une autre législation est clarifiée d'un point de vue formel sans pour autant être réellement simplifiée sur le fond.

2.6.1 Fusion limitée des autorisations d'urbanisme

Aux termes de l'ordonnance n° 2005-1527 du 8 décembre 2005 et du décret n° 2007-18 du 5 janvier 2007, rares sont les cas où une seule et même autorisation pourra être obtenue pour une opération impliquant des travaux relevant isolément du champ d'application de plusieurs autorisations d'urbanisme ; seuls deux cas sont en effet expressément prévus. Mais il est également permis de se demander si certaines des dispositions du code de l'urbanisme issues du décret ne génèrent pas un risque de cumul d'autorisations.

Fusions d'autorisations d'urbanisme

En premier lieu, il résulte des nouveaux articles L. 441-1 et L. 451-1 du code de l'urbanisme que le permis de construire et le permis d'aménager pourront, si le pétitionnaire le souhaite, valoir permis de démolir.

TEXTES OFFICIELS

Code de l'urbanisme, article L. 441-1 (nouv.)

Lorsque les travaux d'aménagement impliquent la démolition de constructions dans un secteur où un permis de démolir est obligatoire, la demande de permis d'aménager peut porter à la fois sur l'aménagement du terrain et sur le projet de démolition.

Code de l'urbanisme, article L. 451-1 (nouv.)

Lorsque la démolition est nécessaire à une opération de construction ou d'aménagement, la demande de permis de construire ou d'aménager peut porter à la fois sur la démolition et sur la construction ou l'aménagement. Dans ce cas, le permis de construire ou le permis d'aménager autorise la démolition.

Antérieurement, en effet, lorsqu'une opération de construction impliquait également des travaux de démolition assujettis à permis de démolir, l'opérateur devait tout à la fois solliciter un permis de construire et un permis de démolir et ce, de façon concomitante puisqu'aux termes de l'ancien article R. 421-3-4 du code de l'urbanisme, le dossier de demande de permis de construire devait justifier d'une demande de permis de démolir, à défaut de quoi le permis de construire éventuellement obtenu était illégal et encourait l'annulation, y compris si une demande de permis de démolir avait effectivement été présentée mais sauf à ce que cette autorisation ait été obtenue avant la délivrance du permis de construire.

Les nouveaux articles L. 441-1 et L. 451-1 du code de l'urbanisme offrent ainsi la possibilité – il ne s'agit pas d'une obligation – de prévoir que le permis de construire ou le permis d'aménager vaudra permis de démolir. Et pour ce faire, il incombera au pétitionnaire de le préciser dans sa demande et de faire apparaître dans le dossier s'y rapportant qu'elle porte à la fois sur des travaux de construction ou d'aménagement ainsi que sur des travaux de démolition. Mais à défaut d'user de cette faculté, le pétitionnaire devra encore justifier du dépôt d'une demande de permis de démolir (C. urb., art. R. 431-1, nouv.).

Par ailleurs, on précisera que l'usage de cette faculté ne devrait pas avoir pour nécessaire conséquence de globaliser le risque de contentieux puisque dans l'hypothèse où le permis de construire ou d'aménager valant également autorisation de démolir serait illégal du fait d'une irrégularité relative à l'opération de démolition, le juge administratif pourra *a priori* se borner à prononcer l'annulation partielle du permis attaqué en ce qu'il vaut permis de démolir, au titre du nouvel article L. 600-5 du code de l'urbanisme, issu de la loi « ENL » du 13 juillet 2006.

Il est vrai que les travaux de construction ou d'aménagement et les travaux de démolition seront regroupés au sein d'une même autorisation et qu'ils présenteront un caractère indissociable puisque le plus souvent les travaux de construction ou d'aménagement ne pourront pas être opérés tant que n'auront pas été accomplis les travaux de démolition. Une autorisation unique recouvrant en réalité plusieurs autorisations est à cet égard divisible. Antérieurement, l'illégalité et l'annulation éventuelles d'un permis de démolir n'avaient aucune incidence sur la régularité et le sort contentieux du permis de construire alors même qu'en considération de leur éventuelle indissociabilité, les travaux de démolition pouvaient reporter le délai de validité du permis de construire.

On voit donc mal pourquoi l'irrégularité de l'opération de démolition devrait affecter d'illégalité l'ensemble du permis de construire ou d'aménager faisant application de la faculté offerte par les nouveaux articles L. 441-1 et L. 451-1 du code de l'urbanisme.

En revanche, il faut souligner qu'*a priori*, une déclaration préalable ne saurait valoir permis de démolir, cette possibilité n'étant expressément prévue par aucune des nouvelles dispositions du code de l'urbanisme, ce qui est bien normal dans la mesure où l'on voit mal comment un régime déclaratif pourrait se substituer à un régime d'autorisation.

En second lieu, il résulte du nouvel article L. 441-2 du code de l'urbanisme que le permis d'aménager peut, dans une certaine mesure, valoir permis de construire ou déclaration de construction.

TEXTE OFFICIEL

Code de l'urbanisme, article L. 442-1 (nouv.)

Lorsque les travaux d'aménagement impliquent, de façon accessoire, la réalisation par l'aménageur de constructions et d'installations diverses sur le terrain aménagé, la demande de permis d'aménager peut porter à la fois sur l'aménagement du terrain et sur le projet de construction.

Si le nouvel article L. 442-1 du code de l'urbanisme appelle les mêmes observations que les nouveaux articles L. 441-1 et L. 451-1 s'agissant de son caractère facultatif, de son absence de globalisation du risque contentieux et de son application aux seuls permis, il convient de relever que ce dispositif est beaucoup plus restrictif que celui permettant la fusion du permis de construire ou d'aménager et du permis de démolir – dont l'applicabilité est indépendante de l'ampleur de la démolition projetée – puisqu'en substance, il ne peut valoir que pour la réalisation de constructions à titre accessoire.

À titre d'exemple, ce dispositif ne pourra pas être mis en œuvre pour réaliser tout à la fois un lotissement et les bâtiments pour l'implantation desquels les divisions constitutives de ce dernier sont pratiquées.

REMARQUE

En cela, le permis de construire délivré au titre du nouvel article L. 442-1 du code de l'urbanisme ne saurait constituer un dérivé du permis de construire visé par le nouvel article R. 431-24, c'est-à-dire le permis de construire valant division. Mais *a contrario*, force est de considérer que lorsqu'un permis de construire valant division sera obtenu par plusieurs maîtres d'ouvrage sur un même terrain destiné à être divisé avant l'achèvement des bâtiments projetés, cette autorisation vaudra tout à la fois permis de construire et, selon les cas, permis d'aménager ou déclaration d'aménagement d'un lotissement.

En revanche, il semble qu'il sera permis de recourir à cette faculté pour, à titre d'exemple, construire les locaux sanitaires d'un camping de plus de six tentes, les locaux techniques d'un golf de plus de vingt-cinq hectares ou encore le local d'accueil d'une aire de jeux de plus de deux hectares.

Risque d'un cumul d'autorisations

À suivre à la lettre certaines des dispositions du code de l'urbanisme issues du décret n° 2007-18 du 5 janvier 2007, il est permis de se demander si, dans certains cas, il n'y aurait pas lieu d'obtenir deux autorisations là où antérieurement il n'en fallait qu'une et, plus concrètement, de cumuler pour un même projet un permis de construire ou une déclaration de travaux de construction et un permis d'aménager ou une déclaration d'aménagement.

En effet, le champ d'application du permis d'aménager et celui de la déclaration d'aménagement, tels qu'ils sont définis par les nouveaux articles R. 421-19 à R. 421-23 du code de l'urbanisme recouvrent certains travaux, installations et aménagements relevant antérieurement du champ d'application de l'autorisation dite « ITD », tel qu'il était défini par l'ancien article R. 442-2.

Il reste que fréquemment, les travaux d'aménagements visés par l'ancien article R. 442-2 du code de l'urbanisme avaient vocation à être exécutés dans le cadre d'un projet de construction pour lequel un permis de construire était requis. Telle était la raison pour laquelle l'ancien article R. 442-3 prévoyait spécifiquement que, l'exécution de travaux visés par l'ancien article R. 442-2 du code de l'urbanisme n'exigeait pas une autorisation « ITD » lorsque ces derniers étaient prévus et autorisés par un permis de construire ou une déclaration de travaux.

TEXTE OFFICIEL

Code de l'urbanisme, article R. 442-3 (anc.)

L'autorisation prévue à l'article L. 442-1 n'est pas exigée dans le cas où les installations ou travaux mentionnés à l'article R. 442-2 sont soumis à autorisation ou à déclaration en application :

– De la loi du 15 juillet 1975 relative à l'élimination des déchets et à la récupération des matériaux ;

– De la loi du 19 juillet 1976 relative aux installations classées pour la protection de l'environnement ;

– Du code minier ;

– Du décret n° 63-1228 du 11 décembre 1963 relatif aux installations nucléaires ;

– Des articles L. 421-1, R. 443-4, R. 443-7 du présent code.

L'autorisation prévue à l'article L. 442-1 n'est pas non plus exigée dans le cas où les installations ou travaux mentionnés à l'article R. 442-2 sont exécutés sur le domaine public et font l'objet d'un permis de stationnement ou d'une procédure d'autorisation d'occupation de ce domaine.

Or, s'agissant du permis d'aménager et de la déclaration d'aménagement, seuls le point k) du nouvel article R. 421-19 du code de l'urbanisme et le point f) du nouvel article R. 421-23 prévoient expressément que les travaux qu'ils visent – en l'occurrence certains travaux d'affouillement et d'exhaussement du sol – relèvent de ces procédures « à moins qu'ils ne soient nécessaires à l'exécution d'un permis de construire ». *A contrario*, cette dispense n'est donc pas prévue pour l'ensemble des autres travaux, installations et aménagements soumis à permis d'aménager ou à déclaration d'aménagement.

REMARQUE

Cette précision n'est pas apportée pour les travaux d'affouillement ou d'exhaussement du sol projetés dans un secteur sauvegardé, un site classé et/ou une réserve naturelle rendant exigible un permis d'aménager au titre du nouvel article R. 421-20 du code de l'urbanisme.

Mais si la dispense expressément prévue pour certains travaux d'affouillement et d'exhaussement du sol ne l'est pas pour l'ensemble des autres travaux, installations et aménagements visés par les nouveaux articles R. 421-19 et R. 421-3 du code de l'urbanisme, c'est qu'il convient de considérer que ceux-ci sont soumis à permis d'aménager ou à déclaration d'aménagement même s'ils sont nécessaires à l'exécution d'un permis de construire.

Si l'on s'en tient à la lettre de ces articles, force est donc d'en conclure qu'à titre d'exemple, pour un programme prévoyant la réalisation d'un centre commercial et un parc de stationnement de plus de cinquante unités ouvert à la clientèle de cet établissement, il conviendra d'obtenir, d'une part, un permis de construire et, d'autre part, un permis d'aménager puisque bien entendu cette opération ne pourra pas relever d'un permis d'aménager usant de la faculté prévue par le nouvel article L. 442-1 du code de l'urbanisme dès lors que le centre commercial à construire ne saurait être considéré comme l'accessoire du parc de stationnement à aménager.

REMARQUE Outre le fait qu'une fusion d'autorisations n'est expressément prévue que, d'une part, pour le permis de construire ou d'aménager et le permis de démolir et, d'autre part et dans une moindre mesure, pour le permis d'aménager et le permis de construire ou la déclaration préalable, force est de constater qu'aucune des dispositions des nouveaux articles R. 431-13 à R. 431-33 du code de l'urbanisme, relatifs au contenu du dossier de demande de permis de construire, ne renvoie à des pièces prévues pour le dossier de demande de permis d'aménager ou de déclaration d'aménagement.

Or, non seulement cette conclusion est source de réelles contraintes pratiques mais elle est également difficilement compatible avec le principe issu de l'ancien article L. 421-3, alinéa 1 du code de l'urbanisme – reproduit au nouvel article L. 421-6 – selon lequel l'administration doit être en mesure de se prononcer sur la consistante exacte et complète du projet, ce qui implique que la demande et le dossier de permis de construire portent non seulement sur les constructions rendant exigible un permis de construire mais également sur les aménagements accessoires qui en sont indissociables.

En outre, on voit mal comment, pour reprendre l'exemple du stationnement, le projet relevant du permis de construire pourrait être reconnu conforme aux prescriptions de l'article 12 du règlement d'urbanisme local si les aires de stationnement prévues pour y satisfaire relèvent d'une autre autorisation, en l'occurrence un permis d'aménager. Il faut donc espérer que la jurisprudence nuancera substantiellement la conclusion s'imposant à la lecture des articles relatifs au champ d'application du permis d'aménager et de la déclaration d'aménagement.

2.6.2 Traitement des autorisations concurrentes

En regroupant au sein d'une même section du code de l'urbanisme les dispositions applicables en cas de concurrence d'autorisations relevant de législations distinctes, les nouveaux articles L. 425-1 à L. 425-11 clarifient de façon significative les règles applicables lorsque le projet est susceptible de relever tout à la fois d'une autorisation d'urbanisme et d'une ou plusieurs autres autorisations relevant d'une autre législation, telle la législation environnementale ou forestière, la législation relative à la sécurité dans les établissements recevant du public et les immeubles de grande hauteur ou encore la législation sur la protection du patrimoine. Sans faire le détail de l'ensemble des cas saisis, lesquels sont le plus souvent précisés par les nouveaux articles R. 425-1 à R. 425-31 du code de l'urbanisme, quatre principales hypothèses se présentent.

REMARQUE L'examen des seuls nouveaux articles R. 425-1 à R. 425-31 du code de l'urbanisme ne permet pas d'avoir une vue exhaustive du régime applicable puisqu'ils précisent les règles prévues par les nouveaux articles L. 425-1 à L. 425-11 pour autant que ces derniers appellent une précision. Il s'ensuit que certains des cas de concurrence d'autorisations sont uniquement traités par ces articles de la partie législative du code.

En premier lieu, les nouveaux articles L. 425-1 à L. 425-3 et R. 425-1 à R. 425-15 du code de l'urbanisme définissent les opérations pour lesquelles le permis de construire, d'aménager et/ou de démolir et/ou la décision prise sur une déclaration préalable tient lieu de l'autorisation prévue par une autre législation, laquelle n'aura donc pas à être formellement obtenue. Tel sera le cas, à titre d'exemple :

- tout d'abord, lorsque le projet est situé dans le champ de visibilité d'un édifice classé ou inscrit au titre des monuments historiques ou dans celui d'un parc ou d'un jardin classé ou inscrit ayant fait l'objet d'un périmètre de protection délimité au titre de l'article L. 621-30-1 du code du patrimoine, le permis de construire, le permis d'aménager, le permis de démolir ou la décision prise sur la déclaration préalable tient alors lieu de l'autorisation prévue à l'article L. 621-31 du code du patrimoine dès lors que la décision a fait l'objet de l'accord de l'architecte des bâtiments de France ;
- ensuite, lorsque le projet porte sur des ouvrages et travaux entraînant des prélèvements sur les eaux superficielles ou souterraines, le permis de construire, le permis d'aménager ou la décision prise sur la déclaration préalable tient lieu de l'autorisation prévue par les articles L. 214-1 et suivants du code de l'environnement dès lors que la décision a fait l'objet de l'accord du préfet ;
- enfin, lorsque le projet porte sur un établissement recevant du public, le permis de construire tient lieu de l'autorisation prévue par l'article L. 111-8 du code de la construction et de l'habitation dès lors que la décision a fait l'objet d'un accord de l'autorité compétente.

En deuxième lieu, les nouveaux articles L. 425-4 et R. 425-16 à R. 425-22 du code de l'urbanisme définissent les opérations pour lesquelles le permis ou la décision prise sur la déclaration préalable est subordonné à un accord prévu par une autre législation, c'est-à-dire les cas où l'autorisation d'urbanisme ne tient pas lieu à proprement parler de cet accord mais ne peut pas être délivrée sans celui-ci. Tel sera le cas, à titre d'exemple :

- lorsque le projet porte sur un immeuble inscrit au titre des monuments historiques ou sur un immeuble adossé à un immeuble classé monument historique puisqu'alors le permis de construire, le permis d'aménager, le permis de démolir ou la décision prise sur la déclaration préalable doit faire l'objet de l'accord prévu par les articles L. 621-27 ou L. 621-30 du code du patrimoine ;
- lorsque le projet est situé dans un parc national créé en application des articles L. 331-1 et L. 331-2 du code de l'environnement et doit être précédé d'une étude d'impact en application de l'article L. 122-1 du même code puisqu'en pareil cas, le permis de construire ou le permis d'aménager ne peut intervenir qu'avec l'accord de l'établissement public du parc émis après consultation de son conseil scientifique conformément à l'article L. 331-4-II de ce code ;
- lorsque le projet est situé dans une zone de protection créée, antérieurement à la loi n° 83-8 du 7 janvier 1983 relative à la répartition de

compétences entre les communes, les départements, les régions et l'État, en application des articles 17 ou 28 de la loi du 2 mai 1930 ayant pour objet de réorganiser la protection des monuments naturels et des sites de caractère artistique, historique, scientifique, légendaire ou pittoresque puisqu'alors la décision prise sur la demande de permis ou sur la déclaration préalable ne peut intervenir qu'avec l'accord exprès de l'autorité mentionnée dans le décret instituant la zone de protection considérée.

En troisième lieu, les nouveaux articles L. 425-5 et R. 425-23 à R. 425-29 du code de l'urbanisme définissent les opérations pour lesquelles l'autorisation prévue par une autre législation dispense de permis ou de déclaration préalable, c'est-à-dire les cas où l'opérateur n'a pas à obtenir une autorisation d'urbanisme puisque c'est l'autorisation délivrée au titre de l'autre législation qui en tiendra alors lieu. Tel sera le cas, à titre d'exemple :

- lorsque le projet porte sur une construction édifiée sur un immeuble classé monument historique puisqu'alors l'autorisation prévue au premier alinéa de l'article L. 621-9 du code du patrimoine dispense de la déclaration préalable ou du permis de construire pour autant que la décision ait fait l'objet d'un accord de l'autorité compétente pour statuer sur les demandes de permis de construire ;
- lorsque des travaux d'affouillement ou d'exhaussement du sol sont soumis à déclaration ou à autorisation en application du code minier puisqu'en pareil cas, cette déclaration ou cette autorisation dispense de la déclaration préalable ou du permis d'aménager ;
- lorsque le projet porte ou, plus précisément, ne porte que sur un dispositif de publicité, une enseigne ou une pré-enseigne puisqu'alors l'autorisation prévue par les articles L. 581-4 et suivants et L. 581-18 et suivants du code de l'environnement dispense de la déclaration préalable ou du permis de construire.

En quatrième lieu et plus spécifiquement, les nouveaux articles L. 425-6 à L. 425-11 et R. 425-30 à R. 425-31 du code de l'urbanisme définissent les opérations pour lesquelles la délivrance d'un permis ou la réalisation des travaux est différée dans l'attente de formalités prévues par une autre législation. Tel sera le cas, à titre d'exemple :

- lorsque le projet porte sur une opération ou des travaux soumis à l'autorisation de défrichement prévue à l'article L. 311-1 du code forestier puisqu'alors celle-ci doit être obtenue préalablement à la délivrance du permis ;
- lorsque le projet porte sur une installation soumise à autorisation en vertu de l'article L. 512-2 du code de l'environnement puisqu'en pareil cas, les travaux ne peuvent être exécutés avant la clôture de l'enquête publique ;
- enfin, lorsque le projet entre dans le champ d'application de l'article 4 du décret n° 2004-490 du 3 juin 2004 relatif aux procédures administratives et financières en matière d'archéologie préventive puisqu'alors la décision ne peut intervenir avant que le préfet de région ait statué, sur les prescriptions d'archéologie.

3

HARMONISATION DES PROCÉDURES

Après avoir décrit les règles communes (3.1), on s'attachera à examiner les spécificités des différentes autorisations, décisions et déclarations (3.2).

3.1 Les règles communes

À la différence de l'ancien code de l'urbanisme qui traitait séparément du régime juridique de chaque déclaration et autorisation, le nouveau code de l'urbanisme, tel qu'il ressort du décret du 5 janvier 2007, fait œuvre utile en instituant un certain nombre de principes et règles communs aux différentes déclarations et autorisations. Seules les autorisations relatives aux remontées mécaniques et à l'aménagement du domaine skiable y font exception.

Deux axes majeurs sont à souligner : la garantie des délais d'instruction des autorisations et le principe de la généralisation des autorisations tacites en cas de silence de l'administration au terme des délais fixés.

Les règles communes concernent l'autorité compétente (3.1.1.), le dépôt et l'instruction des demandes (3.1.2.), l'autorité chargée de l'instruction (3.1.3.), les délais d'instructions et leurs prolongations (3.1.4.), l'instruction des demandes et déclarations (3.1.5.), les avis ou accords à recueillir (3.1.6.), les décisions tacites ou expresses (3.1.7.), les opérations soumises à un régime d'autorisation prévu par une autre législation (3.1.8.)

Il s'en dégage un changement de philosophie profond dont les pierres angulaires sont, d'une part, la sécurisation des délais et, d'autre part, la généralisation des décisions tacites. Reste à savoir si le primat de la décision tacite constitue un gage de sécurité pour les bénéficiaires des autorisations.

3.1.1 Autorité compétente

Par rapport aux dispositions antérieures, les règles de compétences ne font l'objet que de simples ajustements.

Compétence de principe du Maire

En principe l'autorité compétente pour délivrer le permis de construire, d'aménager ou de démolir et pour se prononcer sur un projet faisant l'objet d'une déclaration préalable est :

a) le maire, au nom de la commune, dans les communes qui se sont dotées d'un plan local d'urbanisme ou d'un document d'urbanisme en tenant lieu, ainsi que, lorsque le conseil municipal l'a décidé, dans les communes qui se sont dotées d'une carte communale. Lorsque le transfert de compétence à la commune est intervenu, ce transfert est définitif ;

b) le préfet ou le maire au nom de l'État dans les autres communes.

Dans les communes où un plan local d'urbanisme ou un document en tenant lieu a été approuvé et dans les communes dotées d'une carte communale lorsque que le conseil municipal l'a décidé, la décision est prise au nom de la commune et émane du maire.

Lorsque la décision est prise au nom de l'État, elle émane, en principe, du maire, sauf pour les exceptions mentionnées au nouvel article R. 422-2 lesquelles réservent cette compétence au préfet (C. urb., art. *R. 422-1. nouv.).

REMARQUE Il s'agit là d'une confirmation des principes qui prévalaient en vertu des dispositions réglementaires précédentes. Il convient de relever que les demandes de permis de construire, d'aménager ou de démolir ainsi que les déclarations préalables sur lesquelles il n'a pas été statué à la date du transfert de compétence restent soumises aux règles d'instruction et de compétence applicables à la date de leur dépôt (C. urb., art. L. 422-1 nouv.).

Compétence exclusive de l'État

L'autorité administrative de l'État est compétente pour se prononcer sur un projet portant sur :

- les travaux, constructions et installations réalisés pour le compte de l'État, de la région, de la collectivité territoriale de Corse, du département, de leurs établissements publics et concessionnaires ainsi que pour le compte d'États étrangers ou d'organisations internationales ;
- les ouvrages de production, de transport, de distribution et de stockage d'énergie, ainsi que ceux utilisant des matières radioactives ;
- les travaux, constructions et installations réalisés à l'intérieur des périmètres des opérations d'intérêt national ;
- les opérations ayant fait l'objet d'une convention prise sur le fondement de l'article L. 302-9-1 du code de la construction et de l'habitation, pendant la durée d'application de l'arrêté préfectoral.

Lorsque la décision est prise par le préfet, celui-ci recueille l'avis du maire ou du président de l'établissement public de coopération intercommunale compétent (C. urb., art. L. 422-2 nouv.).

REMARQUE Cet article reprend, dans ses grandes lignes, les exceptions énoncées à l'ancien article L. 421-2-1.

Ces dispositions sont complétées par celles du nouvel article R. 422-2 duquel il résulte, qu'à titre exceptionnel, la compétence est réservée au préfet pour délivrer le permis de construire, d'aménager ou de démolir et pour se prononcer sur un projet faisant l'objet d'une déclaration préalable dans les communes visées au b de l'article L. 422-1 (communes non dotées d'un PLU ou d'un document d'urbanisme en tenant lieu) et dans les cas prévus par l'article L. 422-2 (voir ci-dessus) dans les hypothèses suivantes :

- pour les projets réalisés pour le compte de l'État, de la région, de la collectivité de Corse, du département, de leurs établissements publics ou de leurs concessionnaires, ainsi que pour le compte d'un État étranger ou d'une organisation internationale ;

- pour les ouvrages de production, de transport, de distribution et de stockage d'énergie lorsque cette énergie n'est pas destinée, principalement, à une utilisation directe par le demandeur ;
- pour les installations nucléaires de base ;
- pour les travaux qui sont soumis à l'autorisation du ministre de la défense ou du ministre chargé des sites ou en cas d'évocation par le ministre chargé de la protection de la nature ou par le ministre chargé des monuments historiques et des espaces protégés ;
- en cas de désaccord entre le maire et le responsable du service de l'État dans le département chargé de l'instruction mentionné à l'article R. 423-16 (C. urb., art. *R. 422-2 nouv.).

REMARQUE

Il s'agit, peu ou prou, d'une réaffirmation du principe énoncé à l'ancien article R. 421-36 du code de l'urbanisme. Toutefois, le champ d'application de la compétence préfectorale a été notablement réduit à 5 cas contre 14 dans les anciennes dispositions.

Intéressement de l'autorité compétente

Le nouvel article L. 422-7 reprend intégralement les dispositions de l'ancien article L. 421-2-5.

TEXTE OFFICIEL

Code de l'urbanisme, article L. 422-7 (nouv.)

Si le maire ou le président de l'établissement public de coopération intercommunale est intéressé au projet faisant l'objet de la demande de permis ou de la déclaration préalable, soit en son nom personnel, soit comme mandataire, le conseil municipal de la commune ou l'organe délibérant de l'établissement public désigne un autre de ses membres pour prendre la décision.

Mise à disposition gratuite des services déconcentrés de l'État

Le nouvel article L. 422-8 du code de l'urbanisme reprend les dispositions de l'ancien article L. 421-2-6 issu de la loi n° 2005-157 du 23 février 2005.

Le nouvel article R. 422-5 maintient le principe selon lequel les communes ou les EPCI compétents peuvent confier aux services de l'État l'instruction de tout ou partie des déclarations préalables ou des demandes de permis.

Cette compétence appartient aux assemblées délibérantes compétentes.

Les conditions et délais de transmission et d'instruction des dossiers, les obligations réciproques des parties en matière de classement, d'archivage des dossiers et d'établissement des statistiques doivent être précisés dans une convention signée avec les services de l'État (C. urb., art. *R. 422-5 nouv.).

TEXTE OFFICIEL

Code de l'urbanisme, article L. 422-8 (nouv.)

Lorsque la commune comprend moins de 10 000 habitants ou lorsque l'établissement public de coopération intercommunale compétent groupe des communes dont la population totale est inférieure à 20 000 habitants, le maire ou le président de l'établissement public compétent peut disposer gratuitement des services déconcentrés de l'État pour l'étude technique de celles des demandes de permis ou des déclarations préalables qui lui paraissent justifier l'assistance technique de ces services. Pendant la durée de cette mise à disposition, les services et les personnels agissent en concertation avec le maire ou le président de l'établissement public qui leur adresse toutes instructions nécessaires pour l'exécution des tâches qu'il leur confie.

En outre, une assistance juridique et technique ponctuelle peut être gratuitement apportée par les services déconcentrés de l'État, pour l'instruction des demandes de permis, à toutes les communes et établissements publics de coopération intercommunale compétents.

Délégation de la compétence communale à un EPCI

Conformément aux dispositions du code général des collectivités territoriales (CGCT), les communes membres d'un établissement public de coopération intercommunale (EPCI) compétent peuvent lui déléguer la compétence relative à l'instruction et à la délivrance des autorisations.

Les nouvelles dispositions réglementaires prévoient qu'en cas de délégation au profit d'un EPCI, celle-ci doit porter sur l'ensemble des autorisations et actes relatifs à l'occupation ou à l'utilisation du sol (C. urb., art. *R. 422-3 nouv.).

Si la confirmation de la délégation n'est pas intervenue dans les six mois qui suivent le renouvellement du conseil municipal ou l'élection du nouveau président de l'établissement public, la commune redevient, à compter de cette date, l'autorité compétente (C. urb., art. *R. 422-4 nouv.).

REMARQUE

Il appartiendra aux communes qui ont délégué cette compétence au profit d'un EPCI de confirmer cette délégation dans les six mois suivant le renouvellement des conseils municipaux, prévu en mars 2008. À défaut, les EPCI seront dessaisis au profit de leurs communes membres.

3.1.2 Dépôt et instruction des demandes de permis et des déclarations

Si les conditions d'instruction des demandes sont régies entièrement par décret, l'ordonnance du 8 décembre 2005 a fixé comme principe qu'aucune prolongation du délai d'instruction n'est possible en dehors des cas et conditions prévus par ce décret.

TEXTE OFFICIEL

Code de l'urbanisme, article L. 423-1 (nouv.)

Les demandes de permis de construire, d'aménager ou de démolir et les déclarations préalables sont présentées et instruites dans les conditions et délais fixés par décret en Conseil d'État.

Aucune prolongation du délai d'instruction n'est possible en dehors des cas et conditions prévus par ce décret.

Dépôt des demandes et des déclarations

Lieu et modalités de dépôt des autorisations

Les demandes de permis de construire, d'aménager ou de démolir et les déclarations préalables sont adressées par pli recommandé avec demande d'avis de réception ou déposées à la mairie de la commune dans laquelle les travaux sont envisagés (C. urb., art. *R. 423-1 nouv.).

Il s'agit là d'une généralisation du principe énoncé, s'agissant des permis de construire, à l'ancien article R. 421-9 du code de l'urbanisme.

Personnes habilitées à déposer une déclaration ou une demande d'autorisation

Le décret fait preuve d'innovation s'agissant de la détermination des personnes habilitées à déposer une déclaration ou une demande d'autorisation.

Celles-ci peuvent être déposées :
- soit par le ou les propriétaires du ou des terrains, leur mandataire ou par une ou plusieurs personnes attestant être autorisées par eux à exécuter les travaux ;
- soit, en cas d'indivision, par un ou plusieurs co-indivisaires ou leur mandataire ;
- soit par une personne ayant qualité pour bénéficier de l'expropriation pour cause d'utilité publique (C. urb., art. R*. 423-1 nouv.).

REMARQUE

La mention de la personne justifiant d'un titre habilitant à construire a été opportunément supprimée. Cette suppression répond à une certaine logique dans la mesure où la question du titre habilitant à construire conduisait l'administration puis le juge administratif, éventuellement, à se prononcer sur des questions relevant du droit privé.
En effet, en l'absence de contestation sérieuse du droit de propriété ou de fraude manifeste, le Conseil d'État appliquait la théorie du propriétaire apparent (CE 20 octobre 1965, Sieur Guérin, req. n° 60997). Toutefois, dans la pratique, cette théorie voyait son champ d'application considérablement limité : l'administration était, dans les faits, conduite à se prononcer sur cette question dans le cadre de l'instruction des demandes d'autorisations.
Le décret du 5 janvier 2007 vient remplacer la justification d'un titre habilitant à construire par une attestation établie par le pétitionnaire, laquelle doit indiquer qu'il est autorisé à exécuter les travaux par le ou les propriétaires du ou des terrains.

En cas de fausse attestation, la décision obtenue pourra être retirée pour fraude sans condition de délai [(7)].

Nombre d'exemplaires

La demande ou la déclaration et le dossier qui l'accompagne sont établis :
- en deux exemplaires pour les déclarations préalables ;

(7) CE 17 mars 1976, Todeschni, *Lebon*, p. 157 – CE ass. 26 octobre 2001, Ternon, *Lebon*, p. 497 – CE 14 octobre 2002, Sarl Détroit, req. n° 246583 – CE 23 avril 2003, Sté Bouygues Immobilier, *Lebon*, p. 920 – CE 3 octobre 2003, Wetzstein, *Lebon*, p. 1031 – CE 28 janvier 2007, SAES Kaefer Wanner, req. n° 284605.

- en quatre exemplaires pour les demandes de permis de construire, d'aménager ou de démolir.

Un exemplaire supplémentaire du dossier doit être fourni lorsque les travaux sont soumis à l'autorisation du ministre de la défense ou du ministre chargé des sites ou lorsque la décision est subordonnée à l'avis ou à l'accord de l'autorité compétente dans le domaine de l'architecture et du patrimoine ou de l'architecte des Bâtiments de France.

Deux exemplaires supplémentaires du dossier doivent être fournis lorsque le projet est situé dans le cœur d'un parc national délimité en application de l'article L. 331-2 du code de l'environnement.

Les arrêtés prévus par les articles R. 434-1, R. 444-1 et R. 453-1 peuvent prévoir que certaines pièces doivent en outre être fournies en un nombre plus important d'exemplaires (C. urb., art. *R. 423-2 nouv.).

Enregistrement des demandes et des déclarations : le récépissé

Le maire affecte un numéro d'enregistrement à la demande ou à la déclaration et en délivre récépissé dans des conditions prévues par arrêté du ministre chargé de l'urbanisme (C. urb., art. *R. 423-3 nouv.).

Le récépissé précise le numéro d'enregistrement et la date à laquelle un permis tacite doit intervenir, ou, dans le cas d'une déclaration préalable, la date à partir de laquelle les travaux peuvent être entrepris (C. urb., art. *R. 423-4 nouv.).

Il précise également que l'autorité compétente peut, dans le délai d'un mois à compter du dépôt du dossier :

- notifier au demandeur que le dossier est incomplet ;
- notifier au demandeur un délai différent de celui qui lui avait été initialement indiqué, lorsque le projet entre dans les cas prévus aux articles R. 423-24 à R. 423-33 (articles énonçant les cas de modification du délai d'instruction de droit commun).

Le récépissé indique également que le demandeur sera informé dans le même délai si son projet se trouve dans une des situations énumérées aux articles R. 424-2 et R. 424-3 (absence de décision tacite d'acceptation), où un permis tacite ne peut pas être acquis ou ne peut être acquis qu'en l'absence d'opposition ou de prescription de l'architecte des Bâtiments de France (C. urb., art. *R. 423-5 nouv.).

REMARQUE Ce récépissé revêt une grande importance pratique dans le nouveau dispositif : il précise au pétitionnaire que pendant un délai d'un mois, il peut lui être notifié soit une demande de pièce complémentaire, soit une majoration de délai d'instruction, soit l'information selon laquelle aucune décision d'autorisation tacite ne saurait intervenir. Au-delà du délai d'un mois, toute demande de l'administration, qu'elle porte sur une pièce ou qu'elle notifie un nouveau délai, est inopposable.

Affichage de la demande ou de la déclaration

Dans les quinze jours qui suivent le dépôt de la demande ou de la déclaration et pendant la durée d'instruction de celle-ci, le maire procède à l'affichage en mairie d'un avis de dépôt de demande de permis ou de déclaration préalable précisant les caractéristiques essentielles du projet, dans des conditions prévues par arrêté du ministre chargé de l'urbanisme (C. urb., art. *R. 423-6 nouv.).

REMARQUE Il s'agit là d'une reprise, généralisée à l'ensemble des déclarations et autorisations, des dispositions de l'ancien article R. 421-9 alinéa 4 du code de l'urbanisme.

Transmission de la demande ou de la déclaration

La transmission des déclarations préalables et permis relèvent de la compétence des autorités décentralisées.

Le décret généralise la transmission par le maire des déclarations préalables et permis relevant de la compétence des autorités décentralisées au préfet (C. urb., art. *R. 423-7 et *R. 423-8 nouv.).

Cette transmission doit être effectuée dans la semaine qui suit le dépôt.

Lorsque l'autorité compétente est le président de l'établissement public de coopération intercommunale, le maire conserve un exemplaire et transmet les autres exemplaires au président de cet établissement.

Transmission des déclarations préalables et permis relevant de la compétence de l'État

Lorsque la décision relève de l'État, le maire conserve un exemplaire de la demande ou de la déclaration préalable et transmet au préfet les autres exemplaires ainsi que les pièces mentionnées au dernier alinéa de l'article R. 423-2 dans la semaine qui suit le dépôt. Si la commune a délégué sa compétence à un établissement public de coopération intercommunale, le maire transmet en outre, dans le même délai, un exemplaire au président de cet établissement (nouvel art. *R. 423-9).

Transmission des déclarations préalables et permis portant sur un immeuble inscrit au titre des monuments historiques ou sur un immeuble adossé à un immeuble classé ou soumis à l'avis de l'architecte des bâtiments de France, ou situés dans des sites classés, réserves naturelles ou parc national

Lorsque la demande de permis ou la déclaration préalable porte sur un immeuble inscrit au titre des monuments historiques ou sur un immeuble adossé à un immeuble classé, un des exemplaires de la demande et du dossier est transmis par l'autorité compétente au service départemental de l'architecture et du patrimoine, dans la semaine qui suit le dépôt, pour accord du préfet de région. Pour les immeubles inscrits, la réception de la demande tient lieu de la déclaration mentionnée au premier alinéa de l'article L. 621-27 du code du patrimoine (C. urb., art. *R. 423-10 nouv.).

Lorsque la décision est subordonnée à l'avis de l'architecte des bâtiments de France, le maire lui transmet un dossier dans la semaine qui suit le dépôt (C. urb., art. *R. 423-11 nouv.).

Dans les sites classés et les réserves naturelles, le maire transmet un exemplaire supplémentaire du dossier au préfet (C. urb., art. *R. 423-12 nouv.).

Lorsque le projet est situé dans le cœur d'un parc national délimité en application de l'article L. 331-2 du code de l'environnement, le maire transmet deux exemplaires du dossier au directeur de l'établissement public du parc national dans la semaine qui suit le dépôt (C. urb., art. *R. 423-13 nouv.).

3.1.3 Autorité chargée de l'instruction

Décisions prises au nom de la commune

En principe, lorsque la décision est prise au nom de la commune ou de l'établissement public de coopération intercommunale, l'instruction est faite au nom et sous l'autorité du maire ou du président de l'établissement public (C. urb., art. *R. 423-14 nouv.).

Toutefois, l'autorité compétente peut charger des actes d'instruction :
- les services de la commune ;
- les services d'une collectivité territoriale ou d'un groupement de collectivités ;
- une agence départementale créée en application de l'article L. 5511-1 du code général des collectivités territoriales ;
- les services de l'État, lorsque la commune ou l'établissement public de coopération intercommunale remplit les conditions fixées à l'article L. 422-8 (C. urb., art. *R. 423-15 nouv.).

Décisions prises au nom de l'État

Lorsque la décision doit être prise au nom de l'État, l'instruction est effectuée :
- par le service de l'État dans le département chargé des forêts pour les déclarations préalables portant exclusivement sur une coupe ou abattage d'arbres ;
- par le service de l'État dans le département chargé de l'urbanisme pour les autres déclarations préalables ou demandes de permis (C. urb., art. *R. 423-16 nouv.).

3.1.4 Délais d'instruction

Un délai de droit commun est porté à la connaissance du demandeur par le récépissé. Le récépissé, de par son contenu et ses effets est l'un des éléments les plus importants de la nouvelle procédure d'instruction des autorisations et déclarations.

Ce délai de droit commun peut être modifié auquel cas, la modification est notifiée au demandeur dans le mois qui suit le dépôt de la demande. Il peut être prolongé, pour prendre en compte des obligations de procédure qui ne peuvent être connues dans le mois qui suit le dépôt de la demande (C. urb., art. *R. 423-18 nouv.).

À la fin du premier mois, le demandeur connaîtra donc de façon certaine le délai dans lequel la décision doit intervenir.

Point de départ du délai d'instruction

Principe : réception d'un dossier complet

En principe, le délai d'instruction court à compter de la réception en mairie d'un dossier complet (C. urb., art. *R. 423-19 nouv.).

Dans tous les cas, le dossier est réputé complet si l'autorité compétente n'a pas, dans le délai d'un mois à compter du dépôt du dossier en mairie, notifié au demandeur ou au déclarant la liste des pièces manquantes dans les conditions prévues par les articles R. 423-38 et R. 423-41 (nouvel art. *R. 423-22).

REMARQUE Il s'agit là d'une des innovations majeures du nouveau dispositif mis en place : l'abstention ou le défaut de diligence de l'administration bénéficie au pétitionnaire. Si le pétitionnaire dépose un dossier incomplet et que l'administration s'abstient de lui demander de produire de nouvelles pièces dans le délai d'un mois, son dossier est réputé complet. Si l'administration persiste dans son attitude, il devient, sauf exceptions, titulaire d'une autorisation tacite.

Toutefois, la portée de cette innovation doit être tempérée : le pétitionnaire sera, dans la plupart des cas, titulaire d'une autorisation tacite illégale.

Exceptions : projets soumis à enquête publique

Ce principe comporte deux exceptions :

- lorsque la demande porte sur un projet soumis à enquête publique en application de l'article R. 123-1 du code de l'environnement, le délai d'instruction d'un dossier complet part de la réception par l'autorité compétente du rapport du commissaire enquêteur ou de la commission d'enquête (C. urb., art. *R. 423-20 nouv.). Ces dispositions ne sont pas applicables quand l'enquête publique porte sur un défrichement ;
- lorsque la demande porte sur un projet soumis à enquête publique en application de l'article L. 752-5 du code de commerce, le délai d'instruction du dossier complet part du jour de la réception par le préfet du rapport du commissaire enquêteur ou de la commission d'enquête (C. urb., art. *R. 423-21 nouveau).

REMARQUE Les nouveaux articles R. 423-20 et R. 423-21 opèrent des modifications importantes par rapport aux exceptions énoncées dans l'ancien article R. 421-12.

En premier lieu, le délai d'instruction n'est plus fixé à 1 mois à compter de la clôture de l'enquête publique mais à la réception du rapport du commissaire enquêteur ou de la commission d'enquête par l'autorité compétente. Dans la pratique, cette réception intervient fréquemment bien au delà d'un mois après la clôture de l'enquête publique.
En second lieu, les projets soumis à enquête publique dans le cadre d'une demande d'autorisation de commission départementale d'équipement commercial (CDEC) voient leur régime aligné sur ceux soumis à enquête publique au titre du code de l'environnement.

Délai d'instruction de droit commun

Le décret du 5 janvier 2007 fixe des délais d'instruction de droit commun en distinguant, les déclarations préalables (1 mois), les permis de construire et de démolir portant sur des maisons individuelles (2 mois) et les autres permis de construire et permis d'aménager (3 mois).

TEXTE OFFICIEL **Code de l'urbanisme, article *R. 423-23. (nouv.)**

Le délai d'instruction de droit commun est de :
a) un mois pour les déclarations préalables ;
b) deux mois pour les demandes de permis de démolir et pour les demandes de permis de construire portant sur une maison individuelle, au sens du titre III du livre II du code de la construction et de l'habitation, ou ses annexes ;
c) trois mois pour les autres demandes de permis de construire et pour les demandes de permis d'aménager.

Délais d'instruction particuliers

À coté des délais d'instruction de droit commun figurent des délais d'instruction particuliers, soit qu'ils modifient le délai d'instruction de droit commun soit qu'ils le prolongent.

Modifications du délai d'instruction de droit commun

Majoration d'un mois

Le délai est majoré d'un mois lorsque le projet est soumis à un régime d'autorisation ou à des prescriptions prévus par d'autres législations ou réglementations que le code de l'urbanisme ou lorsque le projet est situé dans un secteur sauvegardé dont le périmètre a été délimité (C. urb., art. *R. 423-24 nouv.).

Majoration de deux mois

Le délai est majoré de deux mois lorsqu'il y a lieu de consulter une commission départementale ou régionale (C. urb., art. *R. 423-25). Cette majoration de délai n'est pas cumulable avec celle prévue par l'article R. 423-24.

Délai global porté à 5 mois

Lorsque le projet est situé dans un espace ayant vocation à être classé dans le cœur d'un futur parc national dont la création a été prise en application de l'article R. 331-5 du code de l'environnement ou dans le cœur d'un parc national délimité en application de l'article L. 331-2 du code de l'environnement, le délai d'instruction est porté à :

- cinq mois si les travaux prévus figurent sur la liste des travaux qui peuvent faire l'objet de l'autorisation spéciale prévue par le I de l'article L. 331-4 du code de l'environnement arrêtée par le décret de création du parc ;
- six mois dans le cas contraire (C. urb., art. *R. 423-26 nouv.).

Délai global porté à six mois

- Lorsqu'il y a lieu de consulter une commission nationale ;
- lorsqu'il y a lieu de consulter l'assemblée de Corse en application de l'article R. 423-56 ;
- lorsqu'un permis de construire, d'aménager ou de démolir porte sur un immeuble inscrit au titre des monuments historiques ou un immeuble adossé à un immeuble classé au titre des monuments historiques ;
- lorsqu'un permis de construire ou d'aménager porte sur un projet situé dans le champ de visibilité des immeubles classés ou inscrits au titre des monuments historiques, mentionnés au premier ou deuxième alinéa de l'article L. 621-31 du code du patrimoine ou dans un secteur sauvegardé dont le plan de sauvegarde et de mise en valeur n'est pas approuvé (C. urb., art. *R. 423-27 nouv.).

Délai global porté à sept ou neuf mois

Lorsque le permis doit être précédé d'une autorisation de défrichement (articles L. 311-1 et L. 312-1 du code forestier), le délai d'instruction de droit commun est porté à :

a) sept mois lorsque le défrichement n'est pas soumis à enquête publique ;

b) neuf mois lorsque le défrichement fait l'objet d'une enquête publique (C. urb., art. *R. 423-29 nouv.).

Le délai est également porté à sept mois lorsque le permis est subordonné, en application des articles L. 752-1 à L. 752-3 du code de commerce, à une autorisation d'exploitation commerciale ou, en application du I de l'article 36-1 de la loi n° 73-1193 du 27 décembre 1973 d'orientation du commerce et de l'artisanat, à une autorisation de création de salle de spectacle cinématographique (nouvel art. *R. 423-30).

Délai global porté à un an

Le délai d'instruction est porté à un an lorsque les travaux sont soumis à l'autorisation du ministre de la défense ou du ministre chargé des sites (C. urb., art. *R. 423-31 nouv.).

Non cumul des majorations

Les majorations de délai prévues aux articles R. 423-24 (un mois) et R. 423-25 (deux mois) ne sont pas applicables aux demandes mentionnées aux articles R. 423-26 à R. 423-32 (C. urb., art. *R. 423-33 nouv.).

Prolongations exceptionnelles du délai d'instruction

Quatre cas de prolongations exceptionnelles sont prévus sous l'empire du nouveau régime réglementaire.

Permis subordonné à la délivrance d'une autorisation de défrichement

Lorsque la délivrance du permis est subordonnée à une autorisation de défrichement en application de l'article L. 311-5 du code forestier, le délai d'instruction est prolongé de trois mois quand le préfet a décidé, en application de l'article R. 312-1 du même code, de prolonger de trois mois le délai d'instruction de l'autorisation de défrichement (C. urb., art. *R. 423-34 nouv.).

Recours contre l'avis de l'autorité compétente contre l'avis de l'architecte des bâtiments de France

De même, lorsque la délivrance du permis est subordonnée à l'accord de l'architecte des Bâtiments de France, le délai d'instruction est prolongé de trois mois quand le maire ou l'autorité compétente pour délivrer le permis a saisi le préfet de région ou le préfet de Corse d'un recours contre l'avis de l'architecte des Bâtiments de France, en application du quatrième alinéa de l'article L. 313-2 du présent code, du cinquième alinéa de l'article L. 621-31 du code du patrimoine ou du deuxième alinéa de l'article L. 642-3 du code du patrimoine (C. urb., art. *R. 423-35 nouv.).

Recours contre l'autorisation de CDEC devant la Commission nationale d'équipement commercial

Lorsque la délivrance du permis est subordonnée à une autorisation d'exploitation commerciale ou à une autorisation de création de salle de spectacle cinématographique, le délai d'instruction est prolongé de quatre mois quand la décision de la commission départementale compétente fait l'objet d'un recours.

Evocation du projet par le ministre chargé des sites, de la nature ou des monuments historiques

Lorsque le projet fait l'objet d'une évocation par le ministre chargé des sites, par le ministre chargé de la protection de la nature ou par le ministre chargé des monuments historiques et des espaces protégés, le délai d'instruction est porté à un an (C. urb., art. *R. 423-37 nouv.).

Notifications de la liste des pièces manquantes et des modifications de délai

Notification de la liste des pièces manquantes en cas de dossier incomplet

Lorsque le dossier ne comprend pas les pièces exigées, l'autorité compétente, dans le délai d'un mois à compter de la réception ou du dépôt du dossier à la mairie, adresse au demandeur ou à l'auteur de la déclaration une lettre recommandée avec demande d'avis de réception ou, dans le cas prévu par l'article R. 423-48, un courrier électronique, indiquant, de façon exhaustive, les pièces manquantes (C. urb., art. *R. 423-38 nouv.).

La correspondance doit indiquer :

- que les pièces manquantes doivent être adressées à la mairie dans le délai de trois mois à compter de sa réception ;
- qu'à défaut de production de l'ensemble des pièces manquantes dans ce délai, la demande fera l'objet d'une décision tacite de rejet en cas de demande de permis ou d'une décision tacite d'opposition en cas de déclaration ;
- que le délai d'instruction commencera à courir à compter de la réception des pièces manquantes par la mairie (C. urb., art. *R. 423-39 nouv.).

REMARQUE

Le délai pour solliciter la communication de nouvelles pièces est enfermé dans un délai fixe d'un mois.

Si dans le même délai d'un mois, une nouvelle demande apparaît nécessaire, elle se substitue à la première et dresse de façon exhaustive la liste des pièces manquantes et fait courir le délai (C. urb., art. *R. 423-40 nouv.).

Au-delà du délai initial d'un mois, la demande de communication de nouvelles pièces ne saurait avoir quelque influence sur le délai d'instruction (C. urb., art. *R. 423-41 nouv.). Ainsi, dès lors qu'aucune demande de pièces complémentaires ou de modification de délai d'instruction n'aura été faite dans le délai d'un mois, toute notification postérieure deviendra inopposable. Le défaut de diligence de l'administration dans l'instruction des demandes pourra fréquemment aboutir à l'octroi d'une autorisation tacite pour le pétitionnaire.

À l'inverse, le pétitionnaire auquel une demande de pièces complémentaires est adressée doit également faire preuve de diligence. Il dispose d'un délai de 3 mois pour produire les pièces manquantes. À défaut de production desdites pièces, il s'expose à une décision de refus tacite.

Il s'agit là d'une des innovations les plus marquantes du nouveau dispositif : elle confère à la notification de dossier incomplet une importance capitale pour les praticiens. Bien souvent, l'existence de cette pièce permettra au service instructeur d'empêcher l'intervention d'une décision d'autorisation tacite.

Notification des majorations et prolongations du délai d'instruction

Lorsque le délai d'instruction de droit commun est modifié, l'autorité compétente indique au demandeur ou à l'auteur de la déclaration, dans le délai d'un mois à compter de la réception ou du dépôt du dossier complet à la mairie :

1) le nouveau délai et, le cas échéant, son nouveau point de départ ;

2) les motifs de la modification de délai ;

3) lorsque le projet entre dans les cas prévus à l'article R. 424-2 (cas d'absence d'autorisation tacite), à l'issue du délai, le silence éventuel de l'autorité compétente vaudra refus tacite du permis.

Une copie de cette notification doit être adressée au préfet (C. urb., art. *R. 423-42 nouv.).

En principe, les modifications de délai prévues (C. urb., art. R. 423-24 à R. 423-33 nouv.) ne sont applicables que si les notifications prévues ont été faites.

Toutefois, quand le projet nécessite un défrichement (C. urb., art. R. 423-29 nouv.), la notification par le préfet de sa décision de faire procéder à une reconnaissance de la situation des terrains tient lieu de la notification prévue à l'article R. 423-42 (C. urb., art. *R. 423-43 nouv.).

Lorsque le délai d'instruction fait l'objet d'une prolongation exceptionnelle (C. urb., art. R. 423-34 à R. 423-37 nouv.), cette prolongation doit être notifiée au demandeur avant l'expiration du délai d'instruction initialement fixé (C. urb., art. R. 423-23 nouv.), le cas échéant majoré (art. R. 423-24 à R. 423-33).

Lorsque le projet est évoqué par le ministre chargé des sites ou par le ministre chargé des monuments historiques ou des espaces protégés, la lettre notifiant la prolongation du délai informe en outre le demandeur qu'à l'issue du délai d'un an prévu à l'article R. 423-37, le silence éventuel de l'autorité compétente vaudra refus et non-octroi tacite du permis. Copie de cette notification doit être adressée au préfet (C. urb., art. *R. 423-44 nouv.).

Lorsque le délai d'instruction est susceptible de faire l'objet d'une prolongation exceptionnelle (art. R. 423-34 à R. 423-37), l'envoi l'indique explicitement (nouvel art. *R. 423-45).

Conditions d'envoi des notifications

Il est prévu que les notifications et courriers sont adressés par courriers recommandés avec accusé de réception. Le destinataire est réputé avoir reçu le courrier lors de sa première présentation (C. urb., art.*R. 423-46 et art. *R. 423-47 nouv.).

Est instituée la possibilité d'adresser lesdites correspondances par la voie électronique (courriel) à la condition que le pétitionnaire l'ait expressément accepté (C. urb., art. *R. 423-48 nouv.). Dans ce cas, le demandeur est réputé avoir reçu ces notifications à la date à laquelle il les consulte à l'aide de la procédure électronique. Un accusé de réception électronique est adressé à l'autorité compétente au moment de la consultation du document. À défaut de consultation à l'issue d'un délai de huit jours après leur envoi, le demandeur est réputé avoir reçu ces notifications.

Un arrêté du ministre chargé de l'urbanisme doit fixer les caractéristiques techniques de la procédure électronique de transmission, garantissant la fiabilité de l'identification du demandeur et de l'autorité compétente, ainsi que l'intégrité des documents adressés, la sécurité et la confidentialité des échanges (C. urb., art. *R. 423-49 nouv.).

CONSEIL PRATIQUE En l'état, il parait peu prudent de recommander aux pétitionnaires d'accepter de recevoir lesdites correspondances par la voie électronique. Il nous paraît que ce mode de communication est en effet de nature à générer de multiples différends entre l'administration et le pétitionnaire notamment sur le terrain de la preuve en cas de contentieux.

BIBLIOGRAPHIE A. Plantey et F.-Ch. Bernard : *La preuve devant le juge administratif*, Economica, 2003.

3.1.5 **Instruction des demandes de permis et des déclarations préalables**

Consultation des personnes publiques, services ou commissions intéressés

Comme sous l'empire de l'ancien régime réglementaire, le principe selon lequel l'autorité compétente recueille auprès des personnes publiques, services ou commissions intéressés par le projet, les accords, avis ou décisions prévus par les lois ou règlements en vigueur est maintenu (C. urb., art. *R. 423-50 nouv.).

La principale nouveauté du nouveau régime réside dans la fixation de délais stricts imposés aux autorités et services consultés. À défaut de réponse dans les délais impartis, l'avis est réputé favorable, sauf exceptions limitativement énumérées.

Ladite consultation peut s'imposer lorsque le projet porte sur une opération soumise à un régime d'autorisation prévu par une autre législation (nouvel art. *R. 423-51).

Elle peut également être engagée pour recueillir les avis ou les accords, selon les cas :
- des autorités et services publics habilités à demander la prescription de contributions d'urbanisme (C. urb., art. *R. 423-52 nouv.),
- des autorités gestionnaires d'une voie nouvelle ou d'une voie existante dont les accès sont modifiés (C. urb., art. *R. 423-53 nouv.)
- de l'architecte des bâtiments de France lorsque le projet est situé dans un secteur sauvegardé (C. urb., art. *R. 423-54 nouv.)
- de l'avis de la commission départementale de l'action touristique si le projet porte sur l'aménagement d'un terrain de camping (C. urb., art. *R. 423-55 nouv.)
- de l'Assemblée de Corse lorsque la demande porte sur un projet d'implantation en Corse d'un ouvrage de production utilisant la géothermie, l'énergie solaire, l'énergie éolienne et de la mer, l'énergie tirée de la biomasse, l'énergie tirée de la valorisation et de la récupération des déchets, des réseaux de chaleur, l'énergie hydraulique (C. urb., art. *R. 423-56 nouv.).

Enquête publique

Lorsque le projet est soumis à enquête publique en application de l'article R. 123-1 du code de l'environnement, celle-ci est organisée par le maire ou le président de l'établissement public de coopération intercommunale lorsque le permis est délivré au nom de la commune ou de l'établissement public et par le préfet lorsque le permis est délivré au nom de l'État.

Le commissaire enquêteur ou la commission d'enquête doivent rendre leur avis dans le délai d'un mois à compter de la clôture de l'enquête (ce délai n'est toutefois pas assorti de sanction).

Dans un délai de huit jours, l'autorité compétente informe le demandeur de la date de réception du rapport et de la substance des conclusions du commissaire enquêteur ou de la commission d'enquête (C. urb., art. *R. 423-57 nouv.).

Lorsque le projet a précédemment fait l'objet d'une enquête publique dans les conditions prévues par les articles R. 123-7 à R. 123-23 du code de l'environnement ou par les articles R. 11-14-1 et suivants du code de l'expropriation pour cause d'utilité publique et que l'avis de mise à l'enquête indiquait que celle-ci portait également sur la construction projetée, il n'y a pas lieu à nouvelle enquête au titre du permis de construire ou d'aménager, sauf si le projet a subi des modifications substantielles après la clôture de l'enquête (C. urb., art. *R. 423-58 nouv.).

Délais et conditions d'émission des avis ou accords des personnes publiques, services ou commissions intéressés

Principe d'avis favorable ou d'accord en cas de silence

Le décret pose comme principe que les services, autorités et commissions saisies pour avis ou accord qui n'ont pas émis leur avis ou donné leur accord dans les délais impartis décomptés à partir de la réception de la demande d'avis ou d'accord sont réputés avoir donné un avis ou une décision favorables.

REMARQUE Le principe énoncé ici n'est pas nouveau, il existait déjà sous l'empire des anciennes dispositions du code de l'urbanisme et avait été encore réaffirmé récemment par le Conseil d'État (CE 8 avril 2005, Congrégation de l'Abbaye Notre-Dame du Pré, req. n° 268869). Le mérite principal du décret est d'affirmer expressément ce principe et de le généraliser, sauf exceptions limitativement énumérées (cf. Circulaire n° 2007-1 relative à la réforme du permis de construire et des autorisations d'urbanisme).

Exceptions

Ce principe connaît des exceptions (avis réputé défavorable ou refus en cas de silence à l'issue du délai fixé) s'agissant des projets situés dans un espace ayant vocation à être classé dans un parc national en voie de création ou créé (C. urb., art. R. 423-62 nouv.) ou lorsque le préfet de région doit se prononcer sur recours de l'autorité compétente contre l'avis émis par l'architecte des bâtiments de France (C. urb., art. R. 423-68 nouv.).

Délai de droit commun d'un mois

Les délais sont réglementairement fixés et varient selon la nature des autorités consultées ou saisies pour accord (C. urb., art. R. 423-59 à R. 423-71 nouv.).

Le délai de droit commun est fixé à un mois (C. urb., art. R. 423-59 nouv.).

Exceptions limitativement énumérées au principe du délai d'un mois

Le principe comporte des exceptions limitativement énumérées pour lesquelles le délai fixé est supérieur à un mois (2 à 5 mois) :

2 mois : en cas de saisine de la commission départementale de la nature des paysages et des sites, de la commission départementale de l'action touristique (art. R. 423-60 nouv.), de l'architecte des bâtiments de France (art. R. 423-67 nouv. mais dans certains cas ce délai peut être porté à 4 mois), du préfet en matière d'archéologie préventive (art. R. 423-69 nouv.) ou pour une demande de dérogation aux règles d'accessibilité des handicapés (art. R. 423-70 nouv.), du ministre de l'aviation civile ou de la défense lorsque le projet est susceptible de faire obstacle à la navigation aérienne (art. R. 423-63 nouv.), de la commission départementale d'orientation agricole ou de la chambre d'agriculture (art. R. 423-64 nouv.) ;

3 mois : en cas de saisine d'une commission nationale (art. R. 423-61 nouv.), en cas de saisine du préfet pour un immeuble de grande hauteur (IGH) inférieur ou égal à 100 mètres (art. R. 423-71 nouv.), en cas de saisine du ministre de l'agriculture si le projet est de nature à porter atteinte à l'aire ou aux conditions de production, à la qualité ou à l'image du produit d'appellation d'origine contrôlée (art. R. 423-65 nouv.) ;

4 mois : en cas de saisine pour avis de l'architecte des bâtiments de France si le projet est situé dans le champ de visibilité d'un monument historique, dans un secteur sauvegardé dont le plan de sauvegarde et de mise en valeur n'a pas été approuvé (art. R. 423-67 nouv.), en cas de saisine du préfet de région lorsque la demande de permis porte sur un immeuble ou une partie d'immeuble inscrit au titre des monuments historiques ou adossé à un immeuble classé (art. R. 423-66 nouv.) ;

5 mois : en cas de saisine du préfet pour un immeuble de grande hauteur (IGH) supérieur à 100 mètres (art. R. 423-71 nouv.).

3.1.6 Dispositions particulières aux demandes et aux déclarations lorsque la décision est de la compétence de l'État

Les mêmes principes s'appliquent lorsque la décision à prendre sur la demande de permis ou la déclaration relève de l'État.

Rappelons que dans ces hypothèses, les autorités décentralisées (maire ou président de l'EPCI en cas de délégation : C. urb., art. R. 423-73 nouv.) doivent émettre un avis sur les demandes de permis comme sur les déclarations.

Le délai de droit commun est fixé à un mois pour les demandes de permis et à quinze jours pour les déclarations (C. urb., art. R. 423-72 nouv.).

3.1.7 Décisions

L'ordonnance du 8 décembre 2005 et le décret du 5 janvier 2007 distinguent les décisions tacites (C. urb., art. L. 424-2 nouv.) et les décisions expresses.

En substance, le nouveau régime se caractérise par une généralisation des décisions tacites favorables (D. Larralde, « Régime commun des décisions relatives aux permis et aux déclarations préalables », *JCP adm. et Coll. Terr.*, n° 7, p. 44).

Décisions tacites et décisions expresses

En principe, l'autorité compétente doit se prononcer par arrêté.

TEXTE OFFICIEL **Code de l'urbanisme, article L. 424-1 (nouv.)**

L'autorité compétente se prononce par arrêté sur la demande de permis ou, en cas d'opposition ou de prescriptions, sur la déclaration préalable.

Principe de la décision tacite favorable

Est érigé comme principe qu'à défaut de notification d'une décision expresse dans le délai d'instruction déterminé, le silence gardé par l'autorité compétente vaut, selon les cas :

- décision de non-opposition à la déclaration préalable ;
- permis de construire, permis d'aménager ou permis de démolir tacite (C. urb., art. *R. 424-1 nouv.).

TEXTE OFFICIEL **Code de l'urbanisme, article L. 424-2 (nouv.)**

Le permis est tacitement accordé si aucune décision n'est notifiée au demandeur à l'issue du délai d'instruction.

Un décret en Conseil d'État précise les cas dans lesquels un permis tacite ne peut être acquis.

Il s'agit là d'une des innovations majeures du nouveau dispositif mis en place. L'abstention ou le défaut de diligence de l'administration au terme du délai d'instruction bénéficie, sauf exceptions, au pétitionnaire.

Si le pétitionnaire dépose un dossier incomplet et que l'administration s'abstient de lui demander de produire de nouvelles pièces dans le délai fixé à un mois, son dossier est réputé complet. Si l'administration persiste dans son attitude, il devient, sauf exceptions, titulaire d'une autorisation tacite. Ce principe s'applique aux déclarations préalables comme aux permis de construire, permis d'aménager et permis de démolir.

En cas de permis tacite, l'autorité compétente doit délivrer un certificat sur simple demande du bénéficiaire, du déclarant ou de ses ayants droit, sans que cette obligation ne soit assortie de délai et de sanctions (C. urb., art. R. 424-14 nouv.).

Toutefois, la portée de cette innovation doit être tempérée : le pétitionnaire sera, dans la plupart des cas, titulaire d'une autorisation tacite illégale, laquelle sera susceptible de retrait par l'autorité compétente dans un délai de trois mois à compter de la date de son intervention (C. urb., art. L. 424-5 nouv.).

Exceptions : décisions de refus tacites

Ce principe connaît des exceptions dans lesquelles le défaut de notification d'une décision expresse dans le délai d'instruction vaut décision implicite de rejet de la demande.

Il s'agit des cas suivants :

1) lorsque les travaux sont soumis à l'autorisation du ministre de la défense ou à une autorisation au titre des sites classés ou des réserves naturelles ;

2) lorsque le projet fait l'objet d'une évocation par le ministre chargé des sites ou par le ministre chargé des monuments historiques et des espaces protégés ;

3) lorsque le projet porte sur un immeuble inscrit ou un immeuble adossé à un immeuble classé au titre des monuments historiques ;

4) lorsque le projet est soumis à enquête publique en application des articles R. 123-7 à R. 123-23 du code de l'environnement ;

5) lorsqu'il y a lieu de consulter l'Assemblée de Corse ;

6) lorsque le projet est situé dans un espace ayant vocation à être classé dans le cœur d'un futur parc national dont la création a été prise en considération ou dans le cœur d'un parc national délimité ;

7) lorsque la décision est soumise à l'accord de l'architecte des Bâtiments de France et que celui-ci a notifié un avis défavorable ou un avis favorable assorti de prescriptions (C. urb., art. *R. 424-2 et R. 424-3 nouv.).

On doit ajouter à ces sept cas, celui dans lequel le pétitionnaire a omis de produire, dans le délai de trois mois, les pièces complémentaires qui lui ont été régulièrement demandées par le service instructeur. Dans cette hypothèse, au terme du délai, une décision de refus tacite est constituée.

REMARQUE

Le champ d'application des autorisations tacites est élargi par rapport aux dispositions de l'ancien article R. 421-19.

Ainsi, par exemple, une autorisation tacite peut être acquise alors même que le projet doit faire l'objet d'un accord de l'architecte des bâtiments de France dès lors que celui-ci ne s'y est pas opposé (C. urb., art. *R. 424-2 et R. 424-3 nouv.). En d'autres termes, en cas d'accord tacite de l'architecte des bâtiments de France, une autorisation tacite est constituée.

Contenu de la décision

Le décret impose aux autorités compétentes des obligations de transparence qui trouvent à s'appliquer dans différentes hypothèses.

Décisions de rejet, de sursis à statuer, dérogations ou adaptations mineures

Le nouvel article R. 424-5 du code de l'urbanisme, reprenant le principe énoncé au nouvel article L. 424-3, impose que les décisions de rejet d'une demande, les décisions de sursis à statuer, les décisions accordant une dérogation ou une adaptation mineure et les décisions assorties de prescriptions doivent être motivées.

En cas de sursis à statuer, la décision indique en outre la durée du sursis et le délai dans lequel le demandeur pourra, en application du quatrième alinéa de l'article L. 111-8, confirmer sa demande. En l'absence d'une telle indication, aucun délai n'est opposable au demandeur (C. urb., art. *R. 424-9 nouv.).

TEXTE OFFICIEL

Code de l'urbanisme, article L. 424-3 (nouv.)

Lorsque la décision rejette la demande ou s'oppose à la déclaration préalable, elle doit être motivée.

Il en est de même lorsqu'elle est assortie de prescriptions, oppose un sursis à statuer ou comporte une dérogation ou une adaptation mineure aux règles d'urbanisme applicables.

Différé de réalisation des travaux dans l'attente de formalités prévues par une autre législation

Lorsque la réalisation des travaux est différée dans l'attente de formalités prévues par une autre législation, la décision doit en faire expressément la réserve (C. urb., art. *R. 424-6).

Décisions mettant à la charge du bénéficiaire une ou plusieurs contributions

Lorsque la décision met à la charge du bénéficiaire du permis une ou plusieurs des contributions, elle doit fixer le montant de chacune d'elles. En cas de cession gratuite ou d'apport de terrain, la décision doit préciser la superficie à céder et mentionner la valeur déterminée par le directeur des services fiscaux (C. urb., art. *R. 424-7 nouv.).

Contributions mises à la charge des bénéficiaires de permis tacites ou de décisions de non opposition à déclaration préalable

L'ordonnance du 8 décembre 2005 avait fait preuve d'innovation en prévoyant qu'en cas de décision tacite d'acceptation, l'autorité compétente pouvait, dans un délai de deux mois à compter de l'intervention de la décision tacite, fixer par arrêté les participations exigibles du bénéficiaire.

Le nouvel article R. 424-8 vient préciser les conditions dans lesquelles ces contributions peuvent être imposées en alignant leur régime sur celui des décisions expresses.

TEXTE OFFICIEL

Code de l'urbanisme, article L. 424-6 (nouv.)

Dans le délai de deux mois à compter de l'intervention d'un permis tacite ou d'une décision de non-opposition à une déclaration préalable, l'autorité compétente peut, par arrêté, fixer les participations exigibles du bénéficiaire du permis ou de la décision prise sur la déclaration préalable.

3.1.8 Opérations soumises à un régime d'autorisation prévu par une autre législation

Il est opéré une distinction entre les opérations pour lesquelles :

- le permis ou la décision prise sur la déclaration préalable tient lieu de l'autorisation prévue par une autre législation ;
- le permis ou la décision prise sur la déclaration préalable est subordonné à un accord prévu par une autre législation ;
- l'autorisation prévue par une autre législation dispense de permis ou de déclaration préalable ;
- la délivrance d'un permis ou la réalisation des travaux est différée dans l'attente de formalités prévues par une autre législation.

Opérations pour lesquelles le permis ou la décision prise sur la déclaration préalable tient lieu de l'autorisation prévue par une autre législation

Le nouvel article L. 425-1 du code de l'urbanisme, dans sa rédaction issue de l'ordonnance du 8 décembre 2005 énonce comme principe que lorsque les constructions ou travaux mentionnés aux articles L. 421-1 à L. 421-4 sont soumis, en raison de leur emplacement, de leur utilisation ou de leur nature, à un régime d'autorisation ou à des prescriptions prévus par d'autres législations ou réglementations que le code de l'urbanisme, le permis de construire, le permis d'aménager, le permis de démolir ou la décision prise sur la déclaration préalable tient lieu d'autorisation au titre de ces législations ou réglementations, dans les cas prévus par décret en Conseil d'État, dès lors que la décision a fait l'objet d'un accord de l'autorité compétente.

REMARQUE

Le principe énoncé est limité aux seules hypothèses expressément prévues par le décret d'application intervenu le 5 janvier 2007.

Le décret prévoit un certain nombre d'hypothèses dans lesquelles le permis de construire, le permis d'aménager, le permis de démolir ou la décision prise sur la déclaration préalable tiennent lieu de l'autorisation prévue par une législation indépendante de celle de l'urbanisme.

Décisions valant autorisation au titre du code du patrimoine

Décision valant autorisation au titre de l'article L. 621-31 du code du patrimoine

Lorsque le projet est situé dans le champ de visibilité d'un édifice classé ou inscrit au titre des monuments historiques ou dans celui d'un parc ou d'un jardin classé ou inscrit ayant fait l'objet d'un périmètre de protection délimité, le permis de construire, le permis d'aménager, le permis de démolir ou la décision prise sur la déclaration préalable tient lieu de l'autorisation prévue à l'article L. 621-31 du code du patrimoine dès lors que la décision a fait l'objet de l'accord de l'architecte des Bâtiments de France (C. urb., art. *R. 425-1 nouv.).

Ces dispositions ne sont pas applicables aux projets portant sur les immeubles classés au titre des monuments historiques, sur les immeubles inscrits et sur les immeubles adossés aux immeubles classés.

Décision valant autorisation au titre de l'article L. 642-3 du code du patrimoine

Lorsque le projet est situé dans une zone de protection du patrimoine architectural, urbain et paysager, le permis de construire, le permis d'aménager, le permis de démolir ou la décision prise sur la déclaration préalable tient lieu de l'autorisation prévue à l'article L. 642-3 du code du patrimoine dès lors que la décision a fait l'objet de l'accord, selon les cas prévus par le code du patrimoine, de l'architecte des Bâtiments de France ou du préfet de région (C. urb., art. *R. 425-2 nouv.).

Décisions valant autorisation au titre du code de l'environnement

Décision valant autorisation au titre de la loi sur l'eau (art. L. 214-1 et s. du code de l'environnement)

Lorsque le projet porte sur des ouvrages et travaux entraînant des prélèvements sur les eaux superficielles ou souterraines, le permis de construire, le permis d'aménager ou la décision prise sur la déclaration préalable tient lieu de l'autorisation prévue par le chapitre IV du titre Ier du livre II du code de l'environnement dès lors que la décision a fait l'objet de l'accord du préfet (C. urb., art. *R. 425-3 nouv.).

Décision valant autorisation spéciale au titre des réserves naturelles (art. L. 332-6 et L. 332-9 du code de l'environnement)

Lorsque le projet est situé sur un territoire en instance de classement ou classé en réserve naturelle, le permis de construire, le permis d'aménager, le permis de démolir ou la décision prise sur la déclaration préalable tient lieu de l'autorisation spéciale prévue par les articles L. 332-6 et L. 332-9 du code de l'environnement dès lors que la décision a fait l'objet de l'accord exprès, selon le cas :

a) du préfet ou du ministre chargé de la protection de la nature, dans les conditions prévues par l'article R. 332-24 du code de l'environnement, lorsqu'il s'agit d'une réserve naturelle nationale ou, en Corse, d'une réserve classée par l'État ;

b) du conseil régional, dans les conditions prévues par l'article R. 332-44 du code de l'environnement, lorsqu'il s'agit d'une réserve naturelle régionale ;

c) de l'Assemblée de Corse, dans les conditions prévues par l'article R. 332-63 du code de l'environnement, lorsqu'il s'agit d'une réserve naturelle classée par la collectivité territoriale de Corse (art. *R. 425-4 nouv.).

Décision valant autorisation spéciale au titre des parcs nationaux (art. L. 332-6 et L. 332-9 du code de l'environnement)

Lorsque le projet est situé dans un espace ayant vocation à être classé dans le cœur d'un futur parc national dont la création a été prise en considération en application de l'article R. 331-4 du code de l'environnement, le permis de construire, le permis d'aménager, le permis de démolir ou la décision prise sur la déclaration préalable tient lieu de l'autorisation spéciale prévue par l'article L. 331-6 du même code dès lors que la décision a fait l'objet de l'accord du préfet (C. urb., art. *R. 425-5 nouv.).

Lorsque le projet est situé dans le cœur d'un parc national délimité en application des articles L. 331-1 et L. 331-2 du code de l'environnement, le permis de construire, le permis d'aménager, le permis de démolir ou la décision prise sur la déclaration préalable tient lieu de l'autorisation spéciale prévue par l'article L. 331-4 du code de l'environnement dès lors que la décision a fait l'objet de l'accord :

a) du directeur de l'établissement public du parc national lorsque le projet est situé en dehors des espaces urbanisés du cœur d'un parc national, délimités par le décret de création ;

b) du préfet après consultation du directeur de l'établissement public du parc national lorsque le projet est situé dans les espaces urbanisés du cœur d'un parc national, délimités par le décret de création (C. urb., art. *R. 425-6 nouv.).

Décisions valant autorisation au titre du code de la défense

Décision valant autorisation au titre des ouvrages de défense des côtes ou de sécurité maritime (art. L. 5112-2 du code de la défense)

Lorsque le projet porte sur une construction située à proximité d'un ouvrage militaire, le permis de construire ou le permis d'aménager tient lieu de l'autorisation prévue par l'article L. 5112-2 du code de la défense dès lors que la décision a fait l'objet d'un accord du ministre de la défense (C. urb., art. *R. 425-7 nouv.).

Décision valant autorisation au titre des dépôts de munitions ou d'explosifs (art. L. 5111-6 du code de la défense)

Lorsque le projet porte sur une construction située à l'intérieur d'un polygone d'isolement, le permis de construire ou le permis d'aménager tient lieu de l'autorisation prévue par l'article L. 5111-6 du code de la défense dès lors que la décision a fait l'objet d'un accord du ministre de la défense (C. urb., art. *R. 425-8 nouv.).

Décisions valant autorisation au titre du code de l'aviation civile

Lorsque le projet porte sur une construction susceptible, en raison de son emplacement et de sa hauteur, de constituer un obstacle à la navigation aérienne, le permis de construire ou le permis d'aménager tient lieu de l'autorisation prévue par l'article R. 244-1 du code de l'aviation civile dès lors que la décision a fait l'objet d'un accord du ministre chargé de l'aviation civile et du ministre de la défense (C. urb., art. *R. 425-9 nouv.).

Décisions valant autorisation au titre du code général de la propriété des personnes publiques

Lorsque le projet porte sur une construction située le long de la Loire ou d'un de ses affluents mentionnés à l'article L. 2124-16 du code général de la propriété des personnes publiques, sur un terrain compris entre les digues et la rivière ou sur les digues et levées, ou sur les îles, le permis de construire, le permis d'aménager ou la décision prise sur la déclaration préalable tient lieu de l'accord prévu à l'article L. 2124-18 du même code dès lors que la décision a fait l'objet de l'accord du préfet (C. urb., art. *R. 425-10 nouv.).

Lorsque le projet porte sur une construction située dans la zone d'inondation du Rhin, le permis de construire, le permis d'aménager ou la décision prise sur la déclaration préalable tient lieu de l'autorisation prévue à l'article 39 de la loi locale du 2 juillet 1891 dès lors que la décision a fait l'objet de l'accord du préfet (C. urb., art. *R. 425-11 nouv.).

Décisions valant autorisation au titre du code rural (canaux d'irrigations)

Lorsque le projet porte sur une construction, une clôture ou une plantation située dans une zone de servitude de protection des canaux d'irrigation instituée en application de l'article L. 152-7 du code rural, le permis de construire, le permis d'aménager ou la décision prise sur la déclaration préalable tient lieu de l'autorisation prévue à l'article L. 152-8 de ce code dès lors que la décision a fait l'objet de l'accord du préfet (C. urb., art. *R. 425-12 nouv.).

Décisions valant autorisation au titre du code général des collectivités territoriales (cimetières)

Lorsque le projet porte sur une construction située à moins de 100 mètres d'un cimetière transféré, le permis de construire, le permis d'aménager ou la décision prise sur la déclaration préalable tient lieu de l'autorisation prévue par l'article L. 2223-5 du code général des collectivités territoriales dès lors que la décision a fait l'objet d'un accord du maire, si celui-ci n'est pas l'autorité compétente pour délivrer le permis (C. urb., art. *R. 425-13 nouv.).

Décisions valant autorisation au titre du code la construction et de l'habitation

Immeubles de grande hauteur (art. L. 122-1 du CCH)

Lorsque le projet porte sur un immeuble de grande hauteur, le permis de construire tient lieu de l'autorisation prévue par l'article L. 122-1 du code de la construction et de l'habitation dès lors que la décision a fait l'objet de l'accord de l'autorité compétente (C. urb., art. L. 425-2 et *R. 425-14 nouv.).

TEXTE OFFICIEL **Code de l'urbanisme, article L. 425-2 (nouv.)**

Lorsque le projet porte sur un immeuble de grande hauteur, le permis de construire tient lieu de l'autorisation prévue par l'article L. 122-1 du code de la construction et de l'habitation, dès lors que la décision a fait l'objet d'un accord de l'autorité chargée de la police de la sécurité.

Établissements recevant du public (art. L. 111-8 du CCH)

Lorsque le projet porte sur un établissement recevant du public, le permis de construire tient lieu de l'autorisation prévue par l'article L. 111-8 du code de la construction et de l'habitation dès lors que la décision a fait l'objet d'un accord de l'autorité compétente (C. urb., art. L. 425-3 et art. *R. 425-15 nouv.).

TEXTE OFFICIEL **Code de l'urbanisme, article L. 425-3 (nouv.)**

Lorsque le projet porte sur un établissement recevant du public, le permis de construire tient lieu de l'autorisation prévue par l'article L. 111-8 du code de la construction et de l'habitation dès lors que la décision a fait l'objet d'un accord de l'autorité administrative compétente qui peut imposer des prescriptions relatives à l'exploitation des bâtiments en application de l'article L. 123-2 du code de la construction et de l'habitation. Le permis de construire mentionne ces prescriptions.

Opérations pour lesquelles le permis ou la décision prise sur la déclaration préalable est subordonné à un accord prévu par une autre législation

Dans certaines hypothèses limitativement énumérées, le permis ou la décision prise sur la déclaration préalable sont subordonnés à un accord prévu par une autre législation.

Accord du préfet de région au titre du code du patrimoine (art. L. 621-27 et L. 621-30 du code du patrimoine)

Lorsque le projet porte sur un immeuble inscrit au titre des monuments historiques ou sur un immeuble adossé à un immeuble classé monument historique, le permis de construire, le permis d'aménager, le permis de démolir ou la décision prise sur la déclaration préalable doit faire l'objet de l'accord prévu par les articles L. 621-27 ou L. 621-30 du code du patrimoine. Cet accord est donné par le préfet de région (art. *R. 425-16 nouv.).

REMARQUE L'article R. 425-16 reprend intégralement le texte de l'article L. 425-4 dans sa rédaction issue de l'ordonnance du 8 décembre 2005 et précise que l'autorité compétente est le préfet de région.

Projet portant sur un immeuble inscrit au titre des monuments historiques ou sur un immeuble adossé à un immeuble classé monument historique

TEXTE OFFICIEL **Code de l'urbanisme, article L. 425-4 (nouv.)**

Lorsque le projet porte sur un immeuble inscrit au titre des monuments historiques ou sur un immeuble adossé à un immeuble classé monument historique, le permis de construire, le permis d'aménager, le permis de démolir ou la décision prise sur la déclaration préalable doit faire l'objet d'un accord de l'autorité administrative chargée des monuments historiques, en application des articles L. 621-27 ou L. 621-30 du code du patrimoine.

Accord du Préfet ou du Ministre chargé des sites au titre du code de l'environnement (art. L. 341-7 et L. 341-10 du code de l'environnement)

TEXTE OFFICIEL **Code de l'urbanisme, article *R. 425-17 (nouv.)**

Lorsque le projet est situé dans un site classé ou en instance de classement, la décision prise sur la demande de permis ou sur la déclaration préalable ne peut intervenir qu'avec l'accord exprès prévu par les articles L. 341-7 et L. 341-10 du code de l'environnement :

a) cet accord est donné par le préfet, après avis de l'architecte des Bâtiments de France, lorsque le projet fait l'objet d'une déclaration préalable ;

b) cet accord est donné par le ministre chargé des sites, après avis de la commission départementale de la nature, des paysages et des sites, dans les autres cas.

Accord exprès de l'architecte des bâtiments de France (article L. 341-1 du code de l'environnement)

TEXTE OFFICIEL **Code de l'urbanisme, article *R. 425-18 (nouv.)**

Lorsque le projet porte sur la démolition d'un bâtiment situé dans un site inscrit en application de l'article L. 341-1 du code de l'environnement, le permis de démolir ne peut intervenir qu'avec l'accord exprès de l'architecte des Bâtiments de France.

Accord de l'établissement public en charge du parc national (art. L. 331-1 du code de l'environnement).

Lorsque le projet est situé dans un parc national créé en application des articles L. 331-1 et L. 331-2 du code de l'environnement et doit être précédé d'une étude d'impact en application de l'article L. 122-1 du même code, le permis de construire ou le permis d'aménager ne peut intervenir qu'avec l'accord de l'établissement public du parc émis après consultation de son conseil scientifique conformément au II de l'article L. 331-4 de ce code (C. urb., art. *R. 425-19 nouv.).

Avis de la chambre d'agriculture et de la commission départementale d'orientation agricole ou accord motivé du préfet en cas d'avis défavorables de l'une des deux institutions.

Lorsque le projet porte sur une construction ou un aménagement qui altère durablement le potentiel agronomique, biologique ou économique d'une zone agricole protégée créée en application de l'article L. 112-2 du code rural et situé dans un territoire non couvert par un plan local d'urbanisme ou un document d'urbanisme en tenant lieu, la décision prise sur la demande de permis ou sur la déclaration préalable ne peut intervenir qu'après avis de la chambre d'agriculture et de la commission départementale d'orientation agricole.

En cas d'avis défavorable de l'une d'entre elles, le projet ne peut être autorisé qu'après l'accord motivé du préfet (C. urb., art. *R. 425-20 nouv.).

Accord du préfet pour les projets portant sur une construction située dans un plan de surfaces submersibles valant plan de prévention des risques naturels prévisibles (art. L. 562-6 du code de l'environnement).

Lorsque le projet porte sur une construction située dans un plan de surfaces submersibles valant plan de prévention des risques naturels prévisibles en application de l'article L. 562-6 du code de l'environnement, le permis de construire, le permis d'aménager ou la décision prise sur la déclaration préalable ne peut intervenir si le préfet, après consultation du service chargé des mesures de défense contre les inondations et du service chargé de la police des cours d'eau, s'y oppose. Si le préfet subordonne son accord au respect de prescriptions nécessaires pour assurer le libre écoulement des eaux ou la conservation des champs d'inondation, la décision doit imposer ces prescriptions (C. urb., art. *R. 425-21 nouv.).

Accord de l'autorité mentionnée dans le décret instituant une zone de protection des monuments naturels et sites de caractère artistique, historique, scientifique, légendaire ou pittoresque

Lorsque le projet est situé dans une zone de protection créée, antérieurement à la loi n° 83-8 du 7 janvier 1983 relative à la répartition de compétences entre les communes, les départements, les régions et l'État, en application des articles 17 ou 28 de la loi du 2 mai 1930 ayant pour objet de réorganiser la protection des monuments naturels et des sites de caractère artistique, historique, scientifique, légendaire ou pittoresque, la décision prise sur la demande de permis ou sur la déclaration préalable ne peut intervenir qu'avec l'accord exprès de l'autorité mentionnée dans le décret instituant la zone de protection (C. urb., art. *R. 425-22 nouv.).

Opérations pour lesquelles l'autorisation prévue par une autre législation dispense de permis ou de déclaration préalable

Le décret a prévu des hypothèses dans lesquelles l'autorisation prévue par une autre législation dispense de permis ou de déclaration préalable.

Il en est ainsi dans 7 cas limitativement énumérés :

1° Lorsque le projet porte sur une construction édifiée sur un immeuble classé monument historique, l'autorisation prévue au premier alinéa de l'article L. 621-9 du code du patrimoine dispense de la déclaration préalable ou du permis de construire, dès lors que la décision a fait l'objet d'un accord de l'autorité compétente pour statuer sur les demandes de permis de construire (C. urb., art. *R. 425-23 nouv.).

2° Lorsque le projet porte sur un ouvrage ou une installation de stockage souterrain de gaz, de fluides ou de déchets, l'autorisation prévue à l'article 3-1 du code minier, aux articles L. 515-7, L. 541-17 et L. 542-7 du code de l'environnement ou par le décret n° 2006-649 du 2 juin 2006 dispense de la déclaration préalable ou du permis de construire (C. urb., art. *R. 425-24 nouv.).

3° Lorsqu'un affouillement ou un exhaussement du sol est soumis à déclaration ou à autorisation en application des chapitres Ier et II du titre Ier du livre V ou du chapitre Ier du titre IV du livre V du code de l'environnement, cette déclaration ou cette autorisation dispense de la déclaration préalable ou du permis d'aménager (C. urb., art. *R. 425-25 nouv.).

4° Lorsqu'un affouillement ou un exhaussement du sol est soumis à déclaration ou à autorisation en application du code minier, cette déclaration ou cette autorisation dispense de la déclaration préalable ou du permis d'aménager (C. urb., art. *R. 425-25 nouv.).

5° Lorsqu'un affouillement ou un exhaussement du sol porte sur un projet d'installation nucléaire, l'autorisation prévue par l'article 3 du décret n° 63-1228 du 11 décembre 1963 relatif aux installations nucléaires dispense de la déclaration préalable ou du permis d'aménager (C. urb., art. *R. 425-27 nouv.).

6° Lorsqu'un affouillement ou un exhaussement du sol porte sur un projet situé sur le domaine public, le permis de stationnement ou l'autorisation d'occupation de ce domaine dispense de la déclaration préalable ou du permis d'aménager (C. urb., art. *R. 425-28).

7° Lorsque le projet porte sur un dispositif de publicité, une enseigne ou une pré-enseigne, l'autorisation prévue par les sections 2 et 3 du chapitre Ier du titre VIII du livre V du code de l'environnement dispense de la déclaration préalable ou du permis de construire (C. urb., art. *R. 425-29).

Opérations pour lesquelles la délivrance d'un permis ou la réalisation des travaux est différée dans l'attente de formalités prévues par une autre législation

Il existe des situations pour lesquelles la délivrance d'un permis ou la réalisation des travaux est différée dans l'attente de formalités prévues par une autre législation.

L'ordonnance a énoncé six cas distincts :

Autorisation de défrichement

Dans le cas où une autorisation de défrichement est nécessaire, elle doit être obtenue préalablement au permis.

TEXTE OFFICIEL **Code de l'urbanisme, article L. 425-6 (nouv.)**

Conformément à l'article L. 311-5 du code forestier, lorsque le projet porte sur une opération ou des travaux soumis à l'autorisation de défrichement prévue à l'article L. 311-1 du même code, celle-ci doit être obtenue préalablement à la délivrance du permis.

Autorisation d'équipement commercial

Dans le cas où une autorisation d'équipement commercial est nécessaire, le permis de construire ne peut être délivré avant que celle-ci ne soit définitive.

TEXTE OFFICIEL **Code de l'urbanisme, article L. 425-7 (nouv.)**

Conformément aux articles L. 720-5 et L. 720-10 du code de commerce, lorsque le permis de construire porte sur un projet soumis à une autorisation d'exploitation commerciale, le permis ne peut être accordé avant l'expiration du délai de recours relatif à cette autorisation et, en cas de recours, avant la décision de la commission nationale.

Autorisation de création de salle de spectacle cinématographique

Dans le cas où une autorisation de création de salle de spectacle cinématographique est nécessaire, le permis de construire ne peut être délivré avant que celle-ci ne soit définitive.

TEXTE OFFICIEL **Code de l'urbanisme, article L. 425-8 (nouv.)**

Conformément au I de l'article 36-1 de la loi n° 73-1193 du 27 décembre 1973 d'orientation du commerce et de l'artisanat, lorsque le permis de construire porte sur un projet soumis à une autorisation de création de salle de spectacle cinématographique, le permis ne peut être accordé avant l'expiration du délai de recours relatif à cette autorisation et, en cas de recours, avant la décision de la commission nationale.

Changement d'affectation

En cas de changement d'affectation, les travaux ne peuvent entrepris qu'après l'obtention de l'autorisation de changement d'affectation prévue à l'article L. 631-7 du CCH.

TEXTE OFFICIEL

Code de l'urbanisme, article L. 425-9 (nouv.)

Lorsque le projet porte sur des travaux ayant pour objet un changement d'usage de locaux destinés à l'habitation, soumis à autorisation préalable en application de l'article L. 631-7 du code de la construction et de l'habitation, ces travaux ne peuvent être exécutés qu'après l'obtention de l'autorisation mentionnée à cet article.

Installations classées soumises à autorisation

Quand les travaux portent sur une installation soumise à autorisation au titre du code de l'environnement, ils ne peuvent être exécutés avant la clôture de l'enquête publique.

REMARQUE

Le principe énoncé pourra d'autant moins être contourné que, dans le cas où le projet nécessite un permis de construire, le délai d'instruction dudit permis ne commencera à courir qu'à la réception par l'autorité compétente du rapport du commissaire enquêteur ou de la commission d'enquête (C. urb., art. R. 423-20 et R. 423-21 nouv.).

TEXTE OFFICIEL

Code de l'urbanisme, article L. 425-10 (nouv.)

Lorsque le projet porte sur une installation soumise à autorisation en vertu de l'article L. 512-2 du code de l'environnement, les travaux ne peuvent être exécutés avant la clôture de l'enquête publique.

Opérations d'archéologie préventive prescrites

Lorsque la réalisation d'opérations d'archéologie préventive a été prescrite, celles-ci doivent être achevées avant tout commencement des travaux.

TEXTE OFFICIEL

Code de l'urbanisme, article L. 425-11 (nouv.)

Lorsque la réalisation d'opérations d'archéologie préventive a été prescrite, les travaux ne peuvent être entrepris avant l'achèvement de ces opérations.

Le décret du 5 janvier 2007 a ajouté deux précisions par rapport aux dispositions de l'ordonnance du 8 décembre 2005 :

1° Lorsque le projet est situé dans un site inscrit, la demande de permis ou la déclaration préalable tient lieu de la déclaration exigée par l'article L. 341-1 du code de l'environnement. Les travaux ne peuvent être entrepris avant l'expiration d'un délai de quatre mois à compter du dépôt de la demande ou de la déclaration. La décision prise sur la demande de permis ou sur la déclaration préalable intervient après consultation de l'architecte des Bâtiments de France (C. urb., art. *R. 425-30).

2° Lorsque le projet entre dans le champ d'application de l'article 4 du décret n° 2004-490 du 3 juin 2004 relatif aux procédures administratives et financières en matière d'archéologie préventive, le dossier joint à la demande de permis comprend les pièces exigées à l'article 8 de ce décret. La décision ne peut intervenir avant que le préfet de région ait statué, dans les conditions prévues à l'article 18 de ce décret sur les prescriptions d'archéologie préventive. Dans le cas où le préfet de région a imposé des prescriptions, les travaux de construction ou d'aménagement ne peuvent pas être entrepris avant l'exécution de ces prescriptions (C. urb., art. *R. 425-31).

3.2 Les règles propres aux différentes déclarations, décisions et autorisations

3.2.1 Le certificat d'urbanisme

Présentation, dépôt et transmission de la demande de certificat d'urbanisme

L'ordonnance du 8 décembre 2005 a prévu deux types de certificat d'urbanisme, l'un de droit commun ou « neutre » (art. L. 410-1 *a*), l'autre pré-opérationnel (art. L. 410-1 *b*).

La durée de validité des deux certificats est fixée, de façon uniforme, à 18 mois.

TEXTE OFFICIEL

Code de l'urbanisme, article L. 410-1 (nouv.)

Le certificat d'urbanisme, en fonction de la demande présentée :

a) indique les dispositions d'urbanisme, les limitations administratives au droit de propriété et la liste des taxes et participations d'urbanisme applicables à un terrain ;

b) indique en outre, lorsque la demande a précisé la nature de l'opération envisagée ainsi que la localisation approximative et la destination des bâtiments projetés, si le terrain peut être utilisé pour la réalisation de cette opération ainsi que l'état des équipements publics existants ou prévus.

Lorsqu'une demande d'autorisation ou une déclaration préalable est déposée dans le délai de dix-huit mois à compter de la délivrance d'un certificat d'urbanisme, les dispositions d'urbanisme, le régime des taxes et participations d'urbanisme ainsi que les limitations administratives au droit de propriété tels qu'ils existaient à la date du certificat ne peuvent être remis en cause à l'exception des dispositions qui ont pour objet la préservation de la sécurité ou de la salubrité publique.

Lorsque le projet est soumis à avis ou accord d'un service de l'État, les certificats d'urbanisme le mentionnent expressément. Il en est de même lorsqu'un sursis à statuer serait opposable à une déclaration préalable ou à une demande de permis.

Le certificat d'urbanisme est délivré dans les formes, conditions et délais déterminés par décret en Conseil d'État par l'autorité compétente mentionnée au a et au b de l'article L. 422-1 du présent code.

Le décret vient préciser les conditions de présentation de la demande de certificat d'urbanisme « neutre et pré-opérationnel ».

Renseignements et documents exigibles pour la demande de certificat de droit commun

La demande de certificat d'urbanisme doit préciser :

- l'identité du demandeur,
- la localisation, la superficie et les références cadastrales du terrain,
- l'objet de la demande.

Un plan de situation permettant de localiser le terrain dans la commune doit être joint à la demande (C. urb., art. *R. 410-1 nouv.).

Pièces supplémentaires exigibles pour les certificats « pré-opérationnels »

En plus des pièces exigibles dans tous les cas, la demande de certificat pré-opérationnel doit comporter les pièces suivantes :

1° Une note descriptive succincte de l'opération indiquant, lorsque le projet concerne un ou plusieurs bâtiments, leur destination et leur localisation approximative dans l'unité foncière ainsi que, lorsque des constructions existent sur le terrain.

2° Un plan du terrain indiquant l'emplacement de ces constructions (C. urb., art. *R. 410-1 nouv.).

Nombre d'exemplaires de la demande et du dossier qui l'accompagne.

Le nombre d'exemplaires varie en fonction de l'objet de la demande de certificat d'urbanisme (art. *R. 410-2 nouv.) :
- deux exemplaires pour le certificat de droit commun,
- quatre exemplaires pour le certificat pré-opérationnel.

Le dossier de la demande de certificat d'urbanisme est adressé au maire de la commune dans laquelle le terrain est situé.

Le maire affecte un numéro d'enregistrement à la demande dans des conditions prévues par arrêté du ministre chargé de l'urbanisme.

Pour les demandes de certificat pré-opérationnel, les exemplaires du dossier de demande font l'objet des transmissions prévues pour les permis et déclarations (C. urb., art. R. 423-7 à R. 423-13 nouv.). Ils font donc l'objet d'une instruction complète (C. urb., art. R. 410-3 nouv.).

Instruction de la demande de certificat d'urbanisme

Les conditions d'instruction de la demande varient selon que les décisions sont prises au nom d'une autorité décentralisée ou de l'État.

Décisions prises au nom de la commune ou d'un établissement public de coopération intercommunale

Lorsque la décision est prise au nom de la commune ou de l'établissement public de coopération intercommunale, l'instruction est effectuée au nom et sous l'autorité du maire ou du président de l'établissement public (C. urb., art. *R. 410-4 nouv.).

L'autorité compétente peut confier les actes d'instruction :
- aux services de la commune ;
- aux services d'une collectivité territoriale ou d'un groupement de collectivités ;
- à une agence départementale créée en application de l'article L. 5511-1 du code général des collectivités territoriales ;
- aux services de l'État, lorsque la commune ou l'établissement public de coopération intercommunale remplit les conditions fixées à l'article L. 422-8 (C. urb., art. *R. 410-5 nouv.).

Décisions prises au nom de l'État

Lorsque le certificat d'urbanisme est délivré au nom de l'État, l'instruction est effectuée par le service de l'État dans le département chargé de l'urbanisme.

Le maire adresse son avis au chef du service de l'État dans le département chargé de l'urbanisme dans un délai de quinze jours à compter du dépôt de la demande, dans le cas prévu au a de l'article L. 410-1, et dans un délai d'un mois dans les autres cas. Passé ce délai, il est réputé n'avoir à formuler aucune observation.

Lorsque la commune a délégué sa compétence à un établissement public de coopération intercommunale en application de l'article L. 422-3, le président de cet établissement adresse son avis au chef du service de l'État dans le département chargé de l'urbanisme dans les mêmes conditions et délais (C. urb., art. *R. 410-6 nouv.).

Lorsque la commune a délégué sa compétence à un établissement public de coopération intercommunale, le maire fait connaître au président de cet établissement ses observations.

Ces observations doivent être émises dans un délai de quinze jours à compter du dépôt de la demande, dans le cas prévu au a de l'article L. 410-1, et dans un délai d'un mois dans les autres cas. Passé ce délai, le maire est réputé n'avoir à formuler aucune observation (C. urb., art. *R. 410-7 nouv.).

REMARQUE Les articles R. 410-6 et R. 410-7 reprennent le principe énoncé pour l'instruction de l'ensemble des décisions et autorisations selon lequel lorsqu'un service est consulté pour avis ou saisi pour accord, le défaut de réponse dans les délais impartis vaut avis favorable ou accord. Les actes de procédure sont notifiés dans les conditions de droit commun énoncées aux articles R. 423-46 à R. 423-49 (C. urb., art. *R. 410-8 nouv.).

Délais d'instruction

Le délai d'instruction diffère selon l'objet de la demande de certificat d'urbanisme.

Certificat de droit commun

Pour le certificat de droit commun, le délai d'instruction est d'un mois à compter de la réception en mairie de la demande (C. urb., art. *R. 410-9 nouv.).

Certificat pré-opérationnel

Pour le certificat pré-opérationnel, le délai d'instruction est de deux mois à compter de la réception en mairie de la demande.

L'autorité compétente doit recueillir l'avis des collectivités, établissements publics et services gestionnaires des réseaux mentionnés à l'article L. 111-4 ainsi que les avis prévus par les articles R. 423-52 et R. 423-53.

Ces avis sont réputés favorables s'ils n'ont pas été émis dans le délai d'un mois à compter de la réception de la demande d'avis.

Décision

Le certificat d'urbanisme est délivré par l'autorité compétente mentionnée aux articles R. 422-1 à R. 422-4, c'est-à-dire le maire, le président de l'EPCI ou le préfet selon les cas (C. urb., art. *R. 410-11 nouv.)

La décision peut être expresse ou tacite.

Décisions tacites

À défaut de notification d'un certificat d'urbanisme dans le délai fixé par les articles R. 410-9 (1 mois) et R. 410-10 (2 mois), le silence gardé par l'autorité compétente vaut délivrance d'un certificat d'urbanisme tacite.

Ce certificat tacite a exclusivement les effets prévus par le quatrième alinéa de l'article L. 410-1 : aucune remise en cause des dispositions d'urbanisme, des taxes et participations et des limitations administratives au droit de propriété n'est possible à l'exception de celles qui ont pour objet la préservation de la sécurité ou la salubrité publique si une demande d'autorisation intervient dans un délai de 18 mois (C. urb., art. *R. 410-12 nouv.).

REMARQUE

La généralisation de l'intervention des décisions tacites positives, louable dans ses intentions, frappe également le certificat d'urbanisme. Il en apparaît même comme un dommage collatéral.

En effet, s'agissant d'un outil destiné à fournir des informations sur la situation administrative et urbanistique d'un terrain, on peut légitimement s'interroger sur l'intérêt pour le demandeur et plus largement pour les praticiens d'un certificat d'urbanisme tacite.

BIBLIOGRAPHIE

G. Godfrin : « Certificat d'urbanisme : informer en silence », *Constr.-Urb.*, mars 2007, p. 15.

Décisions expresses

Les principes généraux énoncés pour l'ensemble des déclarations et autorisations sont repris pour les seuls certificats d'urbanisme pré-opérationnels.

Certificat pré-opérationnel exprès

Lorsque le certificat d'urbanisme exprès indique que le terrain peut être utilisé pour la réalisation de l'opération mentionnée dans la demande, cette décision porte exclusivement sur la localisation approximative du ou des bâtiments dans l'unité foncière, leur destination et sur les modalités de desserte par les équipements publics existants ou prévus (C. urb., art. *R. 410-13 nouv.).

REMARQUE Seules les mentions du certificat portant sur les dispositions d'urbanisme, le régime des taxes et participations d'urbanisme et les limitations administratives du droit de propriété applicables au terrain sont susceptibles de faire naître des droits acquis pour le titulaire du certificat d'urbanisme. Elles ne peuvent être remises en causes pendant la durée de validité du certificat. Elles valent pour toutes les demandes d'autorisation (permis de construire, de démolir, d'aménager) et pour toutes les déclarations préalables.

Certificat pré-opérationnel négatif ou positif assorti de prescriptions

Lorsque la décision indique que le terrain ne peut être utilisé pour la réalisation de l'opération mentionnée dans la demande, ou lorsqu'elle est assortie de prescriptions, elle doit être motivée (C. urb., art. *R. 410-14 nouv.).

Informations communes aux différents certificats exprès

Le certificat d'urbanisme doit indiquer si le bien est situé ou non à l'intérieur du périmètre d'un des droits de préemption définis par le code de l'urbanisme (C. urb., art. *R. 410-15 nouv.).

Il doit également préciser les conditions dans lesquelles il devient exécutoire (C. urb., art. *R. 410-18 nouv.).

Notification du certificat d'urbanisme

Le certificat d'urbanisme est notifié au demandeur. Il peut être adressé par courrier électronique si le pétitionnaire en a accepté le principe (C. urb., art. *R. 410-16 nouv.).

Prorogation possible

Le certificat d'urbanisme peut être prorogé par périodes d'une année sur demande présentée deux mois au moins avant l'expiration du délai de validité, si les prescriptions d'urbanisme, les servitudes administratives de tous ordres et le régime des taxes et participations d'urbanisme applicables au terrain n'ont pas changé.

La demande de prorogation, formulée en double exemplaire par lettre accompagnée du certificat à proroger, est déposée et transmise dans les conditions prévues à l'article R. 410-3.

Modèles nationaux de demande et de décision

Un arrêté du ministre chargé de l'urbanisme doit fixer les modèles nationaux de demande de certificat d'urbanisme et de réponse (C. urb., art. *R. 410-21 nouv.).

3.2.2 Le permis de construire

En premier lieu, sera examiné le contenu de droit commun de la demande de permis de construire et, en second lieu, les pièces complémentaires exigibles selon les cas.

Contenu de droit commun du dossier de demande de permis de construire

TEXTE OFFICIEL

Code de l'urbanisme, article *R. 431-4 (nouv.)

La demande de permis de construire comprend :

a) les informations mentionnées aux articles R. 431-5 à R. 431-12 ;

b) les pièces complémentaires mentionnées aux articles R. 431-13 à R. 431-33 ;

c) les informations prévues à l'article R. 431-34.

Pour l'application des articles R. 423-19 à R. 423-22, le dossier est réputé complet lorsqu'il comprend les informations mentionnées au a et au b ci-dessus.

Contenu de droit commun de la demande de permis de construire

La demande de permis de construire précise (C. urb., art. *R. 431-5 nouv.) :

1° l'identité du ou des demandeurs ;

2° l'identité de l'architecte auteur du projet, sauf dans les cas prévus à l'article R. 431-2 ;

3° la localisation et la superficie du ou des terrains ;

4° la nature des travaux ;

5° la destination des constructions, par référence aux différentes destinations définies à l'article R. 123-9 ;

6° la surface hors œuvre nette des constructions projetées, s'il y a lieu répartie selon les différentes destinations définies à l'article R. 123-9, ainsi que leur surface hors œuvre brute lorsque le projet n'est pas situé dans un territoire couvert par un plan local d'urbanisme ou un document d'urbanisme en tenant lieu.

7° la demande comporte également l'attestation du ou des demandeurs qu'ils remplissent les conditions définies à l'article R. 423-1 pour déposer une demande de permis.

REMARQUE

Le nouvel article R. 431-5 reprend, en grande partie, les informations exigées au titre de l'ancien article R. 421-1-1 (identité du ou des demandeurs, identité de l'auteur du projet, situation et superficie du terrain, nature et destination des constructions, densité des constructions).

La nouvelle rédaction, en disposant que le permis peut être présenté par le ou les propriétaires des terrains, entérine la jurisprudence du Conseil d'État, laquelle avait admis qu'une demande de permis de construire soit présentée par plusieurs propriétaires de terrains contigus pour réaliser conjointement un projet (CE 28 juillet 1999, SA HLM Le Logis de France, *Lebon*, p. 272).

L'information relative à l'identité du propriétaire, au cas où celui-ci n'est pas l'auteur de la demande est supprimée.

Est ajoutée, l'obligation de produire l'attestation du ou des demandeurs (attestation établie par le pétitionnaire établissant qu'il est autorisé à exécuter les travaux par le ou les propriétaires) qu'ils remplissent les conditions pour déposer une demande de permis de construire telle que prévue à l'article R. 423-1.

La justification du titre habilitant à construire, source d'un contentieux foisonnant, est opportunément supprimée au profit d'une attestation établie par le demandeur indiquant qu'il est habilité par le ou les propriétaires. Cette modification mettra fin à l'immixtion contrainte de l'administration dans des questions de pur droit privé.

Demande de permis de construire portant sur un terrain comportant déjà des constructions

Lorsque le terrain d'assiette comporte des constructions, la demande précise leur destination, par référence aux différentes destinations définies à l'article R. 123-9 (contenu du règlement du PLU), leur surface hors œuvre nette et indique si ces constructions sont destinées à être maintenues et si leur destination est modifiée par le projet (C. urb., art. *R. 431-6).

Documents joints à la demande de permis de construire

Doivent être joints à la demande de permis de construire (C. urb., art. *R. 431-7 nouv.) :

1° Un plan permettant de connaître la situation du terrain à l'intérieur de la commune ;

2° Le projet architectural (voir ci-après).

REMARQUE

Le décret du 5 janvier 2007 divise le contenu de droit commun du dossier de permis de construire en plusieurs articles (art. R. 431-8 à R. 431-10 nouv.). L'unité qui prévalait sous l'empire de l'ancien article R. 421-2 est supprimée.

Projet architectural et recours à l'architecte

En principe, le projet architectural prévu doit être établi par un architecte.

TEXTES OFFICIELS

Code de l'urbanisme, art. L. 431.1 (nouv.)

Conformément aux dispositions de l'article 3 de la loi n° 77-2 du 3 janvier 1977 sur l'architecture, la demande de permis de construire ne peut être instruite que si la personne qui désire entreprendre des travaux soumis à une autorisation a fait appel à un architecte pour établir le projet architectural faisant l'objet de la demande de permis de construire.

Code de l'urbanisme, art. L. 431-2 (nouv.)

Le projet architectural définit, par des plans et documents écrits, l'implantation des bâtiments, leur composition, leur organisation et l'expression de leur volume ainsi que le choix des matériaux et des couleurs.

Il précise, par des documents graphiques ou photographiques, l'insertion dans l'environnement et l'impact visuel des bâtiments ainsi que le traitement de leurs accès et de leurs abords.

Code de l'urbanisme, art. L. 431-3 (nouv.)

Conformément aux dispositions de l'article 4 de la loi n° 77-2 du 3 janvier 1977 sur l'architecture, par dérogation à l'article L. 431-1, ne sont pas tenues de recourir à un architecte les

personnes physiques ou exploitations agricoles à responsabilité limitée à associé unique qui déclarent vouloir édifier ou modifier, pour elles-mêmes, une construction de faible importance dont les caractéristiques, notamment la surface maximale de plancher, sont déterminées par décret en Conseil d'État. Ces caractéristiques peuvent être différentes selon la destination des constructions.
Le recours à l'architecte n'est pas non plus obligatoire pour les travaux soumis au permis de construire qui portent exclusivement sur l'aménagement et l'équipement des espaces intérieurs des constructions et des vitrines commerciales ou qui sont limités à des reprises n'entraînant pas de modifications visibles de l'extérieur.
Conformément aux dispositions de l'article 5 de la loi n° 77-2 du 3 janvier 1977 sur l'architecture, les modèles types de construction et leurs variantes, industrialisées ou non, susceptibles d'utilisation répétée, doivent, avant toute commercialisation, être établis par un architecte dans les conditions prévues à l'article 3 de ladite loi et ce quel que soit le maître d'ouvrage qui les utilise.

Exemptions limitativement énumérées au recours obligatoire à l'architecte

Les règles prévalant antérieurement (C. urb., art. R. 421-1-2 anc.) sont reprises en ce qui concerne les cas d'exemptions.

Ainsi, ne sont pas tenues de recourir à un architecte les personnes physiques ou les exploitations agricoles à responsabilité limitée à associé unique qui déclarent vouloir édifier ou modifier pour elles-mêmes :

a) une construction à usage autre qu'agricole dont la surface de plancher hors œuvre nette n'excède pas cent soixante-dix mètres carrés ;

b) une construction à usage agricole dont la surface de plancher hors œuvre brute n'excède pas huit cents mètres carrés ;

c) des serres de production dont le pied-droit a une hauteur inférieure à quatre mètres et dont la surface de plancher hors œuvre brute n'excède pas deux mille mètres carrés.

La demande précise que le demandeur et, le cas échéant, l'architecte, ont connaissance de l'existence de règles générales de construction prévues par le chapitre Ier du titre Ier du livre Ier du code de la construction et de l'habitation et notamment, lorsque la construction y est soumise, des règles d'accessibilité fixées en application de l'article L. 111-7 de ce code et de l'obligation de respecter ces règles (C. urb., art. *R. 431-2 nouv.).

Contenu du projet architectural

Notice de présentation

L'article R. 431-8 nouveau impose la production d'une notice de présentation, laquelle doit comporter de multiples informations sur les différents aspects du projet : état de l'existant (terrain, abords, constructions, végétation, paysage), parti pris pour l'insertion du projet dans son environnement en faisant apparaître les différentes caractéristiques du projet dans ses différents aspects (aménagement du terrain, configuration des constructions, traitement des constructions et des abords, matériaux et couleurs des constructions, plantations à conserver ou a créer).

TEXTE OFFICIEL

Code de l'urbanisme, article *R. 431-8

Le projet architectural comprend une notice précisant :

1° L'état initial du terrain et de ses abords indiquant, s'il y a lieu, les constructions, la végétation et les éléments paysagers existants ;

2° Les partis retenus pour assurer l'insertion du projet dans son environnement et la prise en compte des paysages, faisant apparaître, en fonction des caractéristiques du projet :

a) l'aménagement du terrain, en indiquant ce qui est modifié ou supprimé ;

b) l'implantation, l'organisation, la composition et le volume des constructions nouvelles, notamment par rapport aux constructions ou paysages avoisinants ;

c) le traitement des constructions, clôtures, végétations ou aménagements situés en limite de terrain ;

d) les matériaux et les couleurs des constructions ;

e) le traitement des espaces libres, notamment les plantations à conserver ou à créer ;

f) l'organisation et l'aménagement des accès au terrain, aux constructions et aux aires de stationnement.

La notice de présentation doit comprendre à la fois les informations qui étaient contenues dans la notice descriptive - dont la production n'était pas exigée par les textes – et celles qui devaient figurer dans la notice paysagère prévue par l'ancien article R. 421-2-7° du code de l'urbanisme.

La nouvelle notice de présentation sera, sans nul doute, un des éléments du dossier sujet à de fréquents contentieux, à l'instar de l'ancienne notice paysagère (8).

Plan de masse

Le plan de masse, dont la production était prévue en vertu de l'ancien article R. 421-2, ne voit pas son contenu fondamentalement modifié par le décret du 5 janvier 2007.

Toutefois, deux éléments nouveaux méritent d'être signalés :

- d'une part, il doit désormais faire figurer les constructions existantes dont le maintien est prévu ;
- d'autre part, lorsque le terrain n'est pas directement desservi par une voie ouverte à la circulation publique, il doit indiquer l'emplacement et les caractéristiques de la servitude de passage permettant d'y accéder.

TEXTE OFFICIEL

Code de l'urbanisme, article *R. 431-9

Le projet architectural comprend également un plan de masse des constructions à édifier ou à modifier coté dans les trois dimensions. Ce plan de masse fait apparaître les travaux extérieurs aux constructions, les plantations maintenues, supprimées ou créées et, le cas échéant, les constructions existantes dont le maintien est prévu.

Il indique également, le cas échéant, les modalités selon lesquelles les bâtiments ou ouvrages seront raccordés aux réseaux publics ou, à défaut d'équipements publics, les équipements privés prévus, notamment pour l'alimentation en eau et l'assainissement.

Lorsque le terrain n'est pas directement desservi par une voie ouverte à la circulation publique, le plan de masse indique l'emplacement et les caractéristiques de la servitude de passage permettant d'y accéder.

(8) CE 28 mai 2001, Cne de Bohars, Sarl Minoterie Frances, *Lebon*, p. 249 – CE 29 juillet 2002, Assoc. Seine et Marnaise pour la sauvegarde de la nature, *Lebon*, p. 837.

Plan des façades et des toitures

Le projet architectural doit comporter le plan des façades et des toitures. Lorsque le projet a pour effet de modifier les façades ou les toitures d'un bâtiment existant, il doit faire apparaître l'état initial et l'état futur.

Plan de coupe

Doit être joint au dossier architectural, un plan en coupe précisant l'implantation de la construction par rapport au profil du terrain. Lorsque les travaux ont pour effet de modifier le profil du terrain, ce plan fait apparaître l'état initial et l'état futur.

Document graphique paysager

Le dossier de permis de construire doit comprendre un document graphique permettant d'apprécier l'insertion du projet de construction par rapport aux constructions avoisinantes et aux paysages, son impact visuel ainsi que le traitement des accès et du terrain.

Documents photographiques

Deux documents photographiques permettant de situer le terrain respectivement dans l'environnement proche et, sauf si le demandeur justifie qu'aucune photographie de loin n'est possible, dans le paysage lointain doivent être joints au dossier. Les points et les angles des prises de vue doivent être reportés sur le plan de situation et le plan de masse.

TEXTE OFFICIEL

Code de l'urbanisme, article *R. 431-10 (nouv.)

Le projet architectural comprend également :

a) le plan des façades et des toitures ; lorsque le projet a pour effet de modifier les façades ou les toitures d'un bâtiment existant, ce plan fait apparaître l'état initial et l'état futur ;

b) un plan en coupe précisant l'implantation de la construction par rapport au profil du terrain ; lorsque les travaux ont pour effet de modifier le profil du terrain, ce plan fait apparaître l'état initial et l'état futur ;

c) un document graphique permettant d'apprécier l'insertion du projet de construction par rapport aux constructions avoisinantes et aux paysages, son impact visuel ainsi que le traitement des accès et du terrain ;

d) deux documents photographiques permettant de situer le terrain respectivement dans l'environnement proche et, sauf si le demandeur justifie qu'aucune photographie de loin n'est possible, dans le paysage lointain. Les points et les angles des prises de vue sont reportés sur le plan de situation et le plan de masse.

Les dispositions prévues au *c)* et *d)* du nouvel article R. 431-10 du code de l'urbanisme reprennent, en substance, les dispositions des 5° et 6° de l'ancien article R. 421-2 relatif aux documents graphiques et photographiques du volet paysager.

Toutefois des modifications méritent d'être soulignées : d'une part, il n'est plus fait mention du sort particulier réservé au document graphique en cas de plantation d'arbres de haute tige (obligation de faire apparaître la situation à l'achèvement des travaux et à long terme) et, d'autre part, s'agissant des documents photographiques, il est possible de déroger à l'obligation de produire une vue de loin en cas d'impossibilité de prendre un tel cliché.

La suppression de la mention particulière de la plantation des arbres de haute tige dans la définition du document graphique et des obligations qui en découlaient est salutaire. En effet, en vertu d'une jurisprudence particulièrement « tatillonne » plusieurs permis de construire avaient été annulés au motif que n'était pas représentée l'évolution des arbres de haute tige dans les documents graphiques (TA Versailles 10 mars 1998, Giordano, req. n° 97-6208 – CAA Paris 15 juin 2000, Sci Marnelec et Cne de Bonneuil, req. n° 97-2517).

Lorsque le projet est situé dans un périmètre ayant fait l'objet d'un permis d'aménager, le document graphique et les deux documents photographiques ne sont pas exigés (nouvel Art. *R. 431-12).

BIBLIOGRAPHIE F.-C. Bernard, « Le volet paysager à l'épreuve du juge », *MTP* 26 mai 2000, p. 90.

Permis portant sur des travaux exécutés à l'intérieur d'un bâtiment situé dans un secteur sauvegardé ou à l'intérieur d'un immeuble inscrit au titre des monuments historiques

Lorsque le projet porte sur des travaux mentionnés aux articles R. 421-15 et R. 421-16 exécutés à l'intérieur d'un bâtiment situé dans un secteur sauvegardé ou à l'intérieur d'un immeuble inscrit au titre des monuments historiques, le projet architectural comporte un document graphique faisant apparaître l'état initial et l'état futur de chacune des parties du bâtiment faisant l'objet des travaux (C. urb., art. *R. 431-11 nouv.).

En revanche, lorsque le projet porte exclusivement sur des travaux intérieurs, aucun projet architectural n'est à produire. Seule la production du formulaire de demande et d'un plan de situation est requise.

Contenu particulier : pièces complémentaires exigibles en fonction de la situation ou de la nature du projet

Projet portant sur une dépendance du domaine public

Lorsque le projet de construction porte sur une dépendance du domaine public, le dossier joint à la demande de permis de construire comporte une pièce exprimant l'accord du gestionnaire du domaine pour engager la procédure d'autorisation d'occupation temporaire du domaine public (C. urb., art. *R. 431-13 nouv.).

Projet portant sur un immeuble inscrit au titre des monuments historiques, sur un immeuble adossé à un immeuble classé ou sur une construction existante située dans un secteur sauvegardé, dans le champ de visibilité d'un monument historique ou dans une zone de protection du patrimoine architectural, urbain et paysager

Lorsque le projet porte sur un immeuble inscrit au titre des monuments historiques, sur un immeuble adossé à un immeuble classé ou sur une construction existante située dans un secteur sauvegardé, dans le champ de visibilité d'un monument historique ou dans une zone de protection du patrimoine architectural, urbain et paysager, la notice de présentation doit indiquer en outre les matériaux utilisés et les modalités d'exécution des travaux (C. urb., art. *R. 431-14 nouv.).

Existence d'un coefficient d'occupation des sols applicable au terrain

Quand un coefficient d'occupation des sols est applicable au terrain, la demande de permis de construire doit indiquer la surface hors œuvre nette des bâtiments qui existaient à la date de la division sur les autres terrains issus de celle-ci.

TEXTE OFFICIEL **Code de l'urbanisme, article R. 431-15 (nouv.)**

Lorsque la règle de contrôle de l'utilisation des droits à construire résultant de l'application du coefficient d'occupation des sols prévue par l'article L. 123-1-1 est applicable au terrain, la demande indique en outre, s'il y a lieu, la surface hors œuvre nette des bâtiments qui existaient à la date de la division sur les autres terrains issus de celle-ci.

Documents énoncés à l'article R. 431-16

Le nouvel article R. 431-16 reprend des dispositions auparavant contenues dans les anciens articles R. 421-2 (étude d'impact, notice sur l'activité économique), R. 421-3 (agrément) tout en y ajoutant des pièces dont la production n'était pas prévue antérieurement : il s'agit, d'une part, du document établi dans le cadre du contrôle technique obligatoire des bâtiments situés dans une zone de sismicité et, d'autre part, de l'attestation établie par l'architecte du projet ou par un expert agréé certifiant la réalisation d'une étude préalable pour les projets couverts par un plan de prévention des risques naturels prévisibles ou par un plan de prévention des risques technologiques.

TEXTE OFFICIEL **Code de l'urbanisme, article *R. 431-16 (nouv.)**

Le dossier joint à la demande de permis de construire comprend en outre, selon les cas :

a) l'étude d'impact, lorsqu'elle est prévue en application du code de l'environnement ;

b) dans les cas prévus par les 4° et 5° de l'article R. 111-38 du code de la construction et de l'habitation, un document établi par un contrôleur technique mentionné à l'article L. 111-23 de ce code, attestant qu'il a fait connaître au maître d'ouvrage son avis sur la prise en compte, au stade de la conception, des règles parasismiques et paracycloniques prévues par l'article L. 563-1 du code de l'environnement ;

c) lorsque la construction projetée est subordonnée par un plan de prévention des risques naturels prévisibles approuvé, ou rendu immédiatement opposable en application de l'article L. 562-2 du code de l'environnement, ou par un plan de prévention des risques technologiques approuvé, à la réalisation d'une étude préalable permettant d'en déterminer les conditions de réalisation, d'utilisation ou d'exploitation, une attestation établie par l'architecte du projet ou par un expert agréé certifiant la réalisation de cette étude et constatant que le projet prend en compte ces conditions au stade de la conception ;

d) l'agrément prévu à l'article L. 510-1, lorsqu'il est exigé ;

e) une notice précisant l'activité économique qui doit être exercée dans le bâtiment et justifiant, s'il y a lieu, que cette activité répond aux critères définis par l'article R. 146-2, lorsque la demande concerne un projet de construction visé au d de cet article et situé dans un espace remarquable ou dans un milieu à préserver d'une commune littorale.

Constructions dont une partie est à destination de logements locatifs sociaux dépassant la densité résultant du COS

Lorsque la demande de permis de construire porte sur des constructions dont une partie, ayant la destination de logements locatifs sociaux bénéficiant pour leur construction du concours financier de l'État, dépasse conformément à l'article L. 127-1 la densité résultant du coefficient d'occupation des sols, le dossier de la demande est complété par :

a) la délimitation de cette partie des constructions ;

b) la mention de la surface de plancher hors œuvre nette correspondante ;

c) l'estimation sommaire du coût foncier qui lui sera imputé ;

d) dans les communes de la métropole, l'engagement du demandeur de conclure la convention prévue au 3° de l'article L. 351-2 du code de la construction et de l'habitation (C. urb., art. *R. 431-17 nouv.).

REMARQUE Cet article reprend les dispositions de l'ancien article R. 421-2-1.

Constructions dépassant le COS autorisé

TEXTE OFFICIEL **Code de l'urbanisme, article *R. 431-18 (nouv.)**

Lorsque la demande de permis de construire porte sur un projet pouvant bénéficier des dispositions de l'article L. 128-1, elle est complétée par le document prévu par l'article R. 111-21 du code de la construction et de l'habitation attestant que le projet respecte les critères de performance énergétique définis par cet article.

Travaux nécessitant une autorisation de défrichement

TEXTE OFFICIEL **Code de l'urbanisme, article *R. 431-19 (nouv.)**

Lorsque les travaux projetés nécessitent une autorisation de défrichement en application des articles L. 311-1 ou L. 312-1 du code forestier, la demande de permis de construire est complétée par la copie de la lettre par laquelle le préfet fait connaître au demandeur que son dossier de demande d'autorisation de défrichement est complet.

REMARQUE Cet article reprend les dispositions de l'ancien article R. 421-3-1.

Travaux projetés portant sur une installation soumise à autorisation ou à déclaration en vertu du code de l'environnement

Lorsque les travaux projetés portent sur une installation soumise à autorisation ou à déclaration en vertu des articles L. 512-1 et L. 512-8 du code de l'environnement, la demande de permis de construire doit être accompagnée de la justification du dépôt de la demande d'autorisation ou de la déclaration (art. *R. 431-20 nouv.).

REMARQUE Cet article reprend les dispositions de l'ancien article R. 421-3-2.

Travaux nécessitant la démolition de bâtiments soumis au régime du permis de démolir

Lorsque les travaux projetés nécessitent la démolition de bâtiments soumis au régime du permis de démolir, la demande de permis de construire ou d'aménager doit :

- soit être accompagnée de la justification du dépôt de la demande de permis de démolir ;
- soit porter à la fois sur la démolition et sur la construction ou l'aménagement (art. *R. 431-21 nouv.).

REMARQUE Cet article reprend, en partie, les dispositions de l'ancien article R. 421-3-4 (justification de la demande de permis de démolir) mais y ajoute une dispense lorsque les travaux portent à la fois sur la démolition et sur la construction ou l'aménagement.

Construction à édifier sur un terrain situé dans un lotissement

Lorsque les travaux projetés portent sur une construction à édifier sur un terrain inclus dans un lotissement, la demande est accompagnée, s'il y a lieu :

a) du certificat prévu par le premier alinéa de l'article R. 442-11, quand la surface hors œuvre nette constructible a été répartie par le lotisseur ;

b) du certificat prévu par le quatrième alinéa de l'article R. 442-18, quand l'ensemble des travaux mentionnés dans le permis d'aménager n'est pas achevé (art. *R. 431-22 nouv.).

REMARQUE Cet article reprend, en partie, les dispositions de l'ancien article R. 421-3-5 mais les généralise à tous les lotissements. Le nouvel article ajoute une pièce à produire : le certificat attestant que les équipements desservant le lot sont achevés.

Construction à édifier dans une ZAC

Lorsque les travaux projetés portent sur une construction à édifier dans une zone d'aménagement concerté, la demande est accompagnée :

a) lorsque le terrain a fait l'objet d'une cession, location ou concession d'usage consentie par l'aménageur de la zone, d'une copie de celles des dispositions du cahier des charges de cession de terrain qui indiquent le nombre de mètres carrés de surface hors œuvre nette dont la construction est autorisée sur la parcelle cédée ainsi que, si elles existent, de celles des dispositions du cahier des charges qui fixent des prescriptions techniques, urbanistiques et architecturales imposées pour la durée de la réalisation de la zone ;

b) lorsque le terrain n'a pas fait l'objet d'une cession, location ou concession d'usage par l'aménageur de la zone, de la convention prévue par le quatrième alinéa de l'article L. 311-4 (C. urb., art. *R. 431-23 nouv.).

REMARQUE Cet article innove en imposant la production de pièces complémentaires à la demande de permis de construire lorsque le projet est localisé dans une ZAC. Ces nouvelles obligations sont destinées avant tout à contrôler la densité résiduelle constructible dans la ZAC.

Permis de construire valant division

Lorsque les travaux projetés portent sur la construction, sur le même terrain, de plusieurs bâtiments dont le terrain d'assiette doit faire l'objet d'une division en propriété ou en jouissance avant l'achèvement de l'ensemble du projet, le dossier présenté à l'appui de la demande est complété par un plan de division et, lorsque des voies ou espaces communs sont prévus, le projet de constitution d'une association syndicale des acquéreurs à laquelle seront dévolus la propriété, la gestion et l'entretien de ces voies et espaces communs à moins que l'ensemble soit soumis au statut de la copropriété (C. urb., art. R. 431-24 nouv.).

REMARQUE

Cet article vient remplacer l'ancien article R. 421-7-1 régissant le permis de construire valant division ou permis de construire dit « groupé ».

La condition tirée de la maîtrise d'ouvrage unique (CE 4 mai 1983, Chapel, *Lebon*, p. 174 – CE 26 juillet 1985, Guichet, req. n° 39699) est supprimée. Il en résulte que la demande de permis de construire valant division peut être désormais présentée par plusieurs maîtres d'ouvrage.

Le pétitionnaire doit désormais produire à l'appui de sa demande : un plan de division et, si des voies ou espaces communs sont prévus, le projet de constitution d'une association syndicale. Cette dernière obligation n'est pas requise si l'ensemble est soumis au statut de la copropriété.

En revanche, la production de la note de présentation propres aux lotissements (anc. art. R. 315-5, *a*) n'est plus requise.

Travaux projetés situés dans une commune ayant institué le plafond légal de densité et excédant ce plafond

Lorsque les travaux projetés sont situés dans une commune ayant institué le plafond légal de densité et portent sur une construction dont la densité excède ce plafond, le dossier présenté à l'appui de la demande précise la valeur du terrain sur lequel la construction doit être édifiée (C. urb., art. *R. 431-25 nouv.).

Aires de stationnement

Lorsque le constructeur demande à réaliser tout ou partie des aires de stationnement imposées par le plan local d'urbanisme sur un autre terrain que le terrain d'assiette du projet ou demande à être tenu quitte de tout ou partie de ces obligations en justifiant de l'obtention d'une concession à long terme dans un parc public de stationnement ou de l'acquisition de places dans un parc privé de stationnement, la demande comprend en outre :

a) le plan de situation du terrain sur lequel seront réalisées les aires de stationnement et le plan des constructions ou aménagements correspondants ;

b) ou la promesse synallagmatique de concession ou d'acquisition, éventuellement assortie de la condition suspensive de l'octroi du permis (C. urb., art. *R. 431-26 nouv.).

REMARQUE Cet article vient remplacer l'ancien article R. 421-6-1 et en modifie le contenu. Auparavant le pétitionnaire devait joindre à l'appui de sa demande de permis de construire la justification de l'obtention d'une concession à long terme dans un parc public de stationnement existant ou en cours de réalisation. Cette ancienne rédaction n'était pas en totale adéquation avec les dispositions de l'article L. 421-3 modifiée par la loi du 13 décembre 2000. En effet, l'acquisition de places dans un parc privé de stationnement prévu dans l'article L. 421-3 n'était pas reprise par les dispositions de l'ancien article R. 421-6-1.

Désormais le pétitionnaire pourra justifier soit de l'obtention d'une concession à long terme dans un parc public de stationnement soit de l'acquisition de places dans un parc privé de stationnement. À cet effet, il devra produire la promesse synallagmatique de concession ou d'acquisition, éventuellement assortie de la condition suspensive de l'octroi du permis.

Dans tous les cas, il devra produire également le plan de situation du terrain sur lequel seront réalisées les aires de stationnement et le plan des constructions ou aménagements correspondants.

Projet soumis à autorisation d'exploitation commerciale ou à autorisation de création de salle de spectacle cinématographique

Projet soumis à autorisation d'exploitation commerciale

La demande est accompagnée de la copie de la lettre adressée par le préfet au demandeur de cette autorisation lorsque le dossier joint à la demande d'autorisation a été reconnu complet (C. urb., art. *R. 431-27 nouv.).

Projet soumis à autorisation de création de salle de spectacle cinématographique

La demande est accompagnée de la copie de la lettre adressée par le préfet au demandeur de cette autorisation lorsque le dossier joint à la demande d'autorisation a été reconnu complet (C. urb., art. *R. 431-28 nouv.).

Travaux portant sur un immeuble de grande hauteur (IGH)

Lorsque les travaux projetés portent sur un immeuble de grande hauteur, la demande est accompagnée des plans et documents définis par le code de la construction et de l'habitation (C. urb., art. *R. 431-29 nouv.).

REMARQUE Cet article reprend en substance les dispositions de l'ancien article R. 421-5.

Travaux portant sur un établissement recevant du public (ERP)

Lorsque les travaux projetés portent sur un établissement recevant du public, la demande est accompagnée des plans et documents prévus par les articles R. 111-19-14 et R. 123-24 du code de la construction et de l'habitation (C. urb., art. *R. 431-30 nouv.).

REMARQUE Cet article reprend en substance les dispositions de l'ancien article R. 421-5-1 en les simplifiant. La demande doit être désormais accompagnée :

– des plans et documents nécessaires pour que l'autorité compétente puisse s'assurer que le projet de travaux respecte les règles d'accessibilité. Le cas échéant, le dossier comporte la demande de dérogation à ces règles, accompagnée des justificatifs nécessaires et, dans le cas

mentionné à l'avant-dernier alinéa de l'article R. 111-19-10 du CCH, d'une proposition de mesure de substitution ;
– d'une notice descriptive précisant les matériaux utilisés tant pour le gros œuvre que pour la décoration et les aménagements intérieurs ;
– des plans doivent indiquer les largeurs de tous les passages affectés à la circulation du public, tels que dégagements, escaliers, sorties. Ils doivent comporter des renseignements sommaires ou des tracés schématiques concernant :
- les organes généraux de production et de distribution d'électricité haute et basse tension ;
- l'emplacement des compteurs de gaz et le cheminement des canalisations générales d'alimentation ;
- l'emplacement des chaufferies, leurs dimensions, leurs caractéristiques principales compte tenu de l'encombrement des chaudières ; l'emplacement des conduits d'évacuation des produits de combustion, d'amenée de l'air frais, d'évacuation des gaz viciés ; l'emplacement et les dimensions des locaux destinés au stockage du combustible, le cheminement de ce combustible depuis la voie publique ;
- les moyens particuliers de défense et de secours contre l'incendie.
Ces plans et tracés divers de même que leur présentation doivent être conformes aux normes en vigueur.

Travaux nécessitant une dérogation aux règles de l'accessibilité pour les personnes handicapées

Lorsque les travaux projetés nécessitent une dérogation aux règles relatives à l'accessibilité aux personnes handicapées mentionnées à l'article L. 111-7 du code de la construction et de l'habitation, la demande est accompagnée des documents prévus, selon les cas, par les articles R. 111-18-3, R. 111-18-7, R. 111-18-10, R. 111-19-6 et R. 111-19-10 du CCH (C. urb., art. *R. 431-31 nouv.).

Projets subordonnés à l'institution d'une servitude

Lorsque l'édification des constructions est subordonnée, pour l'application des dispositions relatives à l'urbanisme, à l'institution sur des terrains voisins d'une servitude dite de cours communes, la demande est accompagnée des contrats ou décisions judiciaires relatifs à l'institution de ces servitudes (C. urb., art. *R. 431-32 nouv.).

REMARQUE Cet article reprend en substance partie des dispositions de l'ancien article R. 421-7 en simplifiant sa rédaction. La demande doit toujours être accompagnée des contrats ou décisions judiciaires relatifs à l'institution de ces servitudes.

Projets subordonnés à un transfert de COS

Lorsque l'édification des constructions est subordonnée, à un transfert des possibilités de construction résultant du coefficient d'occupation des sols, la demande est accompagnée des contrats ayant procédé à ces transferts (C. urb., art. *R. 431-33 nouv.).

REMARQUE Cet article reprend en substance partie des dispositions de l'ancien article R. 421-7 qui traitait des transferts de COS en procédant par renvoi aux pièces exigibles pour les servitudes de cour commune. Désormais la rédaction est plus explicite, la demande doit être accompagnée des contrats ayant procédé aux transferts.

Informations demandées en vue de l'établissement des statistiques

En vue de la collecte des informations statistiques, la demande doit préciser :

- le nombre de logements créés ou démolis, répartis en fonction du nombre de pièces, du type de financement et de leur caractère individuel ou collectif ;
- l'utilisation principale envisagée pour les logements créés ;
- le type d'hébergement prévu ;
- les catégories de services collectifs et d'entrepôts (art. *R. 431-34 nouv.).

3.2.3 Déclaration préalable portant sur un projet de construction, sur des travaux, sur une construction existante ou sur un changement de destination d'une construction

Renseignements à fournir

La déclaration préalable portant sur un projet de construction, sur des travaux, sur une construction existante ou sur un changement de destination d'une construction doit préciser :

- l'identité du ou des déclarants ;
- la localisation et la superficie du ou des terrains ;
- la nature des travaux ou du changement de destination ;
- s'il y a lieu, la surface hors œuvre nette et la destination des constructions projetées.

Elle comporte également l'attestation du ou des déclarants qu'ils remplissent les conditions définies à l'article R. 423-1 pour déposer une déclaration préalable (art. *R. 431-35 nouv.).

REMARQUE

Cet article reprend pour partie les anciennes dispositions de l'article R. 422-3. Il en aligne le régime sur les permis de construire. La condition relative au titre habilitant à construire est supprimée. Elle est remplacée par la production d'une attestation du déclarant qu'il remplit les conditions pour déposer une déclaration préalable.

Contenu du dossier

À la différence du dossier de permis de construire, le dossier de déclaration est relativement léger. Il comprend essentiellement des documents graphiques. Il peut être complété par les pièces complémentaires exigibles en fonction de la situation ou de la nature du projet.

TEXTE OFFICIEL

Code de l'urbanisme, article *R. 431-36 (nouv.)

Le dossier joint à la déclaration comprend :

a) un plan permettant de connaître la situation du terrain à l'intérieur de la commune ;

b) un plan de masse coté dans les trois dimensions lorsque le projet a pour effet de créer une construction ou de modifier le volume d'une construction existante ;

c) une représentation de l'aspect extérieur de la construction faisant apparaître les modifications projetées et si le projet a pour effet de modifier celui-ci.
Il est complété, s'il y a lieu, par les documents mentionnés aux articles R. 431-14 et R. 431-15, au e de l'article R. 431-16 et aux articles R. 431-10, R. 431-25, R. 431-32 et R. 431-33.

REMARQUE

Cet article reprend pour partie la rédaction de l'ancien article R. 422-3 du code de l'urbanisme.

Travaux exécutés à l'intérieur d'un bâtiment situé dans un secteur sauvegardé

Dans cette hypothèse, le dossier joint à la déclaration comprend également un document graphique faisant apparaître l'état initial et l'état futur de chacune des parties du bâtiment faisant l'objet des travaux (C. urb., art. R. 431-37 nouv.).

3.2.4 Dispositions propres aux constructions saisonnières

S'agissant des dispositions applicables aux permis de construire pour les constructions saisonnières, on se reportera au droit commun des déclarations et autorisations (2.1) et aux dispositions spécifiques aux permis de construire (2.2.2).

TEXTE OFFICIEL

Code de l'urbanisme, article L. 432-1 (nouv.)

Lorsqu'une construction est destinée à être périodiquement démontée et réinstallée, le permis précise la ou les périodes de l'année pendant lesquelles la construction doit être démontée. Un nouveau permis n'est pas exigé lors de chaque réinstallation.

3.2.5 Dispositions propres aux permis délivrés à titre précaire

S'agissant des dispositions applicables aux permis de construire délivrés à titre précaire, on se reportera au droit commun des déclarations et autorisations (3.1) et aux dispositions spécifiques aux permis de construire (3.2.2).

Mentionnons que le décret n° 2006-1220 du 4 octobre 2006 (*JO* du 6 octobre 2006) a été abrogé par l'article 13 du décret du 5 janvier 2007 (*JO* du 7 janvier 2007).

TEXTE OFFICIEL

Code de l'urbanisme, article R. 433-1 (nouv.)

L'arrêté accordant un permis de construire à titre précaire comporte obligatoirement l'indication du délai à l'expiration duquel le pétitionnaire doit enlever la construction autorisée dans les cas suivants :
a) lorsque le terrain d'assiette du projet n'est situé ni dans une zone urbaine, une zone à urbaniser ou un emplacement réservé délimités par un plan local d'urbanisme ni dans un secteur constructible délimité par une carte communale ;
b) ou lorsque le terrain est situé dans un secteur sauvegardé ou un périmètre de restauration immobilière créé en application des articles L. 313-1 à L. 313-15 du code de l'urbanisme,

dans un site inscrit ou classé en application des articles L. 341-1 et suivants du code de l'environnement, dans le champ de visibilité d'un monument historique tel que défini par le code du patrimoine ou dans une zone de protection du patrimoine architectural, urbain et paysager créée en application de l'article L. 642-1 du code du patrimoine.

3.2.6 **Permis d'aménager**

Le permis d'aménager constitue une nouvelle autorisation résultant de l'ordonnance du 8 décembre 2005 et du décret du 5 janvier 2007.

Demande de permis d'aménager

La demande de permis d'aménager précise :
- l'identité du ou des demandeurs ;
- la localisation et la superficie du ou des terrains à aménager ;
- la nature des travaux.

La demande comporte également l'attestation du ou des demandeurs qu'ils remplissent les conditions définies à l'article R. 423-1 pour déposer une demande de permis.

La demande peut ne porter que sur une partie d'une unité foncière (C. urb., art. *R. 441-1. nouv.)

REMARQUE

Le contenu de la demande de permis d'aménager résulte du droit commun applicable à l'ensemble des autorisations. Il n'est donc pas étonnant que sa rédaction soit très proche de celle applicable aux demandes de permis de construire et aux déclarations préalables.

Contenu de la demande de permis d'aménager

La demande doit, en sus du formulaire de demande, comprendre (C. urb., art. *R. 441-2. nouv.) trois plans et une notice écrite :
- un plan permettant de connaître la situation du terrain à l'intérieur de la commune ;
- un plan de l'état actuel du terrain et de ses abords faisant apparaître notamment les équipements publics qui le desservent ;
- un plan définissant la composition d'ensemble du projet et faisant apparaître les plantations à conserver ou à créer ;
- une notice écrite (C. urb., art. R. 441-3 nouv.) précisant l'état initial du terrain et de ses abords ainsi que les choix retenus pour assurer l'insertion du projet dans son environnement et la prise en compte des paysages.

TEXTES OFFICIELS

Code de l'urbanisme, article R. 441-3 (nouv.)

Le projet d'aménagement comprend une notice précisant :

1° l'état initial du terrain et de ses abords et indiquant, s'il y a lieu, les constructions, la végétation et les éléments paysagers existants ;

2° les partis retenus pour assurer l'insertion du projet dans son environnement et la prise en compte des paysages, faisant apparaître, en fonction des caractéristiques du projet :

a) l'aménagement du terrain, en indiquant ce qui est modifié ou supprimé ;
b) la composition et l'organisation du projet, la prise en compte des constructions ou paysages avoisinants, le traitement minéral et végétal des voies et espaces publics et collectifs et les solutions retenues pour le stationnement des véhicules ;
c) l'organisation et l'aménagement des accès au projet ;
d) le traitement des parties du terrain situées en limite du projet ;
e) les équipements à usage collectif et notamment ceux liés à la collecte des déchets .

Code de l'urbanisme, article R. 441-4 (nouv.)

Le projet d'aménagement comprend également :
1° un plan de l'état actuel du terrain à aménager et de ses abords faisant apparaître les constructions et les plantations existantes, les équipements publics qui desservent le terrain, ainsi que, dans le cas où la demande ne concerne pas la totalité de l'unité foncière, la partie de celle-ci qui n'est pas incluse dans le projet d'aménagement ;
2° un plan coté dans les trois dimensions faisant apparaître la composition d'ensemble du projet et les plantations à conserver ou à créer.

Les nouveaux articles R. 441-2, R. 441-3 et R. 441-4 reprennent en partie les dispositions contenues dans l'ancien article R. 315-5 du code de l'urbanisme lequel définissait le contenu du dossier de demande d'autorisation de lotir. On ne saurait trop insister sur l'importance du contenu de la notice écrite tant en ce qui concerne la description de l'existant qu'en ce qui concerne l'insertion du projet dans son environnement.

Pièces complémentaires exigibles

Notice ou étude d'impact

Le dossier d'aménagement doit être complété, en tant que de besoin, par la notice ou l'étude d'impact lorsque celle-ci est requise (C. urb., art. R. 441-5 nouv.).

Pièces exigibles pour les permis de construire

Lorsque l'aménageur prévoit d'édifier des constructions sur le terrain aménagé, le dossier doit comprendre certaines pièces exigibles pour les permis de construire (C. urb., art. R. 441-6 nouv.).

TEXTE OFFICIEL

Code de l'urbanisme, article *R. 441-6 (nouv.)

Lorsque la demande prévoit l'édification, par l'aménageur, de constructions à l'intérieur du périmètre, la notice prévue par l'article R. 441-3 comprend les éléments prévus par les *b*, *c* et *d* du 2° de l'article R. 431-8. La demande est complétée par les pièces prévues par l'article R. 431-9 et, le cas échéant, les pièces prévues par les *a* et *b* de l'article R. 431-10 et, s'il y a lieu, les pièces prévues par les articles R. 431-11 et R. 431-13 à R. 431-33.
La demande ne peut alors être instruite que si le demandeur a fait appel à un architecte pour établir le projet architectural de ces constructions, lorsque le projet ne bénéficie pas des dérogations prévues à l'article R. 431-2.

Autorisation de défrichement concomitante

En cas d'instruction concomitante d'une demande de défrichement, copie de la lettre du préfet indiquant au demandeur que son dossier de demande d'autorisation est complet au regard des dispositions du code forestier doit être jointe au dossier (C. urb., art. *R. 441-7 nouv.).

Projet concernant des aménagements extérieurs dans un secteur sauvegardé

Lorsque le projet porte sur des aménagements extérieurs dans un secteur sauvegardé, la notice mentionnée à l'article R. 441-3 indique en outre les matériaux utilisés et les modalités d'exécution des travaux (C. urb., art. R. 441-8 nouv.).

3.2.7 Déclaration préalable portant sur un projet d'aménagement

Certains projets d'aménagement plus légers requièrent non pas un permis d'aménager mais une simple déclaration préalable d'aménagement.

Formulaire de demande

La déclaration préalable précise :
- l'identité du ou des déclarants ;
- la localisation et la superficie du ou des terrains ;
- la nature des travaux ou la description du projet de division.

La déclaration comporte également l'attestation du ou des déclarants qu'ils remplissent les conditions définies à l'article R. 423-1 pour déposer une déclaration préalable (C. urb., art. *R. 441-9 nouv.).

Dossier joint à la demande

Le dossier joint à la déclaration comprend :
- un plan permettant de connaître la situation du terrain à l'intérieur de la commune ;
- un plan sommaire des lieux indiquant les bâtiments de toute nature existant sur le terrain ;
- un croquis et un plan coté dans les trois dimensions de l'aménagement faisant apparaître, s'il y a lieu, la ou les divisions projetées.

Il est complété, s'il y a lieu, par les documents mentionnés aux articles R. 441-6 à R. 441-8 (C. urb., art. R. 441-10 nouv.).

REMARQUE — Le dossier joint à la demande de déclaration est allégé par rapport au permis d'aménager : seuls des plans et croquis sont requis. S'agissant des pièces complémentaires exigibles, elles sont identiques à celles requises pour les demandes de permis d'aménager.

3.2.8 Dispositions propres aux lotissements

Contenu de la demande

Les dispositions propres aux lotissements sont une des composantes du permis d'aménager. L'autorisation de lotir disparaît au profit d'un permis d'aménager spécifique.

Le contenu de la demande de permis d'aménager comporte des pièces complémentaires requises uniquement en cas de lotissement.

Pièces complémentaires spécifiques exigibles au titre des lotissements

TEXTE OFFICIEL **Code de l'urbanisme, article *R. 442-3 (nouv.)**

La demande précise, outre les informations mentionnées à l'article R. 441-1, le nombre maximum de lots et la surface de plancher hors œuvre nette maximale dont la construction est envisagée dans l'ensemble du lotissement.

Lorsque le lotissement n'est pas situé à l'intérieur d'un plan local d'urbanisme ou d'un document d'urbanisme en tenant lieu, la demande précise également la surface de plancher hors œuvre brute maximale dont la construction est envisagée dans l'ensemble du lotissement.

En sus des renseignements de droit commun requis pour toute demande de permis d'aménager, certains renseignements particuliers sont exigés :

- le nombre maximum de lots, la surface de plancher hors œuvre nette maximale dont la construction est envisagée et, lorsque le lotissement n'est pas situé à l'intérieur d'un PLU ou d'un document en tenant lieu, la surface hors œuvre brute maximale envisagée ;
- le plan coté dans les trois dimensions faisant apparaître la composition d'ensemble du projet et les plantations à conserver ou à créer doit faire apparaître la répartition prévue entre les terrains réservés à des équipements ou des usages collectifs et les terrains destinés à une utilisation privative (C. urb., art. *R. 442-4 (nouv.).

Un volet paysager propre au lotissement doit être joint à la demande (C. urb., art. R. 442-5 nouv.).

Son contenu est assez proche de celui requis au titre du permis de construire (cf. C. urb., art. R. 431-10 nouv.) : deux vues et coupes faisant apparaître la situation du projet dans le profil du terrain naturel et deux documents photographiques permettant de situer le terrain respectivement dans l'environnement proche et, sauf si le demandeur justifie qu'aucune photographie de loin n'est possible, dans le paysage lointain.

TEXTE OFFICIEL **Code de l'urbanisme, article *R. 442-5 (nouv.)**

Un projet architectural, paysager et environnemental est joint à la demande. Il tient lieu du projet d'aménagement mentionné au *b* de l'article R. 441-2.

Il comporte, outre les pièces mentionnées aux articles R. 441-2 à R. 441-8 :

a) deux vues et coupes faisant apparaître la situation du projet dans le profil du terrain naturel ;

b) deux documents photographiques permettant de situer le terrain respectivement dans l'environnement proche et, sauf si le demandeur justifie qu'aucune photographie de loin n'est possible, dans le paysage lointain. Les points et les angles des prises de vue sont reportés sur le plan de situation et le plan de masse ;

c) le programme et les plans des travaux d'équipement indiquant les caractéristiques des ouvrages à réaliser, le tracé des voies, l'emplacement des réseaux et les modalités de raccordement aux bâtiments qui seront édifiés par les acquéreurs de lots ainsi que les dispositions prises pour la collecte des déchets ;

d) un document graphique faisant apparaître une ou plusieurs hypothèses d'implantation des bâtiments.

Pièces complémentaires spécifiques requises selon les cas

Dans certaines situations, le dossier de demande de permis d'aménager nécessaire pour un lotissement doit être complété par la production de certaines pièces : projet de règlement au cas où il est envisagé d'apporter des compléments aux règles d'urbanisme et attestation de garantie d'achèvement en cas de demande de cession anticipée des lots.

TEXTE OFFICIEL

Code de l'urbanisme, article R. 442-6 (nouv.)

Le dossier de la demande est, s'il y a lieu, complété par les pièces suivantes :

a) un projet de règlement, s'il est envisagé d'apporter des compléments aux règles d'urbanisme en vigueur ;

b) le cas échéant, une attestation de la garantie à fournir en application de l'article R. 442-14.

Le dossier doit également comporter l'engagement du lotisseur que sera constituée une association syndicale des acquéreurs de lots à laquelle seront dévolus la propriété, la gestion et l'entretien des terrains et équipements communs (C. urb., art. R. 442-7 nouv.).

Toutefois, lorsque les voies et espaces communs sont destinés à être attribués en propriété aux acquéreurs de lots ou lorsque le lotisseur justifie de la conclusion avec la commune ou l'établissement public de coopération intercommunale compétent d'une convention prévoyant le transfert dans leur domaine de la totalité des voies et espaces communs une fois les travaux achevés, la production dudit engagement n'est pas requise (C. urb., art. R. 442-8 nouv.).

Répartition de la surface constructible entre les différents lots

L'article R. 442-9 nouveau réaffirme les principes énoncés à l'ancien article R. 315-29. La surface de plancher hors œuvre nette maximale est fixée par le permis d'aménager. Elle peut être répartie librement sans tenir compte du COS applicable aux différents lots (CE 30 décembre 2002, Cne de Bouzols, n° 249274, *Constr.-urb.* 2003, n° 5, n° 140, comm. P. Benoit-Cattin).

TEXTES OFFICIELS

Code de l'urbanisme, article *R. 442-9 (nouv.)

Lorsqu'un coefficient d'occupation des sols est applicable, la surface de plancher hors œuvre nette maximale autorisée ne peut être supérieure à celle qui résulte de l'application de ce coefficient à la totalité du terrain faisant l'objet de la demande d'autorisation de lotir. Elle peut être répartie librement entre les différents lots, sans tenir compte de l'application du coefficient d'occupation des sols à la superficie de chaque lot.

Code de l'urbanisme, article *R. 442-10 (nouv.)

La surface de plancher hors œuvre nette maximale autorisée peut être répartie entre les différents lots soit par le permis d'aménager, soit par le lotisseur à l'occasion de la vente ou de la location des lots.

Code de l'urbanisme, article *R. 442-11 (nouv.)

Lorsque la répartition de la surface de plancher hors œuvre nette maximale est effectuée par le lotisseur, celui-ci fournit aux attributaires de lots un certificat indiquant la surface hors œuvre nette constructible sur le lot.

Ce certificat est joint à la demande de permis de construire.

Comme sous l'empire des anciennes dispositions, la SHON peut être répartie entre les différents lots soit par le permis d'aménager soit directement par le lotisseur lors de la vente ou la location des lots.

Pour faciliter l'instruction ultérieure des permis de construire, il est prévu que lorsque la répartition de la SHON est effectuée par le lotisseur, celui-ci doit fournir aux attributaires de lots un certificat indiquant la surface hors œuvre nette constructible sur le lot, lequel devra être joint aux demandes de permis de construire (C. urb., art. R. 442-11 nouv.).

3.2.9 Dispositions propres aux terrains de camping et aux autres terrains aménagés pour l'hébergement touristique

Les dispositions propres aux terrains de camping et aux autres terrains aménagés pour l'hébergement touristique s'inscrivent dans le cadre du permis d'aménager et viennent le compléter.

Composition du dossier de demande

Le dossier de demande doit donc comprendre les pièces requises pour tout permis d'aménager. En outre, des informations et documents spécifiques doivent être produits.

Eléments complémentaires à la notice exigible dans le cadre du permis d'aménager

La notice prévue à l'article R. 441-3 nouveau doit être complétée par l'énoncé des mesures envisagées pour limiter l'impact visuel des installations, répartir les emplacements au sein d'une trame paysagère, assurer l'insertion des équipements et bâtiments collectifs et organiser les circulations à l'intérieur du terrain. Si des habitations légères de loisirs sont prévues, il doit en être fait mention (C. urb., art. R. 443-2 nouv.).

TEXTE OFFICIEL

Code de l'urbanisme, article R. 443-2 (nouv.).

La notice jointe à la demande de permis d'aménager précise, outre les éléments mentionnés à l'article R. 441-3, les mesures envisagées pour :

1° limiter l'impact visuel des installations ;

2° répartir les emplacements au sein d'une trame paysagère ;

3° assurer l'insertion des équipements et bâtiments collectifs ;

4° organiser les circulations à l'intérieur du terrain.

Elle précise en outre si l'implantation d'habitations légères de loisirs est envisagée.

Le plan de composition du projet, exigible dans le cadre du permis d'aménager de droit commun, doit être complété s'il y a lieu, des espaces de regroupement des hébergements mobiles au-dessus de la cote inondable (C. urb., art. R. 443-3 nouv.).

Le demandeur doit également joindre à son dossier l'engagement d'exploiter le terrain selon le mode de gestion indiqué dans sa demande. Lorsque la demande est présentée en vue d'une exploitation saisonnière, il y précise en outre la période d'exploitation (C. urb., art. *R. 443-4 nouv.).

Projets comportant 200 emplacements et plus

Lorsque le projet comporte 200 emplacements ou plus, la demande doit être accompagnée d'une étude d'impact (C. urb., art. *R. 443-5 nouv.).

Projets inférieurs à 200 emplacements

Lorsque le projet comporte moins de 200 emplacements, une notice exposant les conditions dans lesquelles le projet satisfait aux préoccupations d'environnement définies par l'article R. 122-1 du code de l'environnement doit être jointe à la demande (C. urb., art. *R. 443-5. nouv.)

Décision

Le permis d'aménager propre aux terrains de camping et aux autres terrains aménagés pour l'hébergement touristique impose le respect des normes d'urbanisme, d'insertion dans les paysages, d'aménagement, d'équipement et de fonctionnement applicables, selon le cas, aux terrains de camping (C. urb., art. R. 111-45 nouv.) et aux parcs résidentiels de loisirs (C. urb., art. R. 111-46 nouv.). Il fixe le nombre maximum d'emplacements.

Pour les terrains de camping, il fixe le nombre d'emplacements réservés indistinctement aux tentes, aux caravanes et aux résidences mobiles de loisirs et délimite, lorsque l'implantation d'habitations légères de loisirs est envisagée, leurs emplacements (C. urb., art. *R. 443-6 nouv.)

Exploitation saisonnière des terrains de camping

Le permis peut, le cas échéant, autoriser l'aménagement d'un terrain de camping en vue d'une exploitation saisonnière. Dans ce cas, il fixe la période d'exploitation, en dehors de laquelle aucune tente ou caravane ne peut être ou rester installée sur le terrain (C. urb., art. *R. 443-7 nouv.).

Exploitation du terrain

Le titulaire du permis d'aménager un terrain de camping ou un parc résidentiel de loisirs ne peut commencer son exploitation qu'après avoir satisfait aux formalités suivantes :

- d'une part, adressé à la mairie la déclaration d'achèvement (C. urb., art. L. 462-1 nouv.)
- d'autre part, obtenu du préfet, dans les conditions prévues par le code du tourisme, un arrêté de classement qui détermine, le cas échéant, le mode d'exploitation autorisé.

Par ailleurs, il est tenu d'interrompre l'exploitation jusqu'à obtention d'un permis modificatif ou mise en conformité des travaux lorsque l'autorité compétente lui a adressé une mise en demeure dans les conditions prévues à l'article L. 462-2 (C. urb., art. R. 433-8 nouv.).

Dispositions applicables dans les zones soumises à un risque naturel ou technologique prévisible

Le décret a prévu des dispositions spécifiques pour les zones soumises à un risque naturel ou technologique prévisible, délimitées par le préfet.

TEXTE OFFICIEL **Code de l'urbanisme, article R. 443-9 (nouv.)**

Pour l'application de l'article L. 443-2, le préfet délimite par arrêté les zones soumises à un risque naturel ou technologique prévisible. Ces zones comprennent notamment celles mentionnées à l'article R. 125-10 du code de l'environnement.

Des prescriptions d'information, d'alerte et d'évacuation sont déterminées dans les conditions fixées par les articles R. 125-15 et suivants du code de l'environnement (C. urb., art. *R. 443-10. nouv.).

La fermeture du terrain et l'évacuation des occupants prévues à l'article L. 443-3 ne peuvent être ordonnées par l'autorité compétente pour délivrer le permis d'aménager qu'après mise en demeure adressée à l'exploitant et indiquant à celui-ci qu'il peut présenter des observations écrites ou, sur sa demande, orales et se faire assister par un conseil ou représenter par un mandataire de son choix (C. urb., art. *R. 443-11 nouv.). Il s'agit là d'une transposition logique des dispositions de l'article 24 de la loi du 12 avril 2000 relative aux droits des administrés dans leurs relations avec l'administration laquelle ne faisait que consacrer la jurisprudence administrative.

Afin de vérifier les conditions d'exploitation des autorisations, des inspections inopinées peuvent être diligentées (C. urb., art. R. 443-12 nouv.).

TEXTE OFFICIEL **Code de l'urbanisme, article *R. 443-12.**

Sont habilités à inspecter, même inopinément, les terrains aménagés pour le camping et ceux sur lesquels se trouvent des caravanes dont le stationnement a été autorisé ou aurait dû l'être :

a) les personnes visées à l'article L. 461-1 ;

b) les fonctionnaires et agents assermentés désignés par le ministre chargé du tourisme et porteurs d'un ordre de mission ou d'une commission ;

c) les membres de la commission départementale de l'action touristique.

3.2.10 **Permis de démolir**

Contenu de la demande

Sans surprise, le contenu du formulaire de demande de permis de démolir est très proche de celui des autres permis et déclarations.

La demande de permis de démolir précise :
- l'identité du ou des demandeurs ;
- en cas de démolition partielle, les constructions qui subsisteront sur le terrain et, le cas échéant, les travaux qui seront exécutés sur cette construction ;
- la date approximative à laquelle le ou les bâtiments dont la démolition est envisagée ont été construits.

Elle comporte également l'attestation du ou des demandeurs qu'ils remplissent les conditions définies à l'article R. 423-1 pour déposer une demande de permis (C. urb., art. *R. 451-1 nouv.).

REMARQUE

Le titre habilitant à démolir des bâtiments est supprimé. Seule la production d'une attestation établie par le demandeur indiquant qu'il remplit les conditions pour déposer une demande de permis de démolir est requise. La date approximative de construction des bâtiments doit être désormais indiquée dans toutes les demandes. Par le passé, cette information n'était requise que pour les seuls bâtiments situés dans les secteurs sauvegardés, dans les zones délimitées par un POS ou un PLU, dans les périmètres des zones sensibles et pour les immeubles inscrits.

Dossier joint à la demande

Outre les pièces de droit commun, le dossier de permis de démolir doit comprendre :
- un plan de situation ;
- un plan de masse des constructions à démolir ou, s'il y a lieu, à conserver ;
- un document photographique faisant apparaître le ou les bâtiments dont la démolition est envisagée et leur insertion dans les lieux environnants.

REMARQUE

Par rapport aux anciennes dispositions de l'article R. 430-2, le dossier à produire est plus complet : il comporte, dans tous les cas, des documents graphiques et photographiques. Auparavant, la production du document graphique n'était obligatoire que pour certains bâtiments (C. urb., art. R. 430-3 anc.).

Décision

Le permis de démolir devient exécutoire :
- 15 jours après sa notification au demandeur et s'il y a lieu au préfet ;
- 15 jours après la date à laquelle il est acquis en cas de permis tacite.

TEXTE OFFICIEL

Code de l'urbanisme, article R. 452-1 (nouv.)

En application de l'article L. 424-9, le permis de démolir devient exécutoire :

a) en cas de permis explicite, quinze jours après sa notification au demandeur et, s'il y a lieu, sa transmission au préfet ;

b) en cas de permis tacite, quinze jours après la date à laquelle il est acquis.

Modèles nationaux de demande et de décision

Un arrêté du ministre chargé de l'urbanisme doit fixer les modèles nationaux de demande de permis de démolir et de décision (C. urb., art. *R. 453-1).

3.2.11 Autorisations portant sur des remontées mécaniques

Le nouveau régime juridique des autorisations portant sur des remontées mécaniques ne relève pas, en totalité, du droit commun applicable à l'ensemble des déclarations et autorisations. Il fait l'objet de certaines dispositions spécifiques prévues aux nouveaux articles L. 472-2 à L. 472-5 et R. 472-13 nouveaux du code de l'urbanisme.

Les nouvelles dispositions législatives se substituent aux anciens articles L. 445-1 à L. 445-4 du code de l'urbanisme.

Les nouvelles dispositions doivent être combinées, dans certains cas, avec le nouveau régime des unités touristiques nouvelles (décret n° 2006-1683 du 22 décembre 2006, *JO* du 28 décembre 2006) lequel rend applicable la réforme du régime des unités touristiques nouvelles (UTN), opérée par l'article 190 de la loi n° 2005-157 du 23 février 2005 relative au développement des territoires ruraux.

TEXTES OFFICIELS

Code de l'urbanisme, article L. 472-2

L'autorisation d'exécution des travaux portant sur la réalisation des remontées mécaniques est délivrée, quelle que soit l'importance de l'équipement, par l'autorité compétente en matière de permis de construire.

Elle est délivrée après avis conforme du représentant de l'État dans le département au titre de la sécurité des installations et des aménagements de remontée. Le représentant de l'État dans le département arrête les réserves et les prescriptions auxquelles peut être subordonnée l'autorisation d'exécution des travaux.

Code de l'urbanisme, article L. 472-3

Lorsque les travaux portent sur une remontée mécanique empruntant un tunnel, il doit être joint à la demande d'autorisation un dossier descriptif accompagné de l'avis sur la sécurité émis par un expert ou un organisme qualifié, agréé. Cet avis présente notamment les conditions d'exploitation de la remontée mécanique au regard des risques naturels ou technologiques susceptibles d'affecter l'ouvrage.

Code de l'urbanisme, article L. 472-4

La mise en exploitation des remontées mécaniques est autorisée par l'autorité compétente en matière de permis de construire, après avis conforme du représentant de l'État dans le département au titre de la sécurité des installations et des aménagements de remontée.

Demande d'autorisation d'exécution des travaux

Formulaire de demande

Les nouvelles dispositions réglementaires sont assez proches des anciennes.

La demande doit être présentée par le maître d'ouvrage des travaux (C. urb., art. R. 472-1 nouv.). Lorsque les travaux nécessitent une déclaration préalable ou un permis, la demande précise l'identité et la qualité de l'auteur du projet, la localisation et la superficie des terrains d'implantation des constructions, la nature des travaux ainsi que la densité des constructions existantes et à créer. Elle tient lieu de déclaration préalable ou de demande de permis (C. urb., art. R. 472-2 nouv.).

Dossier joint à la demande

Le dossier joint à la demande se compose des mêmes pièces que celles qui étaient énoncées dans l'ancien article R. 445-2 du code de l'urbanisme. Elles sont désormais scindées en deux articles (C. urb., art. R. 472-2 et R. 472-3 nouv.).

TEXTES OFFICIELS

Code de l'urbanisme, article *R. 472-3.

Le dossier joint à la demande est composé des pièces ci-après :

1° un mémoire descriptif de l'installation indiquant notamment les caractéristiques principales et la capacité de transport de l'installation, la nature des ouvrages ou des modifications substantielles projetées et leur emplacement, l'identité et la qualité du maître d'œuvre et celles des spécialistes dont il s'entoure pour l'assister dans sa mission, ainsi que la répartition entre eux des fonctions et des tâches techniques et, le cas échéant, l'identité et la qualité de l'expert ou de l'organisme qualifié agréé dans les conditions prévues à l'article 7 du décret n° 2003-425 du 9 mai 2003 relatif à la sécurité des transports publics guidés ;

2° une note sur les mesures de préservation et de réhabilitation du milieu naturel prévues ;

3° l'échéancier prévu pour la construction ou la modification substantielle de l'installation ;

4° un plan de situation à une échelle comprise entre 1/5 000 et 1/25 000 comportant le tracé du projet ;

5° un profil en long comportant en particulier la représentation de tous les obstacles traversés ou survolés par l'installation, l'indication des pentes transversales importantes ainsi que la figuration du profil des câbles et de la trajectoire des véhicules à vide et en charge prévus ;

6° la note de calcul correspondant au profil en long de l'installation ;

7° la liste des éventuelles dérogations à la réglementation technique et de sécurité demandées et, s'il y a lieu, le programme des essais à effectuer en vue de corroborer les hypothèses retenues et de vérifier les calculs ;

8° une note sur les dispositions de principe envisagées pour l'évacuation des usagers de la remontée mécanique ;

9° une note sur les risques naturels et technologiques prévisibles et les dispositions principales prévues pour y faire face ;

10° l'étude ou la notice d'impact prévue, selon le cas, par l'article R. 122-3 ou R. 122-9 du code de l'environnement.

Code de l'urbanisme, article *R. 472-4

Le dossier comporte en outre :

1° dans le cas où les terrains concernés par le projet ne sont pas inclus dans le périmètre d'une opération déclarée d'utilité publique en vue d'une expropriation pour la réalisation du projet ou n'ont pas fait l'objet d'une demande de la commune au préfet en vue de l'institution de la servitude prévue à l'article L. 342-20 du code du tourisme, l'accord de chacun des propriétaires des terrains concernés par le projet ou un titre habilitant le maître de l'ouvrage à réaliser le projet sur le terrain et, le cas échéant, l'autorisation d'occuper le domaine public ;

2° pour les travaux nécessitant la coupe ou l'abattage d'arbres soumis à déclaration préalable en application des articles L. 130-1 et L. 421-4 du présent code ou à l'autorisation de défricher en application des articles L. 311-1 ou L. 312-1 du code forestier, une attestation selon laquelle la déclaration préalable ou, le cas échéant, une copie de la lettre par laquelle le préfet fait connaître au demandeur que le dossier de demande d'autorisation de défrichement est complet sont jointes à la demande ;

3° lorsque les travaux projetés nécessitent la démolition de bâtiments soumis au régime du permis de démolir prévu par l'article L. 421-3, la justification du dépôt de la demande de permis de démolir ;

4° lorsque les travaux projetés sont soumis à l'avis de la commission consultative départementale de sécurité et d'accessibilité ou de la commission de sécurité compétente en vertu des articles R. 123-13 ou R. 123-22 du code de la construction et de l'habitation, les plans et documents nécessaires à la formulation de cet avis ;

5° dans le cas d'une remontée mécanique empruntant un tunnel d'une longueur de plus de 300 mètres, le rapport d'un expert ou d'un organisme qualifié agréé dans les conditions prévues à l'article 7 du décret n° 2003-425 du 9 mai 2003 relatif à la sécurité des transports publics guidés, présentant les conditions d'exploitation de la remontée mécanique au regard des risques naturels et technologiques susceptibles d'affecter l'ouvrage et son avis sur la conception et l'exploitation de la remontée mécanique au regard de ces risques.

Pièces supplémentaires lorsque que les travaux auraient nécessité un permis de constuire ou une déclaration préalable

Lorsque les travaux auraient nécessité un permis de construire ou une déclaration préalable, le dossier est complété par (C. urb., art. *R. 472-5. nouv.) :

- le plan de masse prévu au titre des permis de construire ;
- le cas échéant, la surface hors œuvre nette des constructions.

Dépôt et instruction des demandes et délivrance des autorisations

Les conditions de dépôt et d'instruction de la demande et les conditions de délivrance et de validité de l'autorisation d'exécution des travaux sont régies par le droit commun applicable à l'ensemble des déclarations et autorisations, sous réserve des dispositions des articles R. 472-7 à R. 472-13 (C. urb., art. *R. 472-6 nouv.)

Ainsi, faute pour l'autorité compétente d'avoir adressé notification de la décision dans le délai d'instruction prévu aux articles précédents, l'autorisation est réputée accordée, sauf dans les cas énumérés à l'article R. 424-2 et pour les projets nécessitant une dérogation aux règles techniques et de sécurité définies en application de l'article 9 de la loi n° 82-1153 du 30 décembre 1982 ainsi que pour les projets faisant appel à des techniques qui n'ont pas fait l'objet d'une réglementation et pour lesquels l'autorisation ne peut être obtenue de façon tacite (C. urb., art. *R. 472-11 nouv.).

Dispositions dérogatoires au droit commun des déclarations et autorisations

La demande doit être soumise au préfet qui arrête éventuellement les réserves et les prescriptions auxquelles doit être subordonnée l'autorisation. À défaut de réponse dans le délai de deux mois à compter de sa consultation, le préfet est réputé avoir donné un avis favorable (C. urb., art. *R. 472-8 nouv.).

Le préfet peut également solliciter la production de pièces complémentaires dans le délai de deux mois (C. urb., art. *R. 472-9 nouv.).

TEXTE OFFICIEL

Code de l'urbanisme, article *R. 472-9 (nouv.)

Si, dans le délai de deux mois prévu à l'article R. 472-8, le préfet estime que des pièces complémentaires nécessaires à la formulation de son avis conforme doivent lui être fournies, il le fait connaître, par décision motivée, à l'autorité compétente pour statuer.

Si le dossier est incomplet, l'autorité compétente pour statuer invite le demandeur, dans les conditions fixées par les articles R. 423-38 à R. 423-41, à fournir les pièces complémentaires et lui fait connaître que le délai d'instruction de la demande est suspendu jusqu'à la production de ces pièces.

Dès réception des pièces complémentaires, le préfet peut, par décision motivée fondée notamment sur des préoccupations de sécurité, prolonger le délai de consultation prévu à l'alinéa précédent d'un délai supplémentaire qui ne peut, en tout état de cause, excéder deux mois à compter de la réception de ces pièces. Il fait connaître sa décision à l'autorité compétente pour statuer qui notifie au demandeur la prolongation du délai d'instruction qui en résulte.

Lorsque la remontée mécanique comporte un tunnel d'une longueur de plus de 300 mètres, le préfet doit, préalablement à l'émission de son avis conforme, recueillir l'avis de la commission consultative départementale de sécurité et d'accessibilité. Dans ce cas, le délai accordé au préfet pour émettre son avis est majoré d'un mois (C. urb., art. R. 472-10).

Si une autorisation de coupe et d'abattage d'arbres ou une autorisation de défrichement sont nécessaires, celle-ci doivent être obtenues avant la délivrance de l'autorisation d'exécution de travaux (C. urb., art. R. 472-12 nouv.).

L'autorisation d'exécution des travaux portant sur la réalisation des remontées mécaniques ne peut être délivrée que si les constructions et aménagements satisfont aux dispositions législatives et réglementaires qui leur sont applicables en matière d'utilisation du sol (C. urb., art. *R. 472-7 nouv.)

L'autorisation peut prévoir les conditions dans lesquelles tout ou partie de l'installation devra être démontée, soit temporairement soit définitivement, et les conditions de remise en état des lieux (C. urb., art. *R. 472-13 nouv.)

Autorisation de mise en exploitation des remontées mécaniques

Les nouveaux articles R. 472-14 à R. 472-20 reprennent et complètent les dispositions des anciens articles R. 445-6 à R. 445-9 du code de l'urbanisme.

Présentation de la demande

Comme par le passé, la demande d'autorisation de mise en exploitation des remontées mécaniques est présentée par le maître d'ouvrage. Lorsque les travaux auraient nécessité un permis de construire ou une déclaration préalable, la demande d'autorisation de mise en exploitation tient lieu de la déclaration d'achèvement prévue par l'article L. 462-1 (C. urb., art. *R. 472-14 nouv.).

Contenu du dossier joint à la demande

Le contenu du dossier de la demande tel qu'il résulte du nouvel article R. 472-15 reprend les dispositions de l'ancien article R. 445-7.

TEXTE OFFICIEL

Code de l'urbanisme, article *R. 472-15 (nouv.)

Le dossier joint à la demande comprend :

1° une déclaration du maître d'œuvre attestant que le projet a été réalisé et vérifié conformément aux spécifications techniques du projet autorisé, à la réglementation technique et de sécurité en vigueur et aux prescriptions imposées par l'autorisation d'exécution des travaux ;

2° s'il s'agit d'une installation autre qu'un téléski, une attestation du contrôleur technique mentionné à l'article R. 342-8 du code du tourisme chargé par le maître d'ouvrage de contrôler la conception et l'exécution des fondations, ancrages et superstructures, à l'exclusion des parties mobiles ou sujettes à l'usure ;

3° le dossier de récolement comprenant notamment les notes de calculs, le rapport de sécurité de l'installation, les déclarations de conformité et documentations techniques relatives aux constituants et aux sous-systèmes prévus par le décret n° 2003-426 du 9 mai 2003 relatif à la mise sur le marché des constituants et sous-systèmes assurant la sécurité des remontées mécaniques, les plans d'exécution et tous documents justificatifs relatifs à l'installation et à la bonne exécution du projet ;

4° la désignation de l'exploitant ;

5° les propositions pour :

a) un règlement d'exploitation et un règlement de police particuliers ;

b) un plan d'évacuation des usagers, le cas échéant ;

c) le programme des essais définis par les règles techniques et de sécurité en vigueur ;

d) les consignes pour le personnel d'exploitation ;

6° une attestation d'assurance garantissant la responsabilité civile de l'exploitant.

Dépôt, instruction des demandes et délivrance des autorisations

Les conditions de dépôt et d'instruction de la demande et les conditions de délivrance et de validité de l'autorisation d'exécution des travaux sont régies par le droit commun applicable à l'ensemble des déclarations et autorisations, sous réserve des dispositions des articles R. 472-17 à R. 472-19 (C. urb., art. *R. 472-16 nouv.).

Dispositions dérogatoires aux règles de droit commun

Le délai d'instruction de la demande d'autorisation de mise en exploitation est fixé à trois mois à compter de la date de la décharge du dépôt de la demande complète ou de l'avis de réception postal de son envoi (C. urb., art. R. 472-19 nouv.).

Si le dossier est incomplet, l'autorité compétente pour statuer invite le demandeur à fournir les pièces complémentaires. Le délai d'instruction court à compter de la réception des pièces complétant le dossier.

L'autorité compétente s'assure en particulier, s'il y a lieu par un récolement des travaux, que ceux-ci ont été réalisés conformément aux prescriptions définies dans l'arrêté d'autorisation d'exécution des travaux.

Elle recueille l'avis conforme du préfet au titre de la sécurité des installations et des aménagements que comporte l'appareil. Cet avis conforme doit être donné de façon expresse et dans le délai de deux mois à compter de la réception de la demande. Le préfet arrête éventuellement les prescriptions auxquelles doit être subordonnée l'exploitation de l'appareil (C. urb., art. *R. 472-18 nouv.).

À l'instar des dispositions applicables pour l'exécution de travaux, lorsque la remontée mécanique comporte un tunnel d'une longueur de plus de 300 mètres, le préfet doit, préalablement à l'émission de son avis conforme, recueillir l'avis de la commission consultative départementale de sécurité et d'accessibilité. Dans ce cas, le délai accordé au préfet pour émettre son avis est majoré d'un mois (C. urb., art. *R. 472-19 nouv.).

De façon dérogatoire, la mise en exploitation peut être autorisée à titre provisoire aux conditions de fonctionnement et de sécurité fixées par le préfet en fonction des caractéristiques de l'appareil.

Cette mise en exploitation provisoire ne saurait excéder un an, renouvelable une fois (C. urb., art. R. 472-20). Dans ce cas, le délai d'instruction de trois mois est suspendu jusqu'à la date d'expiration de l'autorisation provisoire.

3.2.12 Autorisations relatives à l'aménagement du domaine skiable

À coté des règles propres à la construction et l'exploitation des remontées mécaniques, figurent des dispositions spécifiques pour l'aménagement des pistes de ski alpin (art. L. 473-1 à L. 473-3 et art. R. 473-1 à R. 473-6 nouv.). Ces dernières dispositions se substituent à celles des anciens articles L. 445-2 et R. 445-10 à R. 445-14.

Compétence

L'autorisation d'aménagement de pistes de ski alpin relève de l'autorité compétente en matière de permis de construire.

TEXTE OFFICIEL

Code de l'urbanisme, article L. 473-1 (nouv.)

L'aménagement de pistes de ski alpin est soumis à l'autorisation délivrée par l'autorité compétente en matière de permis de construire.

Localisation des pistes

Communes dotées d'un PLU

Dans les communes pourvues d'un plan local d'urbanisme, les équipements et aménagements destinés à la pratique du ski alpin et les remontées mécaniques ne peuvent être respectivement réalisés qu'à l'intérieur des zones ou à l'intérieur des secteurs délimités en application du 6° de l'article L. 123-1 (zones aménagées ou à aménager en vue de la pratique du ski et secteurs réservés aux remontées mécaniques).

Communes dotées d'un POS opposable lors de la publication de la loi Montagne (9 janvier 1985)

Dans les communes pourvues d'un plan d'occupation des sols opposable lors de la publication de la loi montagne, cette disposition s'applique, le cas échéant, à partir de l'approbation de la première modification ou révision de ce plan (C. urb., art. L. 473-2 nouv.).

Demande d'autorisation d'aménagement de pistes de ski alpin

La demande d'autorisation d'aménagement des pistes de ski alpin est présentée par le maître d'ouvrage (C. urb., art. *R. 473-1 nouv.).

Titre habilitant le maître d'ouvrage à réaliser le projet sur le terrain

Dans le cas où les terrains concernés par le projet ne sont pas inclus dans le périmètre d'une opération déclarée d'utilité publique en vue d'une expropriation pour la réalisation du projet ou n'ont pas fait l'objet d'une demande de la commune au préfet en vue de l'institution de la servitude (C. tourisme, art. L. 342-20), la demande est accompagnée de l'accord de chacun des propriétaires des terrains concernés par le projet ou un titre habilitant le maître de l'ouvrage à réaliser le projet sur le terrain et, le cas échéant, l'accord du gestionnaire du domaine public (C. urb., art. *R. 473-1 nouv.).

REMARQUE

Le caractère dérogatoire des autorisations relatives au domaine skiable est fortement marqué. À la différence du droit commun des déclarations et autorisations, l'exigence du titre habilitant à aménager subsiste. Il appartient donc à l'autorité qui instruit la demande de vérifier que le pétitionnaire dispose de l'accord de chacun des propriétaires ou d'un titre adéquat. Cette disposition ne s'applique pas aux terrains situés dans le périmètre d'une DUP ou sur lesquels la commune n'a pas demandé qu'une servitude soit instituée en application de l'article L. 342-20 du code du tourisme.

Pièces à joindre à l'appui de la demande

Pièces obligatoires dans tous les cas

La demande comporte un plan de situation du projet dans le domaine skiable, la délimitation sur le plan cadastral des travaux faisant l'objet de la demande et les références cadastrales des parcelles concernées. Elle indique l'identité des propriétaires apparents.

Elle comprend une note descriptive des travaux envisagés indiquant leur nature, les aménagements complémentaires de remise en état ou de réhabilitation et leurs délais de réalisation. Cette note est accompagnée d'un plan d'exécution coté (C. urb., art. *R. 473-2 nouv.).

Pièces dont la production est obligatoire dans certaines hypothèses

Le dossier comporte, selon le cas, l'étude d'impact prévue ou la notice d'impact, qui précise les mesures de remise en état ou de réhabilitation mentionnées à l'alinéa précédent.

Lorsque le projet nécessite la coupe ou l'abattage d'arbres soumis à déclaration préalable en application des articles L. 130-1 et L. 421-4 du présent code ou à autorisation de défricher en application des articles L. 311-1 ou L. 312-1 du code forestier, une attestation selon laquelle la déclaration préalable ou, le cas échéant, une copie de la lettre par laquelle le préfet fait connaître au demandeur que le dossier de demande d'autorisation de défrichement est complet sont jointes à la demande.

Dépôt et instruction

Les conditions de dépôt et d'instruction de la demande et les conditions de délivrance et de validité de l'autorisation d'exécution des travaux sont régies par le droit commun applicable à l'ensemble des déclarations et autorisations (C. urb., art. *R. 473-3 nouv.).

Deux spécificités méritent d'être soulignées : d'une part, à l'instar de l'autorisation de travaux de remontées mécaniques, l'autorisation d'aménagement des pistes de ski alpin ne peut être délivrée que si les aménagements satisfont aux dispositions législatives et réglementaires qui leur sont applicables en matière d'utilisation du sol (C. urb., art. R. 473-4 nouv.) et, d'autre part, s'il y a lieu, la décision de non-opposition à la déclaration préalable de coupe ou d'abattage d'arbres prévue à l'article L. 130-1 et l'autorisation de défrichement prévue aux articles L. 311-1 ou L. 312-1 du code forestier doivent avoir été obtenues préalablement à la délivrance de l'autorisation, et la servitude prévue à l'article L. 342-20 du code du tourisme doit avoir été préalablement instituée (C. urb., art. *R. 473-5 nouv.).

4

L'EXÉCUTION DE LA DÉCISION ET DES TRAVAUX

Si elle s'attache également aux règles relatives à la notification et à l'affichage de la décision, la réforme concerne au premier chef l'exécution des travaux, le contrôle de leur conformité et le sort des constructions réalisées.

4.1 La notification de la décision

Le décret n° 2007-18 du 5 janvier 2007 pris pour application de l'ordonnance n° 2005-1527 du 8 décembre 2005 ne modifie guère les modalités selon lesquelles doit intervenir la notification de la décision mais, en revanche, apporte certaines précisions sur son contenu.

4.1.1 Modalités de notification

Les modalités de notification des diverses autorisations d'urbanisme issues de la réforme opérée par l'ordonnance n° 2005-1527 du 8 décembre 2005 sont régies par un article unique, en l'occurrence le nouvel article R. 424-10 du code de l'urbanisme, qui maintient le principe antérieur selon lequel seules les décisions de refus et les autorisations assorties de prescriptions financières ou techniques doivent faire l'objet d'une notification selon un procédé permettant d'en établir la preuve. Mais quelle que soit la portée de la décision en cause, le nouvel article R. 424-10 introduit la possibilité d'une notification par voie électronique.

TEXTE OFFICIEL

Code de l'urbanisme, article R. 424-10 (nouv.)

La décision accordant ou refusant le permis ou s'opposant au projet faisant l'objet d'une déclaration préalable est notifiée au demandeur par lettre recommandée avec demande d'avis de réception postal, ou, dans les cas prévus à l'article R. 423-48, par transmission électronique.

Il en est de même de l'arrêté fixant les participations exigibles du bénéficiaire d'un permis tacite ou d'une décision de non-opposition à une déclaration préalable.

Lorsque la décision accorde le permis sans prévoir de participation ni de prescription, elle peut être notifiée par pli non recommandé.

Lorsque la décision est prise par le président de l'établissement public de coopération intercommunale, celui-ci en adresse copie au maire de la commune.

La notification des décisions de refus et des autorisations assorties de prescriptions financières ou techniques doit ainsi intervenir selon un procédé permettant à l'administration d'en établir la preuve et, notamment, la date à laquelle la décision en cause a été notifiée à son destinataire ; ce qui est logique puisque les refus d'autorisation et les décisions d'opposition à déclaration comme les autorisations assorties de prescriptions sont des actes faisant grief à l'encontre desquels le pétitionnaire a intérêt à agir mais n'est recevable à le faire que dans un délai de deux mois à compter de la réception de cette décision : il est donc nécessaire que l'administration puisse, le cas échéant, établir la date à laquelle cette décision a été notifiée. De même, elle doit être en mesure de prouver l'opposabilité des prescriptions dont elle a assorti sa décision d'autorisation.

Bien entendu, cette obligation vaut, pour les mêmes raisons, s'agissant des arrêtés ultérieurs par lesquels l'administration assujettit le bénéficiaire d'un permis tacite ou une décision implicite de non-opposition à déclaration aux participations dont il est à ce titre redevable.

En revanche, dès lors que l'autorisation est pure et simple et, en d'autres termes, n'est assortie d'aucune prescription ou participation, la notification peut se faire sans formalité particulière.

CONSEIL PRATIQUE

L'administration aura, toutefois, intérêt à procéder à cette notification par un mode de transmission permettant d'en établir la preuve dans la mesure où, notamment, c'est à elle qu'incombe la charge de prouver la date à laquelle a été notifiée l'autorisation et conséquemment déclenché son délai de validité au regard du nouvel article R. 421-17.

Mais quelle que soit la nature de la décision prise par l'administration, la notification de celle-ci peut intervenir par voie électronique mais ce, comme le précise le nouvel article R. 424-10, dans le seul cas prévu par le nouvel article R. 424-48, c'est-à-dire lorsque le pétitionnaire l'a expressément acceptée dans son dossier de demande.

TEXTE OFFICIEL

Code de l'urbanisme, article R. 424-48 (nouv.)

Lorsque la demande précise que le demandeur accepte de recevoir à une adresse électronique les réponses de l'autorité compétente, les notifications peuvent lui être adressées par courrier électronique.

Dans ce cas, le demandeur est réputé avoir reçu ces notifications à la date à laquelle il les consulte à l'aide de la procédure électronique. Un accusé de réception électronique est adressé à l'autorité compétente au moment de la consultation du document. À défaut de consultation à l'issue d'un délai de huit jours après leur envoi, le demandeur est réputé avoir reçu ces notifications.

S'il s'agit assurément d'une modernisation de la procédure administrative de notification, force est néanmoins de relever que celle-ci s'effectue au détriment de l'administré puisque, antérieurement, la charge de la preuve de la réception de la décision par son destinataire incombait, par principe, à l'administration (CE 4 mars 1988, Mlle Jonte, req. n° 62.648) cependant qu'en cas de notification par voie électronique, le pétitionnaire est réputé avoir reçu la décision, en toute hypothèse, passé un délai de huit jours dès lors que l'administration est en mesure de prouver qu'elle l'a effectivement envoyée, ce qui toutefois ne garantit pas toujours que la décision a effectivement été reçue.

4.1.2 Informations devant assortir la notification

La décision notifiée doit indiquer les conditions dans lesquelles elle devient exécutoire et, le cas échéant, préciser que la réalisation des travaux est différée dans l'attente d'une formalité prévue par une autre législation.

Indication des conditions dans lesquelles la décision devient exécutoire

Aux termes du nouvel article R. 424-11 du code de l'urbanisme, la décision accordant le permis doit préciser les conditions dans lesquelles elle devient exécutoire. Dans un certain nombre de cas, en effet, la seule notification de la décision à son destinataire ne suffit pas à rendre celle-ci exécutoire, ce qui ne semble cependant pas susceptible d'avoir un impact sur la date à laquelle les travaux peuvent être engagés.

Détermination du caractère exécutoire de l'autorisation

Les permis de construire et les permis d'aménager délivrés par le maire au nom de la commune ou par le président de l'EPCI compétent deviennent exécutoires dans les conditions précisées par le nouvel article L. 421-7 du code de l'urbanisme.

TEXTE OFFICIEL

Code de l'urbanisme, article L. 421-7 (nouv.)

Lorsque l'autorité compétente est le maire au nom de la commune ou le président de l'établissement public de coopération intercommunale, le permis est exécutoire, lorsqu'il s'agit d'un arrêté, à compter de sa notification au demandeur et de sa transmission au préfet dans les conditions définies aux articles L. 2131-1 et L. 2131-2 du code général des collectivités territoriales.

Lorsque le permis de construire ou le permis d'aménager est accordé par le maire au nom de la commune ou par le président de l'EPCI compétent, l'autorisation ne deviendra donc exécutoire qu'à la double condition, d'une part, qu'elle ait été notifiée à son destinataire et que, d'autre part, elle ait été transmise au préfet de département dans les conditions lui permettant, le cas échéant, de la déférer au tribunal administratif. Il s'ensuit qu'en revanche, lorsque le permis est délivré au nom de l'État, celui-ci devient exécutoire dès sa notification à son titulaire, ce qui est logique puisque ces actes n'ont pas à être transmis au représentant de l'État qui ne peut, d'ailleurs, pas exercer à leur encontre son pouvoir de déférer puisqu'ils n'émanent pas d'une collectivité territoriale.

Quant aux permis tacites et aux décisions de non opposition à déclaration préalable, ceux-ci deviennent exécutoires, par principe, dès que leur formation est acquise.

TEXTE OFFICIEL

Code de l'urbanisme, article L. 421-8 (nouv.)

Le permis tacite et la décision de non-opposition à une déclaration préalable sont exécutoires à compter de la date à laquelle ils sont acquis.

Deux cas particuliers doivent, toutefois, être signalés. D'une part, si les nouveaux articles L. 421-7 et L. 421-8 du code de l'urbanisme visent, d'une façon générale, « le permis », il faut relever que le permis de démolir acquiert son caractère exécutoire différemment du permis de construire ou du permis d'aménager.

TEXTE OFFICIEL

Code de l'urbanisme, article R. 452-1 (nouv.)

En application de l'article L. 424-9, le permis de démolir devient exécutoire :

a) en cas de permis explicite, quinze jours après sa notification au demandeur et, s'il y a lieu, sa transmission au préfet ;

b) en cas de permis tacite, quinze jours après la date à laquelle il est acquis.

Le permis de démolir ne devient ainsi exécutoire qu'à compter d'un délai de quinze jours à compter, en cas de permis exprès, de sa notification à son titulaire et, le cas échéant, de sa transmission en préfecture telle qu'elle est prévue par le nouvel article L. 421-7 du code de l'urbanisme ou, en cas de permis tacite, de la date à laquelle sa formation est acquise.

D'autre part, si en application du nouvel article L. 421-8, la décision de non opposition à une déclaration préalable est par principe exécutoire dès la date à laquelle sa formation est acquise, tel n'est pas le cas de la déclaration de coupe et d'abattage d'arbres dans les espaces boisés classés en application de l'article L. 130-1 du code de l'urbanisme puisqu'elle ne devient exécutoire qu'un mois après cette date.

TEXTE OFFICIEL

Code de l'urbanisme, article R. 130-2 (nouv.)

En application de l'article L. 424-9, la décision de non-opposition à la déclaration préalable d'une coupe ou abattage d'arbres est exécutoire un mois après la date à laquelle elle est acquise.

Date à laquelle les travaux autorisés peuvent être engagés

La principale question posée par les nouvelles dispositions du code de l'urbanisme relatives à la date à laquelle certaines des autorisations d'urbanisme deviennent exécutoires a trait à la possibilité d'engager les travaux autorisés avant même qu'elles n'aient acquis ce caractère.

A priori, ces travaux peuvent être engagés dès la notification de l'autorisation expresse ou dès la formation de l'autorisation implicite (permis tacite ou décision de non-opposition à déclaration) sans qu'il soit besoin d'attendre, le cas échéant, sa transmission en préfecture (pour les permis délivrés par le maire au nom de la commune ou par le président de l'EPCI compétent) et, le cas échéant, l'expiration du délai de 15 jours prévu par le nouvel article R. 452-1 du code de l'urbanisme pour le permis de démolir ou le délai d'un mois prévu par le nouvel article R. 130-2 pour les déclarations de coupe et d'abattage d'arbres.

D'une part et d'une façon générale, il faut en effet préciser que les dispositions du décret n° 2007-18 du 5 janvier 2007 subordonnant le caractère exécutoire de certaines autorisations d'urbanisme à leur transmission en préfecture se bornent à retranscrire au code de l'urbanisme un principe déjà inscrit aux articles L. 2131-1 et L. 2131-2 du code général des collectivités territoriales.

Or, à ce titre, il ressort de la jurisprudence rendue en la matière que, d'une part, le défaut de transmission en préfecture d'un acte ne l'affecte pas d'illégalité (CE 27 avril 1987, COREP du département des Côtes-du-Nord, req. n° 68.831) et que, d'autre part, la constitution du délit de travaux sans autorisation est appréciée en considération de la date d'intervention de la décision par laquelle l'administration a statué sur la demande (Cass. crim. 27 janvier 1987, TM, pourvoi n° 85.96263).

D'autre part et d'une façon plus particulière, il résulte du nouvel article R. 424-17 du code de l'urbanisme que le délai de validité des autorisations d'urbanisme court à compter de leur notification pour les décisions expresses ou à compter de la date de formation de la décision tacite.

TEXTE OFFICIEL

Code de l'urbanisme, article R. 424-17 (nouv.)

Le permis de construire, d'aménager ou de démolir est périmé si les travaux ne sont pas entrepris dans le délai de deux ans à compter de la notification mentionnée à l'article R. 424-10 ou de la date à laquelle la décision tacite est intervenue.

Il en est de même si, passé ce délai, les travaux sont interrompus pendant un délai supérieur à une année.

Les dispositions du présent article sont applicables à la décision de non-opposition à une déclaration préalable lorsque cette déclaration porte sur une opération comportant des travaux.

Il s'ensuit, notamment, que la seule notification du permis exprès délivré par le maire au nom de la commune suffit à déclencher son délai de validité. On voit donc mal pourquoi son titulaire devrait attendre qu'il ait été transmis en préfecture et acquiert donc son caractère exécutoire au regard du nouvel article L. 421-7 du code de l'urbanisme pour pouvoir l'exécuter ; sans compter qu'on ne peut exclure que la mairie tarde, voir omette de procéder à cette transmission.

D'ailleurs, si le nouvel article R. 424-20 du code de l'urbanisme prévoit que le point de départ de ce délai de validité peut être reporté, c'est uniquement pour le cas où le commencement des travaux est subordonné à une autre autorisation ou à une procédure relevant d'une autre législation puisqu'alors le point de départ de ce délai est repoussé à la date à laquelle les travaux peuvent commencer en application de cette législation : dans les autres cas, force est donc d'admettre que ces travaux peuvent être régulièrement entrepris dès la notification de l'autorisation expresse ou dès la formation de la décision tacite.

REMARQUE

Considérer qu'une autorisation d'urbanisme ne peut être exécutée avant d'être devenue exécutoire alors que le délai de validité de cette autorisation court indépendamment de cette considération, serait admettre qu'une telle autorisation peut être frappée de caducité sans que son titulaire n'ait jamais été en droit de l'exécuter dans l'hypothèse où l'autorité compétente n'aurait pas procédé à sa transmission en préfecture lorsque cette dernière est requise.

Indication du différé de la réalisation des travaux

Le nouvel article R. 424-6 du code de l'urbanisme prévoit que « lorsque la réalisation des travaux est différée dans l'attente de formalités prévues par une autre législation, la décision en fait expressément la réserve ». Il faut, en effet, rappeler qu'aux termes des nouveaux articles L. 425-9 à L. 425-11 et R. 425-30 à R. 421-31, le droit de réaliser certains travaux est différé dans l'attente des formalités prévues par une autre législation alors même que l'autorisation prévue par la législation d'urbanisme peut être délivrée sans attendre l'accomplissement de ces formalités. Tel est le cas lorsque le projet :

- porte sur des travaux ayant pour objet un changement d'usage de locaux destinés à l'habitation, soumis à autorisation préalable en application de l'article L. 631-7 du code de la construction et de l'habitation, puisqu'en application du nouvel article L. 425-9 ces travaux ne peuvent être exécutés qu'après l'obtention de l'autorisation mentionnée à cet article ;

- porte sur une installation classée pour la protection de l'environnement soumise à autorisation en vertu de l'article L. 512-2 du code de l'environnement puisqu'en application du nouvel article L. 425-10 les travaux ne peuvent être exécutés avant la clôture de l'enquête publique alors que sous l'empire de l'ancien article R. 421-12 du code de l'urbanisme, c'est le permis de construire qui ne pouvait lui-même être délivré avant l'expiration d'un délai d'un mois à compter de la clôture de l'enquête publique ;
- est assujetti à la réalisation d'opérations d'archéologie préventive prescrites en exécution du décret n° 2004-490 du 3 juin 2004 relatif aux procédures administratives et financières en matière d'archéologie préventive puisqu'en application des nouveaux articles L. 425-11 et R. 425-31, les travaux ne peuvent être entrepris avant l'achèvement de ces opérations ;
- est situé dans un site inscrit, puisque si aux termes du nouvel article R. 425-30, la demande de permis ou la déclaration préalable tient lieu de la déclaration exigée par l'article L. 341-1 du code de l'environnement, les travaux ne peuvent néanmoins pas être entrepris avant l'expiration d'un délai de quatre mois à compter du dépôt de la demande ou de la déclaration.

Dans ces cas, l'exécution des travaux dès la notification de la décision expresse ou dès la formation de la décision tacite mais avant l'échéance prévue par les nouveaux articles L. 425-9 à L. 425-11 et R. 425-30 à R. 425-31 est constitutive d'un délit réprimé au titre de l'article L. 480-4 du code de l'urbanisme dans sa rédaction issue de l'ordonnance n° 2005-1527 du 8 décembre 2005.

TEXTE OFFICIEL

Code de l'urbanisme, article L. 480-4 (nouv.)

Le fait d'exécuter des travaux mentionnés aux articles L. 421-1 à L. 421-5 en méconnaissance des obligations imposées par les titres Ier à VII du présent livre et les règlements pris pour leur application ou en méconnaissance des prescriptions imposées par un permis de construire, de démolir ou d'aménager ou par la décision prise sur une déclaration préalable est puni d'une amende comprise entre 1 200 euros et un montant qui ne peut excéder, soit, dans le cas de construction d'une surface de plancher, une somme égale à 6 000 euros par mètre carré de surface construite, démolie ou rendue inutilisable au sens de l'article L. 430-2, soit, dans les autres cas, un montant de 300 000 euros. En cas de récidive, outre la peine d'amende ainsi définie, un emprisonnement de six mois pourra être prononcé.

Aux termes du nouvel article R. 424-20 du code de l'urbanisme, le délai de validité de l'autorisation d'urbanisme ne court qu'à compter de la date à laquelle les travaux peuvent être exécutés, pour autant qu'elle soit postérieure à celle visée par le nouvel article R. 424-17.

4.2 L'affichage de la décision

Les conditions d'affichage de l'ensemble des autorisations issues de l'ordonnance n° 2005-1527 du 8 décembre 2005 sont régies par un article unique, en l'occurrence le nouvel article R. 421-15 du code de l'urbanisme, qui unifie les règles applicables en la matière qui, précédemment, étaient distinctement définies pour chaque autorisation, bien que synthétisées par l'ancien article R. 490-7 par référence au dispositif prévu par l'ancien article R. 421-39 s'agissant de l'affichage du permis de construire.

TEXTE OFFICIEL

Code de l'urbanisme, article R. 424-15 (nouv.)

Mention du permis explicite ou tacite ou de la déclaration préalable doit être affichée sur le terrain, de manière visible de l'extérieur, par les soins de son bénéficiaire, dès la notification de l'arrêté ou dès la date à laquelle le permis tacite ou la décision de non-opposition à la déclaration préalable est acquis et pendant toute la durée du chantier. Cet affichage n'est pas obligatoire pour les déclarations préalables portant sur une coupe ou un abattage d'arbres situés en dehors des secteurs urbanisés.

Cet affichage mentionne également l'obligation, prévue à peine d'irrecevabilité par l'article R. 600-1, de notifier tout recours administratif ou tout recours contentieux à l'auteur de la décision et au bénéficiaire du permis ou de la décision prise sur la déclaration préalable.

En outre, dans les huit jours de la délivrance expresse ou tacite du permis ou de la décision de non-opposition à la déclaration préalable, un extrait du permis ou de la déclaration est publié par voie d'affichage à la mairie pendant deux mois. L'exécution de cette formalité fait l'objet d'une mention au registre chronologique des actes de publication et de notification des arrêtés du maire prévu à l'article R. 2122-7 du code général des collectivités territoriales.

Un arrêté du ministre chargé de l'urbanisme règle le contenu et les formes de l'affichage.

Le nouvel article R. 424-15 du code de l'urbanisme ne bouleverse donc pas les règles gouvernant la matière et conserve donc le principe de la formalité dite de « double affichage », à savoir tant sur le terrain des opérations qu'en mairie, ainsi que ses modalités d'accomplissement.

La règle selon laquelle « cet affichage n'est pas obligatoire pour les déclarations préalables portant sur une coupe ou un abattage d'arbres situés en dehors des secteurs urbanisés » est la retranscription de celle déjà prévue par l'ancien article R. 130-5 alinéa 7 à l'égard des autorisations de coupe et d'abattage.

Mais s'il précise qu'un arrêté du ministre chargé de l'urbanisme règle le contenu et les formes de l'affichage, le nouvel article R. 424-15 prévoit d'ores et déjà – et c'est une innovation – que l'affichage sur le terrain des opérations mentionne « l'obligation, prévue à peine d'irrecevabilité par l'article R. 600-1, de notifier tout recours administratif ou tout recours contentieux à l'auteur de la décision et au bénéficiaire du permis ou de la décision prise sur la déclaration préalable ».

TEXTE OFFICIEL

Code de l'urbanisme, article R. 600-1 (nouv.)

En cas de déféré du préfet ou de recours contentieux à l'encontre d'un certificat d'urbanisme, d'une décision de non-opposition à une déclaration préalable ou d'un permis de construire, d'aménager ou de démolir, le préfet ou l'auteur du recours est tenu, à peine d'irrecevabilité, de notifier son recours à l'auteur de la décision et au titulaire de l'autorisation. Cette notification doit également être effectuée dans les mêmes conditions en cas de demande tendant à l'annulation ou à la réformation d'une décision juridictionnelle concernant un certificat d'urbanisme, une décision de non-opposition à une déclaration préalable ou un permis de construire, d'aménager ou de démolir. L'auteur d'un recours administratif est également tenu de le notifier à peine d'irrecevabilité du recours contentieux qu'il pourrait intenter ultérieurement en cas de rejet du recours administratif.

La notification prévue au précédent alinéa doit intervenir par lettre recommandée avec accusé de réception, dans un délai de quinze jours francs à compter du dépôt du déféré ou du recours.

La notification du recours à l'auteur de la décision et, s'il y a lieu, au titulaire de l'autorisation est réputée accomplie à la date d'envoi de la lettre recommandée avec accusé de réception. Cette date est établie par le certificat de dépôt de la lettre recommandée auprès des services postaux.

On sait, en effet, que pour avoir été introduite par l'article L. 600-3 du code de l'urbanisme issu de la loi n° 94-122 du 9 février 1994 puis transférée à l'article R. 600-1 par le décret n° 2000-389 du 4 mai 2000, cette formalité de notification des recours à l'adresse de l'auteur de la décision et de son titulaire reste encore une cause fréquente d'irrecevabilité de ces recours. Telle semble être la raison pour laquelle le nouvel article R. 424-15 du code de l'urbanisme impose de faire état de cette obligation.

REMARQUE

On peut, néanmoins, s'étonner de l'insertion d'un dispositif qui devrait limiter les irrecevabilités liées à la méconnaissance des dispositions de l'article R. 600-1 du code de l'urbanisme qui pour avoir été présentées comme destinées à responsabiliser les requérants étaient surtout conçues pour sécuriser les constructeurs.

Toutefois, toute la question est de savoir quelles sont les conséquences d'un affichage ne mentionnant pas l'obligation prévue par l'article R. 600-1 du code de l'urbanisme. *A priori*, il semble exclu que la méconnaissance de cette obligation par le requérant n'affecte pas la recevabilité de son recours puisque l'article R. 600-1 ne le prévoit pas lui-même.

Tout au plus pourrait-on considérer que l'absence de cette mention s'opposerait au déclenchement du délai de recours contentieux à l'encontre de la décision en cause, ce qui n'est même pas acquis dès lors que le nouvel article R. 600-2 précise que le délai de recours contentieux à l'encontre d'une décision de non-opposition à une déclaration préalable ou d'un permis de construire, d'aménager ou de démolir court à l'égard des tiers à compter du premier jour d'une période continue de deux mois d'affichage sur le terrain des « pièces » mentionnées à l'article R. 424-15.

Mais même si tel devait être le cas, les perspectives pour les requérants n'en seraient pas moins réduites puisque par l'exercice d'un recours ils manifestent leur connaissance acquise de la décision attaquée, laquelle suffit à déclencher le délai de recours contentieux à son encontre, y compris lorsqu'elle est irrecevable au regard des prescriptions de l'article R. 600-1 du code de l'urbanisme.

Ce n'est donc que dans le cas où ils s'apercevraient spontanément de leur erreur ou qu'ils en seraient avertis par le greffe de la juridiction saisie avant l'expiration du délai contentieux déclenché par l'exercice d'un recours à l'encontre de la décision attaquée qu'ils pourraient régulariser leur situation par l'exercice d'un nouveau recours cette fois-ci dûment notifié.

REMARQUE

Compte tenu de la pratique de la plupart des greffes des tribunaux administratifs qui, le plus souvent, attendent consciencieusement l'expiration du délai de quinze jours à compter du dépôt de la requête pour demander aux requérants de justifier de l'accomplissement de la notification, il n'est pas si certain que les requérants puissent profiter de leur concours.

4.3 L'exécution des travaux

Les travaux doivent être entrepris dans le délai de validité de l'autorisation obtenue tel qu'il est défini par les nouveaux articles R. 424-17 et suivants du code de l'urbanisme et être précédé de la déclaration d'ouverture de chantier prévue par le nouvel article R. 421-16.

4.3.1 Délai de validité de l'autorisation

Les nouveaux articles R. 424-17 et R. 424-20 du code de l'urbanisme conservent le principe d'un délai initial de validité susceptible de faire l'objet d'une prorogation. En revanche, le nouvel article R. 424-19 introduit une véritable nouveauté en prévoyant que ce délai est suspendu dès lors que l'autorisation ou le projet fait l'objet d'un recours.

Délai initial

Les nouveaux articles R. 424-17, R. 424-18 et R. 424-20 du code de l'urbanisme distinguent trois cas.

Délai de validité des permis et de la non-opposition à déclaration portant sur une opération comportant des travaux

Le nouvel article R. 424-17 du code de l'urbanisme généralise la règle antérieurement instituée par l'alinéa 1er de l'ancien article R. 421-32 s'agissant du délai de validité du permis de construire mais en apportant une nuance d'importance.

TEXTES OFFICIELS

Code de l'urbanisme, article R. 421-32, al. 1 (anc.)

Le permis de construire est périmé si les constructions ne sont pas entreprises dans le délai de deux ans à compter de la notification visée à l'article R. 421-34 ou de la délivrance tacite du permis de construire. Il en est de même si les travaux sont interrompus pendant un délai supérieur à une année.

Code de l'urbanisme, article R. 424-17 (nouv.)

Le permis de construire, d'aménager ou de démolir est périmé si les travaux ne sont pas entrepris dans le délai de deux ans à compter de la notification mentionnée à l'article R. 424-10 ou de la date à laquelle la décision tacite est intervenue.

Il en est de même si, passé ce délai, les travaux sont interrompus pendant un délai supérieur à une année.

Les dispositions du présent article sont applicables à la décision de non-opposition à une déclaration préalable lorsque cette déclaration porte sur une opération comportant des travaux.

L'alinéa 1er du nouvel article R. 424-17 du code de l'urbanisme étend donc à l'ensemble des autorisations de travaux la règle selon laquelle les travaux doivent être entrepris dans un délai de deux ans à compter, selon le cas, de la notification de l'autorisation expresse ou de la formation de l'autorisation tacite. Et à cet égard, ce nouveau dispositif ne devrait pas modifier la jurisprudence selon laquelle seuls des travaux significatifs – au regard de l'économie générale du projet – peuvent interrompre ce délai.

Ce faisant, le nouvel article R. 424-17 a donc pour effet de maintenir le délai initial de validité du permis de construire mais, à titre d'exemple, augmente le délai de l'autorisation de lotissement antérieurement fixé à 18 mois et restreint celui du permis de démolir qui précédemment était de cinq ans.

REMARQUE Le décret n° 2007-18 du 5 janvier 2007 a également pour effet de supprimer les délais de validité spécifiques antérieurement prévus par les permis de construire et les autorisations de lotir par tranches.

De même, l'alinéa 2 de l'article précité conserve le principe selon lequel l'autorisation est caduque lorsqu'après avoir été entrepris dans les deux ans suivant la notification ou la formation de l'autorisation, les travaux sont interrompus pendant une durée supérieure à une année. Toutefois, il dissocie clairement ces deux délais.

Sous l'empire de l'ancien article R. 421-32 du code de l'urbanisme, le Conseil d'État avait en effet jugé qu'une interruption de travaux supérieure à une année était opposable pendant la période de validité initiale de deux ans du permis de construire et, en d'autres termes, qu'une interruption des travaux pendant plus d'une année emportait la caducité du permis de construire quand bien même le délai initial de deux ans n'était pas expiré (CE 8 novembre 2000, EURL Les Maisons Traditionnelles, req. n° 197 505). Or, le nouvel article R. 424-17 précise que l'autorisation est périmée si les travaux ne sont pas entrepris dans les deux et qu'il en est de même « si passé ce délai » les travaux sont interrompus pendant plus d'une année.

Il est donc clair que l'autorisation ne sera pas caduque si les travaux sont interrompus pendant plus d'une année mais que cette période d'interruption est comprise dans le délai initial de deux ans ; pour autant, bien entendu, que ces travaux aient été d'une importance significative.

En revanche, il incombera à la jurisprudence de préciser si les travaux doivent alors reprendre avant l'expiration de ce délai de deux ans, ce qui semblerait logique puisqu'à défaut, ils pourraient reprendre à tout moment, plusieurs années après, sans que la caducité de l'autorisation ne soit opposable puisque le délai initial de deux ans aurait été interrompu. De même, il lui appartiendra de régler le cas des interruptions de travaux d'une durée supérieure à une année dont une partie seulement serait comprise dans le délai initial de deux ans.

Délai de validité de la non-opposition à déclaration portant sur un changement de destination ou sur une division de terrain sans travaux

Le nouvel article R. 424-18 du code de l'urbanisme institue un régime spécifique pour les décisions prises sur une déclaration préalable ne comportant aucun travaux, c'est-à-dire pour les déclarations de changement de destination et pour les déclarations de divisions de terrain sans travaux.

TEXTE OFFICIEL

Code de l'urbanisme, article R. 424-18 (nouv.)

Lorsque la déclaration porte sur un changement de destination ou sur une division de terrain sans travaux, la décision devient caduque si ces opérations n'ont pas eu lieu dans le délai de deux ans à compter de la notification mentionnée à l'article R. 424-10 ou de la date à laquelle la décision tacite est intervenue.

Dans la mesure où l'alinéa 3 de l'article R. 424-17 précise expressément que les règles fixées par son alinéa 1er sont applicables à la décision de non-opposition à une déclaration préalable lorsque cette déclaration porte sur une opération « comportant des travaux », force est donc de considérer que le régime prévu par le nouvel article R. 424-18 ne vaut que lorsque l'opération n'implique strictement aucun travaux.

Dans ce cas, l'opération doit ainsi être réalisée dans un délai de deux ans à compter, selon le cas, de la notification de l'autorisation expresse ou de la formation de l'autorisation tacite. Et dans la mesure où le nouvel article R. 424-18 n'envisage pas le cas d'une interruption de l'opération, il faut donc en déduire que c'est l'ensemble de l'opération qui doit être réalisé dans ce délai. À titre d'exemple, une déclaration de division portant sur la création de quatre terrains issus du tènement d'origine sera donc caduque si dans ce délai seulement deux terrains ont été constitués.

Délai de validité des autorisations lorsque la réalisation des travaux est différée

Le nouvel article R. 424-20 du code de l'urbanisme régit le point départ du délai de deux ans fixé par le nouvel article R. 424-17 lorsque le commencement des travaux requiert également, au titre des nouveaux articles L. 425-9 à L. 425-11 et R. 425-30 à R. 425-31, l'accomplissement d'une formalité relevant d'une législation distincte de celle sur l'urbanisme.

TEXTE OFFICIEL

Code de l'urbanisme, article R. 424-20 (nouv.)

Lorsque le commencement des travaux est subordonné à une autorisation ou à une procédure prévue par une autre législation, le délai de deux ans mentionné à l'article R. 424-17 court à compter de la date à laquelle les travaux peuvent commencer en application de cette législation si cette date est postérieure à la notification visée à l'article R. 424-10 ou à la date à laquelle la décision tacite est intervenue.

En pareil cas, ce délai de deux ans pour engager les travaux ne court qu'à compter de la date à partir de laquelle ces travaux peuvent être régulièrement entrepris au regard de cette autre législation. Ainsi, lorsque l'autorisation d'urbanisme porte :

- sur des travaux ayant pour objet un changement d'usage de locaux destinés à l'habitation soumis à autorisation préalable en application de l'article L. 631-7 du code de la construction et de l'habitation, le délai de deux ans fixé par le nouvel article R. 421-17 du code de l'urbanisme ne court qu'à compter de la notification de cette autorisation ;

- sur une installation classée pour la protection de l'environnement soumise à autorisation en vertu de l'article L. 512-2 du code de l'environnement, le délai de deux ans fixé par le nouvel article R. 421-17 ne court qu'à compter de la clôture de l'enquête publique s'y rapportant ;
- sur un projet assujetti à la réalisation d'opérations d'archéologie préventive prescrites en exécution du décret n° 2004-490 du 3 juin 2004 relatif aux procédures administratives et financières en matière d'archéologie préventive, le délai de deux ans fixé par le nouvel article R. 421-17 ne court qu'à compter de l'achèvement de ces opérations ;
- sur un projet situé dans un site inscrit, le délai de deux ans fixé par le nouvel article R. 421-17 du code de l'urbanisme ne court qu'à compter de l'expiration d'un délai de quatre mois suivant la date de dépôt de la demande de permis ou de la déclaration valant déclaration au titre de l'article L. 341-1 du code de l'environnement.

Mais comme le précise expressément le nouvel article R. 424-18, ce report du délai de deux ans ne vaut que pour autant que la formalité requise au titre d'une autre législation est accomplie postérieurement à la date de notification ou de formation de l'autorisation d'urbanisme.

Prorogation du délai de validité initial

Les nouveaux articles R. 424-21 à R. 424-23 du code de l'urbanisme généralisent le dispositif antérieurement mis en place par l'ancien article R. 421-32 s'agissant de la possible prorogation du permis de construire mais, ici encore, en y apportant une modification d'importance.

TEXTES OFFICIELS

Code de l'urbanisme, article R. 424-20 (nouv.)

Le permis de construire, d'aménager ou de démolir ou la décision de non-opposition à une déclaration préalable peut être prorogé pour une année, sur demande de son bénéficiaire si les prescriptions d'urbanisme et les servitudes administratives de tous ordres auxquelles est soumis le projet n'ont pas évolué de façon défavorable à son égard.

Code de l'urbanisme, article R. 424-21 (nouv.)

La demande de prorogation est établie en deux exemplaires et adressée par pli recommandé ou déposée à la mairie deux mois au moins avant l'expiration du délai de validité.

Code de l'urbanisme, article R. 424-22 (nouv.)

La prorogation est acquise au bénéficiaire du permis si aucune décision ne lui a été adressée dans le délai de deux mois suivant la date de l'avis de réception postal ou de la décharge de l'autorité compétente pour statuer sur la demande. La prorogation prend effet au terme de la validité de la décision initiale.

Ainsi, dès lors que les prescriptions d'urbanisme et les servitudes d'urbanisme n'auront pas évolué dans un sens défavorable au projet, le titulaire de l'autorisation d'urbanisme sera en droit d'obtenir une prorogation d'une année de son délai de validité. Le nouvel article R. 424-21 ne semble donc pas de nature à modifier la jurisprudence rendue sous l'empire de l'ancien article R. 421-32 selon laquelle ce droit ne peut être remis en cause si les circonstances de fait ont connu une telle évolution (CE 5 novembre 2003, Cne d'Eze, req. n° 230 535) ou si une norme défavorable est en cours d'élaboration (CE 25 novembre 1987, Association des amis de la baie de Bandol, req. n° 66 296) mais ne peut être exercé qu'une seule fois.

JURISPRUDENCE

CE 30 juin 1996, SA d'HLM La Seimaroise, req. n° 122.257

Considérant qu'aux termes du premier alinéa de l'article R. 421-32 du code de l'urbanisme : «le permis de construire est périmé si les constructions ne sont pas entreprises dans le délai de deux ans à compter de la notification visée à l'article R. 421-34 ou de la délivrance tacite du permis de construire. Il en est de même si les travaux sont interrompus pendant un délai supérieur à une année» ; qu'aux termes du quatrième alinéa du même article le délai de validité dudit permis «peut être prorogé pour une nouvelle année, sur demande de son bénéficiaire adressée à l'autorité administrative deux mois au moins avant l'expiration du délai de validité si les prescriptions d'urbanisme et les servitudes administratives de tous ordres auxquelles est soumis le projet n'ont pas évolué de façon défavorable à son égard» ; qu'il ressort des termes mêmes de cette disposition qu'un permis de construire ne peut légalement faire l'objet de plus d'une prorogation ;

Considérant qu'il résulte de l'instruction que, par un arrêté en date du 21 novembre 1985 le maire de Paris a accordé à la société requérante un permis de construire relatif à la construction d'un bâtiment sis 117, rue Manin à Paris (19e) ; que, par un arrêté du 10 novembre 1987 il a prorogé pour un an la durée de validité de ce permis ; que, statuant sur une demande tendant à une nouvelle prorogation de ladite durée, le maire de Paris a, par un nouvel arrêté en date du 21 novembre 1988, prorogé une deuxième fois la durée de validité dudit permis ; qu'il a ainsi méconnu les dispositions précitées du quatrième alinéa de l'article R. 421-32 du code de l'urbanisme ; qu'il résulte de tout ce qui précède que la société requérante n'est pas fondée à demander l'annulation du jugement attaqué en date du 12 novembre 1990 annulant l'arrêté précité du maire de Paris en date du 12 décembre 1988.

D'un point de vue procédural, les nouveaux articles R. 424-22 et R. 424-23 du code de l'urbanisme reprennent également la règle selon laquelle pour bénéficier d'une telle prorogation il est nécessaire d'en faire la demande au moins deux mois avant l'expiration du délai de validité initial et qu'en l'absence de réponse expresse sur cette demande, la prolongation est réputée tacitement accordée. Ici encore, ces nouvelles dispositions ne devraient donc pas remettre en cause la jurisprudence selon laquelle à défaut de respecter l'échéance pour présenter une demande de prolongation du délai de validité, l'administration peut néanmoins l'accorder pour autant qu'elle statue avant l'expiration du délai de validité initial de l'autorisation d'urbanisme en cause puisque par principe la seule présentation d'une demande de prolongation ne fait pas obstacle à la péremption de l'autorisation (CE 14 mars 1973, SCI Plein Ciel, req. n° 87 547).

JURISRPUDENCE

CE 12 octobre 1979, Antonini, req. n° 13331

Considérant qu'il résulte de l'instruction que M. Antonini a obtenu un permis de construire une maison d'habitation à Ota, sur un terrain situé à l'intérieur du périmètre de protection d'un édifice inscrit à l'inventaire supplémentaire des monuments historiques, par un arrêté du maire d'Ota en date du 12 octobre 1972 ; que ce permis a été prorogé une première fois par un arrêté en date du 8 août 1973 ; que si M. Antonini a présenté une nouvelle demande de prorogation, cette demande présentée le 15 juillet 1974, moins de deux mois avant l'expiration de la validité du permis prorogé le 8 août 1973, n'a pu faire obstacle à la péremption du permis.

En revanche, au regard du dispositif prévu par l'ancien article R. 421-32 du code de l'urbanisme, le nouvel article R. 424-23 apporte une modification importante. En effet, il résultait de l'ancien article R. 421-32 que la prolongation d'un an prenait effet dès la décision de la date l'accordant et non pas à compter de l'expiration du délai initial de validité du permis de construire (CE 7 mai 2003, Association pour la protection du patrimoine martiniquais, req. n° 251 196).

Il s'ensuivait qu'un constructeur précautionneux prenant le soin d'adresser sa demande plus de deux mois avant l'expiration du délai de validité de son autorisation perdait le bénéfice du temps restant à courir à la date à laquelle l'administration accordait cette demande. Tel ne sera plus le cas, puisque le nouvel article R. 424-23 du code de l'urbanisme précise expressément que « la prorogation prend effet au terme de la validité de la décision initiale ».

En toute hypothèse, ce n'est donc qu'à compter de l'expiration du délai visé par le nouvel article R. 424-17 du code de l'urbanisme que prendra effet la prolongation, quand bien même aura-t-elle été accordée bien avant cette échéance ; ce qui évitera aux opérateurs de perdre le bénéfice du délai restant alors à courir mais devrait également leur permettre d'anticiper, bien en amont et sans conséquence, une éventuelle évolution défavorable des prescriptions d'urbanisme et des servitudes administratives opposables à leur projet.

REMARQUE

En l'état, on voit mal ce qui pourrait s'opposer à ce que dès la notification de l'autorisation d'urbanisme, son titulaire demande la prolongation de son délai de validité.

Suspension du délai de validité en cas de recours

Antérieurement, le seul exercice d'un recours à l'encontre d'une autorisation d'urbanisme ne suspendait pas son délai de validité. Tout au plus, en effet, l'ancien article R. 421-32 du code de l'urbanisme prévoyait-il que le délai de validité du permis de construire se trouvait interrompu en cas de suspension de son caractère exécutoire pendant toute la durée de cette mesure ou en cas d'annulation dudit permis jusqu'à la décision juridictionnelle irrévocable réformant cette annulation.

Or, compte tenu des risques générés par un tel recours, les opérateurs, le plus souvent sous la pression de leurs partenaires financiers, s'abstenaient alors d'engager les travaux dans l'attente qu'il soit tranché par le juge administratif. Il reste qu'eu égard, au délai de traitement de ces recours par les tribunaux, l'autorisation contestée pouvait être frappée de caducité en cours de procédure.

REMARQUE

Ce régime avait, d'ailleurs, abouti au développement d'une véritable stratégie contentieuse consistant, pour les requérants expérimentés, à exercer un recours en annulation en s'abstenant de l'assortir de la requête aux fins de référé suspension, qui aurait permis de faire trancher rapidement les arguments présentés à l'encontre de l'autorisation contestée, de sorte à laisser son titulaire dans le doute et ainsi empêcher l'engagement des travaux pour ce faisant, obtenir le constat de sa caducité par le juge alors même qu'elle était exempte de tout grief.

Ce temps est, toutefois, révolu puisque l'article 1er du décret n° 2006-958 du 31 juillet 2006 est venu ajouter à l'article R. 421-32 du code de l'urbanisme un alinéa précisant que « *lorsque le permis de construire fait l'objet d'un recours en annulation devant la juridiction administrative ou d'un recours devant la juridiction civile en application de l'article L. 480-13, le délai de validité de ce permis est suspendu jusqu'à la notification de la décision juridictionnelle irrévocable* » avant que le décret n° 2007-18 du 5 janvier 2007 ne généralise, par le nouvel article R. 424-19, ce principe à l'ensemble des autorisations d'urbanisme dont le délai de validité est régi par le nouvel article R. 421-17.

TEXTE OFFICIEL

Code de l'urbanisme, article R. 424-19 (nouv.)

En cas de recours devant la juridiction administrative contre le permis ou contre la décision de non-opposition à la déclaration préalable ou de recours devant la juridiction civile en application de l'article L. 480-13, le délai de validité prévu à l'article R. 424-17 est suspendu jusqu'au prononcé d'une décision juridictionnelle irrévocable.

Tout d'abord, la règle posée par le nouvel article R. 424-19 du code de l'urbanisme vaut non seulement s'agissant de l'exercice d'un recours en annulation à l'encontre de l'autorisation mais également dans le cas où la construction fait l'objet d'une action en responsabilité civile fondée sur l'article L. 480-13 du code de l'urbanisme (dans sa rédaction issue de la loi n° 2006-872 du 13 juillet 2006, dite « ENL »).

TEXTE OFFICIEL

Code de l'urbanisme, article L. 480-13 (nouv.)

Lorsqu'une construction a été édifiée conformément à un permis de construire :

a) le propriétaire ne peut être condamné par un tribunal de l'ordre judiciaire à la démolir du fait de la méconnaissance des règles d'urbanisme ou des servitudes d'utilité publique que si, préalablement, le permis a été annulé pour excès de pouvoir par la juridiction administrative. L'action en démolition doit être engagée au plus tard dans le délai de deux ans qui suit la décision devenue définitive de la juridiction administrative ;

b) le constructeur ne peut être condamné par un tribunal de l'ordre judiciaire à des dommages et intérêts que si, préalablement, le permis a été annulé pour excès de pouvoir ou si son illégalité a été constatée par la juridiction administrative. L'action en responsabilité civile doit être engagée au plus tard deux ans après l'achèvement des travaux.

Lorsque l'achèvement des travaux est intervenu avant la publication de la loi n° 2006-872 du 13 juillet 2006 portant engagement national pour le logement, la prescription antérieure continue à courir selon son régime.

En l'état, on a toutefois un certain mal à saisir l'utilité de viser les actions prévues par l'article L. 480-13 du code de l'urbanisme puisque celles-ci recouvrent le cas où la « construction a été édifiée conformément à un permis de construire », ce qui implique qu'elle soit achevée.

Ensuite, le délai de validité de l'autorisation est « seulement » suspendu par l'exercice du recours à son encontre, c'est-à-dire qu'il sera stoppé là où il en était à la date d'introduction de ce recours et reprendra, le cas échéant, là où s'était conséquemment arrêté.

REMARQUE C'est le délai de validité de l'autorisation qui est suspendu et non pas son caractère exécutoire. Nonobstant l'exercice d'un recours et la suspension subséquente de son délai de validité, rien ne s'oppose donc à ce que les travaux ainsi autorisés soient engagés ou poursuivis.

Enfin, ce délai reprendra là où il s'était arrêté à compter de la date du prononcé de la décision juridictionnelle irrévocable rejetant, définitivement donc, les conclusions du requérant – et non pas à la date de sa notification ou à la date à laquelle la décision juridictionnelle rejetant ces conclusions est devenue définitive – ce dont il résulte que les travaux pourront être régulièrement engagés plusieurs années après la délivrance de l'autorisation contestée.

EXEMPLE Un permis de construire notifié le 1er novembre 2007 mais frappé de recours en annulation le 1er décembre suivant verra donc son délai de validité restant à courir – soit 23 mois – suspendu à compter de cette dernière date. Si ce recours est rejeté par un jugement prononcé le 1er mars 2009 et non frappé d'appel, le délai de 23 mois restant reprendra donc à compter de cette date pour ainsi s'achever le 1er février 2011. En revanche, si ce jugement est frappé d'un appel rejeté par un arrêt faisant ensuite l'objet d'un pourvoi en cassation également rejeté par une décision du Conseil d'État lue le 1er février 2012, le délai de 23 mois restant à courir à la date de la requête de première instance reprendra donc à compter de cette dernière date pour ainsi s'achever le 1er janvier 2014.

Pour conclure sur ce dispositif, il est permis de s'interroger sur son application dans le temps ; d'autant plus que le décret n° 2007-18 du 5 janvier 2007 est totalement muet sur ce point, contrairement au décret n° 2006-958 du 31 juillet 2006 dont l'article 2 précisait que « *le présent décret s'applique aux permis de construire en cours de validité à la date de sa publication* ».

Le dispositif issu du décret n° 2006-958 du 31 juillet 2006 sera abrogé par l'entrée en vigueur du décret n° 2007-18 du 5 janvier 2007.

En effet, s'il est acquis que le dispositif prévu par le nouvel article R. 421-19 du code de l'urbanisme ne saurait bénéficier aux autorisations d'urbanisme d'ores et déjà caduques à la date d'entrée en vigueur du décret n° 2007-18 du 5 janvier 2007, soit le 1er octobre 2007, on peut se demander s'il est applicable aux autorisations d'urbanisme qui pour avoir été délivrées antérieurement n'auront été qu'ultérieurement frappées d'un recours, voire à celles en cours de validité à cette date mais qui auraient précédemment fait l'objet d'un tel recours.

A priori, la réponse devrait être négative si l'on s'en tient à la rédaction du nouvel article R. 421-19 du code de l'urbanisme qui précise que « le délai de validité prévu à l'article R. 424-17 » est suspendu jusqu'au prononcé d'une décision juridictionnelle irrévocable, ce qui induit qu'il n'est applicable qu'aux seules autorisations dont le délai de validité est régi par le nouvel article R. 421-17 qui lui-même ne sera applicable qu'à compter de l'entrée en vigueur du décret n° 2007-18 du 5 janvier 2007.

REMARQUE En revanche, dès lors que l'article 2 du décret n° 2006-958 du 31 juillet 2006 se borne à préciser que « *le présent décret s'applique aux permis de construire en cours de validité à la date de sa publication* » et ce, sans traiter de la question relative à son applicabilité aux instances introduites avant son entrée en vigueur, soit le 3 août 2006, il ne semble pas exclu que ce dispositif puisse bénéficier à l'ensemble des permis de construire en cours de validité faisant l'objet d'un recours introduit préalablement à son abrogation résultant de l'entrée en vigueur du décret n° 2007-18 du 5 janvier 2007.

4.3.2 Formalité préalable à l'ouverture de chantier

Le nouvel article R. 424-16 du code de l'urbanisme étend le champ d'application de la déclaration d'ouverture de chantier, telle qu'elle était préalablement prévue par l'ancien article R. 421-40 au titre des formalités postérieures à la délivrance des permis de construire.

TEXTE OFFICIEL

Code de l'urbanisme, article R. 424-16 (nouv.)

Lors de l'ouverture du chantier, le bénéficiaire du permis de construire ou d'aménager adresse au maire de la commune une déclaration d'ouverture de chantier en trois exemplaires.

Dès réception de la déclaration d'ouverture de chantier, le maire conserve un exemplaire de cette déclaration, en transmet un exemplaire à l'autorité qui a délivré le permis et un exemplaire au préfet en vue de l'établissement des statistiques.

La formulation d'une déclaration d'ouverture de chantier s'impose ainsi préalablement à l'exécution de tous travaux autorisés par un permis de construire ou par un permis d'aménager mais n'est en revanche pas requise pour les travaux soumis à permis de démolir ou déclaration, ni *a fortiori* pour ceux exemptés de toute formalité. Mais à son sujet, il faut surtout préciser que, d'une part, l'absence de formulation d'une déclaration d'ouverture de chantier n'est pas constitutive d'un délit réprimé au titre de l'article L. 480-4 du code de l'urbanisme et que, d'autre part, la seule formulation d'une telle déclaration ne suffit pas à interrompre le délai de validité du permis. Par ailleurs, bien que l'exécution d'une autorisation d'urbanisme par un tiers n'en ayant pas obtenu le transfert ne soit pas constitutive d'une infraction [9] et puisse interrompre ce délai (TA Nice 13 mai 1997, SCL LE Pavillon, req. n° 93-03645), c'est au seul bénéficiaire du permis qu'il incombe de la formuler.

JURISPRUDENCE

CAA Bordeaux 9 mars 2006, M. Vivien X., req. n° 02BX02177

Considérant qu'aux termes de l'article R. 421-32 du code de l'urbanisme : « Le permis de construire est périmé si les constructions ne sont pas entreprises dans le délai de deux ans à compter de la notification visée à l'article R. 421-34 ou de la délivrance tacite du permis de construire. Il en est de même si les travaux sont interrompus pendant un délai supérieur à une année (...) Il peut être prorogé (...), sur demande de son bénéficiaire » ; qu'aux termes de l'article R. 421-40 du même code : « Le bénéficiaire de l'autorisation adresse, lors de l'ouverture du chantier au maire de la commune (...) une déclaration d'ouverture de chantier en trois exemplaires » ;

Considérant qu'il est constant qu'à la date du 30 octobre 2000, M. X n'était plus le bénéficiaire du permis de construire accordé le 16 novembre 1998 du fait du transfert effectué le 4 août 2000 du permis au profit de M. Bernard ; que seul ce dernier pouvait, dès lors,

(9) Cass. crim. 29 juin 1999, pourvoi n° 98-83.839 – CAA Marseille 23 novembre 2006, M. X., req. n° 04MA00264.

déposer, en vertu des dispositions précitées, une déclaration d'ouverture de chantier et demander la prorogation de ce permis ; qu'il est, à cet égard, sans incidence que la propriété du terrain soit demeurée celle de M. X et que le 24 octobre 2000, M. ait demandé que le permis soit transféré au profit de M. X ; que le maire de Lherm était, dès lors, tenu de rejeter la demande de prorogation de permis de construire présentée par M. X et de refuser d'enregistrer la déclaration d'ouverture de chantier présentée par celui-ci ; que cette compétence liée rend inopérants les autres moyens soulevés.

4.4 Le contrôle de la conformité des travaux

Là où précédemment, un contrôle de la conformité des travaux n'était prévu que pour le permis de construire (C. urb., art. R. 460-1 et suiv.) et, d'une façon plus spécifique, pour l'autorisation de lotir (C. urb., art. R. 315-36), l'ordonnance n° 2005-1527 du 8 décembre 2005 et le décret n° 2006-18 du 5 janvier 2007 généralisent cette procédure de contrôle tout en unifiant le régime puisque seuls en sont immédiatement exclus les travaux autorisés par un permis de démolir.

Mais en outre, il en bouleverse l'économie générale puisque dorénavant et sauf exception, la déclaration d'achèvement de travaux attestera également d'une conformité que l'administration n'aura pas toujours l'obligation de contrôler et qui, le cas échéant, ne pourra plus être remise en cause.

TEXTES OFFICIELS

Code de l'urbanisme, article L. 462-1 (nouv.)

À l'achèvement des travaux de construction ou d'aménagement, une déclaration attestant cet achèvement et la conformité des travaux au permis délivré ou à la déclaration préalable est adressée à la mairie.

Code de l'urbanisme, article L. 462-2 (nouv.)

L'autorité compétente mentionnée aux articles L. 422-1 à L. 422-3 peut, dans un délai fixé par décret en Conseil d'État, procéder ou faire procéder à un récolement des travaux et, lorsque ceux-ci ne sont pas conformes au permis délivré ou à la déclaration préalable, mettre en demeure le maître de l'ouvrage de déposer un dossier modificatif ou de mettre les travaux en conformité. Un décret en Conseil d'État fixe les cas où le récolement est obligatoire.

Passé ce délai, l'autorité compétente ne peut plus contester la conformité des travaux.

4.4.1 Déclaration d'achèvement et de conformité

Formulation de la déclaration d'achèvement

La formulation de la déclaration d'achèvement attestant de la conformité des travaux est prévue et régie par le nouvel article R. 462-1 du code de l'urbanisme.

TEXTE OFFICIEL

Code de l'urbanisme, article R. 462-1 (nouv.)

La déclaration attestant l'achèvement et la conformité des travaux est signée par le bénéficiaire du permis de construire ou d'aménager ou de la décision de non-opposition à la déclaration préalable ou par l'architecte ou l'agréé en architecture, dans le cas où ils ont dirigé les travaux.

Elle est adressée par pli recommandé avec demande d'avis de réception postal au maire de la commune ou déposée contre décharge à la mairie. Lorsque la commune est dotée des équipements répondant aux normes fixées par l'arrêté du ministre chargé de l'urbanisme prévu à l'article R. 423-49, la déclaration peut être adressée par courrier électronique dans les conditions définies par cet article.

Comparé à l'ancien article R. 460-1 du code de l'urbanisme applicable aux travaux exécutés en exécution d'un permis de construire, le nouvel article R. 462-1 apporte peu de modifications si ce n'est qu'il ne précise plus que la déclaration doit être formulée dans un délai de trente jours à compter de l'achèvement de ces travaux ; délai qui n'était, d'ailleurs, pas sanctionné et dont la méconnaissance ne s'opposait pas à la délivrance régulière d'un certificat de conformité (CE 18 janvier 1980, Boussard, *Lebon*, p. 36). Mais, par ailleurs, le nouvel article R. 462-1 du code de l'urbanisme ne devrait pas modifier la jurisprudence selon laquelle, pour être régulière, une déclaration d'achèvement doit être formulée lorsque les travaux autorisés sont effectivement achevés ; d'autant moins qu'elle vaut dorénavant attestation de conformité.

JURISPRUDENCE

CE 14 janvier 1983, M. Y., req. n° 26022

Considérant qu'il ressort des pièces du dossier, notamment de l'arrêt rendu en matière pénale par la cour d'appel d'Aix-en-Provence le 11 mars 1981 et devenu définitif, qu'à cette date du 26 janvier 1976 l'immeuble n'était pas achevé et n'avait pu valablement faire l'objet d'une déclaration d'achèvement des travaux.

Objet de la déclaration d'achèvement

Le nouvel article R. 462-2 du code de l'urbanisme précise que « lorsque le permis a autorisé la réalisation des travaux par tranches, la déclaration précise si l'achèvement concerne la totalité ou une tranche des travaux ».

En d'autres termes, lorsque le permis autorise la réalisation des travaux par tranches – mais uniquement dans ce cas – son titulaire pourra formuler une déclaration d'achèvement partiel attestant, à ce stade de l'opération, de la conformité partielle des travaux réalisés au regard de l'ensemble de ceux autorisés.

Cette disposition renvoie ainsi à l'ancienne pratique du certificat de conformité partiel. On sait, en effet, que l'administration avait pu préciser, par une série de réponses ministérielles et de circulaires émises dans les années 70 puis au début des années 80, qu'il était possible d'obtenir en cours de réalisation des travaux un certificat de conformité partiel pour les opérations divisibles réalisées par tranches, à la condition que le certificat porte également sur les travaux d'équipements nécessaires à la bonne utilisation du bâtiment construit (circulaire du 29 août 1971 – rép. min., *JOAN* Q 23 juin 1973, p. 2501 – rép. min., *JOAN* Q 11 mars 1978, p. 819 – rép. min. *JOAN* Q 8 avril 1985, p. 1551).

Il reste qu'au regard de la jurisprudence rendue en la matière, la légalité de cette pratique était sujette à caution dès lors que, sans se prononcer directement sur celle-ci, le juge administratif avait néanmoins eu l'occasion de juger, tout d'abord, qu'un immeuble qui n'était pas achevé ne pouvait valablement faire l'objet d'une déclaration d'achèvement de travaux (CE 14 janvier 1983, M. Y., req. n° 26022), ensuite, qu'eu égard à l'objet et à la nature du certificat de conformité, celui-ci ne pouvait faire l'objet d'un retrait partiel et, *a priori*, n'était donc pas divisible (CE 20 janvier 1988, M. Mariac, req. n° 64616) et, enfin, que l'inachèvement des travaux autorisés par un permis de construire pouvait justifier un refus de certificat de conformité [10], ce dont il résultait que la conformité de travaux au regard du permis de construire les ayant autorisés ne pouvait pas n'être que partielle.

Dans cette mesure, le nouvel article R. 462-2 du code de l'urbanisme permet donc de consacrer et de conforter la position de l'administration sur ce sujet telle qu'elle l'avait antérieurement formulée à travers sa propre doctrine. Mais il faut souligner que dès lors que l'article R. 462-2 du code de l'urbanisme prévoit expressément cette possibilité mais ce, pour les seuls permis par tranches, une déclaration attestant de la conformité partielle des travaux en cours de réalisation ne pourra pas être régulièrement formulée dans les autres cas.

Pour le reste, les nouveaux articles R. 462-2, R. 462-3 et R. 462-4 précisent les informations spécifiques que la déclaration d'achèvement doit fournir dans certains cas précis.

Tout d'abord, lorsque le titulaire du permis d'aménager a été autorisé par celui-ci à différer les travaux de finition des voiries, la déclaration doit le préciser.

Ensuite, dans les cas prévus à l'article R. 111-19-21 du code de la construction et de l'habitation, la déclaration d'achèvement doit être accompagnée de l'attestation que les travaux réalisés respectent les règles d'accessibilité applicables mentionnées à cet article.

Enfin, dans les cas prévus par les points 4° et 5° de l'article R. 111-38 du code de la construction et de l'habitation, la déclaration d'achèvement est accompagnée du document prévu à l'article L. 112-19 de ce code, établi par un contrôleur technique mentionné à l'article L. 111-23 de ce code, attestant que le maître d'ouvrage a tenu compte de ses avis sur le respect des règles de construction parasismiques et paracycloniques prévues par l'article L. 563-1 du code de l'environnement.

Il reste qu'en l'état, il incombera à la jurisprudence de préciser si la seule absence de ces indications s'oppose à ce que les travaux réalisés puissent être considérés comme conformes alors même que l'aménageur avait effectivement été autorisé à différer les travaux de finition de voirie, que les travaux respectent les prescriptions de l'article R. 111-19-21 du code de la construction et de l'habitation et que le maître d'ouvrage a tenu compte des règles prévues par l'article L. 563-1 du code de l'environnement ; ce qui ne va pas de soi dès lors que la procédure de récolement vise à contrôler la conformité des ouvrages et non pas à sanctionner les règles procédurales prévues en matière de déclaration d'achèvement.

(10) CAA Lyon 21 mars 2000, SCL Les Glovettes, req. n° 95LY01518 – TA Nice 10 mars 1994, Sté Laffite Bail, req. n° 89.777.

4.4.2 Opérations de récolement

Récolement obligatoire

Si par principe, l'opportunité de procéder à des opérations de récolement est laissée à l'appréciation discrétionnaire de l'administration, le nouvel article R. 462-7 du code de l'urbanisme prévoit cependant quatre cas où ce récolement est obligatoire, à savoir :

- lorsque les travaux concernent un immeuble inscrit au titre des monuments historiques en application de l'article L. 621-25 du code du patrimoine, ou lorsqu'ils sont situés dans un secteur sauvegardé créé en application de l'article L. 313-1 du présent code ou dans un site inscrit ou classé en application des articles L. 341-1 et L. 341-2 du code de l'environnement : le récolement est alors effectué en liaison avec l'architecte des bâtiments de France ou le cas échéant le représentant du ministre chargé des monuments historiques ou du ministre chargé des sites ;
- lorsqu'il s'agit de travaux soumis soit aux dispositions des articles R. 122-1 à R. 122-29 du code de la construction et de l'habitation relatifs aux immeubles de grande hauteur, soit aux dispositions des articles R. 123-1 à R. 123-55 du code de la construction et de l'habitation relatifs aux établissements recevant du public : le récolement est alors effectué en liaison avec le directeur départemental des services d'incendie et de secours ;
- lorsqu'il s'agit de travaux réalisés soit à l'intérieur d'un espace ayant vocation à être classé dans le cœur d'un futur parc national dont la création a été prise en considération en application de l'article R. 331-4 du code de l'environnement, soit à l'intérieur du cœur d'un parc national délimité en application de l'article L. 331-2 du même code, soit à l'intérieur d'une réserve naturelle créée en application de l'article L. 332-1 du même code ;
- lorsqu'il s'agit de travaux réalisés dans un secteur couvert par un plan de prévention des risques naturels prévisibles ou par un plan de prévention des risques technologiques établi en application du code de l'environnement, ou par un plan de prévention des risques miniers établi en application du code minier.

Il reste qu'en l'état, la méconnaissance de cette obligation ne semble pas de nature à s'opposer à ce que la conformité des travaux soit réputée acquise à l'égard de l'administration.

Formalités préalables aux opérations de récolement

En toute hypothèse, que les opérations de récolement soient obligatoires ou soient mises en œuvre par l'administration au titre de la faculté qui lui est offerte en dehors des cas visés par le nouvel article R. 462-7 du code de l'urbanisme, le nouvel article R. 462-8 dispose que « préalablement à tout récolement, l'autorité compétente en informe le bénéficiaire du permis ou de la décision de non-opposition à la déclaration préalable ».

Bien que cet article ne le précise pas, il est permis de considérer que la méconnaissance de cette obligation est de nature à vicier la procédure lorsque l'administration entend, au terme de ce récolement, contester la conformité des travaux.

Objet des opérations de récolement

Aux termes de l'ancien article R. 460-3 du code de l'urbanisme, le récolement des travaux ne pouvait porter que sur « l'implantation des constructions, leur destination, leur nature, leur aspect extérieur, leur dimensions et l'aménagement de leurs abords » au regard de ce qu'avait autorisé le permis de construire ; et à ce titre la jurisprudence sanctionnait de façon systématique les refus de certificat de conformité motivés par des considérations étrangères aux aspects visés par cet article (CE 13 février 1987, Ministre des PTT, req. n° 58.198). Ce qui était somme toute cohérent dès lors qu'aux termes de l'ancien article L. 421-3 du code de l'urbanisme, le permis de construire ne pouvait être refusé que pour des motifs tenant à « l'implantation des constructions, leur destination, leur nature, leur architecture, leurs dimensions, leur assainissement et l'aménagement de leurs abords ».

Or, aucun des nouveaux articles R. 462-1 et suivants du code de l'urbanisme ne précise ce sur quoi doivent porter les opérations de récolement qu'ils prévoient, ni par voie de conséquence les aspects du projet dont l'administration peut contrôler la conformité au regard des travaux autorisés. Néanmoins, il ne semble pas déraisonnable de considérer que ce contrôle ne pourra pas aller au delà des aspects du projet sanctionné, au titre des nouveaux articles L. 423-6 et L. 423-7 du code de l'urbanisme, par le permis de construire, le permis d'aménager et la déclaration préalable, à savoir « l'implantation, la destination, la nature, l'architecture, les dimensions, l'assainissement des constructions et à l'aménagement de leurs abords ».

Mais *a priori*, le dispositif issu du nouvel article L. 462-1 du code de l'urbanisme ne devrait pas modifier la jurisprudence rendue s'agissant du certificat prévu par l'ancien article R. 460-4 et selon laquelle la conformité des travaux est établie, nonobstant quelques différences mineures ayant une portée négligeable entre ceux autorisés et ceux effectivement accomplis (CE 27 mai 1981, Rouger, req. n° 11.906).

4.4.3 Délais ouverts à l'administration pour contester la conformité des travaux

Par principe, la déclaration d'achèvement prévue par le nouvel article R. 462-1 du code de l'urbanisme est également censée attester de la conformité des travaux réalisés tant que l'administration ne la conteste pas dans le délai qui lui est ouvert à cet effet par le nouvel article R. 462-6.

TEXTE OFFICIEL

Code de l'urbanisme, article R. 462-6 (nouv.)

À compter de la date de réception en mairie de la déclaration d'achèvement, l'autorité compétente dispose d'un délai de trois mois pour contester la conformité des travaux au permis ou à la déclaration.

Le délai de trois mois prévu à l'alinéa précédent est porté à cinq mois lorsqu'un récolement des travaux est obligatoire en application de l'article R. 462-7.

Ainsi, lorsqu'elle décide de mettre en œuvre une procédure de récolement qui n'est pas imposée, l'administration dispose d'un délai de trois mois à compter de la réception en mairie de la déclaration d'achèvement pour contester la conformité des travaux ; ce délai étant porté à cinq mois lorsque les travaux relèvent d'un des cas où le récolement est obligatoire.

Mais il faut souligner que le nouvel article R. 462-6 du code de l'urbanisme précise que les délais qu'il prévoit sont ouverts à l'administration pour « contester la conformité des travaux » et non pas seulement pour engager les opérations de récolement que peut appeler la déclaration d'achèvement.

Dans le délai qui lui est imparti, l'administration doit donc non seulement décider d'engager les opérations de récolement mais également en avertir l'opérateur conformément aux prescriptions du nouvel article R. 462-8, réaliser le récolement et, le cas échéant, notifier sa décision de contester la conformité des travaux : à défaut, cette dernière serait illégale.

REMARQUE

En outre, il semble raisonnable de considérer que la notification de la décision par laquelle l'administration entend contester la conformité des travaux doit être précédée de la procédure administrative contradictoire prévue par l'article 24 de la loi n° 2000-321 du 12 avril 2000 relative aux relations des citoyens avec les administrations.

4.4.4 Effets de la déclaration et des opérations de récolement

S'agissant des effets du contrôle organisé par les nouveaux articles R. 460-1 et suivants du code de l'urbanisme, il faut évidemment distinguer le cas où la conformité des travaux n'est pas contestée par l'administration de celui où celle-ci est remise en cause par cette dernière.

Cas où la conformité des travaux n'est pas contestée

Lorsqu'au terme du délai ouvert à cet effet par le nouvel article R. 462-6 du code de l'urbanisme, l'administration n'a pas contesté la conformité des travaux celle-ci est réputée acquise. Il s'agit assurément d'une garantie offerte aux opérateurs contre l'inertie de l'administration puisque s'il résultait de l'ancien article R. 460-4 que l'administration devait, le cas échant, statuer sur la demande de certificat de conformité dans les trois mois suivant la réception de la déclaration d'achèvement, le constructeur ne pouvait, à défaut, se prévaloir d'un certificat tacite qu'à la condition d'avoir, sans succès, mis en œuvre la procédure prévue par l'ancien article R. 460-5 (CE 24 mai 1993, SCI Le Panorama, req. n° 127 247).

TEXTE OFFICIEL

Code de l'urbanisme, article R. 460-5 (anc.)

À défaut de notification dans le délai de trois mois, le bénéficiaire du permis de construire requiert, par pli recommandé avec demande d'avis de réception postal, l'autorité compétente de délivrer le certificat. Il adresse copie de cette lettre au préfet lorsque celui-ci n'est pas l'autorité compétente pour statuer.

La décision doit alors lui être notifiée dans les formes prévues à l'article R. 460-4, dans le mois de cette réquisition. À l'expiration de ce dernier délai, si aucune notification n'est intervenue, le certificat de conformité est réputé accordé.

En l'état, force est de considérer qu'à l'expiration de ce délai, la conformité est acquise y compris lorsque l'administration aurait omis de procéder à un récolement pourtant obligatoire en application du nouvel article R. 462-7 du code de l'urbanisme.

Il n'en demeure pas moins qu'il incombera, le cas échéant, à l'opérateur de formuler la demande prévue par le nouvel article R. 460-10 pour obtenir une attestation de cette conformité ou, plus précisément, une attestation établissant que cette conformité n'a pas été contestée.

TEXTE OFFICIEL

Code de l'urbanisme, article R. 462-10 (nouv.)

Lorsque aucune décision n'est intervenue dans le délai prévu à l'article R. 462-6, une attestation certifiant que la conformité des travaux avec le permis ou la déclaration n'a pas été contestée est délivrée sous quinzaine, par l'autorité compétente, au bénéficiaire du permis ou à ses ayants droit, sur simple requête de ceux-ci.

En cas de refus ou de silence de l'autorité compétente, cette attestation est fournie par le préfet, à la demande du bénéficiaire du permis ou de ses ayants droit.

Il reste que les travaux réalisés peuvent évidemment ne pas être conformes à l'autorisation au titre de laquelle ils ont été entrepris. Or, s'il résulte du nouvel article L. 462-2 du code de l'urbanisme que passé le délai applicable en vertu du nouvel article R. 462-6, « l'autorité compétente ne peut plus contester la conformité des travaux », celle-ci reste *a priori* contestable.

On sait, d'ailleurs, que la délivrance d'un certificat de conformité même définitif ne s'est jamais opposée à l'engagement de poursuites pénales à l'encontre du constructeur (Cass. crim. 8 décembre 1981, pourvoi n° 80-92.639).

D'une part, il faut souligner que le nouvel article L. 462-2 du code de l'urbanisme se borne à prévoir que, passé le délai applicable, « l'autorité compétente ne peut plus contester la conformité des travaux », ce qui semble devoir être compris comme signifiant que, passé ce délai, l'administration saisie en conséquence de la déclaration prévue par le nouvel article R. 462-1 ne peut plus opposer la mise en demeure prévue par le nouvel article R. 462-9 du code de l'urbanisme.

Il reste que cette limite ne saurait vraisemblablement pas s'opposer à ce qu'usant de ses autres compétences, l'administration provoque des poursuites pénales à l'encontre de l'auteur des travaux non conformes dans le délai de prescription de l'action publique, à savoir trois ans à compter de l'achèvement des travaux ; lesquelles, en toute hypothèse, peuvent également être déclenchées à l'initiative de tiers.

D'autre part, il semble raisonnable de considérer que la décision tacite de ne pas contester la conformité des travaux pourra faire l'objet d'un recours en annulation exercé par un tiers ayant intérêt à agir.

Mais le cas échéant, l'annulation de cette décision tacite n'aura vraisemblablement pas pour effet d'imposer à l'administration de contester la conformité des travaux puisque nonobstant l'effet rétroactif attaché à cette annulation, cette dernière n'aura pas pour effet de faire à nouveau courir le délai dans lequel, aux termes du nouvel article R. 462-6 du code de l'urbanisme, l'administration peut contester la conformité des travaux.

Cas où la conformité des travaux est contestée

Lorsque l'administration entend contester la conformité des travaux, il lui incombe alors de notifier au maître d'ouvrage des travaux qu'elle estime irrégulièrement accomplis, la mise en demeure prévue par le nouvel article R. 462-9 du code de l'urbanisme et ce, avant l'expiration du délai ouvert à cet effet en application du nouvel article R. 462-6.

TEXTE OFFICIEL

Code de l'urbanisme, article R. 462-9 (nouv.)

Lorsqu'elle estime que les travaux ne sont pas conformes à l'autorisation, l'autorité compétente pour délivrer le permis ou prendre la décision sur la déclaration préalable met en demeure, dans le délai prévu à l'article R. 462-6, le maître de l'ouvrage de déposer un dossier modificatif ou de mettre les travaux en conformité avec l'autorisation accordée. Cette mise en demeure est notifiée par lettre recommandée avec demande d'avis de réception postal. Elle peut être envoyée par courrier électronique dans les cas prévus à l'article R. 423-48. Elle rappelle les sanctions encourues.

D'un point de vue formel, cette décision doit être notifiée par lettre recommandée avec demande d'avis d'accusé de réception – afin de pouvoir établir la preuve de son envoi ainsi que sa date de présentation à son destinataire – ou par voie électronique pour autant qu'au titre du nouvel article R. 423-38 du code de l'urbanisme, l'opérateur ait accepté au stade de sa demande d'autorisation de recevoir les décisions de l'administration selon ce procédé.

CONSEIL PRATIQUE

Dans la mesure où à défaut d'accuser réception de ce courriel, son destinataire est réputé l'avoir reçu passé un délai de huit jours à compter de son envoi, il sera préférable que l'administration l'adresse au moins huit jours avant l'expiration du délai prévu par le nouvel article R. 462-6 puisque la notification d'une décision est opérée non pas seulement par son envoi mais par sa présentation à son destinataire.

Par ailleurs, cette décision doit également indiquer les sanctions encourues, à savoir, au premier chef, celles prévues par l'article L. 480-4 du code de l'urbanisme. Et bien que le nouvel article R. 462-9 ne le précise pas expressément, force est de considérer que cette mise en demeure devra être motivée de façon adéquate et suffisante au regard de la loi du 11 juillet 1979 relative à la motivation des actes administratifs.

Quant au fond, la décision par laquelle l'administration entend contester la conformité des travaux consiste, en substance, en une mise en demeure de régulariser la situation.

Mais à cet égard, il faut relever que le nouvel article R. 462-9 précise que cette régularisation implique « de déposer un dossier modificatif ou de mettre les travaux en conformité avec l'autorisation accordée » et non pas de déposer un dossier modificatif aux fins d'être autorisé à exécuter les travaux nécessaires à la mise en conformité de l'ouvrage avec l'autorisation initiale.

Aux fins d'assurer la régularisation de sa situation, le destinataire de la mise en demeure prévue par le nouvel article R. 462-9 semble donc avoir deux possibilités alternatives.

D'une part, il peut, sans avoir au préalable obtenu une nouvelle autorisation, reprendre les travaux qu'il avait déclarés achevés dans le but de rendre l'ouvrage conforme à l'autorisation en exécution de laquelle il a accompli les travaux effectivement réalisés.

D'autre part, il peut déposer une demande d'autorisation modificative ayant pour objet d'autoriser l'ouvrage résultant des travaux effectivement accomplis ; rien ne semblant s'opposer à ce que cette demande porte également sur quelques travaux supplémentaires à accomplir, notamment, lorsqu'ils sont nécessaires à rendre l'ouvrage conforme aux prescriptions d'urbanisme qui lui sont opposables.

Bien que l'ensemble de ce dispositif soit en lui-même remarquable, c'est cette seconde possibilité qui attire le plus l'attention puisqu'outre une consécration des autorisations modificatives (également opérée par le nouvel article L. 600-5 du code de l'urbanisme dans sa rédaction issue de la loi n° 2006-872 du 13 juillet 2006, dite « ENL »), du moins dans sa dimension régularisatrice, elle déroge à certains principes qui leur étaient applicables au regard de la jurisprudence rendue en la matière.

D'un point de vue procédural, en effet, le nouvel article R. 462-9 du code de l'urbanisme permet donc l'obtention d'une autorisation modificative après la formulation d'une déclaration d'achèvement ; ce que la jurisprudence tend à prohiber [(11)].

Quant au fond, elle prévoit la possibilité d'obtenir une autorisation modificative indépendamment de toute considération liée à l'importance des différences entre les travaux autorisés et ceux effectivement accomplis alors que, par principe, une telle autorisation ne peut avoir pour objet que d'apporter des modifications mineures au projet initialement autorisé ou, à tout le moins, des modifications n'en bouleversant pas l'économie générale et ce, y compris lorsque cette autorisation

(11) CE 23 septembre 1988, Sté Les Maisons Goeland, *Lebon*, p. 1082. En ce sens également : CAA Paris 13 décembre 1994, Ville de Paris, req. n° 92PA01420.

tend à rendre l'ouvrage conforme aux prescriptions d'une autorisation antérieure (CE 24 novembre 2003, SCI Ariola, req. n° 251874).

Mais en toute hypothèse, cette autorisation modificative ne pourra être régulièrement obtenue que si l'ouvrage à régulariser est conforme aux prescriptions d'urbanisme qui lui seront alors opposables (CE 19 mai 1993, CGE, req. n° 74.771). À défaut, l'opérateur n'aura donc pas d'autre alternative qu'exécuter les travaux destinés à rendre l'ouvrage conforme à l'autorisation initialement obtenue.

Mais d'une façon plus générale, l'ensemble du dispositif prévu par le nouvel article R. 462-9 du code de l'urbanisme appelle trois remarques.

Tout d'abord, il faut relever que le nouvel article R. 462-9 du code de l'urbanisme ne prévoit pas expressément qu'il incombe à l'administration contestant la conformité des travaux d'assortir sa décision de mise en demeure d'un délai au terme duquel le maître d'ouvrage devra avoir soit déposé une demande d'autorisation modificative, soit entrepris les travaux requis pour mettre l'ouvrage en conformité avec l'autorisation initialement obtenue.

▸ ***A priori*, l'administration sera donc libre d'assortir sa mise en demeure d'un délai adéquat et raisonnable au regard de la nature et de l'importance des diligences à accomplir.**

De même, lorsque son destinataire a donné suite à la mise en demeure qui lui a été adressée par l'exécution de nouveaux travaux, le nouvel article R. 462-9 du code de l'urbanisme ne précise pas la manière dont leur conformité est appréciée. S'il semble raisonnable de considérer qu'il convient alors de reprendre l'ensemble de la procédure depuis la formulation de la déclaration d'achèvement, il n'en demeure pas moins qu'il faut alors en conclure que dans l'hypothèse où les nouveaux travaux ne seraient toujours pas conformes, l'administration devrait alors contester cette dernière par l'édiction d'une nouvelle mise en demeure.

Ensuite, il faut préciser que si le nouvel article R. 462-9 du code de l'urbanisme intègre au dispositif relatif au contrôle de la conformité des travaux une procédure tendant à la régularisation des ouvrages irrégulièrement accomplis, il reste qu'en méconnaissant les prescriptions de l'autorisation initialement obtenue, son titulaire commet une infraction (Cass. crim. 23 octobre 1990, pourvoi n° 89-80.426). Or, par principe, la régularisation d'une infraction au droit de l'urbanisme ne fait pas rétroactivement disparaître sa consommation (Cass. crim. 12 janvier 1982, Claret Tournier, pourvoi n° 81-92.481). *A priori*, même dans le cas où il se conformerait pleinement à la mise en demeure qui lui a été adressée, cette circonstance ne devrait donc pas s'opposer à ce que le constructeur fasse, le cas échéant, l'objet de poursuites pénales.

Enfin et en toute hypothèse, le destinataire de la mise en demeure édictée au titre du nouvel article R. 462-9 pourra, bien entendu, exercer à son encontre un recours en annulation, lequel pourra, dans la plupart des cas, être utilement assorti d'une requête aux fins de référé-suspension. C'est dans le cadre de ces recours qu'il incombera, d'ailleurs, à la jurisprudence de préciser si la conformité des travaux doit être établie en tous points ou si, comme c'était le cas s'agissant du certificat de conformité, certaines différences mineures sont tolérées.

4.4.5 Contrôles ultérieurs à l'achèvement des travaux

Le nouvel article L. 461-1 du code de l'urbanisme maintient la faculté offerte à l'administration de contrôler les ouvrages réalisés après l'achèvement des travaux et la procédure subséquente de contrôle de leur conformité.

TEXTE OFFICIEL

Code de l'urbanisme, article L. 461-1 (nouv.)

Le préfet et l'autorité compétente mentionnée aux articles L. 422-1 à L. 422-3 ou ses délégués, ainsi que les fonctionnaires et les agents commissionnés à cet effet par le ministre chargé de l'urbanisme et assermentés, peuvent visiter les constructions en cours, procéder aux vérifications qu'ils jugent utiles et se faire communiquer tous documents techniques se rapportant à la réalisation des bâtiments, en particulier ceux relatifs à l'accessibilité aux personnes handicapées quel que soit le type de handicap. Ce droit de visite et de communication peut aussi être exercé après l'achèvement des travaux pendant trois ans.

Comparé à l'ancien article L. 460-1 du code de l'urbanisme, le nouvel article L. 461-1 a ainsi pour principal objet d'étendre à trois ans à compter de l'achèvement des travaux – au lieu de deux, précédemment – la période ouverte à l'administration pour procéder aux vérifications autorisées à ce titre ; ce qui a pour effet de faire correspondre sa durée à celle de la prescription de l'action publique.

REMARQUE

Le fait de faire obstacle au droit de visite ainsi conféré à l'administration reste puni au titre de l'article L. 480-12 du code de l'urbanisme qui n'a pas été modifié par l'ordonnance n° 2005-1527 du 8 décembre 2005.

4.5 La sécurisation des constructions

Si l'ordonnance n° 2005-1527 du 8 décembre 2005 et le décret n° 2007-18 du 5 janvier 2007 introduisent un certain nombre de restrictions intéressant le contentieux des autorisations d'urbanisme de nature à sécuriser les constructeurs, c'est la loi n° 2006-872 du 13 juillet 2006 dite « ENL » qui comporte les principales dispositions de nature à sécuriser les constructions réalisées.

4.5.1 Constructions régulièrement édifiées

Le seul fait qu'un permis de construire soit devenu définitif ne permettait pas de considérer que sa légalité ne pouvait plus être mise en cause et, bien plus, que les constructions réalisées à ce titre étaient pérennes. En effet, l'illégalité de cette autorisation pouvait encore être remise en cause dans le cadre d'une action fondée sur l'article L. 480-13 du code de l'urbanisme destinée à obtenir la réparation du préjudice causé par son exécution, laquelle pouvait, le cas échéant, impliquer la démolition de la construction réalisée.

TEXTE OFFICIEL

Code de l'urbanisme, article L. 480-13 (anc.)

Lorsqu'une construction a été édifiée conformément à un permis de construire, le propriétaire ne peut être condamné par un tribunal de l'ordre judiciaire du fait de la méconnaissance des règles d'urbanisme ou des servitudes d'utilité publique que si, préalablement, le permis a été annulé pour excès de pouvoir ou son illégalité a été constatée par la juridiction administrative. L'action en responsabilité civile se prescrit, en pareil cas, par cinq ans après l'achèvement des travaux.

Il s'ensuivait que dans un délai de cinq ans à compter de l'achèvement des travaux et alors même que le permis de construire était définitif et que celui-ci avait fait l'objet d'un certificat de conformité, un tiers lésé par son exécution pouvait saisir le juge civil d'une action tendant à la démolition de l'ouvrage ainsi édifié et/ou à l'allocation de dommages et intérêts en réparation du préjudice pour autant, toutefois, que le permis de construire ait méconnu une règle ou une servitude d'urbanisme dont la violation était la cause directe du préjudice allégué par le requérant. En ce cas, il incombait alors au juge civil d'interroger – *via* la formulation d'une question préjudicielle – le juge administratif sur la légalité du permis de construire en cause.

La loi du 13 juillet 2006 dite « ENL » a ainsi procédé à une réécriture de l'article L. 480-13 du code de l'urbanisme dont il résulte que la possibilité d'obtenir la condamnation du propriétaire à démolir la construction litigieuse est limitée de façon significative mais qu'en revanche, la responsabilité des constructeurs peut être engagée aux fins d'obtenir leur condamnation à verser des dommages et intérêts.

TEXTE OFFICIEL **Code de l'urbanisme, article L. 480-13 (nouv.)**

Lorsqu'une construction a été édifiée conformément à un permis de construire :

a) le propriétaire ne peut être condamné par un tribunal de l'ordre judiciaire à la démolir du fait de la méconnaissance des règles d'urbanisme ou des servitudes d'utilité publique que si, préalablement, le permis a été annulé pour excès de pouvoir par la juridiction administrative. L'action en démolition doit être engagée au plus tard dans le délai de deux ans qui suit la décision devenue définitive de la juridiction administrative ;

b) le constructeur ne peut être condamné par un tribunal de l'ordre judiciaire à des dommages et intérêts que si, préalablement, le permis a été annulé pour excès de pouvoir ou si son illégalité a été constatée par la juridiction administrative. L'action en responsabilité civile doit être engagée au plus tard deux ans après l'achèvement des travaux.

Lorsque l'achèvement des travaux est intervenu avant la publication de la loi n° 2006-872 du 13 juillet 2006 portant engagement national pour le logement, la prescription antérieure continue à courir selon son régime.

Application des actions prévues par l'article L. 480-13

Il faut ainsi relever que l'article L. 480-13 du code de l'urbanisme reste applicable au seul cas où la « construction a été édifiée conformément à un permis de construire ».

Il s'ensuit que les actions qu'il prévoit ne peuvent pas être mises en œuvre lorsque le permis de construire n'a pas fait l'objet d'une exécution conforme. *A contrario*, leur propriétaire et leur constructeur ne pourront donc pas se prévaloir, en pareil cas, des limites introduites par la nouvelle rédaction de cet article.

Mais il faut surtout souligner que l'article L. 480-13 dans sa nouvelle rédaction prévoit deux actions bien distinctes, la première tendant à la condamnation du propriétaire à démolir la construction litigieuse, la seconde ayant pour objet d'obtenir la condamnation de son constructeur à verser des dommages et intérêts.

Action dirigée contre la construction aux fins d'en obtenir la démolition par son propriétaire

Le point *a)* de l'article L. 480-13 du code de l'urbanisme fixe les conditions auxquelles la démolition de la construction peut être ordonnée.

Il conserve ainsi le principe selon lequel une action en démolition a vocation à être engagée à l'encontre du propriétaire de la construction litigieuse. De même, il maintient le principe selon lequel le permis de construire doit être illégal du fait de la méconnaissance d'une règle d'urbanisme ou d'une servitude d'utilité publique ; ce qui exclut les vices de forme ou de procédure.

En revanche, il supprime la possibilité d'obtenir la démolition de la construction lorsque le permis de construire est devenu définitif en en faisant constater l'illégalité par le juge administratif saisi d'une question préjudicielle par le juge civil. En effet, il résulte du point a) de l'article L. 480-13 du code de l'urbanisme qu'une condamnation à démolir ne peut plus être prononcée que lorsque « le permis a été annulé pour excès de pouvoir par la juridiction administrative » et non plus également, comme c'était précédemment le cas, lorsque « son illégalité a été constatée par la juridiction administrative ».

▸ **Dès lors que le permis de construire est définitif, sa légalité ne peut plus être remise en cause par le jeu de l'action prévue par le point *a)* de l'article L. 480-13 et, par voie de conséquence, la démolition de la construction réalisée en exécution de celui-ci ne peut plus être prononcée.**

REMARQUE Les dispositions de l'article L. 480-13 du code de l'urbanisme ne font pas obstacle à ce qu'une action en démolition soit engagée et prospère à un autre titre, notamment, en cas d'empiètement de la construction sur la propriété d'autrui.

A contrario, ce n'est donc que dans le cas où le permis de construire a été préalablement annulé du fait d'une méconnaissance d'une règle d'urbanisme ou d'une servitude d'utilité publique que la démolition pourra être ordonnée en conséquence d'une action entreprise sur le fondement du point *a)* de l'article L. 480-13 par un tiers lésé pour autant, toujours, que la violation de cette règle ou de cette servitude soit la cause directe du préjudice dont il sollicite ainsi la réparation. En revanche, il n'est pas nécessaire que ce tiers lésé ait été l'auteur du recours ayant abouti à l'annulation du permis de construire en exécution duquel la construction litigieuse a été édifiée.

Mais en toute hypothèse, cette action doit être introduite non plus, comme c'était précédemment le cas, dans un délai de cinq ans à compter de l'achèvement des travaux mais, au plus tard, dans les deux ans suivant la décision devenue définitive par laquelle la juridiction administrative a prononcé l'annulation du permis de construire.

REMARQUE Compte tenu de la rédaction du point a) de l'article L. 480-13 du code de l'urbanisme, force est de considérer que ce délai de deux ans court à compter du prononcé de la décision juridictionnelle et non pas à compter de la date à laquelle elle est devenue définitive.

Action dirigée contre le constructeur aux fins d'en obtenir l'allocation de dommages et intérêts

Le point *b)* de l'article L. 480-13 du code de l'urbanisme vise et régit le cas des actions tendant à la condamnation des constructeurs à verser des dommages et intérêts en réparation des préjudices subis du fait de l'exécution du permis de construire.

À son sujet, on relèvera d'emblée que celle-ci pourra être exercée y compris lorsque le permis de construire est devenu définitif puisque le point *b)* de l'article L. 480-13 précise qu'il a vocation à s'appliquer « si, préalablement, le permis a été annulé pour excès de pouvoir ou si son illégalité a été constatée par la juridiction administrative ». Lorsque le permis de construire n'a pas été préalablement annulé, il incombe donc au requérant d'établir son illégalité et au juge civil d'interroger en conséquence le juge administratif sur le bien fondé des griefs qui lui sont opposés par le requérant. Mais en toute hypothèse, que le permis de construire ait ou non été préalablement annulé, l'action prévue par le point *b)* de l'article L. 480-13 du code de l'urbanisme devra être engagée dans un délai non plus de cinq ans mais de deux ans à compter de l'achèvement des travaux ; l'achèvement des travaux s'appréciant de façon concrète et non pas seulement en considération de la date de formulation de la déclaration d'achèvement qui ne constitue qu'un indice (Cass. civ. 11 mai 2000, Mme Duguet, *Bull. civ.*, III, p. 107).

REMARQUE

Ce n'est que pour ce qui concerne l'irrecevabilité des recours en annulation dirigés contre une autorisation d'urbanisme plus d'un an après l'achèvement des travaux que le nouvel article R. 600-3 du code de l'urbanisme, issu du décret n° 2007-18 du 5 janvier 2007, précise que « sauf preuve contraire, la date de cet achèvement est celle de la réception de la déclaration d'achèvement mentionnée à l'article R. 462-1.

Pour le reste, la rédaction du point *b)* de l'article L. 480-13 appelle deux principales observations qui constituent autant d'interrogations.

En premier lieu, à la différence de l'ancien article L. 480-13 (*a*), son point *b)* ne vise pas le propriétaire de la construction mais le constructeur. À cet égard, la nouvelle rédaction de l'article L. 480-13 élargit donc le champ d'application de l'action qu'il prévoit.

Il reste que la notion de constructeur est particulièrement vague et incertaine puisqu'elle peut recouvrir non seulement le maître d'ouvrage, le bénéficiaire du permis de construire ou celui qui l'a mis en œuvre mais également l'architecte du projet, voire son promoteur. Sans spéculer sur la position, il incombera donc à la jurisprudence judiciaire de préciser la notion de constructeur au sens du point *b)* de l'article L. 480-13 du code de l'urbanisme.

En second lieu, force est de constater que le point *b)* de l'article L. 480-13 du code de l'urbanisme ne précise pas que l'illégalité doit procéder de la méconnaissance d'une règle d'urbanisme ou d'une servitude d'utilité publique. Il ne semble pas, cependant, que l'action ainsi prévue puisse aboutir lorsque le préjudice allégué par le requérant ne trouve pas sa cause directe dans la violation de ces règles et servitudes.

Le point *b)* de l'article L. 480-13 ne peut, en effet, trouver à s'appliquer que « si, préalablement, le permis a été annulé pour excès de pouvoir ou si son illégalité a été constatée par la juridiction administrative » : la cause de cette action reste donc bien l'illégalité du permis de construire.

Or, par principe, un permis de construire est délivré sous réserve du droit des tiers, c'est-à-dire que sa légalité est appréciée exclusivement au regard des prescriptions d'urbanisme qui lui sont opposables et indépendamment donc de toute considération liée, notamment, à une norme ou une servitude de droit privé. L'illégalité d'un permis de construire ne peut donc pas être réputée être la cause directe d'un préjudice résultant de la méconnaissance d'une norme ou d'une servitude de droit privé.

De même, si l'illégalité d'un permis de construire peut résulter d'un simple vice de forme ou de procédure, force est d'admettre que l'on voit mal comment un vice de forme – tels le défaut de motivation d'une prescription l'assortissant et l'absence du nom et du prénom de son auteur – ou un vice de procédure – tels l'absence d'une des pièces requises au dossier de demande et le défaut de consultation d'un service intéressé lors de l'instruction de la demande – pourrait, à lui-seul, être la cause directe d'un préjudice pour les tiers.

A priori, et en toute hypothèse, dans la plus grande majorité des cas, il semble donc que ce n'est que dans le cas où l'illégalité du permis de construire en exécution duquel a été édifiée la construction litigieuse résulte de la méconnaissance d'une règle de fond qui lui était opposable, que l'action prévue par le point *b)* de l'article L. 480-13 du code de l'urbanisme pourra prospérer.

Dispositions transitoires de l'article L. 480-13

Le dernier alinéa de l'article L. 480-13 du code de l'urbanisme prévoit que « lorsque l'achèvement des travaux est intervenu avant la publication de la loi n° 2006-872 du 13 juillet 2006 portant engagement national pour le logement, la prescription antérieure continue à courir selon son régime ».

S'agissant de l'action tendant à la démolition d'une construction dont l'achèvement est intervenu avant la publication de la loi du 13 juillet 2006, dite « ENL » – soit le 16 juillet 2006 – la prescription opposable demeure donc celle prévue par l'article L. 480-13 dans sa rédaction antérieure, soit cinq ans à compter de l'achèvement des travaux.

Il reste que dans la mesure où les seules dispositions transitoires prévues par la nouvelle rédaction de l'article L. 480-13 concernent la prescription des actions qu'il prévoit, l'action en démolition ne pourra vraisemblablement prospérer qu'à la condition, notamment, que le permis de construire ait été préalablement annulé du fait de la méconnaissance d'une règle d'urbanisme ou d'une servitude d'utilité publique. Et *a priori*, cette solution devrait valoir pour les procédures engagées avant la publication de la loi du 13 juillet 2006, dite « ENL ».

Mais s'agissant de l'action tendant à la condamnation du constructeur à verser des dommages et intérêts, la portée des dispositions transitoires de la nouvelle rédaction de l'article L. 480-13 est encore plus délicate à trancher dans la mesure où, dans sa rédaction antérieure, l'action alors prévue par cet article ne concernait que le propriétaire de l'ouvrage litigieux et non pas les constructeurs.

A priori, ce n'est donc pas le délai de prescription de cinq ans à compter de l'achèvement des travaux anciennement prévu par l'article L. 480-13 qui sera opposable à cette action. Mais alors, on voit mal quel autre délai de prescription pourrait s'appliquer, si ce n'est la prescription décennale prévue par l'article 2270-1 du code civil en matière de responsabilité extracontractuelle dont on rappellera qu'elle court à compter de la manifestation du dommage ou de son aggravation. Si tel devait être le cas, il en résulterait que des tiers lésés pourraient engager l'action prévue par l'article L. 480-13 dans ce délai de dix ans lorsque l'achèvement des travaux est intervenu antérieurement à la publication de la loi du 13 juillet 2006, dite « ENL », c'est-à-dire à une époque où la responsabilité d'un constructeur autre que le propriétaire de l'ouvrage litigieux ne pouvait pas être engagée sur ce fondement.

4.5.2 Constructions irrégulières

Si le juge judiciaire considère qu'une construction illégalement édifiée se trouve régularisée par la seule prescription de l'action publique et accède ainsi au statut de construction juridiquement existante (Cass. crim. 9 mars 1993, François Derrien, pourvoi n° 92-82372), telle n'est pas la position du juge administratif.

En effet, ce dernier considère qu'une construction illégale – c'est-à-dire, en substance, celle édifiée sans que l'autorisation d'urbanisme requise n'ait été obtenue, en méconnaissance des prescriptions de cette dernière ou en exécution d'une autorisation annulée ou retirée – le demeure indéfiniment ou, plus précisément, tant qu'elle n'a pas été régularisée par l'obtention d'une autorisation adéquate.

JURISRPUDENCE

CE 9 juillet 1986, Mme Thalamy, req. n° 51.172

Considérant que Mme THALAMY soutient, sans être démentie que, postérieurement à la construction de la maison de Mme Villar, celle-ci a transformé ce bâtiment, sans permis de construire l'y autorisant, pour y ajouter en surélévation, la terrasse que dessert l'escalier faisant l'objet du permis litigieux ; que même si les documents et notamment le plan fourni à l'appui de la demande de permis, faisaient apparaître l'existence de cette terrasse, il appartenait au propriétaire de présenter une demande portant sur l'ensemble des éléments de construction qui ont eu ou qui auront pour effet de transformer le bâtiment tel qu'il avait été autorisé par le permis primitif ; que le maire ne pouvait légalement accorder un permis portant uniquement sur un élément de construction nouveau prenant appui sur une partie du bâtiment construite sans autorisation ; que, dès lors, sans qu'il soit besoin d'examiner les autres moyens de la requête, Mme Villar est fondée à soutenir que c'est à tort que par le jugement attaqué, le tribunal administratif de Montpellier a rejeté sa demande.

Il s'ensuit que lorsque de nouveaux travaux sont projetés sur une construction illégale au regard du droit de l'urbanisme, le constructeur doit obtenir une autorisation ayant pour objet, d'une part, de régulariser cette dernière et, d'autre part, d'autoriser ces nouveaux travaux ; ce qui peut, notamment, avoir pour conséquence d'impliquer l'obtention d'un permis de construire alors que les travaux projetés n'exigent, en eux-mêmes, qu'une déclaration de travaux (CE 30 mars 1994, Gigoult, req. n° 137 881).

Mais surtout la jurisprudence dite « Thalamy » a pour conséquence d'exclure toute possibilité de travaux sur une construction illégale lorsque sa régularisation n'est pas possible au regard des normes d'urbanisme alors en vigueur, quand bien même cette construction aurait-elle pu être régulièrement autorisée au regard des normes applicables à l'époque où les travaux ont été accomplis.

REMARQUE

La jurisprudence « Thalamy » n'a jamais concerné que les travaux devant prendre appui sur une construction illégale. Le Conseil d'État a, d'ailleurs, ultérieurement précisé qu'elle n'était pas applicable s'agissant de travaux projetés sur des éléments dissociables des travaux irréguliers (CE 25 avril 2001, Ahlborn, req. n° 207095).

Par l'insertion d'un nouvel article L. 111-12 au code de l'urbanisme, la loi n° 2006-872 du 13 juillet 2006 dite « ENL » limite la portée de la jurisprudence « Thalamy » par l'introduction d'une prescription administrative décennale, laquelle connaît cependant un certain nombre d'exceptions et, plus spécifiquement, ne règle pas le sort des constructions réalisées légalement mais devenues irrégulières du fait de l'entrée en vigueur de nouvelles règles d'urbanisme.

Portée de la prescription administrative décennale

Le principe de la prescription administrative décennale est posé par l'alinéa 1er du nouvel article L. 111-12 du code de l'urbanisme.

TEXTE OFFICIEL

Code de l'urbanisme, article L. 111-12, al. 1 (nouv.)

Lorsqu'une construction est achevée depuis plus de dix ans, le refus de permis de construire ou de déclaration de travaux ne peut être fondé sur l'irrégularité de la construction initiale au regard du droit de l'urbanisme.

Il en résulte que lorsque la construction pour être illégale est achevée depuis plus de dix ans, de nouveaux travaux peuvent être entrepris sur celle-ci sans qu'il soit besoin d'en opérer préalablement ou concomitamment la régularisation.

Mais le bénéfice de cette prescription n'est donc acquis que passé un délai de dix ans à compter de l'achèvement de la construction, lequel est apprécié de façon concrète ; la date de la déclaration d'achèvement éventuellement formulée n'étant qu'un indice.

Par voie de conséquence, la prescription prévue par le nouvel article L. 111-12 du code de l'urbanisme devrait également être acquise lorsqu'aucune déclaration d'achèvement n'a été formulée puisque, par principe, cette omission ne s'oppose pas à ce qu'une construction soit considérée achevée (12).

A priori, cette prescription n'a donc pas vocation à concerner les constructions restées inachevées à l'expiration du délai de validité de l'autorisation en exécution de laquelle les travaux ont été accomplis ; et pour cause puisque, par principe, le seul inachèvement d'une construction n'a pas pour effet de la rendre illégale et de lui rendre opposable la jurisprudence dite « Thalamy » (13).

JURISPRUDENCE

CE 29 mars 2006, Cne d'Antibes, req. n° 280 194

Considérant, en deuxième lieu, qu'en regardant comme étant de nature à faire naître un doute sérieux, en l'état de l'instruction, quant à la légalité de la décision du maire d'Antibes, le moyen tiré de ce que celui-ci ne pouvait légalement se fonder, pour s'opposer à la déclaration

---

(12) Cass. civ. 11 mai 2000, Mme Duguet, n° 98-18.385, *Bull. civ.* III, p. 107 – CAA Versailles 21 avril 2005, René Cazals, req. n° 02VE03315.

(13) CAA Marseille 8 décembre 2005, Cne d'Éguilles, req. n° 02MA01240 – TA Nice 23 février 2006, M. Cozza, req. n° 01-05873.

de travaux présentée pour le compte de la « Communauté immobilière Les Terrasses de Vilmorin », sur le motif tiré de ce que le permis de construire initialement délivré en 1989 était devenu caduc en 1997 et qu'un permis de construire était nécessaire pour régulariser l'ensemble de la construction, le juge des référés n'a pas entaché l'ordonnance attaquée d'erreur de droit .

La question de l'application du nouvel article L. 111-12 du code de l'urbanisme se pose toutefois s'agissant des constructions non seulement inachevées mais en outre, non conformes à l'autorisation d'urbanisme obtenue à cet effet. Il en est de même des constructions dont l'inachèvement se traduit par le défaut d'accomplissement de travaux prescrits par l'autorisation obtenue ; ce qui est constitutif d'un délai réprimé au titre de l'article L. 480-4 du code de l'urbanisme (Cass. crim. 5 juin 1996, pourvoi n° 95-83.258).

REMARQUE La question ne se pose pas pour les constructions non autorisées, du moins pour celles pour lesquelles un permis de construire était exigible puisqu'il résulte de l'alinéa 2 du nouvel article L. 111-12 que cette prescription ne s'applique pas lorsque la construction a été réalisée sans permis.

Il incombera ainsi à la jurisprudence de préciser si la notion de construction achevée au sens du nouvel article L. 111-12 s'entend de l'achèvement des travaux effectivement accomplis ou, le cas échéant, de l'achèvement du projet autorisé par l'autorisation obtenue. *A priori*, c'est cette première interprétation qui devrait être retenue puisque le nouvel article L. 111-12 du code de l'urbanisme tend à saisir une situation de fait.

Par ailleurs, il faut relever que l'article L. 111-12 du code de l'urbanisme ne vise pas le cas du refus de permis d'aménager. Mais il est vrai qu'au regard de son champ d'application, cette nouvelle autorisation ne concerne pas les travaux sur existant qui, aux termes du décret n° 2007-18 du 5 janvier 2007, sont par principe dispensés de toute formalité et, par exception, soumis à permis de construire ou à déclaration préalable.

De même, la circonstance que le nouvel article L. 111-12 ne vise que « la déclaration de travaux » ne devrait pas s'opposer à ce que son dispositif bénéficie à des opérations assujetties à déclaration préalable bien que n'impliquant aucun travaux tel, au premier chef, un changement de destination.

Constructions exclues du bénéfice de la prescription administrative décennale

Le nouvel article L. 111-12 du code de l'urbanisme vise six cas où le principe posé par son alinéa 1er n'est pas applicable et où, en d'autres termes, la construction illégale ne peut bénéficier d'aucune prescription, quelle que soit l'ancienneté de son achèvement.

Les dispositions du premier alinéa ne sont pas applicables :

a) lorsque la construction est de nature, par sa situation, à exposer ses usagers ou des tiers à un risque de mort ou de blessures de nature à entraîner une mutilation ou une infirmité permanente ;

b) lorsqu'une action en démolition a été engagée dans les conditions prévues par l'article L. 480-13 ;

c) lorsque la construction est située dans un site classé en application des articles L. 341-2 et suivants du code de l'environnement ou un parc naturel créé en application des articles L. 331-1 et suivants du même code ;

d) lorsque la construction est sur le domaine public ;

e) lorsque la construction a été réalisée sans permis de construire ;

f) dans les zones visées au 1° du II de l'article L. 562-1 du code de l'environnement.

Ces exceptions appellent trois observations.

Tout d'abord, il faut relever qu'un certain nombre de cas d'exceptions au principe posé par l'alinéa 1er du nouvel article L. 111-12 du code de l'urbanisme procède de la situation de la construction projetée.

Dans la mesure où cet article traite des refus de permis de construire ou des oppositions à déclaration de travaux dont la légalité s'apprécie à leur date d'édiction, ces exceptions apparaissent opposables en considération de la situation de l'ouvrage à cette date et non pas de sa situation à sa date d'achèvement, bien que le nouvel article L. 111-12 ait vocation à régir les travaux en considération de l'irrégularité de la construction « initiale ».

Ensuite, si le point *b)* du nouvel article L. 111-12 précise que la prescription qu'il prévoit n'est pas applicable « lorsqu'une action en démolition a été engagée dans les conditions prévues par l'article L. 480-13 », force est d'admettre qu'il ne vise que le cas où une telle action est en cours puisque l'on voit mal pourquoi le simple fait qu'un tiers ait précédemment engagé, en vain, cette action s'opposerait à ce que la prescription décennale soit acquise. Dès lors, on peut considérer que si l'action en démolition est ultérieurement rejetée, la construction litigieuse pourra alors bénéficier de cette prescription décennale.

En outre, lorsque l'action introduite sur le fondement de l'article L. 480-13 tend non pas à la démolition de la construction litigieuse mais à la seule condamnation du constructeur à verser des dommages et intérêts, cette circonstance ne s'oppose pas au bénéfice de cette prescription.

Enfin et surtout, le point *e)* du nouvel article L. 111-12 exclut du bénéfice de la prescription qu'il prévoit le cas « où la construction a été réalisée sans permis de construire ». Or, cette rédaction génère deux interrogations sur son champ d'application.

D'une part, s'il est clair que cette prescription bénéficie aux constructions réalisées en méconnaissance des prescriptions du permis de construire et s'il ne fait pas de doute qu'en sont, en toute hypothèse, exclues les constructions édifiées sans qu'aucun permis de construire n'ait jamais été obtenu, la réponse est moins évidente s'agissant des constructions réalisées en exécution d'un permis de construire ultérieurement annulé ou retiré.

Au regard du droit de l'urbanisme et de la jurisprudence dite « Thalamy », ces constructions sont, en effet, assimilées à celles réalisées sans qu'aucun permis de construire n'ait été obtenu dont relèvent, d'ailleurs, celles entreprises en exécution d'une autorisation précédemment annulée ou précédemment frappée de caducité. En outre, compte tenu de l'effet rétroactif attaché à l'annulation ou au retrait d'un permis de construire, la construction édifiée en exécution de ce dernier doit, en droit, être réputée réalisée sans permis de construire.

Dès lors, il faudrait donc en conclure que la prescription décennale introduite par le nouvel article L. 111-12 du code de l'urbanisme ne bénéficie pas non plus aux constructions réalisées en exécution d'un permis de construire ayant ultérieurement disparu de l'ordonnancement juridique ; ce n'est pas si sûr.

Tout d'abord, force est de considérer que le trouble à l'ordre public résultant d'une construction rendue illégale à la suite de l'annulation ultérieure de son permis de construire est bien moindre que celui généré par une construction réalisée sans qu'aucune autorisation n'est jamais été obtenue ; sans compter que l'annulation du permis de construire peut résulter d'un simple vice de forme ou de procédure.

D'ailleurs, nonobstant l'effet rétroactif attaché à l'annulation d'un permis de construire, celui qui l'a mis en œuvre ne se rend pas coupable d'un délit de construction sans autorisation au regard de l'article L. 480-4 du code de l'urbanisme ; sauf à ce qu'il l'ait obtenue par fraude [14].

Ensuite, dans la mesure où le nouvel article L. 111-12 régit les travaux en considération de l'irrégularité de la construction « initiale » et fait courir la prescription à compter de son achèvement, il semble que ce soit à cette époque qu'il faille se placer pour apprécier la situation de la construction au regard du droit de l'urbanisme : le fait que le permis de construire ait ultérieurement été annulé ne devrait donc pas avoir d'incidence.

REMARQUE Mais il est vrai, *a contrario*, qu'une telle interprétation de la rédaction de l'alinéa 1er du nouvel article L. 111-12 pourrait également amener à conclure qu'une construction initialement régulière mais devenue illégale du fait de l'annulation ultérieure de son permis de construire ne fait donc pas partie des cas prévus par cet alinéa et, à ce seul titre, ne peut pas bénéficier de la prescription décennale qu'il prévoit alors que l'auteur des travaux n'a commis aucun délit. Il reste qu'alors, la réserve introduite par le point f) ne viserait donc assurément que le cas où un permis de construire n'a jamais été obtenu.

Enfin, comme on l'a vu, le point *b)* du nouvel article L. 111-12 du code de l'urbanisme réserve également le cas où « une action en démolition a été engagée dans les conditions prévues par l'article L. 480-13 ».

Or, aux termes de l'article L. 480-13, la condition première pour qu'une telle action prospère est que, préalablement, le permis de construire ait

(14) Cass. crim. 30 juin 1981, *Bull. crim.*, n° 226 – Cass. crim. 15 février 1995, Assoc. des amies de Saint-Palais-sur-Mer, n° 94-80.739.

été annulé du fait d'une méconnaissance d'une règle d'urbanisme ou d'une servitude d'utilité publique.

On voit donc mal quelle serait l'utilité de cette réserve expresse, si une construction réalisée en exécution d'un permis de construire ultérieurement annulé est, en toute hypothèse, exclue du bénéfice de la prescription décennale introduite par le nouvel article L. 111-12. Précisément, celle-ci ne semble utile que pour s'opposer – le cas échéant, à titre conservatoire – à la régularisation par le temps de ces constructions menacées de démolition.

D'ailleurs, il ressort des travaux préparatoires de la loi du 13 juillet 2006, dite « ENL » que la réserve prévue par le point *f)* du nouvel article L. 111-12 a été introduite par l'Assemblée nationale – contre le souhait du Sénat – pour éviter une « prime » au délit de construction sans autorisation.

S'il incombera à la jurisprudence de trancher cette question, il semble donc raisonnable de considérer que la prescription décennale introduite par le nouvel article L. 111-12 du code de l'urbanisme a vocation à bénéficier aux constructions réalisées en exécution d'un permis de construire ayant ultérieurement disparu de l'ordonnancement juridique ; sauf, peut-être, à ce qu'il ait été obtenu par fraude.

D'autre part, le point *f)* du nouvel article L. 111-12 n'exclut du bénéfice de la prescription que les constructions réalisées « sans permis de construire ».

Il semble donc falloir en déduire qu'une construction réalisée sans qu'ait été formulée la déclaration préalable requise ou malgré la décision d'opposition qu'elle a appelée pourra, néanmoins, bénéficier de cette prescription décennale. Une réserve s'impose, cependant, dès lors que, le délit de travaux sans déclaration est réprimé au même titre que le délit de travaux sans permis de construire et que, à l'époque de la loi du 13 juillet 2006, dite « ENL », la déclaration de travaux était uniquement conçue comme une dérogation au champ d'application du permis de construire.

Constructions devenues irrégulières par l'entrée en vigueur de nouvelles normes

Outre le fait qu'il résulte des travaux préparatoires de la loi du 13 juillet 2006, dite « ENL » que le nouvel article L. 111-12 du code de l'urbanisme ait voulu pour limiter la portée de la jurisprudence dite « Thalamy », la référence « à l'irrégularité de la construction initiale » et l'introduction d'une prescription dont le délai de dix ans court à compter de l'achèvement de la construction tend à établir que cette prescription ne concerne que les constructions édifiées de façon illégale, c'est-à-dire celles visées par cette jurisprudence.

Il reste qu'une construction initialement légale pour avoir été réalisée conformément à une autorisation d'urbanisme définitive peut, néanmoins, devenir irrégulière par l'entrée en vigueur de nouvelles normes d'urbanisme auxquelles elle n'est pas conforme. Or, en pareil cas, s'il est possible d'entreprendre des travaux sur cette construction, il reste nécessaire que ces travaux soient étrangers à la règle nouvelle à laquelle elle n'est pas conforme ou aient pour effet non pas de la mettre en conformité avec cette norme mais, néanmoins, d'en réduire la non conformité.

JURISPRUDENCE

CE 27 mai 1988, Mme Sekler, req. n° 79.530

Considérant que la circonstance qu'une construction existante n'est pas conforme à une ou plusieurs dispositions d'un plan d'occupation des sols régulièrement approuvé ne s'oppose pas, en l'absence de dispositions de ce plan spécialement applicables à la modification des immeubles existants, à la délivrance ultérieure d'un permis de construire s'il s'agit de travaux qui, ou bien doivent rendre l'immeuble plus conforme aux dispositions réglementaires méconnues, ou bien sont étrangers à ces dispositions.

Or, en l'état, le nouvel article L. 111-12 du code de l'urbanisme ne semble donc pas régir le sort de ces constructions qui ne pourront donc pas bénéficier de la prescription. Conformément à la jurisprudence dite « Sekler » et quelle que soit l'ancienneté de la construction initiale à la date d'entrée en vigueur des nouvelles normes d'urbanisme auxquelles elle n'est pas conforme, un refus de permis de construire ou une opposition à déclaration pourra donc être motivé par le fait que les travaux projetés ne sont pas étrangers à la règle nouvelle méconnue et n'améliore pas la conformité de la construction existante au regard de celle-ci.

REMARQUE

Il faut, toutefois, préciser que les règlements d'urbanisme locaux (POS/PLU) peuvent déroger au principe de la jurisprudence dite « Sekler ».

Il faut donc espérer que le juge administratif s'inspire du nouvel article L. 111-12 du code de l'urbanisme pour assouplir le principe issu de la jurisprudence dite « Sekler ». Mais cela ne va pas de soi dès lors que certaines des dispositions du code de l'urbanisme issues du décret n° 2007-18 du 5 janvier 2007 s'inspirent manifestement de ce principe, tel le nouvel article R. 111-19.

TEXTE OFFICIEL

Code de l'urbanisme, article R. 111-19 (nouv.)

Lorsque, par son gabarit ou son implantation, un immeuble bâti existant n'est pas conforme aux prescriptions de l'article R. 111-18, le permis de construire ne peut être accordé que pour des travaux qui ont pour objet d'améliorer la conformité de l'implantation ou du gabarit de cet immeuble avec ces prescriptions, ou pour des travaux qui sont sans effet sur l'implantation ou le gabarit de l'immeuble.

5

LE NOUVEAU RÉGIME CONTENTIEUX DES AUTORISATIONS ET DES CONSTRUCTIONS

Si la réforme modifie de façon significative le contentieux administratif des autorisations et le contentieux civil des constructions, en revanche, elle ne porte pas sur le contentieux pénal des travaux irréguliers.

5.1 Le contentieux de la légalité des autorisations

La réforme du contentieux de la légalité des autorisations d'urbanisme procède, au premier chef, de la loi n° 2006-872 du 13 juillet 2006 « ENL » et, dans une moindre mesure, de l'ordonnance n° 2005-1527 du 8 décembre 2005 ainsi que de son décret d'application n° 2007-18 du 5 janvier 2007, lesquels apportent, toutefois, d'importantes modifications relatives à l'encadrement des délais de recours contentieux à l'encontre d'une autorisation d'urbanisme.

5.1.1 Nouvelles règles de retrait

La loi du 13 juillet 2006, dite « ENL » a inséré au code de l'urbanisme un nouvel article L. 424-5 clarifiant et unifiant les règles relatives au délai de retrait des autorisations d'urbanisme.

Encadrement des délais de retrait

Le régime du retrait des autorisations d'urbanisme a toujours correspondu à celui applicable, d'une façon générale, au retrait des actes individuels créateurs de droit dont il résulte que la légalité du retrait d'un tel acte est subordonnée à deux conditions principales : d'une part, l'acte retiré doit être illégal, d'autre part, le retrait doit être opéré dans les délais ouverts à cet effet à l'administration. Il reste que ces délais ne sont pas uniformes mais varient selon le caractère exprès ou tacite de l'acte en cause.

Pour ce qui concerne le délai de retrait des autorisations expresses, celui-ci procède de la jurisprudence dite « Ternon » (CE 26 octobre 2001, Ternon, n° 197018, *Lebon*, p. 497) dont il résulte que, sauf fraude ou demande de son titulaire, l'autorisation illégale ne peut plus être retirée passé un délai de quatre mois à compter de sa signature.

En revanche, pour les autorisations tacites, le délai de retrait est gouverné par l'article 23 de la loi n° 2000-321 du 12 avril 2000 dont il résulte qu'une autorisation implicite illégale peut être retirée pendant le délai de recours contentieux si l'autorisation a fait l'objet d'une mesure d'information des tiers pendant un délai de deux mois à compter de sa formation, lorsqu'elle n'a fait l'objet d'aucune mesure d'information des tiers ou pendant toute la durée de l'instance si l'autorisation est frappée de recours qu'elle ait ou non fait l'objet d'une mesure d'information des tiers (CE 12 octobre 2006, avis n° 292.263).

TEXTE OFFICIEL **Loi n° 2000-321 du 12 avril 2000, art. 23**

Une décision implicite d'acceptation peut être retirée, pour illégalité, par l'autorité administrative :

1° pendant le délai de recours contentieux, lorsque des mesures d'information des tiers ont été mises en œuvre ;
2° pendant le délai de deux mois à compter de la date à laquelle est intervenue la décision, lorsqu'aucune mesure d'information des tiers n'a été mise en œuvre ;
3° pendant la durée de l'instance au cas où un recours contentieux a été formé.

Le nouvel article L. 425-1 du code de l'urbanisme tend à unifier le régime applicable aux autorisations d'urbanisme, qu'elles soient expresses ou tacites, mais opère néanmoins une distinction entre les permis et les décisions de non-opposition à déclaration préalable.

TEXTE OFFICIEL

Code de l'urbanisme, article L. 424-5 (nouv.)

La décision de non-opposition à la déclaration préalable ne peut faire l'objet d'aucun retrait.
Le permis de construire, d'aménager ou de démolir, tacite ou explicite, ne peut être retiré que s'il est illégal et dans le délai de trois mois suivant la date de cette décision. Passé ce délai, le permis ne peut être retiré que sur demande explicite de son bénéficiaire.

Bien qu'issu de la loi du 13 juillet 2006, dite « ENL », l'article L. 424-5 entrera en vigueur à la même date que le décret n° 2007-18 du 5 janvier 2007 pris pour application de l'ordonnance n° 2005-1527 du 8 décembre 2005. Avant cette échéance, les délais de retrait resteront donc, *a priori*, gouvernés par la jurisprudence « Ternon » pour ce qui concerne les autorisations expresses et l'article 23 de la loi du 12 avril 2000 pour ce qui concerne les autorisations tacites.

Un permis de construire, un permis d'aménager ou un permis de démolir illégal, qu'il soit exprès ou tacite, ne pourra donc plus être régulièrement retiré passé un délai de trois mois courant, pour ce qui concerne les autorisations expresses, à compter de la date de leur signature et, pour ce qui concerne les autorisations tacites, à compter de la date à laquelle elles ont été acquises.

Quant aux décisions de non-opposition à une déclaration préalable, celles-ci ne pourront tout simplement plus faire l'objet d'un retrait et ce, quels que soient l'objet et la nature de la déclaration en cause.

REMARQUE

Ce nouveau dispositif ne devrait, toutefois, pas remettre en cause le principe selon lequel une autorisation obtenue par fraude ne crée aucun droit acquis au bénéfice de son titulaire et, par voie de conséquence, peut être retirée à tout moment.

Applicabilité du nouveau dispositif aux retraits tacites

D'une part, le dispositif issu du nouvel article L. 424-5 du code de l'urbanisme ne devrait pas remettre en cause, pour ce qui concerne les permis, la jurisprudence selon laquelle à l'expiration du délai qui lui est ouvert pour statuer sur la demande présentée par le pétitionnaire, l'administration n'est pas dessaisie de sa compétence et peut donc statuer expressément sur cette demande, nonobstant la formation préalable d'une autorisation expresse.

Pour autant qu'elle respecte, notamment, le délai de trois mois prévu par le nouvel article L. 424-5, l'administration pourra donc retirer implicitement l'autorisation tacite précédemment acquise par l'édiction d'un refus exprès, voire d'un sursis à statuer sur la demande. *A contrario*, dès lors que ce délai sera expiré, l'administration sera dessaisie de sa compétence et ne pourra donc plus procéder au retrait implicite de la décision tacite précédemment acquise par une décision expresse de refus ou de sursis à statuer ; et *a priori*, cette règle a également vocation à valoir pour ce qui concerne le retrait implicite d'un permis tacite résultant de la délivrance d'un permis exprès, du moins lorsque ce dernier est assorti de prescriptions.

JURISPRUDENCE **CAA Marseille 9 novembre 2006, M. Olivier X., req. n° 05MA02932**

Considérant qu'il ressort des pièces du dossier que, par lettre en date du 3 novembre 2003, le maire de La Londe Les Maures a fixé au 24 décembre 2003 la date à laquelle, à défaut de notification, ladite lettre vaudrait permis de construire ; qu'à cette date, M. X était titulaire d'un permis tacite ne comportant pas de prescriptions financières ; que la décision expresse en date du 17 décembre 2003, par laquelle le maire de La Londe Les Maures a accordé à M. X, dans un article 1er, le permis de construire assorti, dans un article 2, d'une participation pour non réalisation du nombre réglementaire de places de stationnement ne lui a été notifiée qu'après le 24 décembre 2003 ; que ce permis exprès a donc retiré et remplacé le permis tacite antérieurement accordé comme le soutient à juste titre M. X.

En revanche, le retrait implicite d'une décision de non-opposition à déclaration préalable ne pourra plus régulièrement intervenir par l'édiction d'une décision d'opposition expresse ultérieure à l'expiration du délai ouvert à l'administration pour opposer une telle décision, ni *a priori* par l'édiction d'une décision de non-opposition expresse assortie de prescriptions spéciales.

D'autre part, il faut relever que s'agissant du délai de retrait des permis, l'alinéa 2 du nouvel article L. 424-5 du code de l'urbanisme précise que « passé ce délai, le permis ne peut être retiré que sur demande explicite de son bénéficiaire ».

Toute la question est ainsi de savoir si cette précision est de nature à remettre en cause la jurisprudence dite « Vicqueneau » selon laquelle un nouveau permis de construire délivré à un même titulaire, sur un même terrain, pour un projet quasi-identique à un précédent permis frappé d'un recours emporte implicitement mais nécessairement le retrait définitif de ce dernier ; la réponse semble devoir être positive.

En effet, si la jurisprudence dite « Ternon » ne s'est pas opposée à la formation de la jurisprudence dite « Vicqueneau » c'est parce qu'en substance, la première se bornait à préciser que les délais imposés valaient « hors le cas où il est satisfait à une demande du bénéficiaire » – sans plus de précision – et que la seconde considérait que la demande de second permis valait demande implicite de retrait du premier.

A priori, ce n'est donc que dans le cas où le pétitionnaire aura expressément précisé que sa demande tendant à la délivrance de permis de construire vaut demande de retrait du premier que la délivrance éventuelle du second vaudra retrait de celui-ci. À défaut d'une telle précision et passé le délai de trois mois prévu par le nouvel article L. 424-5 du code de l'urbanisme, cette seconde autorisation ne pourra donc valoir retrait de la première.

REMARQUE Dans ce cas, le recours en annulation exercé à l'encontre du premier permis conservera donc son objet nonobstant la délivrance du second et, par ailleurs, le pétitionnaire pourra être titulaire de deux autorisations portant sur le même terrain.

Il incombera, toutefois, à la jurisprudence administrative de préciser si, forte de la demande explicite formulée par le pétitionnaire, l'administration pourra retirer le premier permis sans pour autant délivrer le second. On conseillera ainsi aux pétitionnaires de conditionner leur demande de retrait portant sur la première autorisation à la délivrance de la seconde (sur cette possibilité : TA Strasbourg, 2 mai 1996, SCI Diffusion, BJDU, n° 2/96, p. 125).

Mais en toute hypothèse, le nouvel article L. 424-5 du code de l'urbanisme n'est pas, en lui-même, de nature à remettre en cause la jurisprudence dite « Vicqueneau » pour le cas où la délivrance du second permis interviendrait avant l'expiration du délai de trois mois pendant lequel l'administration peut procéder au retrait du premier. En pareil cas et sauf infléchissement de la jurisprudence, la délivrance de cette seconde autorisation pourra donc valoir retrait implicite de la première alors même que son titulaire ne l'aurait pas explicitement demandé.

Enfin, il convient de relever que le nouvel article L. 424-5 du code de l'urbanisme ne prévoit strictement aucune exception au principe selon lequel une décision de non-opposition à une déclaration préalable ne peut plus être retirée. Mais l'on voit mal pourquoi cette circonstance s'opposerait au retrait de cette décision lorsque la demande en est expressément faite par son titulaire.

Conséquences contentieuses des nouvelles règles de retrait

La possibilité offerte à l'administration de retirer les autorisations individuelles illégales a pour intérêt de permettre aux tiers d'en solliciter le retrait dans le cadre d'un recours gracieux dont l'exercice, dans les conditions imposées, a pour effet de conserver à leur profit le délai de recours contentieux ouvert à l'encontre de la décision contestée. Un tel recours gracieux peut être exercé dans le délai de recours contentieux et l'administration a alors deux mois à compter de la réception de la demande de retrait pour statuer sur celle-ci ; son silence valant, par principe, rejet implicite de la demande.

Or, si les règles issues de la jurisprudence dite « Ternon » l'avait déjà rendue plus difficile, le nouveau délai de retrait des permis de construire, d'aménager et de démolir fixé par le nouvel article L. 424-5 du code de l'urbanisme devrait singulièrement compliquer la tâche de l'administration dès lors qu'il est de nature à accroître le nombre des cas où le délai de retrait expirera avant même que celui ouvert à l'administration pour statuer sur le recours gracieux dont elle aura été saisie ne soit échu.

Au surplus, au regard des règles de déclenchement du délai de recours contentieux à l'égard des autorisations d'urbanisme, il devrait même être fréquent que l'administration soit saisie d'un recours gracieux à une date où le délai de trois mois prévu pour retirer les permis sera d'ores et déjà arrivé à terme.

En pareil cas, si le permis contesté est effectivement illégal, l'administration ne pourra donc que prendre une décision illégale : soit, retirer le permis, soit rejeter le recours gracieux.

Mais c'est principalement à l'égard des décisions de non-opposition que la question de l'utilité des recours gracieux exercés à leur encontre se pose puisqu'en dehors du cas où le déclarant aurait commis une fraude et ou le requérant se prévaudrait de celle-ci, ces recours gracieux n'auront strictement aucune chance de prospérer puisque de telles décisions ne peuvent plus être retirées.

A priori, un recours gracieux qui ne solliciterait pas le retrait de la décision de non-opposition contestée en considération de la fraude du déclarant ne pourrait qu'être réputé avoir pour seul but de conserver, au bénéfice de l'auteur du recours le délai de recours contentieux ouvert à l'encontre de cette décision. À leur égard, on peut donc légitimement s'interroger sur l'opportunité de maintenir la règle selon laquelle l'exercice d'un recours gracieux conserve le délai de recours contentieux.

5.1.2 **Nouvel encadrement des délais de recours contentieux**

Le décret n° 2007-18 du 5 janvier 2007 modifie substantiellement les règles relatives au délai de recours contentieux à l'encontre des autorisations d'urbanisme, d'une part, en modifiant les règles relatives à leur déclenchement et, d'autre part, en instituant un délai passé lequel les recours en annulation à l'encontre de ces autorisations ne sont plus recevables.

Règles relatives au déclenchement des délais de recours contentieux

Antérieurement, les délais de recours à l'égard de la plupart des autorisations d'urbanisme étaient régis par l'ancien article R. 490-7 du code de l'urbanisme. Il s'ensuivait que le déclenchement du délai de recours contentieux était subordonné à l'accomplissement régulier de la formalité dite de « double affichage », c'est-à-dire que ce délai n'était déclenché qu'à la condition que l'autorisation en cause ait été affichée tant en mairie que sur le terrain des opérations comme le prescrivait, pour ce qui concerne le permis de construire, l'ancien article R. 421-39.

Cette règle présentait un inconvénient notable : le titulaire de l'autorisation était tributaire du bon vouloir de l'administration qui non seulement pouvait tarder à procéder à son affichage mais en outre, pouvait tout simplement omettre de procéder à cet affichage ou, plus spécifiquement, d'en constituer la preuve.

Précisément, si le nouvel article R. 424-15 du code de l'urbanisme maintient le principe du « double affichage », le nouvel article R. 600-2 ne conditionne plus le déclenchement du délai de recours contentieux à l'affichage de l'autorisation en cause en mairie.

TEXTE OFFICIEL

Code de l'urbanisme, article R. 600-2 (nouv.)

Le délai de recours contentieux à l'encontre d'une décision de non-opposition à une déclaration préalable ou d'un permis de construire, d'aménager ou de démolir court à l'égard des tiers à compter du premier jour d'une période continue de deux mois d'affichage sur le terrain des pièces mentionnées à l'article R. 424-15.

L'article R. 600-2 est applicable aux actions introduites à compter de l'entrée en vigueur du décret n° 2007-18 du 5 janvier 2007.

Il s'ensuit que dorénavant le recours contentieux à l'encontre de toute autorisation d'urbanisme – qu'il s'agisse du permis de construire, du permis d'aménager, du permis de démolir ou de la décision de non-opposition à déclaration préalable – sera déclenché par le seul affichage de l'autorisation en cause sur le terrain *des opérations*, quand bien même cette dernière n'aurait pas été affichée en mairie.

REMARQUE

On rappellera, toutefois, que cet affichage n'est pas obligatoire s'agissant des déclarations préalables portant sur la coupe ou l'abattage d'arbres en dehors des secteurs urbanisés.

Il reste que pour ce faire, il sera encore nécessaire que cet affichage soit continu pendant une période de deux mois sans interruption, qu'il mentionne les pièces visées au nouvel article R. 424-15 ou du moins celles qui sont essentielles pour permettre au tiers de comprendre la nature et l'importance du projet autorisé et qu'il soit lisible depuis la voie publique. Et le nouvel article R. 600-2 du code de l'urbanisme ne semble pas de nature à remettre en cause le principe selon lequel la charge de la preuve de cet affichage incombe au bénéficiaire de l'autorisation en cause.

REMARQUE

Le contenu de l'affichage reste à définir par un arrêté ministériel pris pour application du nouvel article R. 424-15.

Encadrement des recours introduits après l'achèvement des travaux

Il résultait des anciennes règles régissant l'affichage des autorisations d'urbanisme et le déclenchement des délais de recours contentieux à leur encontre qu'un recours en annulation pouvait être exercé à l'encontre d'une telle autorisation tant qu'elle n'avait pas fait l'objet d'un affichage régulier ou, plus précisément, qu'un tel recours était recevable dès lors que l'administration ou le titulaire de l'autorisation en cause ne prouvait pas l'accomplissement régulier de la formalité dite du « double affichage ».

Il n'était donc pas exclu qu'un recours en annulation exercé plusieurs années après l'achèvement des travaux soit déclaré recevable et, le cas échéant, emporte l'annulation de l'autorisation ainsi contestée ; ce qui était d'autant plus problématique que l'affichage de cette autorisation pouvait avoir été régulièrement accompli mais que les preuves de celui-ci pouvaient ne pas avoir été conservées.

▸ **C'est cette problématique qu'est venu régler le nouvel article R. 600-3 du code de l'urbanisme en posant le principe selon lequel les recours en annulation exercés à l'encontre de certaines autorisations d'urbanisme sont irrecevables passé un délai de un an à compter de l'achèvement des travaux et des aménagements.**

TEXTE OFFICIEL

Code de l'urbanisme, article R. 600-3 (nouv.)

Aucune action en vue de l'annulation d'un permis de construire ou d'aménager ou d'une décision de non-opposition à une déclaration préalable n'est recevable à l'expiration d'un délai d'un an à compter de l'achèvement de la construction ou de l'aménagement. Sauf preuve contraire, la date de cet achèvement est celle de la réception de la déclaration d'achèvement mentionné à l'article R. 462-1.

L'article R. 600-3 est applicable aux actions introduites à compter de l'entrée en vigueur du décret n° 2007-18 du 5 janvier 2007.

Tout d'abord, le nouvel article R. 600-3 du code de l'urbanisme n'est applicable qu'au recours en annulation exercé à l'encontre d'un permis de construire, d'un permis d'aménager ou d'une décision de non-opposition et, *a contrario*, n'est donc pas applicable au recours introduit à l'encontre d'un permis de démolir lequel reste recevable, sur ce point, tant que le délai de recours contentieux prévu par le nouvel article R. 600-2 n'est pas échu.

Ensuite, le délai d'un an à compter duquel les recours exercés contre les autorisations visées par le nouvel article R. 600-3 ne sont plus recevables court à compter de l'achèvement de la construction ou de l'aménagement dont la date est présumée être celle de la réception de la déclaration d'achèvement mentionnée au nouvel article R. 462-1.

Mais il ne s'agit pas d'une preuve irréfragable. Par voie de conséquence, le requérant pourra tenter d'établir que cet achèvement est postérieur à cette date et, pour sa part, le défendeur pourra démontrer que l'achèvement lui est antérieur.

A contrario, en l'absence de formulation de la déclaration d'achèvement, les travaux seront réputés inachevés mais le constructeur pourra établir cet achèvement par tout autre moyen de sorte à opposer au requérant le délai de forclusion fixé par le nouvel article R. 600-3 du code de l'urbanisme.

Enfin et plus spécifiquement, le nouvel article R. 600-3 du code de l'urbanisme suscite deux interrogations.

En premier lieu, il faut rappeler que le nouvel article R. 462-2 du code de l'urbanisme prévoit, pour les permis par tranches, la possibilité de formuler, avant l'achèvement complet des travaux, une déclaration ne portant que sur une des tranches et attestant donc d'un achèvement seulement partiel des travaux et aménagements autorisés.

Il incombera ainsi à la jurisprudence administrative de préciser si, en pareil cas, le délai d'un an court seulement à compter de l'achèvement global des travaux ou s'il peut courir, pour ce qui concerne les tranches ayant fait l'objet d'une déclaration d'achèvement partiel, dès la réception de celle-ci pour ainsi rendre partiellement irrecevable un recours en annulation dirigé, passé ce délai, à l'encontre de l'autorisation contestée prise dans sa globalité. Mais l'on sait que pour le juge pénal la prescription de l'action publique n'est pas divisible et, par voie de conséquence, n'est acquise que passé un délai de trois ans à compter de l'achèvement complet de l'ensemble des travaux relevant d'une même autorisation ou d'une même entreprise de construction.

JURISRPUDENCE

Cass. crim. 6 octobre 1987, Connan, pourvoi n° 86-96174

Attendu que pour rejeter l'exception de prescription invoquée par le prévenu, les juges du second degré ont énoncé que moins de trois ans s'étaient écoulés, d'une part, entre la date d'achèvement des travaux au mois d'avril 1981 et l'établissement le 22 mars 1984 du procès-verbal de constat et, d'autre part, entre cette dernière date et la délivrance de la citation le 22 août 1985 ;

Attendu qu'en l'état de ces motifs, la cour d'appel a légalement justifié sa décision ; qu'il n'importe en effet que Connan ait terminé la construction du magasin et ait affecté celui-ci à sa destination avant d'entreprendre la réalisation des logements dès lors que le point de départ de la prescription était la date d'achèvement de l'ensemble des travaux prévus par le permis de construire.

Toutefois, on peut penser que la réponse du juge administratif variera selon les cas d'espèce et, plus particulièrement, selon la possibilité de faire application à l'autorisation contestée des dispositions du nouvel article L. 600-5 du code de l'urbanisme et, en d'autres termes, d'en prononcer l'annulation partielle.

En effet, si l'on considère que la déclaration d'achèvement partiel a pour effet de déclencher à l'égard des travaux visés par celle-ci le délai fixé par le nouvel article R. 600-3, passé celui-ci, le requérant ne serait donc plus recevable à contester l'autorisation en ce qu'elle a permis ces travaux. *A contrario*, le requérant ne serait donc recevable qu'à contester la légalité de celle-ci pour ce qui concerne les travaux inachevés ou achevés depuis moins d'un an à la date d'introduction de son recours et, en d'autres termes, ne serait donc fondé à conclure qu'à l'annulation partielle de l'autorisation contestée. Or, si les conditions ne sont pas réunies pour que le juge saisi fasse application du nouvel article L. 600-5, cette annulation partielle ne pourra pas être prononcée et, par voie de conséquence, c'est l'ensemble du recours qui sera rejeté du seul fait de l'impossibilité de contester la légalité de l'autorisation en ce qu'elle a permis l'exécution de travaux dont une partie seulement était achevée depuis plus d'un an à sa date d'introduction.

De même, on rappellera que les opérations de récolement diligentées à la suite de la réception de la déclaration d'achèvement peuvent aboutir, lorsque les travaux ne sont pas conformes, à la mise en demeure d'exécuter les travaux nécessaires à cette mise en conformité. Mais dans ce cas, il n'est pas déraisonnable de penser que le délai prévu par le nouvel article

R. 600-2 ne courra qu'à compter de l'achèvement de ces travaux puisque si les travaux visés par la déclaration valant attestation de conformité ne sont pas conformes, force est de considérer que la formulation de cette déclaration n'est pas régulière.

En second lieu, on peut se demander si cette nouvelle règle de recevabilité des recours sera applicable aux autorisations de régularisation, c'est-à-dire à celles tendant à régulariser un ouvrage illégal et donc achevé avant l'obtention de cette autorisation.

En pareil cas, il paraîtrait raisonnable que le délai d'un an prévu par le nouvel article R. 600-3 du code de l'urbanisme ne court qu'à compter de l'obtention de cette autorisation de régularisation puisque ce n'est que par cette dernière que les travaux réalisés acquerront une existence légale.

5.1.3 Maintien de la formalité de notification des recours

S'il la supprime pour ce qui concerne les documents d'urbanisme, le décret n° 2007-18 du 5 janvier 2007 maintient, s'agissant des décisions d'utilisation et d'occupation du sol, *l'obligation de notification des recours* en conservant intact l'article R. 600-1 du code de l'urbanisme, dont seul l'alinéa 1er est modifié, pour ce qui concerne les recours et les requérants assujettis à cette obligation, les destinataires de cette notification, ses modalités d'accomplissement et de preuve ainsi que les conséquences de son inaccomplissement. La nouvelle rédaction de l'article R. 600-1 ne devrait donc pas modifier la jurisprudence rendue en la matière. Toutefois, le nombre de recours déclarés irrecevables en raison de l'inaccomplissement de cette formalité de notification devrait diminuer puisque le nouvel article R. 424-15 du code de l'urbanisme prescrit que l'affichage des autorisations qu'il vise doit faire état de cette obligation.

Néanmoins, la nouvelle rédaction de l'alinéa 1er de l'article R. 600-1 du code de l'urbanisme modifie quelque peu le champ d'application de l'obligation de notification des recours s'agissant des décisions concernées.

TEXTES OFFICIELS

Code de l'urbanisme, article R. 600-1, al. 1 (anc.)

En cas de déféré du préfet ou de recours contentieux à l'encontre d'un document d'urbanisme ou d'une décision relative à l'occupation ou l'utilisation du sol régie par le présent code, le préfet ou l'auteur du recours est tenu, à peine d'irrecevabilité, de notifier son recours à l'auteur de la décision et, s'il y a lieu, au titulaire de l'autorisation. Cette notification doit également être effectuée dans les mêmes conditions en cas de demande tendant à l'annulation ou à la réformation d'une décision juridictionnelle concernant un document d'urbanisme ou une décision relative à l'occupation ou l'utilisation du sol. L'auteur d'un recours administratif est également tenu de le notifier à peine d'irrecevabilité du recours contentieux qu'il pourrait intenter ultérieurement en cas de rejet du recours administratif.

Code de l'urbanisme, article R. 600-1, al. 1 (nouv.)

En cas de déféré du préfet ou de recours contentieux à l'encontre d'un certificat d'urbanisme, d'une décision de non-opposition à une déclaration préalable ou d'un permis de construire, d'aménager ou de démolir, le préfet ou l'auteur du recours est tenu, à peine d'irrecevabilité, de notifier son recours à l'auteur de la décision et au titulaire de l'autorisation. Cette notification doit également être effectuée dans les mêmes conditions en cas de demande tendant à l'annulation ou à la réformation d'une décision juridictionnelle concernant un certificat d'urbanisme, une décision de non-opposition à une déclaration préalable ou un permis de construire, d'aménager ou de démolir. L'auteur d'un recours administratif est également tenu de le notifier à peine d'irrecevabilité du recours contentieux qu'il pourrait intenter ultérieurement en cas de rejet du recours administratif.

Détermination des autorisations visées

Dans son ancienne rédaction, l'article R. 600-1 du code de l'urbanisme visait les recours introduits à l'encontre « d'une décision relative à l'occupation ou l'utilisation du sol régie par le présent code », ce qui a donné lieu à une abondante jurisprudence sur celles qui constituaient ou non une telle décision et, plus spécifiquement, sur l'obligation de notifier les recours dirigés à l'encontre d'une décision de refus.

La nouvel rédaction de l'article R. 600-1 opère ainsi une clarification mais également une réduction de son champ d'application en visant les décisions de non-opposition à déclaration préalable, les permis de construire, les permis d'aménager et les permis de démolir ce qui confirme, d'une part, comme l'avait précisé la jurisprudence administrative, que cette obligation ne vaut pas s'agissant des recours exercés contre des décisions de refus d'autorisation mais a également pour effet, d'autre part, d'exclure de son champ d'application les recours exercés contre certaines autorisations spécifiques, telles les autorisations de création d'unité touristique nouvelle.

Assujettissement des recours dirigés contre les certificats d'urbanisme

La notion de « décision relative à l'occupation ou l'utilisation du sol régie par le présent code » avait conduit le Conseil d'État à préciser que l'article R. 600-1 du code de l'urbanisme, dans son ancienne rédaction, ne concernait que les décisions autorisant l'utilisation et l'occupation du sol et, par voie de conséquence, ne s'appliquait pas aux recours exercés à l'encontre des certificats d'urbanisme, quel qu'en soit l'objet, puisqu'en elle-même cette décision n'autorise pas la réalisation d'une construction ou d'une opération d'urbanisme (CE avis 13 octobre 2000, M. Procarione, req. n° 223 297).

Bien que le nouvel article L. 410-1 du code de l'urbanisme n'ait pas modifié la valeur du certificat d'urbanisme, la nouvelle rédaction de l'article R. 600-1 assujettit à notification les recours exercés à l'encontre d'un certificat d'urbanisme sans distinguer selon qu'il soit informatif ou opérationnel. Mais, en revanche, on peut penser que cette obligation ne vaut que s'agissant des certificats dits « positifs ».

REMARQUE L'article R. 600-3 est applicable aux actions introduites à compter de l'entrée en vigueur du décret n° 2007-18 du 5 janvier 2007, soit le 1er octobre 2007.

5.1.4 Restriction de l'action contentieuse des associations

La loi n° 2006-872 du 13 juillet 2006, dite « ENL » a considérablement renforcé les conditions de recevabilité des actions engagées par les associations pour ce qui concerne l'appréciation de leur recevabilité à agir à l'encontre de l'autorisation d'urbanisme contestée.

Règles antérieures à la loi « ENL »

La recevabilité ou, plus précisément, l'intérêt à agir des associations à l'encontre des autorisations d'urbanisme était antérieurement appréciée, d'une part et comme en toute autre matière, à la date d'introduction de leur recours et, d'autre part et de façon plus spécifique, au seul regard de leur objet statutaire lequel devait, et devra encore, présenter un rapport suffisamment direct, tant d'un point de vue géographique que matériel, avec la portée de l'autorisation contestée.

Date de constitution de l'association

Il s'ensuivait, tout d'abord, que l'intérêt à agir de l'association requérante n'était donc pas apprécié à la date de délivrance de l'autorisation contestée.

Par voie de conséquence, la circonstance qu'elle se soit constituée postérieurement à sa délivrance n'était pas de nature à la priver d'intérêt à agir (CAA Nantes 7 février 2001, Cne de La Roche Clermault, req. n° 00NT00032) alors même qu'elle se serait constituée dans le seul but de déposer un recours en annulation à l'encontre de l'autorisation d'urbanisme litigieuse (CAA Marseille 5 avril 2001, Cne de Reynes, req. n° 97MA11305) ; l'essentiel étant qu'à la date d'introduction de sa requête, elle soit effectivement constituée et que son objet statutaire soit arrêté, quitte à l'avoir préalablement modifié, quand bien même l'intérêt collectif que cette association défendait antérieurement à cette modification ne lui conférait manifestement aucun intérêt à agir à l'encontre de la décision contestée (CAA Paris 15 juin 2000, SCI Marnellec et a., req. n° 97PA02565). Au surplus, il n'était pas même nécessaire que l'association requérante ait été préalablement déclarée en préfecture puisqu'il était seulement requis qu'elle ait été constituée à la date de sa requête.

Siège de l'association

Ensuite, le principe selon lequel l'intérêt à agir d'une association s'apprécie au seul regard de son objet statutaire implique que, contrairement aux particuliers dont l'intérêt à agir est apprécié au regard de leur rapport de proximité avec le lieu d'exécution de l'autorisation d'urbanisme attaquée, la circonstance que le siège de l'association requérante soit proche ou, au contraire, éloigné du lieu d'exécution de la décision contestée est sans incidence. Ainsi, dès lors que l'association justifie de par son objet statutaire d'un intérêt lui donnant qualité à agir, sa requête est recevable indépendamment de toute considération liée au fait que son siège social ne se situe pas sur le territoire où l'autorisation en cause est susceptible de produire ses effets (CAA Douai 25 octobre 2001, Association Opale Environnement, req. n° 99DA00232).

De même, l'absence d'intérêt à agir à titre individuel des membres d'une association ne peut permettre de dénier la qualité de celle-ci à contester une autorisation d'urbanisme dans la mesure où il n'appartient pas au juge administratif d'apprécier la qualité de ses membres pour statuer sur l'intérêt à agir d'une association (CAA Paris 15 juin 2000, SCI MARNELEC & autres c/Cne de Bonneuil, req. n° 97PA02517). Ce faisant, ni le faible nombre de membres qu'elle regroupe (CAA Marseille, 14 juin 2001, Association ENVOR, req. n° 96MA11576), ni le fait qu'ils ne soient pas domiciliés à proximité du projet litigieux (CAA Douai 25 octobre 2001, Association Opale Environnement, req. n° 99DA00232) ne peuvent être pris en compte.

But de l'association

Enfin, le contrôle opéré sur les buts de l'association requérante par le juge administratif se limite aux buts statutaires de celle-ci au regard du contrat associatif et, par voie de conséquence, n'implique ni de contrôler les buts réellement poursuivis par l'association ou ses membres (CAA Marseille 5 avril 2001, Cne de Reynes, req. n° 97MA11305), ni la sincérité de son objet statutaire (CAA Nantes 17 juin 2003, Ville de Saumur, req. n° 01NT01277).

Or, ce libéralisme jurisprudentiel avait conduit à certains excès puisqu'il permettait, en résumé, à des particuliers, qui individuellement n'auraient pas eu intérêt à agir à l'encontre de l'autorisation d'urbanisme en cause, de se constituer en association à la seule fin de l'attaquer et ce, dans un but totalement étranger aux préoccupations d'urbanisme.

Nouvelles règles relatives à la recevabilité à agir

Aux fins de lutter contre certains excès proches de l'abus du droit d'ester en justice, la loi du 13 juillet 2006 dite « ENL » a substantiellement modifié les conditions de recevabilité des actions contentieuses engagées par les associations, tout en recadrant, plus spécifiquement, les conditions de l'appréciation de l'intérêt à agir des associations agréées pour la défense de l'environnement.

Conditions opposables à toute association

S'agissant des conditions opposables à toute association, l'encadrement de leurs possibilités d'action contentieuse procède du nouvel article L. 600-1-1 du code de l'urbanisme.

TEXTE OFFICIEL

Code de l'urbanisme, article L. 600-1-1 (nouv.)

Une association n'est recevable à agir contre une décision relative à l'occupation ou l'utilisation des sols que si le dépôt des statuts de l'association en préfecture est intervenu antérieurement à l'affichage en mairie de la demande du pétitionnaire.

Il en résulte que la recevabilité à agir de l'association requérante est conditionnée non plus seulement à sa constitution mais au dépôt de ses statuts en préfecture et ce, préalablement à la date de l'affichage en mairie de la demande présentée par le pétitionnaire, tel qu'il était antérieurement prévu, pour les demandes de permis de construire, par l'ancien article R. 421-9 du code de l'urbanisme et est aujourd'hui organisé, pour l'ensemble des demandes et déclarations, par le nouvel article R. 423-6 dans sa rédaction issue du décret n° 2007-18 du 5 janvier 2007.

TEXTE OFFICIEL

Code de l'urbanisme, article R. 423-6 (nouv.)

Dans les quinze jours qui suivent le dépôt de la demande ou de la déclaration et pendant la durée d'instruction de celle-ci, le maire procède à l'affichage en mairie d'un avis de dépôt de demande de permis ou de déclaration préalable précisant les caractéristiques essentielles du projet, dans des conditions prévues par arrêté du ministre chargé de l'urbanisme.

Il incombera à la jurisprudence administrative de répondre à deux interrogations.

D'une part, le nouvel article L. 600-1-1 du code de l'urbanisme évoque la recevabilité à agir et non pas, spécifiquement, l'intérêt à agir et, en outre, ne vise que le dépôt préalable des statuts en préfecture sans saisir la question de l'objet statutaire de l'association. On peut donc se demander si une association qui aurait déposé ses statuts en préfecture préalablement à l'affichage prévu mais n'aurait pas alors intérêt à agir à l'encontre de l'autorisation à venir pourrait néanmoins établir son intérêt à agir à l'encontre de celle-ci par une modification de ses statuts préalable à l'introduction de sa requête.

À s'en tenir au but poursuivi par le nouvel article L. 600-1-1 du code de l'urbanisme, tel qu'il apparaît à l'examen des travaux préparatoires à la loi du 13 juillet 2006, la réponse devrait être négative.

D'autre part, il est clair que l'irrecevabilité prévue par le nouvel article L. 600-1-1 du code de l'urbanisme ne sera pas opposable lorsque l'affichage prévu n'aura pas été régulièrement opéré puisque le nouvel article L. 600-1-1 vise expressément cet affichage et non pas seulement le dépôt de la demande ou de la déclaration. De même, il semble raisonnable de considérer qu'une association qui n'aurait pas déposé ses statuts en préfecture préalablement à la demande d'autorisation primitive mais qui aurait accompli cette démarche avant l'affichage du dépôt d'une demande d'autorisation modificative serait recevable à agir à l'encontre de cette dernière.

Mais l'on peut également se demander ce qui l'en sera lorsqu'en cours d'instruction de la demande ou de la déclaration, le projet sera modifié d'une façon si substantielle qu'il ne correspondrait plus, sur les points essentiels, à celui décrit dans l'affichage alors qu'un nouvel affichage n'aurait pas été opéré. Il n'est pas exclu que dans ce cas, la condition prévue par le nouvel article L. 600-1-1 soit inopposable puisqu'ainsi le projet autorisé ne correspondrait pas à celui affiché et l'on peut présumer que l'association qui aurait déposé ses statuts en préfecture après cet affichage ne l'aurait pas spécifiquement fait dans le but d'attaquer une autorisation qui, telle qu'obtenue, ne correspond pas au projet préalablement porté à la connaissance du public.

Conditions relatives à l'agrément des associations

Les associations agréées pour la protection de l'environnement, au titre de l'article L. 141-1 du code de l'environnement, bénéficient d'un régime spécifique puisqu'aux termes de l'article L. 141-2, elles ont intérêt à agir à l'encontre de toute décision en rapport avec leur objet statutaire susceptible de produire leurs effets sur les territoires pour lesquelles elles sont agréées, quels que soient leur échelon d'intervention territorial et l'importance du projet en cause.

Conformément au principe selon lequel l'intérêt à agir d'une association s'apprécie et est cristallisé à la date d'introduction de son recours, il serait donc nécessaire que pour bénéficier de la règle prévue par l'article L. 141-2 du code de l'environnement, l'association requérante ait été agréée préalablement à la date d'introduction de son recours. Mais telle n'était pas la position du juge administratif qui considérait que l'absence d'intérêt à agir d'une association à la date d'introduction de son recours pouvait être régularisée par l'obtention d'un agrément en cours d'instance (CE 25 juin 2003, Cne de Saillagouse, n° 233119, *Lebon*, p. 1031). La loi du 13 juillet 2006, dite « ENL » a rendu cette jurisprudence obsolète par la modification de l'alinéa 2 de l'article L. 142-1 du code de l'environnement.

TEXTE OFFICIEL

Code de l'environnement, article L. 142-1 (nouv.)

Toute association ayant pour objet la protection de la nature et de l'environnement peut engager des instances devant les juridictions administratives pour tout grief se rapportant à celle-ci.

Toute association de protection de l'environnement agréée au titre de l'article L. 141-1 justifie d'un intérêt pour agir contre toute décision administrative ayant un rapport direct avec son objet et ses activités statutaires et produisant des effets dommageables pour l'environnement sur tout ou partie du territoire pour lequel elle bénéficie de l'agrément dès lors que cette décision est intervenue après la date de son agrément.

Pour pouvoir bénéficier du principe posé par l'alinéa 1er de l'article L. 142-1, l'association doit ainsi avoir été agréée non pas préalablement à la date de dépôt de la demande d'autorisation ou à la date d'introduction de son recours mais antérieurement à la date de délivrance de l'autorisation expresse ou de la formation de la décision tacite. Il reste que la condition de dépôt des statuts en préfecture préalablement à l'affichage de la demande d'autorisation ou de la déclaration prévue par le nouvel article L. 600-1-1 du code de l'urbanisme semble opposable à toute association, y compris donc à celles agréées au titre de l'article L. 141-1 du code de l'environnement.

Il s'ensuit qu'une association qui n'aurait pas déposé ses statuts avant l'affichage de la demande ou de la déclaration mais aurait été agréée à ce titre avant l'obtention de l'autorisation ne serait pas recevable à agir à l'encontre de celle-ci. Mais *a contrario*, une association qui aurait déposé ses statuts avant le dépôt de la demande ou de la déclaration mais qui n'aurait pas alors intérêt à agir à l'encontre de l'autorisation à venir pourrait se voir conférer un tel intérêt par l'obtention d'un agrément préalable à l'intervention de l'autorisation pour ainsi assurer la recevabilité de sa requête à l'encontre de celle-ci.

5.1.5 Annulation partielle des autorisations d'urbanisme

L'une des principales innovations de la loi n° 2006-872 du 13 juillet 2006, dite « ENL » – ou, à tout le moins, une de ses dispositions présentées comme telles – est d'avoir introduit au code de l'urbanisme un nouvel article L. 600-5 permettant au juge administratif de prononcer l'annulation partielle des autorisations d'urbanisme.

TEXTE OFFICIEL **Code de l'urbanisme, article L. 600-5 (nouv.)**

Lorsqu'elle constate que seule une partie d'un projet de construction ou d'aménagement ayant fait l'objet d'une autorisation d'urbanisme est illégale, la juridiction administrative peut prononcer une annulation partielle de cette autorisation.

L'autorité compétente prend, à la demande du bénéficiaire de l'autorisation, un arrêté modificatif tenant compte de la décision juridictionnelle devenue définitive.

Champ d'application du nouvel article L. 600-5

Si le champ d'application dans le temps du nouvel article L. 600-5 du code de l'urbanisme apparaît clair, son champ d'application matériel est plus délicat à apprécier.

Champ d'application dans le temps

Si, comme bon nombre des dispositions issues de la loi du 13 juillet 2006, le nouvel article L. 600-5 est entré en vigueur dès la publication de cette dernière, soit le 16 juillet 2006, il est toutefois permis de se demander si ce dispositif est d'application immédiate et, plus particulièrement, s'il est susceptible d'être mis en œuvre par le juge de l'excès de pouvoir dans le cadre d'instances introduites avant son entrée en vigueur.

La jurisprudence administrative a d'ores et déjà eu l'occasion de répondre à cette question en jugeant que le nouvel article L. 600-5 du code de l'urbanisme est d'applicabilité immédiate et que le pouvoir ainsi conféré au juge pouvait être exercé dans le cadre d'instances introduites avant même l'entrée en vigueur du nouvel article L. 600-5 du code de l'urbanisme (TA Amiens 29 décembre 2006, req. n° 04-01732, signalé dans les « feuillets du TA d'Amiens »).

Mais force est d'admettre que c'est l'inverse qui aurait surpris dès lors que cet article ne précise, ni avoir vocation à être complété par un décret d'application, ni que son entrée en vigueur est subordonnée à celle de l'ordonnance n° 2005-1527 du 8 décembre 2005 et de son décret d'application du 5 janvier 2007. De même, on voit mal pourquoi ce nouveau dispositif n'aurait pas été applicable dans les instances en cours d'instruction à sa date d'entrée en vigueur puisque, d'une part, cet article ne précise pas expressément le contraire et que, d'autre part, les conclusions présentées dans le cadre du contentieux de l'excès de pouvoir ne sont pas cristallisées par leur formulation initiale.

Champ d'application matériel

Applicabilité de l'article L. 600-5 du code de l'urbanisme aux opérations indivisibles

La principale question posée par le nouvel article L. 600-5 du code de l'urbanisme est de savoir si le juge administratif peut prononcer l'annulation partielle d'une autorisation d'urbanisme lorsque le projet ainsi autorisé est indivisible.

Dans l'affaire objet du jugement du tribunal administratif d'Amiens (TA Amiens 29 décembre 2006, req. n° 04-01732, signalé dans les « feuillets du TA d'Amiens »), le permis de construire en litige autorisait, en des endroits distincts, la construction de cinq silos, lesquels, pour être autorisés par un seul et même permis de construire, constituaient, selon toute vraisemblance, un ensemble divisible à l'instar, à titre d'exemple, d'un parc éolien dont certaines des installations peuvent être dissociables les unes des autres (CE 6 novembre 2006, req. n° 281872).

Initialement, en effet, le juge administratif considérait qu'une autorisation d'urbanisme était indivisible, si bien que son illégalité, quelle qu'en soit la cause, emportait nécessairement son annulation globale. Mais revenant sur ce principe, le juge administratif admet depuis fort longtemps qu'une autorisation d'urbanisme peut n'être que partiellement annulée lorsque le projet est lui-même divisible [15].

▸ **Deux lectures du nouvel article L. 600-5 du code de l'urbanisme sont donc possibles : soit, il s'agit d'une simple consécration législative du principe précédemment dégagé par la jurisprudence, soit, il s'agit d'une réelle innovation permettant au juge administratif de prononcer une annulation partielle même lorsque le projet et, par voie de conséquence, l'autorisation s'y rapportant sont indivisibles.**

REMARQUE

Le principe de la divisibilité des prescriptions financières d'une autorisation d'urbanisme issu de la jurisprudence « Plunian » (CE 13 novembre 1981, n° 16054, *Lebon*, p. 413) a lui-même fait l'objet d'une telle consécration, en l'occurrence par l'article L. 332-7 du code de l'urbanisme dans sa rédaction issue de l'article 23 de la loi n° 85-729 du 18 juillet 1985.

S'il incombera à la jurisprudence administrative de trancher cette question, il reste qu'en l'état de la jurisprudence rendue en la matière, il semble difficilement envisageable qu'une autorisation portant sur un projet indivisible puisse ne faire l'objet que d'une annulation partielle.

---

(15) CE 2 février 1979, Cts Sénécal, req. n° 05.808 – CE 16 février 1979, SCI Cap Naio c/D^lle Fournier, *Lebon*, p. 66.

Le critère déterminant de l'indivisibilité d'un ouvrage ou d'un ensemble immobilier au regard du droit de l'urbanisme semble, en effet, tenir à des considérations juridiques et, plus accessoirement, à des considérations techniques et fonctionnelles.

Il a ainsi pu être jugé qu'un ensemble immobilier composé de plusieurs bâtiments mais dont l'accès et le parc de stationnement sont communs constitue, même lorsqu'il est autorisé par plusieurs permis de construire distincts, dont la légalité est alors appréciée globalement, un ensemble indivisible (16) ; et pour cause puisqu'à défaut de cet accès ou de ce parc de stationnement, un tel projet méconnaîtrait les prescriptions d'urbanisme nationales et, le cas échéant, locales relatives à l'accessibilité du terrain à construire et au stationnement des véhicules.

Prenons ainsi l'exemple d'un permis de construire portant sur plusieurs bâtiments distincts mais « reliés » entre eux par un parc de stationnement, prévu pour satisfaire aux prescriptions de l'article 12 du règlement local d'urbanisme, qui serait la seule composante du projet à méconnaître les prescriptions d'urbanisme qui lui sont opposables et, en d'autres termes, la « seule partie » du projet illégale au sens de l'article L. 600-5 du code de l'urbanisme.

Cette rédaction et l'hypothèse ainsi visée tendent, en l'état de la jurisprudence, à exclure son application à des projets indivisibles puisque, précisément, du fait de l'irrégularité d'une de ses composantes, c'est le projet dans son ensemble qui s'en trouve illégal.

Si l'on considère que l'article L. 600-5 a vocation à s'appliquer nonobstant l'indivisibilité de ce projet, le juge administratif pourrait donc n'annuler le permis de construire en cause qu'en tant qu'il a autorisé ce parc de stationnement. Il reste qu'*a contrario*, il « validerait » donc un projet et un permis de construire qui ne respecteraient plus les prescriptions de l'article 12 du règlement d'urbanisme local.

Il est vrai que l'alinéa 2 de l'article L. 600-5 du code de l'urbanisme précise qu'en cas d'annulation partielle « l'autorité compétente prend, à la demande du bénéficiaire de l'autorisation, un arrêté modificatif tenant compte de la décision juridictionnelle devenue définitive ».

Il reste que la mise en œuvre de cet alinéa, qui n'est pas rédigé sur le mode impératif et ne contient aucune obligation chronométrique pour ce faire, implique que le pétitionnaire présente – de lui-même – une demande de permis modificatif.

REMARQUE S'agissant de l'annulation partielle des PLU, la rédaction du nouvel article L. 123-1 du code de l'urbanisme est plus contraignante puisqu'elle expose « en cas d'annulation partielle par voie juridictionnelle d'un plan local d'urbanisme, l'autorité compétente élabore sans délai les nouvelles dispositions du plan applicables à la partie du territoire communal concernée par l'annulation ».

(16) CE 1er décembre 1995, M. Ménager et a., req. n° 137.832 – CAA Nancy 4 mars 1997, Épx Ravachol c/Ville de Reims, req. n° 94NC01290.

Sauf à ce que le juge administratif module la portée de son alinéa 2, ce que sa rédaction n'exclut pas totalement, il semble donc difficilement concevable que l'article L. 600-5 du code de l'urbanisme soit mis en œuvre à l'égard de projets indivisibles ou, à tout le moins, à l'égard d'une partie d'un projet dont la réalisation conditionne la conformité de ce dernier aux prescriptions d'urbanisme qui lui sont opposables.

Pour reprendre l'hypothèse retenue, une telle interprétation de l'article L. 600-5 du code de l'urbanisme pourrait inciter les opérateurs pour qui les règles d'urbanisme en matière de stationnement sont souvent significatives de contraintes constructives et financières, à faire en sorte que leur permis de construire ne soit annulé qu'en ce qu'il autorise le parc devant les accueillir pour ainsi en être déchargés.

Étendue du pouvoir conféré au juge par le nouvel article L. 600-5 du code de l'urbanisme

Tout d'abord, il faut relever que le nouvel article L. 600-5 du code de l'urbanisme précise que le juge administratif « peut » prononcer l'annulation partielle qu'il prévoit.

Toutefois, force est de considérer qu'il n'est pas nécessaire que les parties à l'instance concluent à la seule annulation partielle de l'autorisation litigieuse pour que le juge soit autorisé à la prononcer. Ce dernier a en effet toujours pu prononcer d'office l'annulation partielle d'une autorisation divisible alors même que le requérant sollicitait l'annulation globale de cette dernière.

De même, il semble raisonnable de considérer, malgré la rédaction du nouvel article L. 600-5 du code de l'urbanisme – lequel semble ainsi viser le pouvoir conféré au juge et non pas instituer une simple faculté dont il pourrait user discrétionnairement – que dès lors qu'il constate que les conditions prévues sont réunies, le juge administratif est tenu de prononcer l'annulation partielle de l'autorisation litigieuse.

REMARQUE Il ressort de la jurisprudence antérieure que le juge d'appel comme le juge de cassation contrôlent le caractère divisible ou non de l'autorisation et l'étendue subséquente de l'annulation éventuellement prononcée.

Ensuite, le nouvel article L. 600-5 du code de l'urbanisme ne prévoit que la possibilité de prononcer l'annulation partielle d'une autorisation d'urbanisme et, par voie de conséquence, n'autorise pas expressément le juge des référés à prononcer sa suspension partielle lorsqu'il est saisi d'une requête fondée sur l'article L. 521-1 du code de justice administrative.

Toutefois, ce nouveau dispositif ne semble pas, en lui-même, de nature à s'opposer à ce que le juge des référés se borne à prononcer la suspension partielle de l'autorisation contestée. On voit, en effet, mal pourquoi le juge des référés devrait prononcer la suspension globale d'une autorisation qui n'encourrait qu'une annulation partielle.

Enfin, le nouvel article L. 600-5 du code de l'urbanisme précise que le juge peut prononcer l'annulation partielle de la décision contestée lorsqu'il constate que « seule une partie d'un projet » de construction ou d'aménagement ayant fait l'objet d'une autorisation d'urbanisme est illégale.

A priori, le nouveau dispositif a donc vocation à s'appliquer lorsque c'est le projet lui-même qui est illégal, c'est-à-dire irrégulier au regard des prescriptions d'urbanisme qui lui sont opposables. *A contrario*, il ne semble donc pas applicable lorsque l'illégalité de l'autorisation procède d'un vice de forme ou d'un vice de procédure, tel celui résultant d'un défaut de consultation d'un service administratif sur le projet ou de l'incomplétude du dossier de demande présenté par le pétitionnaire.

Conséquences de l'annulation partielle

Portée et suites d'une annulation partielle

S'agissant de la portée d'une annulation partielle prononcée sur le fondement de l'article L. 600-5 du code de l'urbanisme en considération de l'illégalité d'une partie du projet autorisé, celle-ci vaut, *a contrario*, validation partielle de l'autorisation litigieuse pour ce qui concerne la partie du projet dont le juge administratif n'a pas constaté l'illégalité. Pour autant qu'il ne l'ait pas déjà entièrement exécutée, le bénéficiaire de cette autorisation sera donc en droit à en entreprendre ou à en poursuivre l'exécution pour la partie du projet qui n'aura pas été censurée par le juge.

Quant aux suites d'une telle annulation partielle, celles-ci sont déterminées par son alinéa 2 qui prévoit que « l'autorité compétente prend, à la demande du bénéficiaire de l'autorisation, un arrêté modificatif tenant compte de la décision juridictionnelle devenue définitive ».

Tout d'abord, le nouvel article L. 600-5 a donc pour effet de procéder à la consécration législative des autorisations modificatives – qui précédemment résultaient d'une pratique d'origine jurisprudentielle – en outre, en saisissant leur capacité à régulariser un projet initialement inégal.

Mais il convient, ensuite, de relever que ce nouveau dispositif s'écarte des règles jurisprudentielles applicables aux autorisations modificatives puisqu'il en prévoit la possibilité indépendamment de toute considération liée à l'importance des modifications induites par l'annulation partielle de l'autorisation initiale alors que, par principe, une autorisation modificative ne peut être régulièrement obtenue que pour autant que les modifications envisagées ne remettent pas en cause l'économie générale du projet.

▸ **À s'en tenir à la lettre du nouvel article L. 600-5, une autorisation modificative pourra donc être obtenue quelle que soit l'importance des modifications appelées par l'annulation partielle de l'autorisation initiale.**

Enfin et surtout, il faut souligner la rédaction purement indicative de l'alinéa 2 du nouvel article L. 600-5 du code de l'urbanisme, lequel ne semble donc instituer aucune réelle obligation. D'ailleurs, il précise expressément que l'autorisation modificative intervient « à la demande du bénéficiaire de l'autorisation ». Or, sa rédaction ne semble pas de nature à modifier la jurisprudence selon laquelle l'administration ne peut imposer le dépôt d'une demande d'autorisation modificative (CAA Marseille 31 janvier 2002, Melois, req. n° 98MA02231) et ne semble pas non plus l'autoriser du juge administratif dont le pouvoir d'injonction ne peut être exercé qu'à l'égard de l'administration sans pour autant lui permettre d'ordonner la délivrance d'une autorisation d'urbanisme (CE 18 décembre 1994, Edouard Vasseur, req. n° 122.447).

D'ailleurs, l'autorisation modificative prévue par le nouvel article L. 600-5 induit que la décision juridictionnelle prononçant l'annulation partielle de l'autorisation litigieuse est devenue irrévocable. On voit donc mal comment les tribunaux et les cours administratives d'appel pourraient enjoindre au constructeur de déposer une demande d'autorisation modificative alors qu'à la date du prononcé de la décision ils ne sauront pas si cette dernière sera frappée d'appel ou d'un pourvoi en cassation et, en d'autres termes, si elle a vocation à devenir définitive.

En lui-même, le dispositif issu du nouvel article L. 600-5 du code de l'urbanisme ne semble donc pas emporter pour le bénéficiaire de l'autorisation partiellement annulée l'obligation de déposer une demande et, *a fortiori*, d'obtenir une autorisation modificative.

Autorisation modificative obtenue en conséquence de l'annulation partielle de l'autorisation initiale

En premier lieu, le nouvel article L. 600-5 du code de l'urbanisme précise que l'autorisation modificative qu'il prévoit a, bien entendu, vocation à tenir compte de l'annulation partielle prononcée sur ce fondement par le juge administratif mais ce, lorsque la décision juridictionnelle est devenue définitive.

On peut donc penser qu'une autorisation modificative délivrée à la suite d'une annulation partielle prononcée en première instance mais frappée d'appel serait considérée comme tout autre autorisation modificative et, par voie de conséquence, que sa légalité serait conditionnée, notamment, à la nécessité qu'elle n'autorise que des modifications ne remettant pas en cause l'économie générale du projet initial.

En deuxième lieu, la légalité de l'autorisation modificative éventuellement obtenue sera appréciée en considération des normes en vigueur à sa date de délivrance et non pas au regard de celles applicables à la date de la délivrance de l'autorisation initiale ou à la date à laquelle le juge administratif en a prononcé l'annulation.

En troisième lieu, l'autorisation modificative prévue par le nouvel article L. 600-5 du code de l'urbanisme peut avoir plusieurs objets distincts.

D'une part, elle peut avoir pour objet de permettre au constructeur de régulariser la partie du projet dont le juge administratif a constaté l'illégalité.

D'autre part, l'autorisation modificative induite par une annulation partielle peut correspondre à celle exigée par le nouvel article R. 462-9 du code de l'urbanisme lorsque l'administration conteste la conformité des travaux précédemment réalisés.

TEXTE OFFICIEL

Code de l'urbanisme, article R. 462-9 (nouv.)

Lorsqu'elle estime que les travaux ne sont pas conformes à l'autorisation, l'autorité compétente pour délivrer le permis ou prendre la décision sur la déclaration préalable met en demeure, dans le délai prévu à l'article R. 462-6, le maître de l'ouvrage de déposer un dossier modificatif ou de mettre les travaux en conformité avec l'autorisation accordée.

Cette mise en demeure est notifiée par lettre recommandée avec demande d'avis de réception postal. Elle peut être envoyée par courrier électronique dans les cas prévus à l'article R. 423-48. Elle rappelle les sanctions encourues.

On ne peut exclure, en effet, que l'annulation partielle d'une autorisation intervienne après que l'ensemble des travaux prévus par l'autorisation initiale ont été exécutés mais avant l'expiration du délai ouvert à l'administration pour la contester.

Dans la mesure où pour être partielle l'annulation prononcée sur le fondement du nouvel article L. 600-5 du code de l'urbanisme n'en est pas moins rétroactive, les travaux ainsi exécutés ne correspondront donc pas et, en d'autres termes, ne seront donc pas conformes à l'autorisation partiellement validée par le juge administratif. En pareil cas, l'administration sera vraisemblablement fondée à mettre en demeure le maître d'ouvrage de régulariser les travaux, le cas échéant, par une autorisation modificative même si l'exécution des travaux réalisés avant l'annulation partielle de l'autorisation n'est pas constitutive d'une infraction pénale réprimée au titre de l'article L. 480-4 du code de l'urbanisme.

Il reste que si une autorisation modificative destinée à régulariser la partie illégale de la construction ne peut pas être régulièrement obtenue au regard des normes en vigueur, le constructeur n'aura pas d'autre choix que de démolir la partie illégale du projet ayant emporté l'annulation partielle de l'autorisation initiale. Mais pour ce faire, il n'aura pas à obtenir un permis de démolir puisque s'agissant de la dispense prévue pour les « démolitions effectuées en application d'une décision de justice devenue définitive » par le point *b)* de l'ancien article L. 430-3 du code de l'urbanisme – qui à cet égard n'a pas été modifié par le nouvel article R. 421-29 – le Conseil d'État a précisé qu'elle valait en cas de démolition partielle destinée à remédier à l'illégalité ayant entraîné l'annulation d'un permis de construire.

JURISRPUDENCE

CE 30 juillet 1997, Choquet, req. n° 159419

Considérant, en troisième lieu, qu'aux termes de l'article L. 430-3 du code de l'urbanisme : « [...] peuvent être réalisées sans l'octroi préalable du permis de démolir [...] *b)* les démolitions effectuées en application d'une décision de justice devenue définitive [...] » ; qu'un premier permis de construire, délivré à M. Valenti le 25 février 1984, pour construire un pavillon au 119 rue de Normandie à Maisons Alfort, a été annulé par décision du Conseil d'État statuant au contentieux en date du 18 novembre 1987, sur le motif que la hauteur de ce pavillon excédait de 0,60 mètre le plafond fixé par le plan d'occupation des sols de la commune ;

que la SCI du 119 rue de Normandie a, à la suite de la décision susmentionnée du Conseil d'État, déposé une nouvelle demande de permis de construire qui lui a été délivré le 20 mars 1990 ; que la démolition de la partie supérieure du pavillon excédant le plafond fixé par le plan d'occupation des sols devait, dans les circonstances de l'espèce, être regardée comme intervenant en application et dans les limites de la décision du Conseil d'État en date du 18 novembre 1987 ; que, dès lors, les requérants ne sont pas fondés à soutenir que, c'est à tort, que la cour administrative d'appel a estimé, en se fondant sur les dispositions précitées de l'article L. 430-3 du code de l'urbanisme, que la SCI du 119 rue de Normandie n'était pas tenue de solliciter une autorisation de démolir la partie litigieuse.

5.2 Le contentieux civil des constructions

Si le contentieux civil des constructions régulières a été substantiellement modifié, tel n'est pas le cas pour ce qui concerne celui des constructions irrégulières.

5.2.1 Contentieux civil des constructions régulières

La loi n° 2006-872 du 13 juillet 2006, dite loi « ENL » a substantiellement modifié les conditions de l'action en réparation prévue par l'article L. 480-13 du code de l'urbanisme tout en prévoyant une action spécifiquement ouverte au préfet de département.

Nouveau régime de l'action en réparation fondée sur l'article L. 480-13

Il résultait de l'ancienne rédaction de l'article L. 480-13 du code de l'urbanisme, dans un délai de cinq ans à compter de l'achèvement des travaux et alors même que le permis de construire était définitif et que celui-ci avait fait l'objet d'un certificat de conformité, qu'un tiers lésé par son exécution pouvait saisir le juge civil d'une action tendant à la démolition de l'ouvrage ainsi édifié et/ou à l'allocation de dommages et intérêts en réparation du préjudice résultant de l'illégalité du permis de construire en cause au regard d'une règle ou une servitude d'urbanisme. En ce cas, il incombait alors au juge civil d'interroger – *via* la formulation d'une question préjudicielle – le juge administratif sur la légalité du permis de construire en cause.

TEXTE OFFICIEL **Code de l'urbanisme, article L. 480-13 (anc.)**

Lorsqu'une construction a été édifiée conformément à un permis de construire, le propriétaire ne peut être condamné par un tribunal de l'ordre judiciaire du fait de la méconnaissance des règles d'urbanisme ou des servitudes d'utilité publique que si, préalablement, le permis a été annulé pour excès de pouvoir ou son illégalité a été constatée par la juridiction administrative. L'action en responsabilité civile se prescrit, en pareil cas, par cinq ans après l'achèvement des travaux.

La loi du 13 juillet 2006, dite « ENL » a ainsi procédé à une réécriture de l'article L. 480-13 du code de l'urbanisme introduisant deux actions distinctes dont il résulte qu'outre une modification du délai de prescription opposable à ces actions, la possibilité d'obtenir la condamnation du propriétaire à démolir la construction litigieuse est limitée de façon significative : il est nécessaire que le permis de construire ait préalablement été annulé mais en revanche, la responsabilité des constructeurs peut être engagée aux fins d'obtenir leur condamnation à verser des dommages et intérêts ; précédemment seul le propriétaire de l'ouvrage litigieux pouvait être mis en cause. En revanche, la nouvelle rédaction de l'article L. 480-13 conserve la règle antérieure selon laquelle il n'est applicable que lorsque la construction a été édifiée conformément à un permis de construire.

▸ **Voir 4.5.1 : « Constructions régulièrement édifiées », p. 189.**

TEXTE OFFICIEL **Code de l'urbanisme, article L. 480-13 (nouv.)**

Lorsqu'une construction a été édifiée conformément à un permis de construire :

a) le propriétaire ne peut être condamné par un tribunal de l'ordre judiciaire à la démolir du fait de la méconnaissance des règles d'urbanisme ou des servitudes d'utilité publique que si, préalablement, le permis a été annulé pour excès de pouvoir par la juridiction administrative. L'action en démolition doit être engagée au plus tard dans le délai de deux ans qui suit la décision devenue définitive de la juridiction administrative ;

b) le constructeur ne peut être condamné par un tribunal de l'ordre judiciaire à des dommages et intérêts que si, préalablement, le permis a été annulé pour excès de pouvoir ou si son illégalité a été constatée par la juridiction administrative. L'action en responsabilité civile doit être engagée au plus tard deux ans après l'achèvement des travaux.

Lorsque l'achèvement des travaux est intervenu avant la publication de la loi n° 2006-872 du 13 juillet 2006 portant engagement national pour le logement, la prescription antérieure continue à courir selon son régime.

Nouveau pouvoir du Préfet

Par l'insertion d'un nouvel article L. 600-6 au code de l'urbanisme, la loi du 13 juillet 2006, dite « ENL » a conféré au préfet de département un pouvoir lui permettant d'exercer une action identique à celle ouverte aux tiers par l'article L. 480-13 du code de l'urbanisme.

TEXTE OFFICIEL **Code de l'urbanisme, article L. 600-6 (nouv.)**

Lorsque la juridiction administrative, saisie d'un déféré préfectoral, a annulé par une décision devenue définitive un permis de construire pour un motif non susceptible de régularisation, le représentant de l'État dans le département peut engager une action civile en vue de la démolition de la construction dans les conditions et délais définis par le deuxième alinéa de l'article L. 480-13.

Tout d'abord, bien que le nouvel article L. 600-6 du code de l'urbanisme se borne à renvoyer aux conditions et délais prévus par le seul alinéa 2 de l'article L. 480-13, force est de considérer que la condition induite par son alinéa 1er – à savoir que la construction a été édifiée conformément au permis de construire – est également applicable puisque s'agissant des travaux irréguliers, le préfet a vocation à agir au titre de l'article L. 480-9 du code de l'urbanisme.

TEXTE OFFICIEL **Code de l'urbanisme, article L. 480-9**

Si, à l'expiration du délai fixé par le jugement, la démolition, la mise en conformité ou la remise en état ordonnée n'est pas complètement achevée, le maire ou le fonctionnaire compétent peut faire procéder d'office à tous travaux nécessaires à l'exécution de la décision de justice aux frais et risques du bénéficiaire des travaux irréguliers ou de l'utilisation irrégulière du sol.

Au cas où les travaux porteraient atteinte à des droits acquis par des tiers sur les lieux ou ouvrages visés, le maire ou le fonctionnaire compétent ne pourra faire procéder aux travaux mentionnés à l'alinéa précédent qu'après décision du tribunal de grande instance qui ordonnera, le cas échéant, l'expulsion de tous occupants.

Ensuite, c'est donc uniquement l'action en démolition susceptible d'être exercée à l'encontre du propriétaire de l'ouvrage litigieux en application de l'alinéa 2 de l'article L. 480-13 du code de l'urbanisme que le préfet pourra mettre en œuvre et non pas celle, prévue par son alinéa 3, tendant au paiement de dommages et intérêts par les constructeurs.

Il s'ensuit que cette action devra être engagée, d'une part, dans un délai de deux ans à compter de la décision juridictionnelle devenue définitive prononçant l'annulation du permis de construire et que, d'autre part, cette annulation devra avoir résulté de la méconnaissance d'une règle d'urbanisme ou d'une servitude d'utilité publique.

Enfin, il faut relever qu'outre les conditions posées par l'alinéa 2 de l'article L. 480-13 du code de l'urbanisme, il est également nécessaire que l'annulation résulte d'un motif non susceptible de régularisation – ce qu'il incombera, *a priori*, au juge saisi d'apprécier – et qui correspond à la règle selon laquelle la régularisation des travaux s'oppose à la démolition de la construction.

JURISPRUDENCE **Cass. crim. 18 juin 1997, Leloup, pourvoi n° 96-83.082**

Attendu qu'il résulte des dispositions de l'article L. 480-13 du code de l'urbanisme que, lorsqu'une construction a été irrégulièrement édifiée sans permis de construire, la délivrance ultérieure d'un permis tacite, si elle ne fait pas disparaître l'infraction consommée, fait obstacle à une mesure de démolition de l'ouvrage tant que ce permis n'a pas été annulé pour excès de pouvoir ou que son illégalité n'a pas été constatée par la juridiction administrative ;

Attendu que, pour ordonner la démolition des constructions édifiées, alors que le prévenu se prévalait de l'existence d'un permis tacite, non contesté par les parties civiles, les juges du second degré ont retenu que ce permis était illégal.

Mais en toute hypothèse, si l'on s'en rapporte au principe dégagé par la jurisprudence s'agissant de l'article L. 480-9 du code de l'urbanisme (CE 31 mai 1995, M. Libert, req. n° 135 586), l'article L. 600-5 du code de l'urbanisme ne semble instituer qu'une faculté et ne fait donc pas obligation au préfet de mettre en œuvre l'action qu'il prévoit lorsque les conditions sont réunies.

5.2.2 Contentieux civil des constructions et des travaux irréguliers

Le contentieux civil des constructions irrégulières n'a pas été modifié. Ainsi les tiers lésés par la faute résultant de travaux irréguliers pourront, comme antérieurement, obtenir réparation des préjudices conséquemment subis, le cas échéant, dans le cadre d'une plainte avec constitution de partie civile ayant pour effet de déclencher des poursuites pénales à l'encontre des responsables des travaux.

Mais ces actions ne pourront pas être engagées sur le fondement de l'article L. 480-13 du code de l'urbanisme puisque sa nouvelle rédaction issue de la loi du 13 juillet 2006, dite « ENL » a maintenu le principe selon lequel il n'est applicable que lorsque la construction a été édifiée conformément à un permis de construire ; ce qui implique non seulement que les travaux aient été accomplis en exécution d'un permis de construire préalablement obtenu mais encore que les prescriptions en aient été respectées.

A contrario, comme antérieurement, les responsables des travaux irréguliers ne pourront donc pas se prévaloir du régime spécial institué par cet article, y compris lorsque les travaux exécutés en méconnaissance du permis de construire initial auront été ultérieurement régularisés par une nouvelle autorisation.

JURISPRUDENCE

Cass. crim. 1er février 2000, M. Constantini, pourvoi n° 98-96.995

Attendu qu'il résulte de l'arrêt attaqué que Jean-Patrick Costantini, autorisé en 1989 à construire une habitation de 83 m, a obtenu le 26 mars 1990, un permis modificatif aux fins d'extension de la surface et rajout d'un second niveau ; que ce dernier permis a été annulé par le juge administratif ;

Que, sur les poursuites exercées pour construction sans permis, la juridiction du second degré était saisie de conclusions de la partie civile, qui sollicitait, en réparation du préjudice découlant de l'infraction, la démolition de l'ouvrage en infraction ;

Attendu que, pour ordonner cette mesure, alors que le prévenu se prévalait de l'existence d'un nouveau permis de construire modificatif, en date du 27 août 1990, la cour d'appel retient que ce permis ne fait qu'accorder une augmentation de surface et se réfère pour le surplus expressément au permis annulé, dont il conserve les caractéristiques et porte les références ; que les juges en concluent que le prévenu ne disposait d'aucune autorisation à construire et que la partie civile a subi, du fait de la construction édifiée en méconnaissance des règles d'urbanisme, un préjudice dont elle est en droit d'obtenir réparation ;

Attendu qu'en prononçant ainsi, et dès lors que les travaux ont été effectués avant la délivrance du permis de construire invoqué, la cour d'appel a justifié sa décision au regard de l'article L. 480-13 du code de l'urbanisme.

Pour le reste, on peut relever que l'ordonnance n° 2005-1527 du 8 décembre 2005 est venu insérer un nouvel alinéa à l'article L. 480-4 du code de l'urbanisme, s'ajoutant lui même à la précision apportée par l'alinéa 5 de l'article L. 480-1, s'agissant des actions civiles des associations.

TEXTES OFFICIELS

Code de l'urbanisme, article L. 480-1, al. 5

Toute association agréée de protection de l'environnement en application des dispositions de l'article L. 252-1 du code rural peut exercer les droits reconnus à la partie civile en ce qui concerne les faits constituant une infraction à l'alinéa 1er du présent article et portant un préjudice direct ou indirect aux intérêts collectifs qu'elle a pour objet de défendre.

Code de l'urbanisme, article L. 480-4, al. 5 (nouv.)

Toute association telle que définie à l'article 2-4 du code de procédure pénale peut exercer les droits reconnus à la partie civile en ce qui concerne les faits constituant une infraction à l'article L. 451-3 et portant un préjudice direct ou indirect aux intérêts collectifs qu'elle a pour objet de défendre.

Il en résulte que toute association régulièrement déclarée depuis au moins cinq ans dont l'objet statutaire est de combattre les crimes contre l'humanité ou les crimes de guerre ou de défendre les intérêts moraux et l'honneur de la Résistance ou des déportés peut exercer les droits reconnus à la partie civile en cas de non respect des prescriptions imposées s'agissant de la conservation et de la réinstallation des plaques commémoratives dans le cadre de travaux de démolition.

Mais en toute hypothèse, ces dispositions ne s'opposent pas à ce que les autres associations que celles visées par les articles L. 480-1 et L. 480-4 du code de l'urbanisme se constituent parties civiles à l'égard des mêmes faits dès lors qu'ils leur ont causé un préjudice direct et spécial.

JURISPRUDENCE

Cass. crim. 12 septembre 2006, M. André X., pourvoi n° 05-86 958

Attendu que, pour rejeter l'exception d'irrecevabilité de la constitution de partie civile de l'association, l'arrêt énonce que celle-ci a pour objet statutaire la protection de l'environnement, du cadre de vie, de la faune et de la flore du village de Favières-la-Route et que la construction d'une toiture contraire aux prescriptions du plan d'occupation des sols porte atteinte aux intérêts collectifs qu'elle défend ;

Attendu qu'en l'état de ces énonciations, la cour d'appel, qui a caractérisé l'existence d'un préjudice direct et personnel, distinct de celui de ses membres, subi par l'association en raison de la spécificité du but et de l'objet de sa mission, a justifié sa décision ;

Qu'en effet, la possibilité, offerte par l'article L. 480-1, alinéa 5, du code de l'urbanisme, aux associations agréées de protection de l'environnement d'exercer les droits de la partie civile en ce qui concerne les infractions en matière de permis de construire qui portent un préjudice direct ou indirect aux intérêts collectifs qu'elles ont pour objet de défendre, n'exclut pas le droit, pour une association non agréée, qui remplit les conditions prévues par l'article 2 du code de procédure pénale, de se constituer partie civile à l'égard des mêmes faits.

5.3 Le contentieux pénal des travaux illégaux

Ni la loi n° 2006-872 du 13 juillet 2006, dite loi « ENL », ni l'ordonnance n° 2005-1527 du 8 décembre 2005 n'ont modifié le contentieux pénal des travaux illégaux, c'est-à-dire de ceux réalisés sans autorisation d'urbanisme, en exécution d'une autorisation précédemment annulée, suspendue ou retirée ou précédemment frappée de caducité ou en méconnaissance des prescriptions de l'autorisation obtenue.

Pour l'essentiel, en effet, l'ordonnance du 8 décembre 2005 opère un toilettage d'ordre rédactionnel ainsi qu'un certain nombre de reclassements des dispositions pénales du code de l'urbanisme de nature à les clarifier.

Les règles d'ordre procédural, les infractions réprimées, les sanctions encourues et leurs modalités d'exécution ne sont donc pas modifiées.

6

LES AUTRES ASPECTS DE LA RÉFORME

6.1 Le règlement national d'urbanisme et son champ d'application

S'ils ne changent que peu l'organisation et le contenu du règlement national d'urbanisme, l'ordonnance n° 2005-1527 du 8 décembre 2005 et le décret n° 2007-18 du 5 janvier 2007 en modifient, en revanche, le champ d'application territorial et matériel de façon plus significative.

6.1.1 Organisation et contenu du règlement national d'urbanisme

Pour l'essentiel, le décret n° 2007-18 du 5 janvier 2007 ne bouleverse pas le contenu du règlement national d'urbanisme dont la plupart des prescriptions sont conservées et ce, aux mêmes articles qu'antérieurement.

CLASSEMENT & PRINCIPE INCHANGÉS		
Ancien article	**Objet**	**Nouvel article**
R. 111-2	Sécurité & Salubrité publiques	R. 111-2
R. 111-7	Espaces verts & Aires de jeux	R. 111-7
R. 111-8	Eau potable & Assainissement	R. 111-8
R. 111-9	Distribution d'eau sous pression & Raccordement aux réseaux publics pour les ensembles d'habitations	R. 111-9
R. 111-10	Equipements privés en l'absence de réseaux publics	R. 111-10
R. 111-11	Dérogations à l'obligation de réalisation d'installations collectives de distribution d'eau potable	R. 111-11
R. 111-12	Traitement des eaux résiduaires et des eaux usées	R. 111-12
R. 111-13	Coût sur les équipements et les dépenses de fonctionnement de services publics	R. 111-13
R. 111-20	Dérogations aux règles d'implantation et de volume	R. 111-20
R. 111-21	Aspect des constructions	R. 111-21
R. 111-22	Prise en compte de la hauteur moyenne des constructions dans les secteurs déjà partiellement bâtis	R. 111-22
R. 111-23	Aspect des murs séparatifs et aveugles	R. 111-23
R. 111-24	Création et extension des bâtiments industriels	R. 111-24

De même, le décret n° 2007-18 du 5 janvier 2007 procède à certains reclassements des prescriptions – liées aux modifications apportées au dispositif antérieur – qui sans voir leur contenu réellement modifié, relèvent de nouveaux articles. Tout au plus, peut-on relever la dissociation de l'ancien article R. 111-4 du code de l'urbanisme en deux nouveaux articles : le premier, l'article R. 111-5, consacré à la desserte et à l'accessibilité du terrain à construire ; le second, l'article R. 111-6, relatif aux prescriptions imposables en matière de stationnement et de voirie, auquel ont été ajoutées certaines des dispositions de l'ancien article L. 421-3.

RECLASSEMENT SANS CHANGEMENT DE LA RÈGLE IMPOSÉE		
Ancien article	**Objet**	**Nouvel article**
R. 111-3-1	Nuisances graves	R. 111-3
R. 111-3-2	Préservation des sites & vestiges archéologiques	R. 111-4
R. 111-4	Desserte & Accès	R. 111-5
	Stationnement	R. 111-6
R. 111-14-1	Préservation des espaces naturels, agricoles et forestiers & Protection des ressources minières et des matériaux de carrières	R. 111-14
R. 111-14-2	Respect des préoccupations environnementales	R. 111-15
R. 111-18	Implantation des bâtiments en bordure de voie	R. 111-17
R. 111-19	Hauteur & Distance par rapport aux limites séparatives	R. 111-18

Néanmoins, l'ordonnance n° 2005-1527 du 8 décembre 2005 et, surtout, le décret n° 2007-18 du 5 janvier 2007 procèdent à quelques modifications significatives, suppressions et ajouts.

MODIFICATIONS			
Dispositions supprimées	**Objet**	**Objet**	**Dispositions nouvelles**
R. 111-5 & R. 111-6	Distances des constructions par rapport aux autoroutes et axes routiers	Planification des extensions de réseaux publics nécessaires aux constructions	L. 111-4 (anc. L. 421-5)
R. 111-15	Respect des schémas directeurs des agglomérations nouvelles	Règles applicables aux bâtiments existants ne respectant pas le nouvel article R. 111-19	R. 111-19
R. 111-16 & R. 111-17	Règles et distances d'implantation de plusieurs bâtiments sur un même terrain	Simplification des règles d'implantation de plusieurs bâtiments sur un même terrain	R. 111-16

Concernant les suppressions, tout d'abord, on peut constater la disparition des anciens articles R. 111-5 et R. 111-6 relatifs à l'implantation des constructions par rapport aux autoroutes et aux axes des routes classées à grande circulation, laquelle semble donc avoir vocation à n'être plus régie que par l'article L. 111-1-4 du code de l'urbanisme, qui n'est pas modifié par l'ordonnance n° 2005-1527 du 8 décembre 2005.

REMARQUE

Cette suppression permet de régler l'apparente contradiction existant entre l'article L. 111-1-4 qui prescrit que « en dehors des espaces urbanisés des communes, les constructions ou installations sont interdites dans une bande de cent mètres de part et d'autre de l'axe des autoroutes, des routes express et des déviations au sens du code de la voirie routière et de soixante-quinze mètres de part et d'autre de l'axe des autres routes classées à grande circulation » alors qu'aux termes des articles R. 111-5 et R. 111-6 du code de l'urbanisme, ces distances étaient fixées à 50 et 35 mètres pour les constructions à destination d'habitation et 40 et 25 mètres pour les autres constructions.

Concernant les modifications, ensuite, il faut relever l'appréciable simplification des règles relatives à l'implantation et aux volumes des constructions lorsque le projet comporte plusieurs bâtiments sur un même terrain, anciennement codifiées aux articles R. 111-16 et R. 111-17 du code de l'urbanisme dont certaines prescriptions étaient quelque peu délicates à mettre en œuvre et à contrôler.

TEXTES OFFICIELS

Code de l'urbanisme, article R. 111-16 (anc.)

Les bâtiments situés sur un terrain appartenant au même propriétaire doivent être implantés de telle manière que les baies éclairant les pièces principales ne soient masquées par aucune partie d'immeuble qui, à l'appui de ces baies, serait vue sous un angle de plus de 45° au-dessus du plan horizontal.

Toutefois, pour la façade la moins ensoleillée, cet angle peut être porté à 60°, à condition que la moitié au plus des pièces principales prennent jour sur cette façade.

Une distance d'au moins quatre mètres peut être imposée entre deux bâtiments non contigus.

Code de l'urbanisme, article R. 111-17 (anc.)

Lorsqu'il s'agit de créer un ensemble de bâtiments à usage d'habitation comprenant au moins quinze logements, chaque bâtiment doit, sauf impossibilité tenant à la situation et à l'état des lieux, satisfaire aux conditions suivantes :

la moitié au moins des façades percées de baies, servant à l'éclairage des pièces principales, doit bénéficier d'un ensoleillement de deux heures par jour pendant au moins deux cents jours par année. Chaque logement doit être disposé de telle sorte que la moitié au moins de ses pièces principales prennent jour sur les façades répondant à ces conditions ;

les baies éclairant les autres pièces principales ne doivent être masquées par aucune partie d'immeuble qui, à l'appui de ces baies, serait vue sous un angle de plus de 60° au-dessus du plan horizontal ;

Une distance d'au moins quatre mètres peut être exigée entre deux bâtiments non contigus.

Les modalités techniques d'application du présent article sont définies par arrêté du ministre chargé de l'urbanisme.

À ces règles, le nouvel article R. 111-16 du code de l'urbanisme substitue un principe autrement plus simple et plus souple puisqu'il se borne à prévoir que « une distance d'au moins trois mètres peut être imposée entre deux bâtiments non contigus situés sur un terrain appartenant à un même propriétaire ».

Concernant les innovations, enfin, l'ordonnance n° 2005-1527 du 8 décembre 2005 introduit un nouvel article L. 111-4 dans les règles nationales d'urbanisme dont le contenu correspond aux dispositions de l'ancien article L. 421-5 du code de l'urbanisme ; ce qui permet d'étendre à toutes les autorisations un principe qui précédemment n'était opposable qu'aux seuls permis de construire, à l'exclusion même des déclarations de travaux (CE 10 juillet 1995, Bazin, req. n° 118.853).

TEXTE OFFICIEL

Code de l'urbanisme, article L. 111-4 (nouv.)

Lorsque, compte tenu de la destination de la construction ou de l'aménagement projeté, des travaux portant sur les réseaux publics de distribution d'eau, d'assainissement ou de distribution d'électricité sont nécessaires pour assurer la desserte du projet, le permis de construire ou d'aménager ne peut être accordé si l'autorité compétente n'est pas en mesure d'indiquer dans quel délai et par quelle collectivité publique ou par quel concessionnaire de service public ces travaux doivent être exécutés.

Lorsqu'un projet fait l'objet d'une déclaration préalable, l'autorité compétente doit s'opposer à sa réalisation lorsque les conditions mentionnées au premier alinéa ne sont pas réunies.

Plus spécifiquement, on soulignera avec intérêt le nouvel article R. 111-19 du code de l'urbanisme, en ce qu'il transpose aux bâtiments existants méconnaissant les prescriptions du nouvel article R. 111-18, le principe issu de la jurisprudence dite « Sekler » gouvernant les travaux projetés sur une construction devenue irrégulière du fait de l'entrée en vigueur de nouvelles règles d'urbanisme.

TEXTE OFFICIEL

Code de l'urbanisme, article R. 111-19 (nouv.)

Lorsque, par son gabarit ou son implantation, un immeuble bâti existant n'est pas conforme aux prescriptions de l'article R. 111-18, le permis de construire ne peut être accordé que pour des travaux qui ont pour objet d'améliorer la conformité de l'implantation ou du gabarit de cet immeuble avec ces prescriptions, ou pour des travaux qui sont sans effet sur l'implantation ou le gabarit de l'immeuble.

On peut se demander pourquoi cette règle est limitée aux seules constructions méconnaissant les prescriptions du nouvel article R. 111-18 et n'a pas été étendue aux autres prescriptions puisqu'en prévoyant expressément cet assouplissement pour le seul article R. 111-18, il tend à l'exclure implicitement pour les autres.

6.1.2 Champ d'application du règlement national d'urbanisme

Champ d'application territorial

La nouvelle rédaction de l'article R. 111-1 du code de l'urbanisme maintient l'ancienne dissociation entre les dispositions d'ordre public s'appliquant en tout endroit du territoire national et les dispositions ne s'appliquant pas sur les territoires couverts par un plan local d'urbanisme ou un document d'urbanisme en tenant lieu, tout en procédant à certaines modifications qui, pour être limitées en nombre, n'en sont pas pour autant négligeables.

Ancien article	Caractère d'ordre public	Objet	Nouvel article	Caractère d'ordre public
R. 111-2	OUI	Sécurité & Salubrité	R. 111-2	OUI
R. 111-3-1	NON	Nuisances graves	R. 111-3	NON
R. 111-3-2	OUI	Sites & Vestiges archéologiques	R. 111-4	OUI
R. 111-4	OUI	Desserte, Accès & Stationnement	R. 111-5-1 & R. 111-6	NON
R. 111-7	NON	Espaces verts & Aires de jeux	R. 111-7	NON
R. 111-8	NON	Eau potable & Assainissement	R. 111-8	NON
R. 111-9	NON	Distribution d'eau & Raccordement aux réseaux	R. 111-9	NON
R. 111-10	NON	Equipements privés en l'absence de réseaux	R. 111-10	NON
R. 111-11	NON	Dérogations en matière de distribution d'eau	R. 111-11	NON
R. 111-12	NON	Traitement des eaux résiduaires et usées	R. 111-12	NON
R. 111-13	NON	Impact sur les finances publiques	R. 111-13	NON
R. 111-14-1	NON	Espaces naturels & Ressources	R. 111-14	NON

R. 111-14-2	OUI	Préoccupations environnementales	R. 111-15	OUI
R. 111-16 & R. 111-17	NON	Implantation de plusieurs bâtiments sur un même terrain	R. 111-16	NON
R. 111-18	NON	Implantation des bâtiments en bordure de voie	R. 111-17	NON
R. 111-19	NON	Hauteur & Distance par rapport aux limites séparatives	R. 111-18 & R. 111-19	NON
R. 111-20	NON	Dérogations aux règles d'implantation et de volume	R. 111-20	NON
R. 111-21	OUI	Aspect des constructions	R. 111-21	Régime spécial
R. 111-22	NON	Prise en compte de la hauteur des constructions dans les secteurs bâtis	R. 111-22	NON
R. 111-23	NON	Aspect des murs séparatifs et aveugles	R. 111-23	NON
R. 111-24	NON	Création et extension des bâtiments industriels	R. 111-24	NON

Deux modifications sont ainsi apportées à l'ancien dispositif prévu par l'article R. 111-1 du code de l'urbanisme.

D'une part, les nouveaux articles R. 111-5 et R. 111-6 du code de l'urbanisme ne sont pas d'ordre public et ne s'appliquent donc pas sur les territoires couverts par un plan local d'urbanisme ou un document d'urbanisme en tenant lieu, contrairement à l'ancien article R. 111-4.

Une telle suppression ne manque pas de surprendre bien que l'objet de l'article R. 111-5 et, dans une moindre mesure, l'article R. 111-6 relèvent de l'article 3 du règlement d'urbanisme local et que, le plus souvent, les articles 3 de ces règlements se bornent à retranscrire l'économie générale de l'ancien article R. 111-4 ou, au contraire, sont si précis et détaillés qu'ils rendent les prescriptions de ce dernier presque superfétatoires.

En effet, il résulte de l'article R. 123-9 du code de l'urbanisme qu'un règlement de PLU « peut comprendre » des prescriptions relatives aux « conditions de desserte des terrains par les voies publiques ou privées et d'accès aux voies ouverts au public » : rien n'impose donc qu'un PLU réglemente la desserte et l'accessibilité du terrain à construire. Or, même dans ce cas, les articles R. 111-5 et R. 111-6 du code de l'urbanisme ne s'appliqueront pas.

En outre, tout l'intérêt du caractère d'ordre public de l'ancien article R. 111-4 du code de l'urbanisme était de permettre de contrôler concrètement l'accessibilité du terrain à construire au regard des caractéristiques techniques et fonctionnelles des voies censées en assurer la desserte, alors que l'article 3 du règlement local d'urbanisme a vocation à prescrire une règle établie pour valoir à l'échelle de l'ensemble d'une zone ou, au mieux, d'un sous secteur du PLU.

D'autre part, le nouvel article R. 111-1 du code de l'urbanisme ôte à l'article R. 111-21 du même code son caractère d'ordre public mais ce, de façon plus restreinte et cohérente puisqu'il a vocation à s'appliquer sur les territoires couverts par un plan local d'urbanisme mais, en revanche, ne s'appliquera pas sur ceux couverts par une zone de protection du patrimoine architectural, urbain et paysager créée en application de l'article L. 642-1 du code du patrimoine ou par un plan de sauvegarde et de mise en valeur approuvé en application de l'article L. 313-1 du code de l'urbanisme.

Champ d'application matériel

La particularité des anciens articles R. 111-2 à R. 111-24 du code de l'urbanisme relatifs aux règles générales d'utilisation du sol étaient de ne viser expressément que le permis de construire ; ce qui avait conduit le juge administratif à estimer, à titre d'exemple, que l'article R. 111-2 n'était pas opposable aux autorisations de lotir (CE 4 février 1994, Michel Ablain, req. n° 116.225) ou que l'article R. 111-4 n'était applicable ni aux autorisations « ITD » (TA Nice 19 novembre 1998, Billon, req. n° 95-2407), ni aux déclarations de clôture (CE 18 février 1998, Brun, *Constr. & Urb.*, n° 207).

La nouvelle rédaction de l'article R. 111-1 du code de l'urbanisme généralise ainsi l'opposabilité des articles R. 111-2 et suivants du code de l'urbanisme en précisant que « les dispositions du présent chapitre sont applicables aux constructions, aménagements, installations et travaux faisant l'objet d'un permis de construire, d'un permis d'aménager ou d'une déclaration préalable ainsi qu'aux autres utilisations du sol régies par le présent code ».

Les nouveaux articles R. 111-2 à R. 111-24 du code de l'urbanisme sont donc opposables tant au permis de construire et au permis d'aménager qu'à la déclaration préalable, qu'elle porte sur une construction ou sur d'autres travaux, aménagements et installations. Il faut également relever que le nouvel article R. 111-1 précise que ces articles sont applicables « aux autres utilisations du sol régies par le présent code », c'est-à-dire à celles dispensées de toute formalité ; ce qui est, d'ailleurs, logique puisque la dispense de toute formalité dont bénéficient certains travaux n'est que d'ordre procédural et ne saurait donc en elle-même dispenser de l'obligation de respecter les règles de fond.

REMARQUE On sait, d'ailleurs, que le juge pénal opère une distinction entre les infractions de procédure consistant en l'exécution de travaux sans l'autorisation requise et les infractions de fond consistant en la méconnaissance des prescriptions d'urbanisme opposables au projet ; ce dont il résulte que le fait que les travaux réalisés soient conformes aux règles de fond ne s'oppose pas au prononcé d'une sanction lorsqu'ils ont été réalisés sans l'autorisation requise (Cass. crim. 16 mars 1994, pourvoi n° 93-83.203) et qu'*a contrario*, la circonstance que les travaux réalisés n'étaient pas assujettis à autorisation ou à déclaration n'affranchit pas le constructeur lorsqu'ils ont été réalisés en méconnaissance des prescriptions du règlement d'urbanisme local (Cass. crim. 9 novembre 1994, Ph. Abitant, pourvoi n° 94-80.962).

Il faut, toutefois, souligner que ce principe connaît certaines exceptions puisque les articles se bornant à autoriser l'édiction de prescriptions, tels les nouveaux articles R. 111-6 et R. 111-7, ne sauraient être mis en œuvre à l'égard de travaux dispensés de toute formalité comme l'induit d'ailleurs la rédaction de ces articles dont il résulte que ces prescriptions ne peuvent être imposées qu'à travers le permis ou la décision prise sur déclaration préalable.

Enfin, bien qu'il constitue un mode d'utilisation du sol, le permis de démolir n'est que très marginalement concerné par le principe posé par le nouvel article R. 111-1 du code de l'urbanisme non seulement parce que de par leur contenu, les prescriptions des articles R. 111-2 à R. 111-24 du code de l'urbanisme n'ont pas vocation à être appliquées à une opération de démolition mais également parce qu'aux termes du nouvel article L. 421-6, alinéa 2, « le permis de démolir peut être refusé ou n'être accordé que sous réserve de l'observation de prescriptions spéciales si les travaux envisagés sont de nature à compromettre la protection ou la mise en valeur du patrimoine bâti, des quartiers, des monuments et des sites », ce qui limite la portée du contrôle opéré par cette autorisation.

6.2 Les dispositions propres à l'implantation de certaines catégories d'installations

Conformément au nouvel article L. 443-4 du code de l'urbanisme issu de l'ordonnance n° 2005-1527 du 8 décembre 2005, le décret n° 2007-18 du 5 janvier 2007 insère au code de l'urbanisme des dispositions spéciales relatives à la définition et à l'implantation des habitations légères de loisirs, des résidences mobiles de loisirs et des caravanes ainsi qu'à la réglementation du camping, lesquelles, aux termes du nouvel article R. 111-30, ne sont toutefois pas applicables sur les foires, marchés, voies et places publiques, ni sur les aires de stationnement créées en application de la loi n° 2000-614 du 5 juillet 2000 relative à l'accueil et à l'habitat des gens du voyage.

6.2.1 Habitations légères de loisirs

Aux termes du nouvel article R. 111-31 du code de l'urbanisme, constituent des habitations légères de loisirs « les constructions démontables ou transportables, destinées à une occupation temporaire ou saisonnière à usage de loisir », lesquelles, en application du nouvel article R. 111-32, peuvent être implantées dans :

- les parcs résidentiels de loisirs spécialement aménagés à cet effet ;
- les terrains de camping classés au sens du code du tourisme, sous réserve que leur nombre soit inférieur à trente-cinq lorsque le terrain comprend moins de 175 emplacements ou à 20 % du nombre total d'emplacements dans les autres cas ;
- les villages de vacances classés en hébergement léger au sens du code du tourisme ;
- les dépendances des maisons familiales de vacances agréées au sens du code du tourisme.

En dehors de ces emplacements, l'implantation des habitations légères de loisirs est soumise au droit commun des constructions.

6.2.2 Résidences mobiles de loisirs

Le nouvel article R. 111-33 du code de l'urbanisme précise que sont des résidences mobiles de loisirs « les véhicules terrestres habitables qui sont destinés à une occupation temporaire ou saisonnière à usage de loisir, qui conservent des moyens de mobilité leur permettant d'être déplacés par traction mais que le code de la route interdit de faire circuler ».

On relèvera qu'il est indispensable que la résidence conserve ses moyens de mobilité puisqu'à défaut, il s'agirait d'une construction relevant, le cas échéant, du champ d'application du permis de construire (Cass. soc. 8 mars 1989, pourvoi n° 85-14.266). De même, il est nécessaire qu'il s'agisse d'un véhicule que le code de la route interdit de faire circuler puisque dans le cas contraire, il s'agirait d'une caravane au sens du nouvel article R. 111-37 soumise aux règles d'implantation prescrites par les nouveaux articles R. 111-38 et suivants du code de l'urbanisme.

Aux termes du nouvel article R. 111-34 du code de l'urbanisme, les résidences mobiles, répondant à la définition posée par le nouvel article R. 111-33, peuvent être implantées dans :

- les parcs résidentiels de loisirs mentionnés au 1° de l'article R. 111-32, à l'exception des terrains créés après le 1er juillet 2007 et exploités par cession d'emplacements ou par location d'emplacements d'une durée supérieure à un an renouvelable ;
- les terrains de camping classés au sens du code du tourisme ;
- les villages de vacances classés en hébergement léger au sens du code du tourisme.

En outre, pour ce qui concerne les besoins liés à leur stationnement lorsqu'elles ne sont pas utilisées, le nouvel article R. 111-35 précise que les résidences mobiles de loisirs peuvent être « entreposées, en vue de leur prochaine utilisation, sur les terrains affectés au garage collectif des caravanes et résidences mobiles de loisirs, les aires de stationnement ouvertes au public et les dépôts de véhicules mentionnés au point *j)* de l'article R. 421-19 et au point *e)* de l'article R. 421-23 », c'est-à-dire sur les aires de stationnement et les dépôts de véhicules ayant donné lieu, selon leur capacité, à un permis d'aménager ou une déclaration d'aménagement. Toutefois, le nouvel article R. 111-36 du code de l'urbanisme prévoit que sur décision préfectorale et par dérogation aux règles de droit commun, les résidences mobiles de loisirs peuvent être installées, à titre temporaire, sur tout autre terrain afin de permettre le relogement provisoire des personnes victimes d'une catastrophe naturelle ou technologique.

6.2.3 **Caravanes**

Le nouvel article R. 111-37 du code de l'urbanisme précise qu'il faut entendre par caravanes, « les véhicules terrestres habitables qui sont destinés à une occupation temporaire ou saisonnière à usage de loisir, qui conservent en permanence des moyens de mobilité leur permettant de se déplacer par eux-mêmes ou d'être déplacés par traction et que le code de la route n'interdit pas de faire circuler ».

Il est ainsi nécessaire qu'il s'agisse d'un véhicule dont la circulation n'est pas interdite par le code de la route puisqu'en pareil cas, il s'agirait d'une résidence mobile de loisirs au sens du nouvel article R. 111-33 dont l'implantation serait alors régie par les règles prescrites aux articles R. 111-34 et suivants du code de l'urbanisme. Mais il est surtout impératif, en toute hypothèse, qu'il conserve ses moyens de mobilité puisqu'à défaut il pourrait être qualifié de construction relevant, le cas échéant, du champ d'application du permis de construire.

JURISPRUDENCE

Cass. soc. 8 mars 1989, pourvoi n° 85-14.266

« [...] Mais attendu que les juges d'appel énoncent exactement que, pour apprécier les notions d'habitation au sens du décret n° 72-533 du 29 juin 1972, il convient de se référer à l'article L. 421-1 du code de l'urbanisme aux termes duquel quiconque désire entreprendre ou implanter une construction à usage d'habitation ou non, même ne comportant pas de fondations, doit au préalable obtenir un permis de construire ; qu'ayant relevé que, posée sur cales, la caravane acquise par M. et Mme Contival était installée de manière permanente sur le terrain dont ils étaient propriétaires, ils étaient fondés à décider que, compte tenu de la perte de tout moyen de mobilité et en raison de sa fixité, ce logement ne pouvait être regardé comme une caravane, au sens de l'article R. 443-1 du code de la construction, mais comme une maison légère entrant dans le champ d'application de l'article L. 421-1 précité. »

Contrairement aux nouveaux articles R. 111-32 et R. 111-34 du code de l'urbanisme, lesquels précisent les emplacements où les habitations légères et les résidences mobiles peuvent s'implanter, les nouveaux articles R. 111-38 et R. 111-39 régissent les endroits où l'installation de caravanes, quelle qu'en soit la durée, est interdite, à savoir :

- dans les secteurs où le camping pratiqué isolément et la création de terrains de camping sont interdits en vertu de l'article R. 111-42 ;
- dans les bois, forêts et parcs classés par un plan local d'urbanisme comme espaces boisés à conserver, sous réserve de l'application éventuelle des articles L. 130-1 à L. 130-3, ainsi que dans les forêts classées en application du titre Ier du livre IV du code forestier ;
- dans les secteurs où la pratique du camping a été interdite dans les conditions prévues à l'article R. 111-43.

REMARQUE

L'interdiction prévue par le nouvel article R. 111-39 par renvoi au nouvel article R. 111-43 n'est, toutefois, opposable qu'à la condition d'avoir été portée à la connaissance du public dans les conditions prévues par le nouvel article R. 111-44. En outre, pour les caravanes, cette interdiction peut être assouplie puisqu'un arrêté du maire peut autoriser l'installation des caravanes dans ces zones pour une durée qui peut varier selon les périodes de l'année, mais qui ne peut être supérieure à quinze jours. En toute hypothèse mais sauf circonstance exceptionnelle, cette interdiction ne s'applique pas aux caravanes à usage professionnel lorsqu'il n'existe pas, sur le territoire de la commune, de terrain aménagé.

Toutefois, pour ce qui concerne les besoins liés à leur entreposage, en dehors des périodes où elles sont utilisées, le nouvel article R. 111-40 du code de l'urbanisme précise que les caravanes peuvent être régulièrement installées, alors même que les prescriptions des nouveaux articles R. 111-38 et R. 111-39 s'y opposeraient, sur les terrains affectés au garage collectif des caravanes et résidences mobiles de loisirs, les aires de stationnement ouvertes au public et les dépôts de véhicules (mentionnés au point *j)*) de l'article R. 421-19 et au point *e)* de l'article R. 421-23 ainsi que dans les bâtiments, remises et sur le terrain où est implantée la construction constituant la résidence de l'utilisateur.

6.2.4 Camping

Le nouvel article R. 111-41 du code de l'urbanisme pose le principe selon lequel « le camping est librement pratiqué, hors de l'emprise des routes et voies publiques, dans les conditions fixées par la présente sous-section, avec l'accord de celui qui a la jouissance du sol, sous réserve, le cas échéant, de l'opposition du propriétaire ». Néanmoins, le nouvel article R. 111-42 du code de l'urbanisme prévoit un certain nombre de secteurs et de zones où le camping est interdit, sauf dérogations spéciales ; le nouvel article R. 111-43 offrant, en outre, au PLU la possibilité d'édicter d'autres interdictions.

TEXTES OFFICIELS

Code de l'urbanisme, article R. 111-42 (nouv.)

Le camping pratiqué isolément ainsi que la création de terrains de camping sont interdits :

1° sauf dérogation accordée, après avis de l'architecte des Bâtiments de France et de la commission départementale de la nature, des paysages et des sites, par l'autorité compétente définie aux articles L. 422-1 et L. 422-2, sur les rivages de la mer et dans les sites inscrits en application de l'article L. 341-1 du code de l'environnement ;

2° sauf dérogation accordée par l'autorité administrative après avis de la commission départementale de la nature, des paysages et des sites, dans les sites classés en application de l'article L. 341-2 du code de l'environnement ;

3° sauf dérogation accordée dans les mêmes conditions qu'au 1°, dans les secteurs sauvegardés créés en application de l'article L. 313-1, dans le champ de visibilité des édifices classés ou inscrits au titre des monuments historiques et des parcs et jardins classés ou inscrits ayant fait l'objet d'un périmètre de protection délimité dans les conditions fixées à l'article L. 621-30-1 du code du patrimoine et dans les zones de protection du patrimoine architectural, urbain et paysager instituées en application de l'article L. 642-1 du même code ;

4° sauf dérogation accordée, après avis favorable du conseil départemental de l'environnement et des risques sanitaires et technologiques, par l'autorité compétente définie aux articles L. 422-1 et L. 422-2, dans un rayon de 200 mètres autour des points d'eau captée pour la consommation, sans préjudice des dispositions relatives aux périmètres de protection délimités en application de l'article L. 1321-2 du code de la santé publique.

Code de l'urbanisme, article R. 111-43 (nouv.)

La pratique du camping en dehors des terrains aménagés à cet effet peut en outre être interdite dans certaines zones par le plan local d'urbanisme ou le document d'urbanisme en tenant lieu. Lorsque cette pratique est de nature à porter atteinte à la salubrité, à la sécurité ou à la tranquillité publiques, aux paysages naturels ou urbains, à la conservation des perspectives monumentales, à la conservation des milieux naturels ou à l'exercice des activités agricoles et forestières, l'interdiction peut également être prononcée par arrêté du maire pris après avis de la commission départementale d'action touristique.

6.3 Le nouveau régime du lotissement

Outre une redéfinition du lotissement et la substitution du permis d'aménager ou de la déclaration préalable à l'autorisation de lotir, l'ordonnance n° 2005-1527 du 8 décembre 2005 et le décret n° 2007-18 du 5 janvier 2007 apportent également quelques modifications au régime même du lotissement mais conservent la plupart des principes et des règles prévus par l'ancien dispositif.

6.3.1 Protection des acquéreurs et des colotis

Le nouvel article L. 442-4 du code de l'urbanisme conserve l'ancien principe selon lequel aucune promesse de vente ou de location d'un terrain situé dans un lotissement ne peut être consentie et aucun acompte ne peut être accepté avant la délivrance du permis d'aménager ou avant l'expiration du délai de réponse à la déclaration préalable. Ce principe a pour corollaire, aux termes du nouvel article L. 442-8, que ce n'est qu'à compter de la délivrance du permis d'aménager ou de la décision de non-opposition à la déclaration préalable, que le lotisseur peut consentir une promesse unilatérale de vente indiquant la consistance du lot réservé, sa délimitation, son prix et son délai de livraison.

REMARQUE

S'il ne le précise pas expressément, ce nouveau dispositif ne semble pas remettre en cause la jurisprudence qui assimile les promesses d'achat aux promesses de vente (Cass. civ. 2 mars 1983, Coudert, pourvoi n° 81-15.564).

De même, les nouveaux articles L. 442-5 et L. 442-6 reprennent l'économie générale des anciennes dispositions portant sur la publicité relative à la commercialisation des lots tout en précisant que le dossier peut être consulté en mairie là où il était anciennement prévu qu'il soit seulement déposé en mairie ; ce qui tend à renforcer l'information des acquéreurs.

Quant à la vente ou à la location effective des lots, le principe reste qu'elles ne peuvent intervenir qu'une fois les travaux de lotissement achevés ; sauf à ce que le lotisseur soit autorisé à procéder à leur commercialisation anticipée dans les conditions prescrites par le nouvel article R. 442-13.

TEXTE OFFICIEL

Code de l'urbanisme, article R. 442-13 (nouv.)

Le permis d'aménager ou un arrêté ultérieur pris par l'autorité compétente pour délivrer le permis autorise sur sa demande le lotisseur à procéder à la vente ou à la location des lots avant l'exécution de tout ou partie des travaux prescrits, dans l'une ou l'autre des hypothèses suivantes :

a) Le demandeur sollicite l'autorisation de différer, en vue d'éviter la dégradation des voies pendant la construction des bâtiments, la réalisation du revêtement définitif de ces voies, l'aménagement des trottoirs, la pose de leurs bordures, la mise en place des équipements dépendant de ces trottoirs ainsi que les plantations prescrites ;

Dans ce cas, cette autorisation est subordonnée à l'engagement du demandeur de terminer les travaux dans les délais que fixe l'arrêté et, si le lotisseur n'est pas une collectivité publique, à la consignation à cette fin, en compte bloqué, d'une somme équivalente à leur coût, fixé par ledit arrêté, ou à la production d'une garantie d'achèvement desdits travaux établie conformément à l'article R. 442-14 ; le déblocage de la somme représentative du montant des travaux peut être autorisé en fonction de leur degré d'avancement par l'autorité qui a accordé l'autorisation de lotir ;

b) Le lotisseur justifie d'une garantie d'achèvement des travaux établie conformément à l'article R. 442-14.

Dans ce cas, l'arrêté fixe la date à laquelle l'organisme garant prévu à l'article R. 442-14 devra mettre les sommes nécessaires au financement des travaux à la disposition de l'une des personnes visées à l'article R. 442-15.

À défaut de respecter les règles applicables en la matière, le nouvel article L. 442-15 du code de l'urbanisme prévoit que les ventes ou locations de terrains intervenues en méconnaissance de ces règles peuvent être annulées à la requête de l'acquéreur, du maire ou du préfet dans le département aux frais et dommages du lotisseur, sauf à ce qu'un permis de construire ait déjà été délivré sur la parcelle objet de la vente ou de la location litigieuse ; le nouvel article L. 442-16 précisant qu'en toute hypothèse, l'action en justice née de la violation de la réglementation applicable aux lotissements se prescrit par dix ans à compter de la publication des actes portant transfert de propriété à la publicité foncière. Mais au delà de la nullité des ventes ou des locations, la méconnaissance de l'ensemble de ces règles peut être réprimée au titre de l'article L. 480-4-1 du code de l'urbanisme.

TEXTE OFFICIEL

Code de l'urbanisme, article L. 480-4-1 (nouv.)

Est puni d'une amende de 18 000 euros et, en cas de récidive, d'une amende de 45 000 euros le fait de vendre ou de louer des terrains bâtis ou non bâtis compris dans un lotissement sans avoir obtenu un permis d'aménager ou sans avoir respecté les obligations imposées par l'article L. 442-3, lorsque le lotissement est soumis à une déclaration préalable, ou sans s'être conformé aux prescriptions imposées par le permis d'aménager ou par la décision prise sur la déclaration préalable.

Lorsque les prescriptions imposées n'ont pas été respectées, le tribunal peut en outre impartir un délai au lotisseur pour mettre les travaux en conformité avec lesdites prescriptions, sous peine d'une astreinte prononcée et exécutée dans les conditions prévues par les articles L. 480-7 et L. 480-8.

Si, à l'expiration du délai fixé par le jugement, les travaux n'ont pas été mis en conformité, l'autorité compétente peut faire effectuer les travaux d'office, aux frais et risques financiers de l'aménageur.

Enfin, le nouvel article L. 442-12 reprend également la règle antérieurement prévue par l'ancien article L. 315-5 du code de l'urbanisme selon laquelle dans les cinq ans suivant l'achèvement d'un lotissement, le permis de construire ne peut être refusé ou assorti de prescriptions spéciales sur le fondement de dispositions d'urbanisme intervenues postérieurement à l'autorisation du lotissement ; les dispositions résultant des modifications des documents du lotissement opérées en application des articles L. 442-10, L. 442-11 et L. 442-13 étant toutefois opposables.

6.3.2 Règles du lotissement

L'ordonnance n° 2005-1527 du 8 décembre 2005 et le décret n° 2007-18 du 5 janvier 2007 conservent les principales règles antérieurement applicables.

Évolution des règles du lotissement

Le nouveau dispositif reprend quasiment à l'identique les trois procédures antérieurement prévues s'agissant de la modification des documents du lotissement et de l'évolution de ses règles.

Modifications résultant de l'accord de la majorité des colotis

Le nouvel article L. 442-10 reprend quasiment à la lettre l'ancien article L. 315-3 en prévoyant que l'autorité compétente peut prononcer la modification de tout ou partie des documents du lotissement, notamment du règlement et du cahier des charges relatifs à ce lotissement, lorsque les deux tiers des propriétaires détenant ensemble les trois quarts au moins de la superficie d'un lotissement ou les trois quarts des propriétaires détenant au moins les deux tiers de cette superficie le demandent ou l'acceptent, si cette modification est compatible avec la réglementation d'urbanisme applicable et, pour autant, que le lotisseur n'ait pas exercé le droit d'opposition dont il dispose à l'encontre des modifications susceptibles de lui faire grief pendant cinq ans à compter de l'achèvement du lotissement.

Pour le reste, le décret n° 2007-18 du 5 janvier 2007 n'apporte que deux précisions : l'autorité compétente pour prononcer la modification des documents du lotissement dans l'hypothèse visée par le nouvel article L. 442-10 est celle compétente pour délivrer le permis d'aménager (C. urb., art. R. 422-19) ; la procédure prévue par cet article est applicable aux divisions de propriété antérieures à l'entrée en vigueur de la loi du 14 mars 1919 (C. urb., art. R. 422-20), c'est-à-dire celles opérées avant que n'ait été instituée une procédure de contrôle des divisions foncières.

Modifications résultant d'une mise en harmonie avec les PLU et documents en tenant lieu

Le nouvel article L. 442-11 du code de l'urbanisme conserve la faculté déjà offerte à l'administration par l'ancien article L. 315-4, de modifier les documents du lotissement pour les mettre en concordance avec les PLU et les documents d'urbanisme en tenant lieu lorsque leur approbation est postérieure à la délivrance du permis d'aménager ou à la décision de non-opposition à déclaration préalable.

TEXTE OFFICIEL **Code de l'urbanisme, article L. 442-11 (nouv.)**

Lorsque l'approbation d'un plan local d'urbanisme ou d'un document d'urbanisme en tenant lieu intervient postérieurement au permis d'aménager un lotissement ou à la décision de non-opposition à une déclaration préalable, l'autorité compétente peut, après enquête publique et délibération du conseil municipal, modifier tout ou partie des documents du lotissement, et notamment le règlement et le cahier des charges, pour les mettre en concordance avec le plan local d'urbanisme ou le document d'urbanisme en tenant lieu.

Le nouvel article L. 442-11 simplifie néanmoins la procédure, en ne prévoyant plus l'obligation de procéder à l'information individuelle des colotis pour les lotissements de moins de 50 lots.

REMARQUE

La procédure prévue par le nouvel article R. 442-11 est applicable aux divisions de propriété en 14 mars 1919 et à celles résultant d'opérations de remembrement liées aux destructions de la seconde guerre mondiale.

Modifications résultant d'une déclaration d'utilité publique

La procédure prévue par l'ancien article L. 315-7 du code de l'urbanisme est reprise à l'identique par son nouvel article L. 442-13 qui prévoit que la déclaration d'utilité publique d'une opération qui n'est pas compatible avec les dispositions à caractère réglementaire régissant un lotissement approuvé emporte alors modification de ces documents pour autant, mais c'est une obligation, que l'enquête publique relative à cette opération ait porté à la fois sur son utilité publique et sur la modification des documents régissant le lotissement.

Caducité des règles du lotissement

Le nouvel article L. 442-9 du code de l'urbanisme reprend les règles antérieurement prévues par l'ancien article L. 315-2 s'agissant de la caducité des règles du lotissement et du droit offert à la majorité des colotis d'en solliciter le maintien.

TEXTE OFFICIEL

Code de l'urbanisme, article L. 442-9 (nouv.)

Les règles d'urbanisme contenues dans les documents approuvés d'un lotissement deviennent caduques au terme de dix années à compter de la délivrance de l'autorisation de lotir si, à cette date, le lotissement est couvert par un plan local d'urbanisme ou un document d'urbanisme en tenant lieu.

Toutefois, lorsqu'une majorité de colotis, calculée comme il est dit à l'article L. 442-10, a demandé le maintien de ces règles, elles ne cessent de s'appliquer qu'après décision expresse de l'autorité compétente prise après enquête publique.

Les dispositions du présent article ne remettent pas en cause les droits et obligations régissant les rapports entre colotis définis dans le cahier des charges du lotissement, ni le mode de gestion des parties communes.

Les dispositions du présent article ne sont pas applicables aux terrains lotis en vue de la création de jardins mentionnés à l'article L. 111-5-4.

On relèvera que le nouvel article L. 442-11 du code de l'urbanisme exclut expressément, ce qui n'était pas le cas précédemment, les « lotissements-jardins » qui sont, d'ailleurs, dorénavant visés par le nouvel article L. 111-5-4.

Par ailleurs, les nouveaux articles R. 442-22 et R. 442-23 du code de l'urbanisme conservent l'essentiel des règles posées par ses anciens articles R. 315-45 et R. 315-46 s'agissant de la procédure par laquelle la majorité des colotis peut demander le maintien des règles du lotissement et des modalités selon lesquelles l'administration peut rejeter cette demande.

Il faut souligner, en revanche, que les règles posées par l'ancien article R. 315-44-1 du code de l'urbanisme s'agissant de l'information des colotis des lotissements antérieure au 30 juin 2006 n'ont pas été reprises ; probablement pour résoudre la problématique liée à leur application divergente par le Conseil d'État et la Cour de cassation.

REMARQUE

Pour le Conseil d'État, la caducité était automatique dès lors que les conditions posées par l'ancien article R. 315-2-1 étaient réunies cependant que pour la Cour de cassation la caducité impliquait le strict respect des mesures prescrites par l'ancien article R. 315-44-1.

Dorénavant, l'information des colotis sera ainsi assurée lors de l'enquête publique portant sur un PLU ou un PSVM devant emporter la caducité des règles d'urbanisme ainsi que le prévoit le nouvel article R. 442-24 du code de l'urbanisme.

TEXTE OFFICIEL

Code de l'urbanisme, article R. 442-24 (nouv.)

Lorsque l'approbation d'un plan local d'urbanisme ou d'un plan de sauvegarde et de mise en valeur aura pour effet de rendre caduques les règles d'urbanisme spécifiques à des lotissements qui ont été approuvées antérieurement au 30 juin 1986, les colotis sont informés, au moment de l'enquête publique, que ces règles cesseront de s'appliquer en application de l'article L. 442-9 et de la possibilité qui leur est donnée par cet article de demander leur maintien en vigueur.
Cette information est faite à l'initiative de l'autorité compétente en matière de permis d'aménager par voie d'affichage pendant deux mois à la mairie.

6.3.3 Subdivisions de lots

Les subdivisions de lots, c'est-à-dire la division en propriété ou en jouissance d'un lot pré-constitué d'un lotissement, sont dorénavant régies par le nouvel article R. 442-1 du code de l'urbanisme.

TEXTE OFFICIEL

Code de l'urbanisme, article R. 442-24 (nouv.)

Les subdivisions de lots provenant d'un lotissement sont assimilées aux modifications de lotissements prévues aux articles L. 442-10 et L. 442-11 sauf lorsqu'elles consistent à détacher une partie d'un lot pour la rattacher à un lot contigu.

Les subdivisions de lots doivent donc être autorisées et entérinées selon la même procédure que celles prévues pour une modification des documents du lotissement à l'initiative des colotis ou par l'approbation d'un plan local d'urbanisme, ou d'un document d'urbanisme en tenant lieu, intervenant postérieurement au permis d'aménager ou à la décision de non-opposition à la déclaration préalable en exécution de laquelle le lotissement a été créé.

Outre le fait que le nouvel article R. 442-24 ne prévoit plus le cas où la subdivision procède d'une nouvelle autorisation d'urbanisme obtenue à ce effet, on relèvera, surtout, la précision selon laquelle ces procédures ne s'imposent pas lorsque les subdivisions « consistent à détacher une partie d'un lot pour la rattacher à un lot contigu » ; ce qui procède vraisemblablement du souhait de contrecarrer la jurisprudence selon laquelle le respect de la procédure antérieurement prévue par l'ancien article R. 315-48 s'imposait quelle que soit l'importance de la subdivision projetée (Cass. civ. 12 mai 1999, Roux c/Chevreau, pourvoi n° 96-21 717).

6. 4 L'application des règles d'urbanisme en cas de divisions foncières

L'une des difficultés d'application des règles d'urbanisme aux opérations impliquant une division foncière tient à ce que, d'une part, une norme d'urbanisme s'applique à l'échelle de l'unité foncière, c'est-à-dire au terrain composé de plusieurs parcelles contiguës appartenant à un même propriétaire ou une même indivision et à ce que, d'autre part, la légalité d'une autorisation d'urbanisme s'apprécie à sa date de délivrance.

Or, ces principes pouvaient conduire à certaines situations « incohérentes » au regard des objectifs poursuivis par le droit de l'urbanisme, ce qui explique que la jurisprudence a pu hésiter sur les modalités d'application de la norme d'urbanisme aux opérations de construction impliquant une division foncière et, notamment, à celles relevant d'un permis de construire valant division. À sa date de délivrance, en effet, un permis de construire valant division portant sur une seule et même unité foncière autorise, à terme, la réalisation de divisions foncières pouvant consister en des divisions en propriété. À la date de délivrance du permis de construire, le projet porte donc sur une seule unité foncière mais l'on sait qu'à terme, chaque construction sera implantée sur une unité foncière distincte.

Suivant le principe selon lequel la légalité d'un permis de construire s'apprécie à sa date de délivrance, celle-ci devrait donc être appréciée, à titre d'exemple, au regard de l'article 8 du règlement local d'urbanisme relatif à l'implantation des constructions sur une même propriété. Or, il se peut que le projet ne soit pas conforme à l'article 7 relatif à l'implantation des constructions par rapport aux limites séparatives alors que celui-ci n'est pas applicable pour ce qui concerne l'implantation des constructions projetées par rapport aux limites des unités foncières qui seront constituées par la réalisation du projet.

À sa date de délivrance, le permis de construire est donc parfaitement légal bien qu'il autorise un projet qui dès son exécution aboutira à l'implantation de bâtiments qui seront irréguliers au regard de l'article 7 du règlement local d'urbanisme.

Mais c'est principalement l'application des règles relatives à la surface minimale des terrains constructibles, telles qu'elles ont vocation à être définies par l'article 5 du règlement local d'urbanisme, qui illustre le mieux les hésitations de la jurisprudence rendue en la matière sur le point de savoir si ces règles devaient être appliquées à l'échelle du terrain d'assiette de l'opération où à l'échelon de chaque lot à constituer [17].

(17) TA Versailles 26 septembre 1986, Abihssara, req. n° 85-2619 – CAA Paris 28 septembre 1993, SCI Le Domaine de Roissy, req. n° 93PA00247 – CAA Paris 31 mars 1994, Cne de Mareil-sur-Mauldre, req. n° 93PA00452 – CAA Paris 17 janv. 2002, req. n° 99PA02662, EURL MODAP – CE 13 mai 1988, Comité de défense des sites de la Turbie, req. n° 72.100.

C'est pour trancher cette question que le décret n° 2007-18 du 5 janvier 2007 a inséré au code de l'urbanisme et, plus précisément, au sein de ses dispositions intéressant le règlement de PLU, un nouvel article définissant les modalités d'application des prescriptions de ce dernier.

TEXTE OFFICIEL

Code de l'urbanisme, article R. 123-10-1 (nouv.)

Dans le cas d'un lotissement ou dans celui de la construction, sur un même terrain, de plusieurs bâtiments dont le terrain d'assiette doit faire l'objet d'une division en propriété ou en jouissance, les règles édictées par le plan local d'urbanisme sont appréciées au regard de l'ensemble du projet, sauf si le règlement de ce plan s'y oppose.

Le nouvel article R. 123-10-1 du code de l'urbanisme prévoit donc que lorsque l'opération implique des divisions foncières, les règles d'urbanisme contenues par le PLU s'appliquent « au regard de l'ensemble du projet ».

Tout d'abord, si la portée exacte de cette précision aurait assurément pu être formulée d'une façon plus claire, il semble donc falloir comprendre que les prescriptions locales d'urbanisme seront appliquées à l'échelle de l'ensemble du terrain des opérations, y compris si par le jeu des divisions en propriété induites par l'opération, cette dernière doit aboutir à la constitution de plusieurs autres unités foncières nouvelles. Et bien entendu, il n'en va pas différemment, lorsque les divisions foncières sont de simples divisions en jouissance ; point sur lequel il y avait moins matière à hésitation dès lors que le fondement de la règle d'urbanisme reste l'unité foncière.

JURISPRUDENCE

CAA Lyon 8 juin 2006, M.X & autres, req. n° 02LY01598

Considérant que le *b)* du 1) de l'article 1 NA 13 du règlement du plan d'occupation des sols de Talant, relatif à l'aménagement des espaces libres liés à une opération de construction, prévoit une superficie minimum d'espaces verts égale à « 40 % de la surface du terrain dont 20 % d'un seul tenant avec 1 arbre de haute tige ou 4 arbustes pour 100 m² » ; que le terrain ainsi visé est le terrain d'assiette de l'opération de construction sur laquelle porte la demande de permis de construire et qu'il en résulte que le respect de l'obligation de réaliser des espaces verts d'un seul tenant sur 20 % de la surface du terrain doit s'apprécier à l'échelle du terrain dans son ensemble ; qu'ainsi, le moyen tiré de ce que le respect de cette obligation devrait s'apprécier en tenant compte des limites des lots, s'agissant d'un projet portant sur la réalisation de plusieurs constructions avec division en jouissance de la propriété foncière, doit être écarté.

Il s'ensuit que, par principe, les prescriptions relatives, à titre d'exemple, à la surface minimale des terrains constructibles, à l'emprise au sol des constructions ou encore à leur densité doivent être appréciées en considération de la superficie de l'ensemble du terrain d'assiette de l'opération. Par ailleurs, les règles d'implantation des constructions projetées sont celles prévues par l'article 8 du règlement local d'urbanisme et les prescriptions de son article 7 n'ont vocation à s'appliquer qu'à l'égard des limites externes du terrain des opérations constituant des limites séparatives et non pas à l'égard des limites internes correspondant à celles des lots constitués.

Ensuite, le nouvel article R. 123-10-1 vise non seulement le cas « de la construction, sur un même terrain, de plusieurs bâtiments dont le terrain d'assiette doit faire l'objet d'une division en propriété ou en jouissance », c'est-à-dire du permis de construire valant division, mais également celui du lotissement.

Précisément, il faut relever que c'est le lotissement qui est visé et non pas le permis d'aménager ou la déclaration préalable s'y rapportant. Il est donc possible de considérer que le principe posé par le nouvel article R. 123-10-1 du code de l'urbanisme a vocation à s'appliquer non seulement au stade de l'instruction de la demande de permis d'aménager ou de l'examen de la déclaration préalable mais également lors de l'instruction des permis de construire portant sur les lots constitués en application de l'autorisation obtenue à cet effet.

Il reste, enfin, que non seulement les règlements de PLU peuvent définir des modalités d'application des prescriptions qu'ils édictent différentes du principe posé par le nouvel article L. 123-10-1 du code de l'urbanisme mais surtout, que ce dernier ne traite que de ces prescriptions et, en d'autres termes, ne précise pas ce qu'il en est pour celles du règlement national d'urbanisme (C. urb., art. R. 111-2 et suiv.) qui, pour la plupart, se bornent à viser le « terrain » sans préciser s'il doit s'entendre d'une unité foncière ou de l'ensemble du terrain de l'opération ; sans compter que certaines renvoient clairement à la notion d'unité foncière, tel le nouvel article R. 111-16.

TEXTE OFFICIEL

Code de l'urbanisme, article R. 111-16 (nouv.)

Une distance d'au moins trois mètres peut être imposée entre deux bâtiments non contigus situés sur un terrain appartenant au même propriétaire.

6.5 Le contrôle des divisions foncières non constitutives d'un lotissement ou d'une opération groupée

L'article L. 111-5-2 du code de l'urbanisme est réécrit sans modification significative et maintient la possibilité offerte aux communes de créer des zones au sein desquelles les divisions foncières qui, en elles-mêmes, seraient dispensées de toute formalité peuvent être soumises à déclaration préalable.

TEXTE OFFICIEL

Code de l'urbanisme, article L. 111-5-2 (nouv.)

Dans les parties de commune nécessitant une protection particulière en raison de la qualité des sites, des milieux naturels et des paysages, le conseil municipal peut décider, par délibération motivée, de soumettre, à l'intérieur de zones qu'il délimite, à la déclaration préalable prévue par l'article L. 421-4, les divisions volontaires, en propriété ou en jouissance, d'une propriété foncière, par ventes ou locations simultanées ou successives qui ne sont pas soumises à un permis d'aménager.

Les dispositions de l'alinéa précédent sont applicables dans les parties des communes identifiées comme nécessitant une protection particulière en raison de la qualité des sites, des milieux naturels et des paysages.

L'autorité compétente peut s'opposer à la division si celle-ci, par son importance, le nombre de lots ou les travaux qu'elle implique est de nature à compromettre gravement le caractère naturel des espaces, la qualité des paysages ou le maintien des équilibres biologiques.

Lorsqu'une vente ou une location a été effectuée en violation des dispositions du présent article, l'autorité compétente peut demander à l'autorité judiciaire de constater la nullité de l'acte. L'action en nullité se prescrit par cinq ans à compter de la publication de l'acte ayant effectué la division.

Un décret en Conseil d'État détermine, en tant que de besoin, les conditions d'application du présent article. Il précise les divisions soumises à déclaration préalable et les conditions dans lesquelles la délimitation des zones mentionnées au premier alinéa est portée à la connaissance du public.

La procédure gouvernant la délimitation de ces zones et les modalités d'information des administrés sont définies par les nouveaux articles R. 111-25 et R. 111-26 du code de l'urbanisme.

Il est curieux que dans sa nouvelle rédaction l'article L. 111-5-2 ne vise que les cas des divisions qui ne sont pas soumises à permis d'aménager, ce qui induit que celles prévues dans le cadre d'un permis de construire valant division impliquerait la formulation d'une déclaration préalable. On relèvera, en outre, que les divisions ne constituant pas des lotissements en application du nouvel article R. 442-1, qui ne sont donc pas soumises à permis d'aménager, peuvent exiger la formulation d'une telle déclaration cependant qu'antérieurement, l'ensemble des divisions foncières exemptées d'autorisation de lotir au titre de l'ancien article R. 315-2 était également exempté de cette déclaration en application de l'ancien article R. 315-57 du code de l'urbanisme.

D'ailleurs, aux termes du nouvel article R. 421-23 du code de l'urbanisme, relatif au champ d'application de la déclaration préalable d'aménagement, sont soumises à cette déclaration toute les divisions des propriétés foncières situées à l'intérieur des zones délimitées en application de l'article L. 111-5-2 avec pour seules exceptions les divisions opérées dans le cadre d'une opération d'aménagement autorisée, les divisions effectuées, avant la clôture de l'opération, dans le cadre d'une opération d'aménagement foncier rural relevant du titre II du livre Ier du code rural et les divisions résultant d'un bail rural consenti à des preneurs exerçant la profession agricole.

Il s'ensuit, néanmoins, que la procédure déclarative à suivre est celle de droit commun.

6.6 La simplification des travaux de restauration immobilière

Si à l'égard des opérations de restauration immobilière, le principal apport de la réforme effectuée par l'ordonnance n° 2005-1527 du 8 décembre 2005 procède de la redéfinition de ces opérations et de la disparition des périmètres concernés, celle-ci intéresse également directement les autorisations d'urbanisme et les conditions de réalisation des travaux par la suppression de l'autorisation spéciale antérieurement requise.

6.6.1 Redéfinition des opérations de restauration immobilière

À proprement parler, l'ancien article L. 313-4 du code de l'urbanisme ne définissait pas les opérations de restauration immobilière mais indiquait seulement les travaux auquel le régime juridique de ces opérations était applicable.

TEXTE OFFICIEL

Code de l'urbanisme, article L. 313-4 (anc.)

Les opérations de restauration immobilière comportant des travaux de remise en état, de modernisation ou de démolition ayant pour conséquence la transformation des conditions d'habitabilité d'un immeuble ou d'un ensemble d'immeubles lorsque ces opérations sont entreprises à l'intérieur d'un périmètre fixé après enquête publique, sont réalisées, soit conformément aux dispositions de l'article L. 313-3, soit conformément à celles de la présente section.

En revanche, le nouvel article L. 313-4 du code de l'urbanisme précise que « les opérations de restauration immobilière consistent en des travaux de remise en état, de modernisation ou de démolition ayant pour objet ou pour effet la transformation des conditions d'habitabilité d'un immeuble ou d'un ensemble d'immeubles ». Cette définition est donc avant tout finaliste et tient moins compte des conditions de réalisation de l'opération que l'ancien article L. 313-4.

6.6.2 Disparition des périmètres de restauration immobilière

Si le nouvel article L. 313-4 du code de l'urbanisme continue de distinguer les opérations de restauration prévues dans un plan de sauvegarde et de mise en valeur de celles qui ne sont pas projetées au sein d'un secteur sauvegardé et doivent conséquemment faire l'objet d'une déclaration d'utilité publique, il résulte de sa rédaction que celui-ci supprime le périmètre antérieurement prévu par l'ancien article L. 313-4, alinéa 2 aux termes duquel « le périmètre de restauration immobilière est délimité par délibération du conseil municipal dans les communes dotées d'un plan local d'urbanisme ou d'une carte communale approuvé et par l'autorité administrative sur proposition ou avis favorable du conseil municipal dans les autres communes et dans les périmètres d'opération d'intérêt national ».

Par voie de conséquence, le nouvel article L. 313-4 du code de l'urbanisme abroge également indirectement la distinction existant antérieurement entre, d'une part, les communes dotées d'un plan local d'urbanisme, d'un plan d'occupation des sols ou d'une carte communale et, d'autre part, les communes dont le territoire n'est pas couvert par de tels documents, lesquelles pourront donc mettre en œuvre des opérations de restauration immobilière sans s'en remettre au préfet de département.

6.6.3 Suppression de l'autorisation spéciale de travaux

D'un point de vue opérationnel, la principale spécificité des travaux projetés par les propriétaires concernés des périmètres de restauration immobilière résultait de l'ancien article L. 313-3 du code de l'urbanisme leur imposant d'obtenir à cet effet une autorisation spéciale de travaux.

TEXTE OFFICIEL

Code de l'urbanisme, article L. 313-3 (anc.)

Les opérations de conservation, de restauration et de mise en valeur des secteurs sauvegardés peuvent être menées soit à l'initiative des collectivités publiques, soit à l'initiative d'un ou plusieurs propriétaires, groupés ou non en association syndicale. Dans ce dernier cas, ce ou ces propriétaires y sont spécialement autorisés dans les conditions fixées par un décret en Conseil d'État qui précise notamment les engagements exigés d'eux quant à la nature et à l'importance des travaux.

Or, l'ancien article L. 313-3 du code de l'urbanisme a été abrogé par l'article 11 de l'ordonnance n° 2005-1527 du 8 décembre 2005 et, pour sa part, le nouvel article L. 313-4 précise que « les opérations de restauration immobilière [...] sont engagées à l'initiative soit des collectivités publiques, soit d'un ou plusieurs propriétaires, groupés ou non en association syndicale, et sont menées dans les conditions définies par la section 3 du présent chapitre », c'est-à-dire dans les conditions prévues par les articles L. 313-5 à L. 313-15 du code de l'urbanisme, lesquelles ne sont pas modifiées : l'autorisation spéciale de travaux antérieurement prévue par l'ancien article L. 313-3 du code de l'urbanisme s'en trouve donc supprimée. Il s'ensuit que les travaux projetés sur des immeubles dans le cadre d'une opération de restauration immobilière relèvent désormais du seul permis de construire ou de la seule déclaration préalable.

6.7 Les participations d'urbanisme

Sous couvert d'un simple toilettage des dispositions relatives aux participations d'urbanisme, l'ordonnance n° 2005-1527 du 8 décembre 2005 emporte d'importants changements procédant, au premier chef, du régime des participations générées par le permis d'aménager et par la déclaration puisqu'en revanche, les modifications apportées à celles liées au permis de construire sont plus limitées, sans pour autant être négligeables.

6.7.1 Participations liées au permis de construire

La seule réelle modification apportée aux participations liées au permis de construire concerne la participation pour non réalisation d'aires de stationnement, laquelle procède en fait d'une modification de l'encadrement des obligations imposées aux opérateurs en matière de réalisation d'aires de stationnement.

Nouvelle organisation des règles imposées aux opérateurs en matière de stationnement

Antérieurement régies par le seul article L. 421-3 du code de l'urbanisme, le traitement des obligations imposées aux constructeurs en matière de stationnement est dorénavant fixé par les nouveaux articles L. 111-6-1, L. 123-1-2, L. 123-1-3 et L. 332-7-1.

TEXTES OFFICIELS

Code de l'urbanisme, article L. 111-6-1 (nouv.)

Nonobstant toute disposition contraire du plan local d'urbanisme, l'emprise au sol des surfaces, bâties ou non, affectées aux aires de stationnement annexes d'un commerce soumis à l'autorisation d'exploitation commerciale prévue aux 1°, 6° et 8° du I de l'article L. 720-5 du code de commerce et au I de l'article 36-1 de la loi n° 73-1193 du 27 décembre 1973 d'orientation du commerce et de l'artisanat, ne peut excéder une fois et demie la surface hors œuvre nette des bâtiments affectés au commerce.

Lorsqu'un équipement cinématographique soumis à l'autorisation prévue au I de l'article 36-1 de la loi n° 73-1193 du 27 décembre 1973 précitée n'est pas installé sur le même site qu'un commerce soumis aux autorisations d'exploitation commerciale prévues aux 1°, 6° et 8° du I de l'article L. 720-5 du code de commerce, l'emprise au sol des surfaces, bâties ou non, affectées aux aires de stationnement annexes de cet équipement cinématographique ne doit pas excéder une place de stationnement pour trois fauteuils.

Ces dispositions ne font pas obstacle aux travaux de réfection et d'amélioration ou à l'extension limitée des bâtiments commerciaux existant le 15 décembre 2000.

Code de l'urbanisme, article L. 123-1-2 (nouv.)

Lorsque le plan local d'urbanisme impose la réalisation d'aires de stationnement, celles-ci peuvent être réalisées sur le terrain d'assiette ou dans son environnement immédiat.

Lorsque le bénéficiaire du permis ou de la décision de non-opposition à une déclaration préalable ne peut pas satisfaire aux obligations résultant de l'alinéa précédent, il peut être tenu quitte de ces obligations en justifiant, pour les places qu'il ne peut réaliser lui-même, soit de l'obtention d'une concession à long terme dans un parc public de stationnement existant ou en cours de réalisation et situé à proximité de l'opération, soit de l'acquisition de places dans un parc privé de stationnement répondant aux mêmes conditions.

En l'absence d'un tel parc, le bénéficiaire du permis ou de la décision de non-opposition à une déclaration préalable peut être tenu de verser à la commune une participation en vue de la réalisation de parcs publics de stationnement dans les conditions définies par l'article L. 332-7-1.

Lorsqu'une aire de stationnement a été prise en compte dans le cadre d'une concession à long terme ou d'un parc privé de stationnement, au titre des obligations prévues aux premier et deuxième alinéas ci-dessus, elle ne peut plus être prise en compte, en tout ou en partie, à l'occasion d'une nouvelle autorisation.

Code de l'urbanisme, article L. 123-1-3 (nouv.)

Il ne peut, nonobstant toute disposition du plan local d'urbanisme, être exigé la réalisation de plus d'une aire de stationnement par logement lors de la construction de logements locatifs financés avec un prêt aidé par l'État. Les plans locaux d'urbanisme peuvent en outre ne pas imposer la réalisation d'aires de stationnement lors de la construction de ces logements.

L'obligation de réaliser des aires de stationnement n'est pas applicable aux travaux de transformation ou d'amélioration de bâtiments affectés à des logements locatifs financés avec un prêt aidé par l'État, y compris dans le cas où ces travaux s'accompagnent de la création de surface hors œuvre nette, dans la limite d'un plafond fixé par décret en Conseil d'État.

Code de l'urbanisme, article L. 332-7-1 (nouv.)

La participation pour non-réalisation d'aires de stationnement prévue par l'article L. 123-1-2 est fixée par le conseil municipal. Son montant ne peut excéder 12 195 euros par place de stationnement. Cette valeur, fixée à la date de promulgation de la loi n° 2000-1208 du 13 décembre 2000 relative à la solidarité et au renouvellement urbains, est modifiée au 1er novembre de chaque année en fonction de l'indice du coût de la construction publié par l'Institut national de la statistique et des études économiques.

Modifications apportées aux obligations imposées aux opérateurs

Si les nouvelles dispositions du code de l'urbanisme issues de l'ordonnance n° 2005-1527 du 8 décembre 2005 ne bouleversent pas l'économie générale des règles fixées par l'ancien article L. 421-3 du code de l'urbanisme, certaines modifications notables sont néanmoins apportées.

Le principe selon lequel le constructeur doit réaliser « *lui-même* » les places de stationnement requises « *sur le terrain d'assiette ou dans son environnement immédiat* » demeure : ce n'est donc qu'à défaut de pouvoir réaliser ces aménagements qu'il sera autorisé à recourir à un dispositif alternatif. De même, l'alinéa 2 du nouvel article L. 123-1-2 du code de l'urbanisme ne semble pas de nature à modifier le principe selon lequel ce n'est qu'en cas d'impossibilité technique de les réaliser que, pour les places manquantes, il pourra recourir à ce dispositif.

JURISPRUDENCE

CE 6 novembre 1998, Cne de Martigues, req. n° 117.668

Considérant que si le permis attaqué délivré par le maire de Martigues, qui autorise M. Mazoué à édifier un immeuble d'habitation comportant 14 logements et 7 places de stationnement, met à la charge du pétitionnaire une participation financière à raison de l'absence de réalisation des places de stationnement requises, il ne ressort pas des pièces du dossier que cette réalisation, en sous-sol ou en surface, était techniquement impossible ; qu'ainsi, le permis de construire attaqué méconnaît les dispositions susrappelées.

En revanche, l'alinéa 2 du nouvel article L. 123-1-2 modifie subtilement la consistance de ce dispositif alternatif.

Aux termes de l'alinéa 4 de l'ancien article L. 421-3 du code de l'urbanisme et en cas d'impossibilité technique de réaliser l'ensemble des places requises, le constructeur pouvait être tenu quitte de ses obligations en la matière en justifiant « soit de l'obtention d'une concession à long terme dans un parc public de stationnement existant ou en cours de réalisation, soit de l'acquisition de places dans un parc privé de stationnement existant ou en cours de réalisation ». Or, l'alinéa 2 du nouvel article L. 123-1-2, tout en conservant cette possibilité, impose que le parc public ou privé soit « situé à proximité de l'opération ». Il s'ensuit que l'obtention d'une concession dans un parc public ou l'acquisition de places dans un parc privé éloigné du terrain d'assiette de l'opération ne permet pas de satisfaire aux obligations prescrites par le nouvel article L. 123-1-2 du code de l'urbanisme.

Impact sur la participation pour non réalisation d'aires de stationnement

Dans sa rédaction antérieure à la loi n° 2000-1208 du 13 décembre 2000, dite « SRU », l'ancien article L. 421-3 du code de l'urbanisme prévoyait qu'à défaut de pouvoir réaliser lui-même les places de stationnement requises, le constructeur pouvait être tenu quitte de ses obligations en la matière « soit en justifiant, pour les places qu'il ne peut réaliser lui-même, de l'obtention d'une concession à long terme dans un parc public de stationnement existant ou en cours de réalisation, soit en versant une participation fixée par délibération du conseil municipal [...] en vue de la réalisation de parcs publics de stationnement dont la construction est prévue » et classait donc au même rang l'obtention d'une concession à long terme et le versement d'une participation financière.

Pour sa part, la loi du 13 décembre 2000 a maintenu à l'alinéa 4 de l'ancien article L. 421-3 la possibilité d'obtenir une concession à long terme dans un parc public de stationnement mais a également introduit la possibilité d'acquérir des places dans un parc privé tout en reléguant à l'alinéa 7 la possibilité pour le constructeur de payer une participation financière compensatoire et ce, « à défaut de pouvoir réaliser l'obligation prévue au quatrième alinéa ».

Précisément, si l'alinéa 2 du nouvel article L. 123-1-2 du code de l'urbanisme prévoit que le constructeur peut être tenu quitte de ses obligations en matière de réalisation de place de stationnement en justifiant « soit de l'obtention d'une concession à long terme dans un parc public de stationnement existant ou en cours de réalisation et situé à proximité de l'opération, soit de l'acquisition de places dans un parc privé de stationnement répondant aux mêmes conditions », son alinéa 3 précise que « en l'absence d'un tel parc, le bénéficiaire du permis ou de la décision de non-opposition à une déclaration préalable peut être tenu de verser à la commune une participation en vue de la réalisation de parcs publics de stationnement dans les conditions définies par l'article L. 332-7-1 ».

Force est donc de considérer que ce n'est donc que dans l'hypothèse où le constructeur ne peut pas, « en l'absence d'un tel parc », prendre en concession ou acquérir les places complémentaires requises, qu'il pourra régulièrement se libérer de ses obligations par le paiement d'une participation financière.

6.7.2 Participations liées au permis d'aménager et à la déclaration préalable

Sous couvert d'une simple adaptation de son texte pour tenir compte des nouvelles autorisations d'urbanisme, la nouvelle rédaction de l'article L. 332-12, telle qu'issue de l'ordonnance du 8 décembre 2005, étend considérablement le champ d'application des participations qu'il prévoit.

TEXTES OFFICIELS

Code de l'urbanisme, article L. 332-12 (anc.)

Les dispositions des articles L. 332-6 et L. 332-7 sont applicables dans les conditions suivantes aux lotisseurs ainsi qu'aux personnes aménageant des terrains destinés à l'accueil d'habitations légères de loisir et aux associations foncières urbaines de remembrement autorisées ou constituées d'office.

Peuvent être mis à la charge du lotisseur, de la personne aménageant un terrain destiné à l'accueil d'habitation légères de loisir ou de l'association foncière urbaine par l'autorisation de lotir, par l'autorisation d'aménager, ou par l'acte administratif approuvant le plan de remembrement :

a) le versement pour dépassement du plafond légal de densité dans les conditions prévues à l'article L. 333-9-1 ;

b) la participation pour dépassement du coefficient d'occupation des sols dans les conditions prévues à l'article L. 332-1 ;

c) la participation spécifique pour équipements publics exceptionnels dans les conditions prévues à l'article L. 332-8 ;

d) une participation forfaitaire représentative de la participation prévue à l'article L. 332-9 et des contributions énumérées aux *a*, *b*, *d* et *e* du 2° et au 3° de l'article L. 332-6-1.

Il ne peut être perçu sur les constructeurs aucune des contributions ou participations qui ont été mises à la charge du lotisseur, de la personne ayant aménagé le terrain destiné à l'accueil d'habitations légères de loisir, ou de l'association foncière urbaine de remembrement.

Code de l'urbanisme, article L. 332-12 (nouv.)

Les dispositions des articles L. 332-6 et L. 332-7 sont applicables dans les conditions suivantes aux bénéficiaires de permis d'aménager et aux associations foncières urbaines de remembrement autorisées ou constituées d'office.

Peuvent être mis à la charge des bénéficiaires de permis d'aménager par le permis d'aménager ou de l'association foncière urbaine par l'acte administratif approuvant le plan de remembrement :

a) le versement pour dépassement du plafond légal de densité dans les conditions prévues à l'article L. 333-9-1 ;

b) la participation spécifique pour équipements publics exceptionnels dans les conditions prévues à l'article L. 332-8 ;

c) une participation forfaitaire représentative de la participation prévue à l'article L. 332-9 et des contributions énumérées aux *a*, *b*, *d* et *e* du 2° et du 3° de l'article L. 332-6-1.

Il ne peut être perçu sur les constructeurs aucune des contributions ou participations qui ont été mises à la charge du bénéficiaire du permis d'aménager ou de l'association foncière urbaine de remembrement.

En effet, la substitution des termes « bénéficiaires de permis d'aménager » aux termes « lotisseurs ainsi qu'aux personnes aménageant des terrains destinés à l'accueil d'habitations légères de loisir » n'est assurément pas qu'un simple toilettage dès lors que le permis d'aménager se substitue non seulement à l'autorisation de lotir et à l'autorisation d'aménagement de terrains en vue de l'installation d'habitations légères de loisirs mais également à l'autorisation d'installations et de travaux divers, à l'autorisation d'aménagement de terrains de camping ou à l'autorisation d'aménagement de terrains en vue de l'installation de caravanes. La nouvelle rédaction de l'article L. 332-12 du code de l'urbanisme a donc pour effet d'assujettir aux participations qu'il vise bon nombre d'opérations qui, précédemment, n'en relevaient pas.

Le lotisseur pourrait, cependant, y voir une amélioration puisqu'il ne serait pas assujetti lorsque son lotissement relève de la déclaration préalable. Il reste que le nouvel article L. 332-28-1 du code de l'urbanisme précise que « les déclarations préalables emportent les effets du permis de construire pour l'application du titre III du livre III du code de l'urbanisme », à savoir les dispositions du code de l'urbanisme relatives aux participations financières.

Dès lors que le nouvel article L. 332-28-1 du code de l'urbanisme n'exclut aucune déclaration préalable, force est donc de considérer que le lotisseur bénéficiaire d'un permis d'aménager sera redevable des participations prévues par l'article L. 332-12 dans sa nouvelle rédaction cependant que le lotisseur dont le projet relève d'une simple déclaration préalable sera redevable des participations dont le permis de construire constitue le fait générateur.

Mais surtout, dès lors que le nouvel article L. 332-28-1 vise toutes les déclarations préalables, celui-ci a non seulement pour effet d'assujettir à participation certaines opérations qui précédemment ne l'étaient pas mais en outre – on pense, notamment, à la déclaration de coupe et d'abattage d'arbres ou la déclaration de changement de destination ne s'accompagnant d'aucun travaux – d'en rendre redevables certaines opérations dont on voit mal comment, compte tenu du mode d'établissement de l'assiette et du montant des participations d'urbanisme, ce régime fiscal pourra leur être appliqué.

ANNEXES

Champ d'application du permis de construire

Constructions nouvelles

C. urb., art. L. 421-1 & R. 421-1(nouv.) : Les constructions, même ne comportant pas de fondations, doivent être précédées de la délivrance d'un permis de construire, à l'exception : des constructions mentionnées aux articles R. 421-2 à R. 421-8 qui sont dispensées de toute formalité au titre du code de l'urbanisme et des constructions mentionnées aux articles R. 421-9 à R. 421-12 qui doivent faire l'objet d'une déclaration préalable.

EXCEPTIONS À L'ASSUJETTISSEMENT À PERMIS DE CONSTRUIRE

Constructions nouvelles permanentes et provisoires	Régime dérogatoire	Références
Les constructions de hauteur inférieure à 12 m de SHOB ou égale à 2 m² ou qui ne créent pas de surface (hors secteur sauvegardé)	Dispense de toute formalité	C. urb., art. R. 421-2 (a) (nouv.)
Les constructions de SHOB supérieure à 2 m² et inférieure à 20 m² (hors secteur sauvegardé ou site classé)	Déclaration préalable	C. urb., art. R. 421-9 (a) (nouv.)
Les constructions autres que les éoliennes d'une hauteur supérieure à 12 m de SHOB inférieure ou égale à 2 m² ou qui ne créent pas de surface (hors secteur sauvegardé ou site classé)	Déclaration préalable	C. urb., art. R. 421-9 (c) (nouv.)
Les constructions inférieures ou égales à 20 m² quelle que soit leur hauteur, dans les secteurs sauvegardés, sites classés, réserves naturelles ou encore dans les espaces ayant vocation à être classés dans un parc national	Déclaration préalable	C. urb., art. R. 421-11 (a) (nouv.)
Les habitations légères implantées dans un camping ou parc résidentiel de loisirs autorisé et d'une SHON inférieure ou égale à 35 m² et hors secteur sauvegardé ou site classé	Dispense de toute formalité	C. urb., art., R. 421-2 (b) (nouv.)
Les habitations légères implantées conformément à l'art. R. 421-9 et d'une SHON supérieure à 35 m² et hors secteur sauvegardé ou site classé	Déclaration préalable	C. urb., art. R. 421-9 (b) (nouv.)
Les éoliennes dont la hauteur du mât et de la nacelle est inférieure à 12 m et qui sont implantées hors secteur sauvegardé ou site classé	Dispense de toute formalité	C. urb., art. R. 421-2 (c) (nouv.)
Les piscines situées hors secteur sauvegardé ou site classé dont la surface du bassin est inférieure à 10 m²	Dispense de toute formalité	C. urb., art. R. 421-2 (d) (nouv.)
Les piscines situées hors secteur sauvegardé ou site classé dont la surface du bassin est inférieure ou égale à 100 m² et qui ne sont pas couvertes ou dont la couverture a une hauteur inférieure à 1,80 m	Déclaration préalable	C. urb., art. R. 421-9 (f) (nouv.)
Les murs dont la hauteur est inférieure à 2 m et situés hors secteur sauvegardé ou site classé	Dispense de toute formalité	C. urb., art., R. 421-2 (f) (nouv.)
Les murs dont la hauteur est supérieure ou égale à 2 m et situés hors secteur sauvegardé ou site classé	Déclaration préalable	C. urb., art. R. 421-9 (e) (nouv.)
Les murs quelle que soit la hauteur situés en secteur sauvegardé, site classé, réserves naturelles, espaces ayant vocation à être classés en parc national	Déclaration préalable	C. urb., art. R. 421-11 (b) (nouv.)
Les murs de soutènement situés hors secteur sauvegardé	Dispense de toute formalité	C. urb., art. R. 421-3 (a) (nouv.)

Les clôtures situées dans secteur sauvegardé, dans le champ de visibilité d'un monument historique, dans une ZPPAUP, dans un site inscrit ou classé, en secteur délimité de PLU en application de l'art. L. 123-1-7°, ou en partie de commune dont le conseil municipal a décidé de soumettre les clôtures à déclaration	Déclaration préalable	C. urb., art. R. 421-12 (nouv.)
Les clôtures autres que celles visées à l'art. R. 421-12 et les clôtures nécessaires à l'activité agricole et forestière	Dispense de toute formalité	C. urb., art. R. 421-2 (g) (nouv.)
Les châssis et serres dont la hauteur est inférieure à 1,80 m situés hors secteur sauvegardé ou site classé	Déclaration préalable	C. urb., art. R. 421-9 (g) (nouv.)
Les ouvrages d'infrastructure terrestre, maritime ou fluviale situés hors secteur sauvegardé	Dispense de toute formalité	C. urb., art. R. 421-3 (b) (nouv.)
Les ouvrages d'infrastructure terrestre, maritime ou fluviale situés en secteur sauvegardé	Déclaration préalable	C. urb., art. R. 421-10 (nouv.)
Les canalisations, lignes et câbles souterrains	Dispense de toute formalité	C. urb., art. R. 421-4 (nouv.)
Les ouvrages et accessoires de lignes électriques si la tension est inférieure à 63 000 volts et s'ils sont situés hors secteur sauvegardé et site classé	Dispense de toute formalité	C. urb., art. R. 421-9 (d) (nouv.)
Le mobilier urbain situé hors secteur sauvegardé ou site classé	Dispense de toute formalité	C. urb., art. R. 421-2 (h) (nouv.)
Les monuments funéraires et les caveaux situés dans l'enceinte des cimetières	Dispense de toute formalité	C. urb., art. R. 421-2 (i) (nouv.)
Les constructions liées à la Défense ainsi qu'aux dispositifs de radiocommunication de la police et de la gendarmerie	Dispense de toute formalité	C. urb., art. R. 421-8 (nouv.)
Constructions temporaires hors secteur sauvegardé ou site classé	Dispense de toute formalité (si implantation n'excédant pas 3 mois)	C. urb., art. R. 421-5, al. 1er (nouv.)
Constructions temporaires dans un secteur sauvegardé ou dans un site classé ou encore dans un périmètre justifiant une protection particulière	Dispense de toute formalité (si implantation n'excédant pas 15 jours)	C. urb., art. R. 421-7 (nouv.)
Constructions nécessaires au relogement d'urgence des victimes d'un sinistre ou d'une catastrophe naturelle ou technologique	Dispense de toute formalité (si implantation n'excédant pas 1 an)	C. urb., art. R. 421-5 (a) (nouv.)
Classes démontables destinées à pallier les insuffisances de capacité d'accueil	Dispense de toute formalité (pour une année scolaire)	C. urb., art. R. 421-5 (b) (nouv.)
Constructions directement nécessaires aux travaux ou à la commercialisation d'un bâtiment	Dispense de toute formalité (pour toute la durée du chantier)	C. urb., art. R. 421-5 (c) (nouv.)
Constructions liées à certaines manifestations culturelles, commerciales, touristiques ou sportives hors secteur sauvegardé	Dispense de toute formalité (pour la durée de la manifestation dans la limite d'un an)	C. urb., art. R. 421-5 (d) (nouv.)

Constructions liées aux mêmes manifestations dans un secteur sauvegardé	Dispense de toute formalité (pour la durée de la manifestation dans la limite de 3 mois)	C. urb., art. R. 421-6 (nouv.)

Constructions existantes

TRAVAUX SUR CONSTRUCTIONS EXISTANTES		
C. urb., art. R. 421-13 (nouv.) : Les travaux exécutés sur des constructions existantes sont dispensés de toute formalité au titre du code de l'urbanisme à l'exception des travaux mentionnés aux articles R. 421-14 à R. 421-16, qui sont soumis à permis de construire, des travaux mentionnés à l'article R. 421-17, qui doivent faire l'objet d'une déclaration préalable et des changements de destination des constructions qui sont soumis à permis de construire dans les cas prévus à l'article R. 421-14 et à déclaration préalable dans les cas prévus à l'article R. 421-17.		
EXCEPTIONS AU PRINCIPE DE LA DISPENSE DE TOUTE FORMALITÉ		
Nature des travaux (Travaux d'entretien ou de réparations ordinaires)	**Régime dérogatoire à la dispense de formalité**	**Références**
Travaux consistant en la création de surface brute supérieure à 20 m^2	Permis de construire	C. urb., art. R. 421-14 (a) (nouv.)
Travaux consistant en la création d'une surface brute supérieure à 2 m^2 et inférieure ou égale à 20 m^2	Déclaration préalable	C. urb., art. R. 421-17 (f) (nouv.)
Travaux consistant en l'augmentation du volume ou la création ou encore l'agrandissement d'ouverture	Permis de construire	C. urb., art. R. 421-14 (c) (nouv.)
Travaux consistant en la transformation de plus de 10 m^2 de SHOB en SHON	Déclaration préalable	C. urb., art. R. 421-17 (g) (nouv.)
Travaux intérieurs des immeubles visés au III de l'art. L. 313-1 lorsqu'ils modifient la structure du bâtiment ou la répartition des volumes dans les secteurs sauvegardés dont le PSMV est approuvé	Permis de construire	C. urb., art. R. 421-15 (a) (nouv.)
Travaux intérieurs portant sur un élément identifié comme présentant un intérêt patrimonial ou paysager dans les secteurs sauvegardés dont le PSMV est approuvé	Permis de construire	C. urb., art. R. 421-15 (b) (nouv.)
Travaux d'intérieur dans les secteurs sauvegardés dont le PSMV n'est pas approuvé ou a été mis en révision	Déclaration préalable	C. urb., art. R. 421-17 (c) (nouv.)
Travaux portant sur un immeuble inscrit au titre des monuments historiques sauf travaux sur immeubles visés à l'art. R. 421-8	Permis de construire	C. urb., art. R. 421-16 (nouv.)
Travaux de ravalement et travaux modifiant l'aspect extérieur	Déclaration préalable	C. urb., art. R. 421-17 (a) (nouv.)
Travaux de suppression de modification d'un élément identifié soit par le PLU ou un document en tenant lieu, soit par délibération du conseil municipal dans les communes non couvertes par un PLU	Déclaration préalable	C. urb., art. R. 421-17 (d) (e) (nouv.)

<table>
<tr><th colspan="3">CHANGEMENT DE DESTINATION</th></tr>
<tr><td colspan="3">C. urb., art. R. 421-17-b) (nouv.) : Doivent être précédés d'une déclaration préalable lorsqu'ils ne sont pas soumis à permis de construire en application des articles R. 421-14 à R. 421-16 les travaux exécutés sur des constructions existantes, à l'exception des changements de destination des constructions existantes de destination d'un bâtiment existant entre les différentes destinations définies à l'article R. 123-9 (les locaux accessoires d'un bâtiment sont réputés avoir la même destination que le local principal)</td></tr>
<tr><th>Nature du changement</th><th>Régime</th><th>Références</th></tr>
<tr><td>Changement de destination sans travaux</td><td>Déclaration préalable</td><td>C. urb., art. R. 421-17 (b) (nouv.)</td></tr>
<tr><td>Changement de destination accompagné de travaux modifiant les structures ou la façade de l'immeuble</td><td>Permis de construire</td><td>C. urb., art. R. 421-14 (b) (nouv.)</td></tr>
</table>

Champ d'application du permis d'aménager

Travaux relevant du permis d'aménager indépendamment de leur sectorisation

Nature des travaux et aménagements	Conditions	Références
Lotissements	Lorsqu'ils ont pour effet, sur une période de moins de dix ans, de créer plus de deux lots à construire et qu'ils prévoient la réalisation de voies ou espaces communs (hors site classé et secteur sauvegardé)	C. urb., art. R. 421-19 (a) (nouv.)
Les remembrements réalisés par une association foncière urbaine libre régie par le chapitre II du titre II du livre III	Lorsqu'ils prévoient la réalisation de voies ou espaces communs	C. urb., art. R. 421-19 (b) (nouv.)
La création ou l'agrandissement d'un terrain de camping	Lorsqu'il permet l'accueil de plus de vingt personnes ou de plus de six tentes, caravanes ou résidences mobiles de loisirs	C. urb., art. R. 421-19 (c) (nouv.)
La création ou l'agrandissement d'un parc résidentiel de loisirs ou d'un village de vacances classé en hébergement léger prévu par l'article L. 325-1 du C. tour.	Lorsqu'il s'agit de travaux d'installation de résidences mobiles de loisirs dans les parcs résidentiels de loisirs mentionnés au 1° de l'art. R. 111-32, à l'exception des terrains créés après le 1er juillet 2007 et exploités par cession d'emplacements ou par location d'emplacements d'une durée supérieure à un an renouvelable, comme il est prévu au 1° de l'article R. 111-34 Lorsqu'il s'agit de travaux dans les villages de vacances, prévus par l'article L. 325-1 C. tour.	C. urb., art. R. 421-19 (d) (nouv.)
Le réaménagement d'un terrain de camping ou d'un parc résidentiel de loisirs existant	Lorsque ce réaménagement a pour objet ou pour effet d'augmenter de plus de 10 % le nombre des emplacements	C. urb., art. R. 421-19 (e) (nouv.)
Les travaux dans un terrain de camping ou d'un parc résidentiel de loisirs,	Lorsqu'ils modifient substantiellement la végétation qui limite l'impact visuel des installations	C. urb., art. R. 421-19 (f) (nouv.)
L'aménagement d'un terrain pour la pratique des sports ou loisirs motorisés	Aucune	C. urb., art. R. 421-19 (g) (nouv.)
L'aménagement d'un parc d'attractions ou d'une aire de jeux et de sports	S'il est d'une superficie supérieure à 2 ha	C. urb., art. R. 421-19 (h) (nouv.)
L'aménagement d'un golf	S'il est d'une superficie supérieure à 25 ha	C. urb., art. R. 421-19 (i) (nouv.)

L'aménagement des dépôts de véhicules, des garages collectifs de caravanes ou de résidences mobiles de loisirs et des aires de stationnement ouvertes au public	Lorsqu'ils sont susceptibles de contenir au moins cinquante unités	C. urb., art. R. 421-19 (j) (nouv.)
Les exhaussements du sol et affouillements à moins qu'ils ne soient nécessaires à l'exécution d'un permis de construire	Lorsque la hauteur, s'il s'agit d'un exhaussement, ou la profondeur dans le cas d'un affouillement, excède 2 m et qu'ils portent sur une superficie supérieure ou égale à 2 ha	C. urb., art. R. 421-19 (k) (nouv.)

Travaux relevant du permis d'aménager

TRAVAUX RELEVANT DU PERMIS D'AMENAGER		
Secteur	**Nature des travaux**	**Références**
Secteurs sauvegardés au périmètre délimité, dans les sites classés et dans les réserves naturelles	Tous les lotissements Les aménagements mentionnés aux h, i et j de l'art. R. 421-19 (parcs d'attractions, aires de jeux et de sports, golfs, aires de stationnement ouvertes au public, dépôts de véhicules, garages collectifs de caravanes ou de résidences mobiles de loisir, quelle que soit leur importance) Les affouillements et exhaussements du sol dont la hauteur, s'il s'agit d'un exhaussement, ou la profondeur dans le cas d'un affouillement, excède deux mètres et portant sur une superficie supérieure ou égale à cent mètres carrés La création d'un espace public	C. urb., art. R. 421-20 (nouv.)
Secteurs sauvegardés au périmètre délimité	Travaux portant sur la création d'une voie ou ceux ayant pour effet de modifier les caractéristiques d'une voie existante	C. urb., art. R. 421-21 (nouv.)
Espaces remarquables ou milieux du littoral qui sont identifiés dans un document d'urbanisme comme devant être préservés en application de l'article L. 146-6 C. urb.	Tous les aménagements mentionnés aux a, b, c et d de l'article R. 146-2 du code de l'urbanisme	C. urb., art. R. 421-22 (nouv.)

Champ d'application de la déclaration préalable

Constructions soumises à déclaration préalable par dérogation au permis de construire

Nature de la construction	Références
Les constructions ayant pour effet de créer une surface hors œuvre brute supérieure à 2 m² et inférieure ou égale à 20 m²	C. urb., art. R. 421-9 (a) (nouv.)
Les habitations légères de loisirs implantées dans les conditio ns définies à l'article R. 111-32, dont la surface hors œuvre nette est supérieure à 35 m²	C. urb., art. R. 421-9 (b) (nouv.)
Les constructions, autres que les éoliennes, dont la hauteur au-dessus du sol est supérieure à douze mètres et qui n'ont pas pour effet de créer de surface hors œuvre brute ou qui ont pour effet de créer une surface hors œuvre brute inférieure ou égale à 2 m²	C. urb., art. R. 421-9 (c) (nouv.)
Les ouvrages et accessoires des lignes de distribution d'énergie électrique dont la tension est inférieure à 63 000 volts	C. urb., art. R. 421-9 (d) (nouv.)
Les murs dont la hauteur au-dessus du sol est supérieure ou égale à 2 mètres	C. urb., art. R. 421-9 (e) (nouv.)
Les piscines dont le bassin a une superficie inférieure ou égale à 100 m² et qui ne sont pas couvertes ou dont la couverture, fixe ou mobile, a une hauteur au-dessus du sol inférieure à un mètre quatre-vingts	C. urb., art. R. 421-9 (f) (nouv.)
Les châssis et serres dont la hauteur au-dessus du sol est comprise entre un mètre quatre-vingts et quatre mètres, et dont la surface au sol n'excède pas 2 000 m² sur une même unité foncière	C. urb., art. R. 421-9 (g) (nouv.)

Constructions soumises à déclaration préalable par exception au principe de dispense de toute formalité

Nature et secteur de la construction	Références
Les murs de soutènement implantés dans un secteur sauvegardé au périmètre délimité	C. urb., art. R. 421-10 et R. 421-3 (a) (nouv.)
Les ouvrages d'infrastructure terrestre, maritime ou fluviale (voies, ponts, infrastructures portuaires ou aéroportuaires) projetés dans un secteur sauvegardé au périmètre délimité	C. urb., art. R. 421-10 et R. 421-3 (b) (nouv.)
Les constructions n'ayant pas pour effet de créer une surface hors œuvre brute ou ayant pour effet de créer une surface hors œuvre brute inférieure ou égale à 20 m², quelle que soit leur hauteur, dont la réalisation est projetée dans les secteurs sauvegardés au périmètre délimité, dans un site classé, dans les réserves naturelles, dans les espaces ayant vocation à être classés dans le cœur d'un futur parc national dont la création a été prise en considération en application de l'article R. 331-4 du code de l'environnement ou à l'intérieur des parcs nationaux délimités en application de l'art. L. 331-2 du même code	C. urb., art. R. 421-11 (a) (nouv.)
Les murs quelle que soit leur hauteur, dans les mêmes secteurs	C. urb., art. R. 421-11 (b) (nouv.)
Les clôtures situées dans un secteur sauvegardé dont le périmètre a été délimité, dans le champ de visibilité d'un monument historique défini à l'article L. 621-30-1 du code du patrimoine ou dans une zone de protection du patrimoine architectural, urbain et paysager créée en application de l'article L. 642-1 du code du patrimoine	C. urb., art. R. 421-12 (a) (nouv.)
Les clôtures situées dans un site inscrit ou dans un site classé en application des articles L. 341-1 et L. 341-2 du code de l'environnement	C. urb., art. R. 421-12 (b) (nouv.)
Les clôtures situées dans un secteur délimité par le plan local d'urbanisme en application du 7° de l'article L. 123-1	C. urb., art. R. 421-12 (c) (nouv.)
Les clôtures situées dans une commune ou partie de commune où le conseil municipal ou l'organe délibérant de l'établissement public de coopération intercommunale compétent en matière de plan local d'urbanisme a décidé de soumettre les clôtures à déclaration.	C. urb., art. R. 421-12 (d) (nouv.)
Les clôtures situées dans un secteur délimité par le plan local d'urbanisme en application du 7° de l'article L. 123-1	C. urb., art. R. 421-12 (c) (nouv.)

Travaux sur existant relevant du régime déclaratif

Nature des travaux (hors travaux d'entretien ou de réparations ordinaires)	Références
Les travaux de ravalement et les travaux ayant pour effet de modifier l'aspect extérieur d'un bâtiment existant	C. urb., art. R. 421-17 (a), (c) à (g) (nouv.)
Dans les secteurs sauvegardés dont le plan de sauvegarde et de mise en valeur n'est pas approuvé ou dont le plan de sauvegarde et de mise en valeur a été mis en révision, les travaux effectués à l'intérieur des immeubles	
Les travaux exécutés sur des constructions existantes ayant pour effet de modifier ou de supprimer un élément que le plan local d'urbanisme ou un document d'urbanisme en tenant lieu a identifié, en application du 7° de l'article L. 123-1, comme présentant un intérêt patrimonial ou paysager	
Les travaux exécutés sur des constructions existantes ayant pour effet, dans une commune non couverte par un plan local d'urbanisme, de modifier ou de supprimer un élément, qu'une délibération du conseil municipal, prise après enquête publique, a identifié comme présentant un intérêt patrimonial ou paysager	
Les travaux ayant pour effet la création d'une surface hors œuvre brute supérieure à 2 m^2 et inférieure ou égale à 20 m^2	
Les travaux ayant pour effet de transformer plus de 10 m^2 de surface hors œuvre brute en surface hors œuvre nette	

Les changements de destination relevant du régime déclaratif	
Les changements de destination d'un bâtiment existant entre les différentes destinations définies à l'article R. 123-9 (Lorsque le changement de destination s'accompagne de travaux visés par les nouveaux art. R. 421-14 à R. 421-16 C. urb., ils relèvent d'un permis de construire au titre de ces derniers)	C. urb., art. R. 421-17(b) ; R. 421-13 et R. 421-14 (b) (nouv.)

Travaux et aménagements relevant du régime déclaratif en considération de leur nature

Nature des opérations	Référence
Les lotissements autres que ceux mentionnés au a de l'article R. 421-19 C. urb.	C. urb., art. R. 421-23 (a) (nouv.)
Les divisions des propriétés foncières situées à l'intérieur des zones délimitées en application de l'article L. 111-5-2, à l'exception des divisions opérées dans le cadre d'une opération d'aménagement autorisée, des divisions effectuées, avant la clôture de l'opération, dans le cadre d'une opération d'aménagement foncier rural relevant du titre II du livre Ier du code rural et des divisions résultant d'un bail rural consenti à des preneurs exerçant la profession agricole	C. urb., art. R. 421-23 (b) (nouv.)
L'aménagement ou la mise à disposition des campeurs, de façon habituelle, de terrains ne nécessitant pas un permis d'aménager en application de l'article R. 421-19	C. urb., art. R. 421-23 (c) (nouv.)

L'installation, en dehors des terrains de camping et parcs résidentiels de loisirs, d'une caravane autre qu'une résidence mobile mentionnée au j ci-dessous lorsque la durée de cette installation est supérieure à trois mois par an ; sont prises en compte, pour le calcul de cette durée, toutes les périodes de stationnement, consécutives ou non	C. urb., art. R. 421-23 (d) (nouv.)
Lorsqu'ils sont susceptibles de contenir de dix à quarante-neuf unités, les aires de stationnement ouvertes au public, les dépôts de véhicules et les garages collectifs de caravanes	C. urb., art. R. 421-23 (e) (nouv.)
À moins qu'ils ne soient nécessaires à l'exécution d'un permis de construire, les affouillements et exhaussements du sol dont la hauteur, s'il s'agit d'un exhaussement, ou la profondeur dans le cas d'un affouillement, excède deux mètres et qui portent sur une superficie supérieure ou égale à cent m^2	C. urb., art. R. 421-23 (f) (nouv.)
Les coupes ou abattages d'arbres dans les cas prévus par l'article L. 130-1	C. urb., art. R. 421-23 (g) (nouv.)
Les travaux ayant pour effet de modifier ou de supprimer un élément que le plan local d'urbanisme ou un document d'urbanisme en tenant lieu a identifié, en application du 7° de l'article L. 123-1, comme présentant un intérêt patrimonial ou paysager	C. urb., art. R. 421-23 (h) (nouv.)
Les travaux autres que ceux exécutés sur des constructions existantes ayant pour effet, dans une commune non couverte par un plan local d'urbanisme, de modifier ou de supprimer un élément, qu'une délibération du conseil municipal, prise après enquête publique, a identifié comme présentant un intérêt patrimonial ou paysager	C. urb., art. R. 421-23 (i) (nouv.)
L'installation d'une résidence mobile visée par l'article 1er de la loi n° 2000-614 du 5 juillet 2000 relative à l'accueil et à l'habitat des gens du voyage, constituant l'habitat permanent des gens du voyage, lorsque cette installation dure plus de trois mois consécutifs	C. urb., art. R. 421-23 (j) (nouv.)
Les aires d'accueil des gens du voyage	C. urb., art. R. 421-23 (k) (nouv.)

Travaux et aménagements relevant du régime déclaratif en considération de leur sectorisation

Nature et secteur des opérations	Références
Dans les secteurs sauvegardés dont le périmètre a été délimité, les travaux, à l'exception des travaux d'entretien ou de réparations ordinaires, ayant pour effet de modifier l'aménagement des abords d'un bâtiment existant	C. urb., art. R. 421-24 (nouv.)
Dans les secteurs sauvegardés dont le périmètre a été délimité, les sites classés et les réserves naturelles, l'installation de mobilier urbain ou d'œuvres d'art, les modifications des voies ou espaces publics et les plantations qui sont effectuées sur ces voies ou espaces, à l'exception des travaux d'entretien et des travaux imposés par les réglementations applicables en matière de sécurité	C. urb., art. R. 421-25 (nouv.)

Constructions dispensées de toute formalité

Nature des constructions	Anciennes dispositions	Nouvelles dispositions
Les murs d'une hauteur inférieure à deux mètres ne constituant pas une clôture	C. urb., art. R. 421-1 (anc).	C. urb., art. R. 421-2 (nouv.)
Les installations de chantier	C. urb., art. R. 421-1 (anc).	C. urb., art. R. 421-2 (nouv.)
Les constructions couvertes par le secret de la défense nationale	C. urb., art. L. 422-1 et R. 422-1 (anc).	C. urb., art. R. 421-8 (nouv.)
Les constructions situées à l'intérieur des arsenaux de la marine, des aérodromes militaires et des grands camps (arrêté conjoint des ministres chargés de l'urbanisme et de la défense)	C. urb., art. L. 422-1 et R. 422-1 (anc).	C. urb., art. R. 421-8 (nouv.)
Les dispositifs techniques nécessaires aux systèmes de radiocommunication numérique de la police et de la gendarmerie nationales	C. urb., art. L. 422-1 et R. 422-1 (anc).	C. urb., art. R. 421-8 (nouv.)
Les statues, monuments et œuvres d'art, les terrasses, les poteaux, les pylônes, les candélabres et les antennes d'émission ou de réception de signaux radio-électriques	C. urb., art. R. 421-1 (anc).	C. urb., art. R. 421-2 et s. (nouv.)
L'ensemble du mobilier urbain, sans distinction de localisation	C. urb., art. R. 421-1 (anc).	C. urb., art. R. 421-2 (nouv.)
Les constructions nouvelles dont la hauteur au-dessus du sol est inférieure à 12 m et qui n'ont pas pour effet de créer de surface de plancher ou qui ont pour effet de créer une surface hors œuvre brute inférieure ou égale à 2 m^2	C. urb., art. R. 421-1, al. 10, (anc).	C. urb., art. R. 421-2 (nouv.)
Les canalisations, lignes ou câbles, lorsqu'ils sont souterrains	C. urb., art. R. 421-1 (anc.)	C. urb., art. R. 421-4 (nouv.)
Les habitations légères de loisirs implantées dans un terrain de camping ou un parc résidentiel de loisirs autorisé et dont la surface hors œuvre nette est inférieure ou égale à 35 m^2	C. urb., art. R. 422-2-j) (anc.)	C. urb., art. R. 421-2 (b) (nouv.)
Les piscines dont le bassin a une superficie inférieure ou égale à 10 m^2	C. urb., art. R. 422-2-k) (anc.)	C. urb., art. R. 421-2 (d) (nouv.)
Les châssis et serres dont la hauteur au-dessus du sol est inférieure ou égale à 1,80 m^2	C. urb., art. R. 422-2-l) (anc.)	C. urb., art. R. 421-2 (e) (nouv.)
Les clôtures autres que celles situées dans un secteur sauvegardé, un site classé, une zone délimitée par le PLU au titre de l'art. L. 123-1-7° C. urb. ou dans une commune où le conseil municipal a assujetti les clôtures à déclaration		C. urb., art. R. 421-2 (g) et R. 421-12 (nouv.)
Les caveaux et monuments funéraires situés dans l'enceinte d'un cimetière		C. urb., art. R. 421-2 (i) (nouv.)
Les murs de soutènement	C. urb., art. R. 421-1 (anc.)	C. urb., art. R. 421-3 (a) (nouv.)

Les constructions qui en raison de leur nature ou de leur destination n'ont pas vocation à être implantées pour une durée excédant trois mois Cette durée est portée à : Un an en ce qui concerne les constructions nécessaires au relogement d'urgence des personnes victimes d'un sinistre ou d'une catastrophe naturelle ou technologique ; Une année scolaire en ce qui concerne les classes démontables installées dans les établissements scolaires ou universitaires pour pallier les insuffisances temporaires de capacités d'accueil ; La durée du chantier, en ce qui concerne les constructions temporaires directement nécessaires à la conduite des travaux ainsi que les installations liées à la commercialisation d'un bâtiment en cours de construction et pour une durée d'un an en ce qui concerne les constructions nécessaires au maintien des activités économiques ou des équipements existants, lorsqu'elles sont implantées à moins de trois cents mètres du chantier ; La durée d'une manifestation culturelle, commerciale, touristique ou sportive, dans la limite d'un an, en ce qui concerne les constructions ou installations temporaires directement liées à cette manifestation	C. urb., art. L. 421-1 et R. 422-1 (anc.)	C. urb., art. R. 421-5 (nouv.) :

Champ d'application du permis de démolir

Champ d'application territorial

Avant la réforme C. urb., art. L. 430-1 (anc.)	Après la réforme C. urb., art. R. 421-27 & R. 421-28 (nouv.)
Dans les communes visées à l'article 10 (7°) de la loi n° 48-1360 du 1er septembre 1948, modifié par l'article 4 de l'ordonnance n° 58-1343 du 27 décembre 1958	Dans une commune ou une partie de commune où le conseil municipal a décidé d'instituer le permis de démolir.
Dans les secteurs sauvegardés et les périmètres de restauration immobilière créés en application des articles L. 313-1 à L. 313-15 C. urb.	Dans un secteur sauvegardé dont le périmètre a été délimité ou dans un périmètre de restauration immobilière créé en application des articles L. 313-1 à L. 313-15 C. urb.
Dans les zones auxquelles s'appliquent les dispositions de l'article L. 621-31 C. patr. et de la loi du 2 mai 1930 modifiée relative à la protection des monuments naturels et des sites	Dans le champ de visibilité d'un monument historique défini à l'article L. 621-30-1 C. patr., ou dans une zone de protection du patrimoine architectural, urbain et paysager créée en application de l'article L. 642-1 C. patr.
Dans les zones délimitées par un plan d'occupation des sols rendu public ou un plan local d'urbanisme approuvé, en application du 7° de l'article L. 123-1 C. urb.	Dans une zone identifiée comme devant être protégée par un plan local d'urbanisme, en application du 7° de l'article L. 123-1, située dans un périmètre délimité par le plan en application du même article ou, dans une commune non dotée d'un plan local d'urbanisme ou d'un document d'urbanisme en tenant lieu, identifiée par délibération du conseil municipal, prise après enquête publique, comme constituant un élément de patrimoine ou de paysage à protéger et à mettre en valeur
Dans les zones délimitées à l'intérieur des périmètres sensibles dans les conditions définies à l'article L. 142-3 C. urb., dans sa rédaction antérieure à la loi n° 85-729 du 18 juillet 1985, dans les zones délimitées en application de l'article L. 142-11 C. urb., dans sa rédaction issue de ladite loi ou dans les zones d'environnement protégé créées en application de l'article L. 143-1 C. urb., dans sa rédaction antérieure à la loi n° 83-8 du 7 janvier 1983	Pour les constructions situées dans un site inscrit ou classé en application des articles L. 341-1 et L. 341-2 C. env.
Aux immeubles ou parties d'immeubles inscrits au titre des monuments historiques ainsi qu'aux immeubles ou parties d'immeubles adossés aux immeubles classés au titre des monuments historiques	À une construction inscrite au titre des monuments historiques ou adossée à un immeuble classé au titre des monuments historiques
Dans les zones de protection du patrimoine architectural et urbain créées en application des articles L. 642-1 et L. 642-2 du C. patr.	
Dans les communes qui ne sont pas dotées d'un plan local d'urbanisme ou d'un plan d'occupation des sols approuvé, dans des périmètres délimités par délibération du conseil municipal	

Champ d'application matériel

Avant la réforme **C. urb., art. L. 430-2 (anc.)**	**Après la réforme** **C. urb., art. R. 421-27 et R. 421-28 (nouv.)**
Dans les cas mentionnés à l'article L. 430-1, quiconque désire démolir en tout ou partie un bâtiment à quelque usage qu'il soit affecté, doit, au préalable, obtenir un permis de démolir.	Concerne tous les travaux ayant pour objet de démolir ou de rendre inutilisable tout ou partie d'une construction
Constituent des travaux de démolition les travaux ayant pour objet de rendre inutilisables et dangereux les locaux considérés	Constituent des travaux de démolition les travaux ayant pour objet de rendre inutilisables les locaux considérés
Champ d'application limité aux bâtiments	Champ d'application étendu à toutes les constructions
DISPENSES	
Avant la réforme **C. urb., art. L. 430-3 (anc.)**	**Après la réforme** **C. urb., art. R. 421-29 (nouv.)**
Les démolitions effectuées en application des articles L. 511-1 à L. 511-3 CCH, sur un bâtiment menaçant ruine ou, en application de l'article L. 28 CSP, sur un immeuble insalubre	Les démolitions effectuées en application du code de la construction et de l'habitation sur un bâtiment menaçant ruine ou en application du code de la santé publique sur un immeuble insalubre
Les démolitions effectuées en application d'une décision de justice devenue définitive	Les démolitions effectuées en application d'une décision de justice devenue définitive
Les démolitions imposées par l'autorité compétente en application de l'article L. 123-1 (10°)	Les démolitions de lignes électriques et de canalisations
Les démolitions de bâtiments frappés de servitude de reculement en exécution de plans d'alignement approuvés sous le régime de l'ordonnance n° 59-115 du 7 janvier 1959 et des textes pris pour son application	Les démolitions de bâtiments frappés de servitude de reculement en exécution de plans d'alignement approuvés en application du chapitre Ier du titre IV du livre Ier du code de la voirie routière
Les démolitions prévues par un plan de sauvegarde et de mise en valeur rendu public ou approuvé et réalisées dans les conditions fixées par l'article L. 313-1 (alinéa 3)	Les démolitions couvertes par le secret de la défense nationale

Composition des dossiers de demande de permis et de déclaration préalable

Les éléments communs

Pièces et informations communes	Autorisations	Références
Identité du demandeur ou du déclarant Localisation et superficie du terrain Nature des travaux Attestation de l'art. R. 423-1	Permis de construire Permis d'aménager Permis de démolir Déclaration préalable	C. urb., art. R. 435-1 (nouv.) C. urb., art. R. 441-1(nouv.) C. urb., art. R. 451-1(nouv.) C. urb., art. R. 431-35(nouv.)
Plan de situation du terrain	Permis de construire Permis d'aménager Permis de démolir Déclaration préalable	C. urb., art. R. 431-7(nouv.) C. urb., art. R. 441-2 (nouv.) C. urb., art. R. 451-2 (nouv.) C. urb., art. R. 431-36(nouv.)
Plan de masse coté dans les trois dimensions	Permis de construire Permis d'aménager Permis de démolir Déclaration préalable	C. urb., art. R. 431-9 (nouv.) C. urb., art. R. 441-44 (nouv.) C. urb., art. R. 451-2 (nouv.) C. urb., art. R. 431-36 et R. 441-9 (nouv.)
Notice précisant l'état initial du terrain et les partis retenus pour assurer l'insertion du projet de son environnement et la prise en compte des paysages	Permis de construire Permis d'aménager	C. urb., art. R. 431-8 (nouv.) C. urb., art. R. 441-3 (nouv.)
Document graphique faisant apparaître l'état initial et l'état futur de chacune des parties du bâtiment faisant objet de travaux	Permis de construire Permis d'aménager Déclaration préalable	C. urb., art. R. 431-11 (nouv.) C. urb., art. R. 441-6 (nouv.) C. urb., art. R. 431-37 (nouv.)

Permis de construire

Éléments communs à tous les dossiers

Pièces et informations propres au permis de construire	Références
Notamment l'identité du demandeur et l'attestation en foi de quoi il a qualité pour être pétitionnaire en application de l'article R. 423-1, ainsi que l'identité de l'architecte qui établit le projet architectural en application des articles R. 431-1 et suiv., la localisation et la superficie des terrains ou encore la nature des travaux ; l'attestation du respect des conditions définies à l'article R. 423-1	C. urb., art. R. 431-5 (nouv.)

Pièces relatives à la destination, par référence aux différentes destinations définies à l'art. R. 123-9, la SHON des constructions édifiées sur le terrain d'assiette, avec des indications sur l'avenir de ces constructions dans le projet (maintien, démolition, modification)	C. urb., art. R. 431-6 (nouv.)
Plan de situation du terrain dans la commune et projet architectural avec les pièces mentionnées aux art. R. 431-8 à R. 431-12 ; Le projet architectural n'est pas exigé, comme c'était le cas dans l'ancien Code de l'urbanisme, pour les constructions à usage d'habitation dont la SHON n'excède pas 170 m², dès lors que le maître de l'ouvrage est une personne physique ainsi que pour les constructions à usage agricole dont la SHON ne dépasse pas 800 m² (art. R. 431-2)	C. urb., art. R. 431-7 (nouv.)
Le projet architectural comprend notamment : une notice précisant l'état initial du terrain, son aménagement, la situation et le volume des constructions nouvelles, le traitement des constructions en limite de terrain, les matériaux et les couleurs des constructions, le traitement des espaces libres, l'organisation et l'aménagement des accès au terrain, aux constructions et aux aires de stationnement ; Ces pièces ne sont pas exigées si le projet porte exclusivement sur des travaux intérieurs (art. R. 431-11)	C. urb., art. R. 431-8 (nouv.)
Le projet architectural comprend aussi : un plan de masse des constructions à édifier ou à modifier coté dans les trois dimensions, les modalités concernant le raccordement aux réseaux publics ou éventuellement la réalisation d'équipements privés prévus, le plan de masse indiquant l'emplacement et les caractéristiques de la servitude de passage permettant d'accéder à une voie ouverte à la circulation ; Le plan des façades et des toitures, un plan en coupe du terrain, un document graphique sur l'insertion du projet dans le paysage avoisinant, deux documents photographiques sur la situation du terrain dans l'environnement proche et lointain ; Un document graphique sur l'état initial et futur de chacune des parties du bâtiment faisant l'objet de travaux mentionnés aux art. R. 421-15 à R. 421-16 exécutés à l'intérieur d'un bâtiment situé dans un secteur sauvegardé ou à l'intérieur d'un immeuble inscrit au titre des monuments historiques ; Ces pièces ne sont pas exigées si le projet porte exclusivement sur des travaux intérieurs (art. R. 431-11)	C. urb., art. R. 431-9 à R. 431-11 (nouv.) :

Éléments complémentaires au titre d'autres législations

Nature du projet	Référence	Pièces complémentaires
Construction sur le domaine public	C. urb., art. R. 431-13 (nouv.) :	Le dossier comporte l'accord du gestionnaire du domaine pour engager la procédure d'autorisation d'occupation temporaire du domaine public
Projet relatif à un immeuble inscrit ou adossé à un monument historique	C. urb., art. R. 431-14 (nouv.) :	La notice mentionnée à l'article R. 431-8 indique en outre les matériaux utilisés et les modalités d'exécution des travaux
Lorsque le projet nécessite une étude d'impact en application du code de l'environnement	C. urb., art. R. 431-16 (nouv.)	Le dossier comporte une copie de l'étude d'impact
Dans les cas prévus par les 4° et 5° de l'article R. 111-38 du code de la construction et de l'habitation (risques parasismiques)	C. urb., art. R. 431-16 (nouv.)	Le dossier comporte un document établi par un contrôleur technique mentionné à l'article L. 111-23 de ce code, attestant qu'il a fait connaître au maître d'ouvrage son avis sur la prise en compte, au stade de la conception, des règles parasismiques et paracycloniques prévues par l'article L. 563-1 du code de l'environnement ;

Lorsque la construction projetée est subordonnée par un plan de prévention des risques naturels prévisibles approuvé, ou rendu immédiatement opposable en application de l'article L. 562-2 du code de l'environnement, ou par un plan de prévention des risques technologiques approuvé, à la réalisation d'une étude préalable permettant d'en déterminer les conditions de réalisation, d'utilisation ou d'exploitation	C. urb., art. R. 431-16 (nouv.)	Le dossier comporte une attestation établie par l'architecte du projet ou par un expert agréé certifiant la réalisation de cette étude et constatant que le projet prend en compte ces conditions au stade de la conception
Projet nécessitant un défrichement	C. urb., art. R. 431-19 (nouv.)	Le dossier comporte une copie de la lettre par laquelle le préfet fait connaître au demandeur que son dossier de demande d'autorisation de défrichement est complet.
Projet relatif à une ICPE	C. urb., art. R. 431-20 (nouv.)	Le dossier comporte la justification du dépôt de la demande d'autorisation ou de la déclaration
Projet relatif à un équipement commercial ou cinématographique	C. urb., art. R. 431-27 à R. 431-28 (nouv.)	Le dossier comporte une copie de la lettre adressée par le préfet au demandeur de cette autorisation lorsque le dossier joint à la demande d'autorisation a été reconnu complet
Projet relatif à un immeuble de grande hauteur	C. urb., art. R. 431-29 (nouv.)	Le dossier comporte les plans et documents définis par le code de la construction et de l'habitation
Projet relatif à un établissement recevant du public	C. urb., art. R. 431-30 (nouv.)	Le dossier comporte les plans et les documents prévus par les articles R. 111-19-14 et R. 123-24 du CCH
Projet impliquant une dérogation aux règles relatives à l'accessibilité des handicapés	C. urb., art. R. 431-31 (nouv.)	Le dossier comporte les documents prévus, selon les cas, par les articles R. 111-18-3, R. 111-18-7, R. 111-18-10, R. 111-19-6 et R. 111-19-10 du CCH

Éléments complémentaires au titre de dispositions particulières du code de l'urbanisme

Nature du projet	Références	Pièces complémentaires
Projet situé dans une ZPPAUP ou un secteur sauvegardé	C. urb., art. R. 431-14 (nouv.)	Le dossier comporte la notice mentionnée à l'article R. 431-8 indique en outre les matériaux utilisés et les modalités d'exécution des travaux
Projet nécessitant l'agrément en région parisienne	C. urb., art. R. 431-16 (nouv.)	Le dossier comporte l'agrément prévu à l'article L. 510-1, lorsqu'il est exigé
Lorsque la demande concerne un projet de construction visé au d de l'article R. 146-2 et situé dans un espace remarquable ou dans un milieu à préserver d'une commune littorale	C. urb., art. R. 431-16 (nouv.)	Le dossier comporte une notice précisant l'activité économique qui doit être exercée dans le bâtiment et justifiant, s'il y a lieu, que cette activité répond aux critères définis par l'article R. 146-2.

Projet nécessitant une démolition	C. urb., art. R. 431-21 (nouv.)	Le dossier comporte la justification du dépôt de la demande de permis de démolir, soit porter à la fois sur la démolition et sur la construction ou l'aménagement
Projet situé dans une ZAC	C. urb., art. R. 431-23 (nouv.)	Le dossier comporte comporte, lorsque le terrain a fait l'objet d'une cession, location ou concession d'usage consentie par l'aménageur de la zone, d'une copie de celles des dispositions du cahier des charges de cession de terrain qui indiquent le nombre de m² de surface hors œuvre nette dont la construction est autorisée sur la parcelle cédée ainsi que, si elles existent, de celles des dispositions du cahier des charges qui fixent des prescriptions techniques, urbanistiques et architecturales imposées pour la durée de la réalisation de la zone ou, lorsque le terrain n'a pas fait l'objet d'une cession, location ou concession d'usage par l'aménageur de la zone, de la convention prévue par le quatrième alinéa de l'article L. 311-4.
Projet nécessitant l'achat de places de stationnement	C. urb., art. R. 431-26 (nouv.)	Le dossier comporte le plan de situation du terrain sur lequel seront réalisées les aires de stationnement et le plan des constructions ou aménagements correspondants ou la promesse synallagmatique de concession ou d'acquisition, éventuellement assortie de la condition suspensive de l'octroi du permis
Projet nécessitant l'établissement d'une cour commune	C. urb., art. R. 431-32 (nouv.)	Le dossier comporte les contrats ou décisions judiciaires relatifs à l'institution de ces servitudes

Éléments complémentaires intéressant la densité de l'opération

Nature du projet	Références	Pièces complémentaires
Projet comprenant des logements sociaux ayant bénéficié d'un « sur-COS »	C. urb., art. R. 431-17 (nouv.)	Le dossier comporte la délimitation de cette partie des constructions ; la mention de la surface de plancher hors œuvre nette correspondante ; l'estimation sommaire du coût foncier qui lui sera imputé ; dans les communes de la métropole, l'engagement du demandeur de conclure la convention prévue au 3° de l'article L. 351-2 du code de la construction et de l'habitation.
Projet bénéficiant d'un « sur-COS » au titre de sa haute performance énergétique	C. urb., art. R. 431-18 (nouv.)	Le dossier comporte le document prévu par l'article R. 111-21 du code de la construction et de l'habitation attestant que le projet respecte les critères de performance énergétique définis par cet article
Projet impliquant le contrôle de la densité dans les zones créées en application de l'article L. 123-1-1	C. urb., art. R. 431-15 (nouv.)	Le dossier indique, s'il y a lieu, la surface hors œuvre nette des bâtiments qui existaient à la date de la division sur les autres terrains issus de celle-ci.

Projet excédant le PLD dans les communes où cette institution a été conservée	C. urb., art. R. 431-25 (nouv.)	Le dossier précise la valeur du terrain sur lequel la construction doit être édifiée
Projet impliquant le transfert de COS autorisé en vertu de l'article L. 123-2	C. urb., art. R. 431-33 (nouv.)	Le dossier comporte les contrats ayant procédé à ces transferts
Projet impliquant la gestion de la SHON dans un lotissement	C. urb., art. R. 431-22 (nouv.) :	Le dossier comporte, s'il y a lieu, le certificat prévu par le premier alinéa de l'article R. 442-11, quand la surface hors œuvre nette constructible a été répartie par le lotisseur et/ou le certificat prévu par le quatrième alinéa de l'article R. 442-18, quand l'ensemble des travaux mentionnés dans le permis d'aménager n'est pas achevé

Permis d'aménager

Éléments communs à tous les dossiers

Pièces obligatoires	Pièces complémentaires en fonction de la nature ou de la sectorisation du projet
C. urb., art. R. 441-1 (nouv.) : Tout comme pour le permis de construire, l'identité du demandeur, la localisation et la superficie du terrain à aménager, la nature des travaux et l'attestation du demandeur qu'il remplit les conditions définies à l'article R. 423-1 pour être pétitionnaire	C. urb., art. R. 441-5 (nouv.) : L'étude ou la notice d'impact lorsqu'elle est prévue en application du code de l'environnement doit être jointe au dossier
C. urb., art. R. 441-2 et R. 441-4 (nouv.) : Un plan de situation, un plan de l'état actuel du terrain et de ses abords faisant apparaître notamment les équipements publics qui les desservent, un plan définissant la composition d'ensemble du projet et faisant apparaître les plantations à conserver ou à créer	C. urb., art. R. 441-6 (nouv.) : Le dossier comporte les pièces exigibles au titre de l'instruction d'un permis construire, en cas de demande par l'aménageur de réalisation, de façon accessoire, de constructions sur le terrain aménagé
C. urb., art. R. 441-3 (nouv.) : Une notice précisant l'état initial du terrain, les choix retenus pour assurer l'insertion du projet dans son environnement et la prise en compte des paysages	C. urb., art. R. 441-6 (nouv.) : Le dossier comporte une copie de la lettre du préfet indiquant au demandeur que son dossier de demande d'autorisation au titre de cette législation est complet, en cas d'instruction concomitante d'une autorisation de défrichement

Éléments propres aux lotissements

Pièces obligatoires	Pièces complémentaires
C. urb., art. R. 442-3 (nouv.) : Outre les renseignements communs à tous les projets d'aménagements prévus à l'article R. 442-1, le nombre maximum de lots et la surface de plancher hors œuvre nette maximale dont la construction est envisagée dans l'ensemble du lotissement, ainsi que la SHOB maximale dont la construction est envisagée dans l'ensemble du lotissement lorsque le lotissement n'est pas situé à l'intérieur d'un PLU ou d'un document d'urbanisme en tenant lieu. Le « lotissement à la carte » est maintenu par la réforme	C. urb., art. R. 442-6 (nouv.) : Le dossier comporte un projet de règlement, s'il est envisagé d'apporter des compléments aux règles d'urbanisme en vigueur ainsi qu'une attestation de la garantie à fournir en application de l'article R. 442-14.
C. urb., art. R. 442-4 (nouv.) : La répartition prévue entre les terrains réservés à des équipements ou des usages collectifs et les terrains destinés à une utilisation privative doivent figurer sur le plan prévu par le 2° de l'art. R. 441-4	
C. urb., art. R. 442-5 (nouv.) : Un projet architectural, paysager et environnemental tenant lieu du projet d'aménagement mentionné au b de l'art. R. 441-2 et qui complète les pièces déjà mentionnées aux art. R. 441-2 à R. 441-8	
C. urb., art. R. 442-7 (nouv.) : L'engagement du lotisseur que sera constituée une association syndicale des acquéreurs de lots à laquelle seront dévolus la propriété, la gestion et l'entretien des terrains et équipements communs sous réserve de l'art. R. 442-8	

Éléments propres aux terrains de camping et autres terrains aménagés pour l'hébergement touristique

Pièces obligatoires	Pièces complémentaires
C. urb., art. R. 443-2 (nouv.) : Une notice comportant tous les éléments mentionnés à l'art. R. 441-3, ainsi que les mesures pour limiter l'impact visuel des installations, répartir des emplacements au sein d'une trame paysagère, assurer l'insertion des équipements et bâtiments collectifs, organiser les circulations à l'intérieur du terrain et préciser si l'implantation d'habitations légères de loisirs est envisagée	C. urb., art. R. 443-3 (nouv.) : Le dossier comporte des indications sur les espaces de regroupement des hébergements mobiles au-dessus de la cote inondable, doivent figurer, s'il y a lieu, sur le plan de composition du projet mentionné au 2° de l'art. R. 441-1
C. urb., art. R. 443-4 (nouv.) : L'engagement d'exploiter le terrain selon le mode de gestion indiqué dans sa demande	C. urb., art. R. 443-4 (nouv.) : Le dossier comporte des précisions sur la période d'exploitation, lorsque la demande est présentée en vue d'une exploitation saisonnière

C. urb., art. R. 443-5 (nouv.) : Une notice exposant les conditions dans lesquelles le projet satisfait aux préoccupations d'environnement définies par l'art. R. 122-1 C. env.	C. urb., art. R. 443-5 (nouv.) : Le dossier comporte l'étude d'impact définie à l'art. 122-3 C.env., lorsque la demande vise un projet comportant 200 emplacements ou plus

Déclaration préalable

Déclaration préalable « dérivée » du permis de construire		**Déclaration préalable « dérivée » du permis d'aménager**	
Pièces obligatoires	**Pièces complémentaires**	**Pièces obligatoires**	**Pièces complémentaires**
C. urb., art. R. 431-35 (nouv.) : Identité des déclarants, localisation et superficie des terrains, nature des travaux ou du changement de destination, l'attestation que le déclarant remplit les conditions de l'art. R. 423-1	C. urb., art. R. 431-35-d) (nouv.) : La SHON et la destination des constructions privées	C. urb., art. R. 441-9 (nouv.) : Identité des déclarants, localisation et superficie des terrains, nature des travaux ou description du projet de division, l'attestation que le déclarant remplit les conditions de l'art. R. 423-1	C. urb., art. R. 441-10 in fine (nouv.) : Documents du dossier de demande de permis d'aménager pour les cas visés aux art. R. 441-6 à R. 441-8
C. urb., R. 431-36 (nouv.) : Plan de situation, plan de masse, représentation de l'aspect extérieur de la construction faisant apparaître les modifications projetées	C. urb., art. R. 431-36-c) in fine, (nouv.) : Documents du dossier de demande de permis de construire pour les cas visés aux art. R. 431-14 et R. 431-15, l'art. R. 431-16 (e) et aux art. R. 431-10, R. 431-25, R. 431-32 et R. 431-33	C. urb., art. R. 441-10 (nouv.) : Plan de situation, plan des lieux, croquis et plan de l'aménagement faisant apparaître, s'il y a lieu, la ou les divisions projetées	

Déclaration préalable « dérivée » du permis de construire		Déclaration préalable « dérivée » du permis d'aménager	
Pièces obligatoires	**Pièces complémentaires**	**Pièces obligatoires**	**Pièces complémentaires**
C. urb., art. R. 431-37 (nouv.) : Un document graphique faisant apparaître l'état initial et l'état futur de chacune des parties du bâtiment faisant l'objet des travaux, lorsque la déclaration porte sur des travaux exécutés à l'intérieur d'un bâtiment situé dans un secteur sauvegardé dont le plan de sauvegarde n'est pas approuvé ou dont le plan de sauvegarde et de mise en valeur a été mis en révision			

Permis de démolir

Pièces obligatoires	Références
Identité du demandeur, constructions restantes et travaux envisagés en cas de démolition partielle, la date de la construction des bâtiments à démolir, l'attestation que le déclarant remplit les conditions de l'art. R. 423-1	C. urb., art. R. 451-1 (nouv.)
Plan de situation, plan de masse des constructions à démolir et, s'il y a lieu, à conserver, ainsi qu'un document photographique faisant apparaître le ou les bâtiments dont la démolition est envisagée et leur insertion dans les lieux environnants	C. urb., art. R. 451-2 (nouv.)

Procédure commune aux permis et à la déclaration préalable

Dépôt de la demande et délivrance du récépissé

Qualité du pétitionnaire	Formalités du dépôt	Nombre d'exemplaires	Enregistrement des demandes
C. urb., art. R. 423-1 (a) à (c) (nouv.) : Les demandes de permis de construire, d'aménager ou de démolir et les déclarations préalables sont adressées : Soit par le ou les propriétaires du ou des terrains, leur mandataire ou par une ou plusieurs personnes attestant être autorisées par eux à exécuter les travaux ; Soit, en cas d'indivision, par un ou plusieurs co-indivisaires ou leur mandataire ; Soit par une personne ayant qualité pour bénéficier de l'expropriation pour cause d'utilité publique.	C. urb., art. R. 423-1 (nouv.) : Le pétitionnaire envoie les demandes par pli recommandé avec demande d'avis de réception ou les dépose à la mairie de la commune dans laquelle les travaux sont envisagés C. urb., art. R. 423-7 à R. 423-13 (nouv.) : En vertu du principe du « guichet unique », maintenu par la réforme, c'est au maire de transmettre la demande aux autres personnes publiques et services intéressés	C. urb., art. R. 423-2 (nouv.) : 4 exemplaires pour les permis ; 2 exemplaires pour les déclarations préalables ; 1 exemplaire supplémentaire si les travaux sont soumis à autorisation ou subordonnés à un avis au titre de certaines législations indépendantes Plusieurs exemplaires supplémentaires de certaines pièces (un arrêté en précisera le nombre et la nature) pour consultation des services et personnes intéressés par le projet	C. urb., art. R. 423-3 à R. 423-5 (nouv.) : Le maire affecte un numéro d'enregistrement à la demande ou à la déclaration et en délivre récépissé dans des conditions prévues par arrêté du ministre chargé de l'urbanisme Le récépissé précise le numéro d'enregistrement et la date à laquelle un permis tacite doit intervenir, en application du premier alinéa de l'article L. 424-2, ou, dans le cas d'une déclaration préalable, la date à partir de laquelle les travaux peuvent être entrepris. Le récépissé précise également que l'autorité compétente peut, dans le délai d'un mois à compter du dépôt du dossier : a) Notifier au demandeur que le dossier est incomplet ; b) Notifier au demandeur un délai différent de celui qui lui avait été initialement indiqué, lorsque le projet entre dans les cas prévus aux articles R. 423-24 à R. 423-33 ; Le récépissé indique également que le demandeur sera informé dans le même délai si son projet se trouve dans une des situations énumérées aux articles R. 424-2 et R. 424-3, où un permis tacite ne peut pas être acquis ou ne peut être acquis qu'en l'absence d'opposition ou de prescription de l'architecte des Bâtiments de France.

Instruction des dossiers, point de départ des délais d'instruction et demande de pièces manquantes

Autorité chargée de l'instruction	Point de départ des délais d'instruction	Demande de pièces manquantes
C. urb., art. R. 423-14 à R. 423-16 (nouv.) : Le maire ou le président de l'EPCI lorsque la décision est prise au nom de la commune ou de l'EPCI ; ils peuvent charger des actes d'instruction les services de la commune, ceux d'une collectivité territoriale ou d'un groupement de collectivités territoriales, les services de l'État Les services de l'État dans le département chargé des forêts pour les déclarations préalables portant exclusivement sur une coupe ou abattage d'arbres ainsi que ceux chargés de l'urbanisme pour les autres déclarations préalables ou demandes de permis.	C. urb., art. R. 423-17 à R. 423-21 (nouv.) : Le délai court à compter de la réception en mairie d'un dossier complet, sauf : Pour les projets soumis à enquête publique (exception faite pour les défrichements) en vertu de l'art. R. 123-1 C. env., auquel cas le délai du dossier complet part de la réception par l'autorité compétente du rapport du commissaire enquêteur ou de la commission d'enquête ; Pour les projets soumis à enquête publique en vertu de l'art. L. 752-5 C. com, auquel cas le délai d'instruction du dossier complet part du jour de la réception par le préfet du rapport du commissaire enquêteur ou de la commission d'enquête.	C. urb., art. R. 423-22 et R. 423-38 à R. 423-41 (nouv.) : Le dossier est réputé complet si l'autorité compétente n'a pas, dans le délai d'un mois à compter du dépôt du dossier en mairie, notifié au demandeur ou au déclarant la liste des pièces manquantes En cas de pièces manquantes, l'administration adresse au demandeur ou à l'auteur de la déclaration une lettre recommandée avec avis de réception ou, dans le cas prévu par l'art. R. 423-48 un courrier électronique, indiquant, de façon exhaustive, les pièces manquantes. La demande doit indiquer que ces pièces doivent être envoyées à la mairie dans le délai de 3 mois à compter de sa réception ; En cas de défaut de production de la totalité des pièces exigées, une décision tacite de rejet de la demande (pour les demandes de permis) ou une décision tacite d'opposition (déclaration préalable) suivront. Le délai d'instruction commencera à courir à compter de la réception des pièces manquantes par la mairie Si dans le délai d'un mois mentionné à l'article R. 423-38, une nouvelle demande apparaît nécessaire, elle se substitue à la première et dresse de façon exhaustive la liste des pièces manquantes et fait courir le délai mentionné au a de l'article R. 423-39 Une demande de production de pièce manquante notifiée après la fin du délai d'un mois prévu à l'article R. 423-38 n'a pas pour effet de modifier les délais d'instruction définis aux articles R. 423-23 à R. 423-37 et notifiés dans les conditions prévues par les articles R. 423-42 à R. 423-49

Consultation des personnes publiques, services ou commissions intéressées

<table>
<tr><td colspan="4">C. urb., art. R. 423-59 : par principe et sous réserve des exceptions prévues aux articles R. 423-60 à R 423-71, les services, autorités ou commissions qui n'ont pas fait parvenir à l'autorité compétente leur réponse motivée dans le délai d'un mois à compter de la réception de la demande d'avis sont réputés avoir émis un avis favorable</td></tr>
<tr><th colspan="4">Exceptions au principe</th></tr>
<tr><th>Organismes consultés</th><th>Cas visés</th><th>Délai pour répondre</th><th>Sens de la réponse à l'issue du délai</th></tr>
<tr><td>Commission départementale de la nature</td><td>En tous les cas</td><td>Deux mois</td><td>Avis favorable</td></tr>
<tr><td>Commission départementale de l'action touristique</td><td>En tous les cas</td><td>Deux mois</td><td>Avis favorable</td></tr>
<tr><td>Commissions nationales</td><td>En tous les cas</td><td>Deux mois</td><td>Avis favorable</td></tr>
<tr><td rowspan="2">Préfet de département ou directeur de l'établissement public d'un parc national</td><td rowspan="2">Consultation sur un projet situé dans un espace ayant vocation à être classé dans le cœur d'un futur parc national dont la création a été prise en considération en application de l'article R. 331-4 du code de l'environnement ou dans le cœur d'un parc national délimité en application des articles L. 331-1 et L. 331-2 du même code</td><td>Trois mois si les travaux prévus figurent sur la liste des travaux qui peuvent faire l'objet de l'autorisation spéciale prévue par le I de l'article L. 331-4 du code de l'environnement arrêtée par le décret de création du parc</td><td rowspan="2">Accord refusé</td></tr>
<tr><td>Cinq mois dans le cas contraire</td></tr>
<tr><td>Ministre chargé de l'aviation civile</td><td>Consultation en application de l'article R. 425-9 du code de l'urbanisme</td><td>Deux mois</td><td>Avis favorable</td></tr>
<tr><td>Chambre d'agriculture et commission départementale d'orientation agricole</td><td>Consultation sur un projet situé sur un terrain non couvert par un plan local d'urbanisme ou un document d'urbanisme en tenant lieu et dans une zone agricole protégée créée en application de l'article L. 112-2 du code rural</td><td>Deux mois</td><td>Avis favorable</td></tr>
<tr><td>Ministre de l'agriculture</td><td>Consulté en application de l'article L. 611 du code rural sur un projet de nature à porter atteinte à l'aire ou aux conditions de production, à la qualité ou à l'image du produit d'appellation d'origine contrôlée</td><td>Trois mois</td><td>Avis favorable</td></tr>
</table>

Architecte des Bâtiments de France	Consultation sur la démolition d'une construction située dans un secteur sauvegardé, dans le champ de visibilité d'un monument historique défini à l'article L. 621-30-1 du code du patrimoine ou dans une zone de protection du patrimoine architectural, urbain et paysager créée en application de l'article L. 642-1 du code du patrimoine	Deux mois	Avis favorable
	Consultation sur un projet situé dans un secteur sauvegardé dont le plan de sauvegarde et de mise en valeur a été approuvé ou dans une zone de protection du patrimoine architectural, urbain et paysager créée en application de l'article L. 642-1 du code du patrimoine	Deux mois	Avis favorable
	Consultation sur un projet situé dans un site inscrit ou classé en application des articles L. 341-1 et L. 341-2 du code de l'environnement	Deux mois	Avis favorable
	Consultation sur un projet situé dans le champ de visibilité d'un monument historique défini à l'article L. 621-30-1 du code du patrimoine, dans un secteur sauvegardé dont le plan de sauvegarde et de mise en valeur n'est pas approuvé	Quatre mois	Avis favorable

Préfet de région	Saisine d'un recours de l'autorité compétente à l'encontre de l'avis émis par l'architecte des Bâtiments de France	Trois mois à compter de sa saisine sauf si le dossier a été évoqué, dans ce délai, par le ministre de la culture	Recours rejeté
	Consultation sur un projet portant sur un immeuble ou une partie d'immeuble inscrit au titre des monuments historiques ou adossé à un immeuble classé, l'accord du préfet de région, prévu en application des articles L. 621-27 ou L. 621-30 du code du patrimoine	Quatre mois	Avis favorable
	lorsque le projet est soumis à étude d'impact et entre dans le champ d'application de l'article 4 du décret n° 2004-490 du 3 juin 2004 relatif aux procédures administratives et financières en matière d'archéologie préventive	Deux mois	Renonciation à édicter une prescription de fouille ou à demander une modification du projet
Préfet de département	En cas d'avis défavorable de la chambre d'agriculture ou de la commission départementale d'orientation agricole consultées sur un projet situé sur un terrain non couvert par un plan local d'urbanisme ou un document d'urbanisme en tenant lieu et dans une zone agricole protégée créée en application de l'article L. 112-2 du code rural	Un mois à compter de la transmission de l'avis	Avis défavorable
	Lorsque la demande de permis est accompagnée d'une demande de dérogation aux règles relatives à l'accessibilité aux personnes handicapées mentionnées à l'article L. 111-7 du code de la construction et de l'habitation	Deux mois	Avis favorable
	Lorsque le projet porte sur un immeuble de grande hauteur	Trois mois	Avis favorable
		Cinq mois pour les immeubles dont la hauteur est supérieure à cent mètres	

Délais d'instruction des demandes d'autorisations d'urbanisme

Délais d'instruction de droit commun		
Nature de la demande ou du projet	**Durée**	**Références**
Permis de construire et d'aménager	3 mois	C. urb., art. R. 423-23 (c) (nouv.)
Permis de construire maison individuelle et permis de démolir	2 mois	C. urb., art. R. 423-23 (b) (nouv.)
Déclaration préalable	1 mois	C. urb., art. R. 423-23 (a) (nouv.)
Deux hypothèses non cumulables de majoration du délai de droit commun		
Projet ressortissant à l'application d'une législation indépendante (C. urb., art. L. 425-1 ET s.)	1 mois	C. urb., art. R. 423-24 (nouv.)
Projet situé dans un secteur sauvegardé		
Projet nécessitant la consultation d'une commission départementale ou régionale (applicable aux seuls permis)	2 mois	C. urb., art. R. 423-25 (nouv.)
Délais d'instruction spéciaux se substituant au délai de droit commun pour les seuls permis (délais susceptibles de majoration en vertu de l'art. R. 423-34 à R. 423-37 (nouv.) C. urb.)		
Projet nécessitant la consultation d'une commission nationale ou de l'assemblée de Corse	6 mois (non susceptibles de majoration)	C. urb., art. R. 423-27 (nouv.)
Permis soumis à autorisation de défrichement prévue à l'art. L. 311-1 et L. 312-1 C.rur., lorsque le défrichement n'est pas soumis à enquête publique ou lorsqu'il est soumis à enquête publique	7 mois (susceptibles de majoration) 9 mois (susceptibles de majoration)	C. urb., art. R. 423-29 (nouv.)
Permis portant sur un immeuble inscrit au titre des monuments historiques	6 mois (susceptibles de majoration)	C. urb., art. R. 423-28 (a) (nouv.)
Permis portant sur un immeuble adossé à un immeuble classé	6 mois (susceptibles de majoration)	C. urb., art. R. 423-28 (a) (nouv.)
Permis, lorsque le projet est situé dans le champ de visibilité d'un immeuble classé ou inscrit	6 mois (susceptibles de majoration)	C. urb., art. R. 423-28 (b) (nouv.)
Permis, lorsque le projet est situé dans un secteur sauvegardé dont le PSMV n'est pas encore approuvé	6 mois (susceptibles de majoration)	C. urb., art. R. 423-28 (b) (nouv.)
Permis subordonné à une autorisation d'équipement commercial ou cinématographique (CDEC)	7 mois (susceptibles de majoration)	C. urb., art. R. 423-30 (nouv.)
Permis relatif à des travaux soumis à autorisation du ministère de la Défense ou du ministre chargé des sites	12 mois (susceptibles de majoration)	C. urb., art. R. 423-31 (nouv.)
Cas de prolongation exceptionnelle des délais de droit commun		
Lorsque le permis est soumis à autorisation préfectorale de défrichement	3 mois	C. urb., art. R. 423-34 (nouv.)
Lorsque le maire saisit le préfet de région d'un recours contre la décision de l'architecte des Bâtiments de France	3 mois	C. urb., art. R. 423-35 (nouv.)

Lorsqu'il y a appel contre une décision de CDEC	4 mois	C. urb., art. R. 423-36 (nouv.)
Lorsqu'il y a évocation du projet par le ministre chargé des monuments historiques, ou des sites	1 an	C. urb., art. R. 423-37 (nouv.)

Notification et exécution de la décision

MODALITÉ DE NOTIFICATION DE LA DÉCISION			
Nature de la décision	**Pli simple**	**Lettre AR**	**Transmission électronique**
Décision accordant ou refusant le permis ou s'opposant à la déclaration préalable	Non	Oui	Oui
Arrêté fixant les participations exigibles au bénéficiaire d'un permis de construire tacite ou d'une décision de non-opposition à une déclaration préalable	Non	Oui	Oui
Décision accordant le permis de construire sans prévoir de participations, ni de prescription	Oui	Oui	Oui

CARACTÈRE EXÉCUTOIRE DE LA DÉCISION		
Nature de la décision	**Caractère exécutoire**	**Références**
Permis de construire et d'aménager (délivrés par le maire ou le président de l'EPCI)	A compter de la notification au demandeur et de sa transmission au préfet	C. urb., art. L. 421-7 (nouv.) CGCT, art. L. 2131-1 et L. 2131-2
Permis de construire et d'aménager (délivré par l'État)	A compter de la seule notification au demandeur	C. urb., art. L. 421-7 (nouv.)
Permis tacite	A compter de la date où sa formation est acquise	C. urb., art. L. 421-8 (nouv.)
Permis de démolir (explicite)	15 jours après sa notification au demandeur et éventuellement sa transmission au préfet	C. urb., art. L. 424-9 et R. 452-1 (a) (nouv.)
Permis de démolir (tacite)	15 jours après la date à laquelle il est acquis	C. urb., art. L. 424-9 et R. 452-1 (b) (nouv.)
Décision de non-opposition à déclaration préalable	A compter de la date où sa formation est acquise	C. urb., art. L. 421-8 (c) (nouv.)
Déclaration de coupe et d'abattage d'arbres	Un mois après la date où sa formation est acquise	C. urb., art. L. 424-9 et R. 130-2 (nouv.)

DIFFÉRÉ DES TRAVAUX DANS L'ATTENTE D'UNE FORMALITÉ RELEVANT D'UNE AUTRE LÉGISLATION		
Nature des travaux	Formalité préalable aux travaux	Références
Travaux de changement d'usage de locaux destinés à l'habitation	Autorisation préalable de l'art. L. 31-7 CCH	C. urb., art. L. 425-9 (nouv.)

Travaux sur une installation classée pour la protection de l'environnement	Autorisation de l'article L. 512-2 C. env.	C. urb., art. L. 425-10 (nouv.)
Travaux assujettis à la réalisation d'opérations d'archéologie préventive (loi n° 2004-490 du 3 juin 2004)	Achèvement préalable des opérations d'archéologie préventive	C. urb., L. 425-11 et R. 425-31 (nouv.)
Travaux situés sur un site inscrit	Expiration préalable d'un délai de 4 mois à compter du dépôt de la demande (de permis) ou de la déclaration préalable	C. urb., R. 425-30 (nouv.)

Délai de validité de l'autorisation

Nature de la décision	Délais de droit commun	Délais suspendus en cas de recours devant la juridiction administrative contre la décision	Point de départ modifié par l'intervention d'une législation indépendante
Permis (de construire, d'aménager, de démolir)	C. urb., art. R. 424-17 (nouv.) : Péremption si les travaux ne sont pas entrepris dans le délai de 2 ans à compter de la notification mentionnée à l'art. R. 424-10 ou de la date à laquelle la décision tacite est intervenue ; Il en est de même si, passé ce délai, les travaux sont interrompus pendant un délai supérieur à une année.	C. urb., art. R. 424-19 (nouv.) : En cas de recours contre le permis ou la décision de non-opposition à la déclaration préalable ou de recours devant la juridiction civile en application de l'article L. 480-13, le délai de validité prévu à l'art. R. 424-17 est suspendu jusqu'au prononcé d'une décision juridictionnelle irrévocable	C. urb., art. R. 424-20 (nouv.) : Lorsque le commencement des travaux est subordonné à une procédure prévue par une autre législation, le délai de deux ans mentionné à l'art. R. 424-17 court à compter de la date à laquelle les travaux peuvent commencer en application de cette législation si cette date est postérieure à la notification visée à l'art. R. 424-10 ou à la date à laquelle la décision tacite est intervenue
Déclaration préalable portant sur une opération comportant des travaux	C. urb., art. R. 424-17 (nouv.) : Péremption si les travaux ne sont pas entrepris dans le délai de deux ans à compter de la notification mentionnée à l'art. R. 424-10 ou de la date à laquelle la décision tacite est intervenue ; Il en est de même si, passé ce délai, les travaux sont interrompus pendant un délai supérieur à une année.	C. urb., art. R. 424-19 (nouv.) : En cas de recours contre le permis ou la décision de non-opposition à la déclaration préalable ou de recours devant la juridiction civile en application de l'article L. 480-13, le délai de validité prévu à l'art. R. 424-17 est suspendu jusqu'au prononcé d'une décision juridictionnelle irrévocable	C. urb., art. R. 424-20 (nouv.) : Lorsque le commencement des travaux est subordonné à une procédure prévue par une autre législation, le délai de deux ans mentionné à l'art. R. 424-17 court à compter de la date à laquelle les travaux peuvent commencer en application de cette législation si cette date est postérieure à la notification visée à l'art. R. 424-10 ou à la date à laquelle la décision tacite est intervenue

Déclaration préalable portant sur un changement de destination ou sur une division de terrain sans travaux	C. urb., art. R. 424-18 (nouv.) : Caducité si ces opérations n'ont pas eu lieu dans le délai de 2 ans à compter de la notification mentionnée à l'art. R. 424-10 ou de la date à laquelle la décision tacite est intervenue	C. urb., art. R. 424-19 (nouv.) : En cas de recours contre le permis ou la décision de non-opposition à la déclaration préalable ou de recours devant la juridiction civile en application de l'article L. 480-13, le délai de validité prévu à l'art. R. 424-17 est suspendu jusqu'au prononcé d'une décision juridictionnelle irrévocable	C. urb., art. R. 424-20 (nouv.) : Lorsque le commencement des travaux est subordonné à une procédure prévue par une autre législation, le délai de deux ans mentionné à l'art. R. 424-17 court à compter de la date à laquelle les travaux peuvent commencer en application de cette législation si cette date est postérieure à la notification visée à l'art. R. 424-10 ou à la date à laquelle la décision tacite est intervenue
Le délai de validité de l'autorisation peut être prorogé d'un an dans les conditions définies aux art. R. 424-21 & R. 424-22. La prorogation prend effet à la date d'expiration du délai initial (C. urb., art. R. 424-23)			

Conformité des travaux

<table>
<tr><th colspan="4">Contrôle de la conformité des travaux</th></tr>
<tr><th colspan="2">Nature des travaux</th><th>Contrôle</th><th>Références</th></tr>
<tr><td colspan="2">Travaux de construction</td><td>Oui</td><td>C. urb., L. 462-1 et R. 462-1 (nouv.)</td></tr>
<tr><td colspan="2">Travaux d'aménagement</td><td>Oui</td><td>C. urb., L. 462-1 et R. 462-1 (nouv.)</td></tr>
<tr><td colspan="2">Travaux de démolition</td><td>Non</td><td></td></tr>
<tr><td colspan="2">Travaux résultant d'une déclaration préalable</td><td>Oui</td><td>C. urb., L. 462-1 et R. 462-1 (nouv.)</td></tr>
<tr><th colspan="4">Déclaration d'achèvement des travaux</th></tr>
<tr><td>Qualité du signataire</td><td>Formes d'envoi</td><td>Mentions et documents complémentaires</td><td>Délais ouverts à l'administration pour contester la conformité des travaux</td></tr>
<tr><td rowspan="3">C. urb., art. R. 462-1 (nouv.) :

Le bénéficiaire du permis de construire ou d'aménager ou de la décision de non-opposition à la déclaration préalable ou l'architecte ou l'agréé en architecture, dans le cas où ils ont dirigé les travaux</td><td rowspan="3">C. urb., art. R. 462-1 (nouv.)

La déclaration est adressée par pli AR au maire ou déposée contre décharge à la mairie ou, lorsque la commune est dotée des équipements répondant aux normes fixées par l'arrêté du ministre chargé de l'urbanisme, la déclaration peut être adressée par courrier électronique</td><td>C. urb., art. R. 462-2 (nouv.) :

La déclaration indique si elle porte sur une tranche ou la totalité des travaux lorsque le permis à autoriser l'exécution des travaux par tranches

La déclaration fait mention du différé des travaux de finition de voirie s'il a été autorisé</td><td rowspan="3">C. urb., art. R. 462-6 (nouv.) :

3 mois à compter de la date de réception de la déclaration

5 mois lorsqu'un récolement des travaux est obligatoire en vertu de l'art. R. 462-7 C. urb. (nouv.)

Préalablement à tout recollement, l'autorité compétente en informe le bénéficiaire de l'autorisation</td></tr>
<tr><td>C. urb., art. R. 462-3 (nouv.) :

L'attestation de conformité des travaux aux règles d'accessibilité applicables mentionnées à l'art. R. 111-19-21 CCH</td></tr>
<tr><td>C. urb., art. R. 462-4 (nouv.) :

Le document prévu à l'art. L. 112-19 CCH, attestant que le maître d'ouvrage a tenu compte de ses avis sur le respect des règles de construction parasismiques et paracycloniques prévues par l'art. L. 563-1 C. env.</td></tr>
</table>

Contentieux des autorisations et des constructions

Délai de retrait

<table>
<tr><th>Nature de la décision</th><th>Ancien régime</th><th>Nouveau régime</th></tr>
<tr><td>Permis et décision de non-opposition explicite</td><td>4 mois (jurisprudence Ternon, CE ass. 26 octobre 2001)</td><td rowspan="2">C. urb., art. L. 424-5 (nouv.) :

3 mois à compter de la date de la décision pour les permis exprès ou de la formation de l'autorisation tacite

Les décisions de non-opposition ne peuvent faire l'objet d'aucun retrait</td></tr>
<tr><td>Permis et décision de non-opposition tacite</td><td>Art. 23, loi n° 2000-321 du 12 avril 2000 : pendant le délai de recours contentieux, lorsque des mesures d'information des tiers ont été mises en œuvre ; Pendant le délai de deux mois à compter de la date à laquelle est intervenue la décision, lorsqu'aucune mesure d'information des tiers n'a été mise en œuvre ; Pendant la durée de l'instance au cas où un recours contentieux a été formé.</td></tr>
</table>

Délai de recours contre l'autorisation

Nature de la décision	Ancien régime	Nouveau régime
Toutes, expresses ou implicites	Deux mois à compter de l'accomplissement de la formalité de double affichage en mairie et sur le terrain des opérations	C. urb., art. R. 600-2 (nouv.) : Deux mois à compter de l'affichage de la décision sur le terrain des opérations et dans la limite d'un an à compter de l'achèvement des opérations

Délai de recours contre les constructions et les constructeurs (C. urb, art. L. 480-13)

Cas visé	Ancien régime	Nouveau régime
Construction édifiée conformément à un permis de construire	Cinq ans à compter de l'achèvement de la construction	Action en démolition contre le propriétaire : deux ans à compter de la décision juridictionnelle définitive ayant préalablement annulé le permis de construire Action en dommages et intérêts contre les constructeurs : deux ans à compter de l'achèvement des travaux

BIBLIOGRAPHIE

Ouvrages généraux

Auby (J.-B.) et Périnet-Marquet (H.), *Droit de l'urbanisme et de la construction*, 7e éd., Domat-Montchrestien, Paris, 2004.

Bernard (F.-Ch.), *Pratique des contentieux de l'urbanisme*, 2e éd., Le Moniteur, coll. « Guides », Paris, 2001.

Bonichot (J.-C.), Poujade (B.), *Droit de l'urbanisme*, Montchrestien, coll. « Focus », Paris, 2006.

Cassin (I.), *Le PLU*, 2e éd., Le Moniteur, coll. « guides », Paris, 2005.

Chapus (R.), *Droit administratif général*, 15e éd., t. I, Domat-Montchrestien, Paris, 2001.

Chapus (R.), *Droit du contentieux administratif*, 12e éd., Domat-Montchrestien, Paris, 2006.

Charles (H.), *Droit de l'urbanisme*, PUF, Thémis, Paris, 1997.

Davignon (J.-F.), *Droit de l'urbanisme*, Litec, Paris, 2004.

Deguergue (M.), *Procédure administrative contentieuse*, Montchrestien, coll. « Focus », Paris, 2003.

Demeure (S.), Martin (J.-Y.), Ricard (M.), *La ZAC*, Le Moniteur, coll. « Guides », Paris, 2004.

Hocreitère (P.), Lavallée-Foudrat (V.), Meng (J.-P.), *Urbanisme et collectivités locales*, 3 vol. (classeur régulièrement remis à jour), Berger-Levrault.

Hocreitère (P.), *Le Plan Local d'Urbanisme*, Berger-Levrault, Paris, 2004.

Hocreitère (P.), *Guide pratique du certificat d'urbanisme*, 2e éd., Berger-Levrault, Paris, 2004.

Jacquot (H.), Priet (F.), *Droit de l'urbanisme*, 5e éd., Dalloz, coll. « Précis-Dalloz », Paris, 2004.

Léost (R.), *Droit pénal de l'urbanisme*, Le Moniteur, Paris, 2001.

Plantey (A.), Bernard (F.-Ch.), *La preuve devant le juge administratif*, Économica, Paris, 2003.

Ricard (M.), *Le permis de construire*, 4e éd., Le Moniteur, coll. « Analyse juridique », Paris, 2002.

Soler-Couteaux (P.), *Droit de l'urbanisme*, 3e éd., Dalloz, Paris, 2000.

Articles et chroniques

Altide (W.), Boulanger (D.) et Dutrieux (D.), « Loi portant engagement national pour le logement », *J.-Cl. Coll. terr.*, n° 31, 31 juillet 2006, act. 672.

Benoit-Cattin (P.), « La réforme des autorisations d'urbanisme », *Constr. & Urb.*, n° 1, janvier 2006, ét. 1.

Benoit-Cattin (P.), « La procédure commune aux trois permis : pas moins de 134 articles ! », *Constr. & Urb.*, n° 3, mars 2007, ét. 7.

Benoit-Cattin (P.), « La conformité des travaux », *Constr. & Urb.*, n° 3, mars 2007, ét. 8.

Benoit-Cattin (P.), « Le régime du lotissement revu… mais non corrigé », *Constr. & Urb.*, n° 3, mars 2007, ét. 9.

Bernard (F.-Ch.), « Permis de construire et autorisations d'urbanisme : la réforme est lancée », *MTP* 13 janvier 2006, p. 90.

Billet (P.), « La réforme des opérations d'aménagement et autres dispositions d'urbanisme », *J.-Cl. Coll. terr.*, n° 3, 16 janvier 2006, étude 1010.

Billet (P.), « Les nouvelles règles de caducité du permis de construire », *J.-Cl. Coll. terr.*, n° 37, 11 septembre 2006, étude 1202.

Billet (P.), « Réforme des autorisations d'occuper le sol : le décret enfin publié », *J.-Cl. Coll. terr.*, n° 3, 15 janvier 2007, act. 40.

Billet (P.), « La loi Engagement national pour le logement et le droit de l'urbanisme », *J.-Cl. Coll. terr.*, n° 5, 29 janvier 2007, étude 2020.

Bonichot (J.-Cl.), « L'ordonnance du 8 décembre 2005 et le nouveau régime des autorisations d'urbanisme », *BJDU*, n° 6, 2005, p. 403.

Bontoux (D.) et Laviec (S.), « Tableau comparatif avant/après le 1er juillet 2007 », *J.-Cl. Not.*, n° 26, 30 juin 2006, étude 1228.

Bouyssou (F.), « Du terrorisme contentieux à l'absolution automatique », *AJDA* juin 2006, p. 1268.

Bouyssou (F.), « Le plan local d'urbanisme après la loi ENL », *Constr. & Urb.*, n° 10, octobre 2006, ét. 13.

Bouyssou (F.), « Le décret réformant le droit de l'urbanisme », *J.-Cl. Coll. terr.*, n° 7, 12 février 2007, étude 2029.

Cornille (P.), « Pas de caducité du permis faisant l'objet d'un recours : un demi progrès », *Constr. & Urb.*, n° 4, avril 2006, rep. 4.

Cornille (P.) et Rousseau (N.), « Quelle sécurisation des constructeurs et des constructions par la loi ENL ? », *Constr. & Urb.*, n° 10, octobre 2006, ét. 14.

Cornille (P.), « Autorisations d'urbanisme : les lourdeurs d'un décret d'après fêtes », *Constr. & Urb.*, n° 2, février 2007, rep. 2.

Cornille (P.) et Rousseau (N.), « Quelques réflexions sur le champ d'application et la procédure de délivrance des nouvelles autorisations d'occuper le sol », *Constr. & Urb.*, n° 3, mars 2007, ét. 5.

Denizeau (C.), « La simplification et la sécurisation des autorisations d'urbanisme par le décret du 5 janvier 2007 », *Dr. adm.*, n° 3, mars 2007, ét. 4.

Etchegaray (J.-R.), « La réforme des autorisations d'urbanisme et les zones protégées », *J.-Cl. Coll. terr.*, n° 7, 12 février 2007, étude 2041.

Godfrin (G.), « Le nouveau régime du permis précaire est entré en vigueur », *Constr. & Urb.*, n° 11, novembre 2006, comm. 227.

Godfrin (G.), « Contenu du dossier de demande d'autorisation d'urbanisme », *Constr. & Urb.*, n° 1, janvier 2007, comm. 16.

Godfrin (G.), « La réforme inaboutie du règlement national d'urbanisme », *Constr. & Urb.*, n° 3, mars 2007, ét. 3.

Godfrin (G.), « Projet immobilier avec division foncière : comment appliquer le PLU ? », *Constr. & Urb.*, n° 3, mars 2007, ét. 4.

Godfrin (G.), « Certificat d'urbanisme : informer en silence... », *Constr. & Urb.*, n° 3, mars 2007, ét. 6.

Jacquot (H.), « La loi ENL échappe à la règle de l'"entennoir" », *AJDA* septembre 2006, p. 1521.

Jégouzo (Y.), « Une loi pour le logement », *AJDA* septembre 2006, p. 1534.

Larralde (D.), « Réforme des certificats d'urbanisme : le changement dans la continuité », *J.-Cl. Not.*, n° 1, 6 janvier 2006, act. 101.

Larralde (D.), « Procédure commune aux permis et aux déclarations préalables : dépôt et instruction des demandes », *J.-Cl. Coll. terr.*, n° 7, 12 février 2007, étude 2032.

Larralde (D.), « Régime commun des décisions relatives aux permis et aux déclarations préalables », *J.-Cl. Coll. terr.*, n° 7, 12 février 2007, étude 2033.

Larralde (D.), « Composition du dossier de permis de construire », *J.-Cl. Coll. terr.*, n° 7, 12 février 2007, étude 2037.

Larralde (D.), « Lotissement : composition du dossier de permis d'aménager », *J.-Cl. Coll. terr.*, n° 7, 12 février 2007, étude 2039.

Larralde (D.), « L'évolution du lotissement », *J.-Cl. Coll. terr.*, n° 7, 12 février 2007, étude 2040.

Larralde (D.), « Permis de démolir », *J.-Cl. Coll. terr.*, n° 7, 12 février 2007, étude 2031.

Larralde (D.), « Déclaration préalable », *J.-Cl. Coll. terr.*, n° 7, 12 février 2007, étude 2032.

Larralde (D.), « Contrôle de conformité des travaux », *J.-Cl.*, n° 7, 12 février 2007, étude 2035.

Lebreton (J.-P.), « La mobilisation du droit de l'urbanisme pour le logement », *AJDA* septembre 2006, p. 1540.

Mathieu (M.-É.) et Palais (G.), « Permis de construire et autorisation d'urbanisme, un nouveau droit d'autorisation du sol », *J.-Cl. Not.*, n° 3, 19 janvier 2007, act. 137.

Notté (G.), « Loi portant engagement national pour le logement », *J.-Cl. Entr.*, n° 36, 7 septembre 2006, act. 364.

Pelletier (P.), « Rapport Doutreligne-Pelletier : Propositions pour une meilleure sécurité des personnes dans leur habitat », *RL*, n° 11, novembre 2005, entr. 1.

Pelletier (Ph.) et Guillini (E.), « Pour une meilleure sécurité juridique des autorisations d'urbanisme », *J.-Cl. Adm.*, n° 18, 2 mai 2005, étude 1203.

Pérignon (S.), « La sécurisation des autorisations d'urbanisme et des constructions existantes », *AJDA* septembre 2006, p. 1549.

Pérignon (S.), « Le nouveau permis valant division », *J.-Cl. Coll. terr.*, n° 7, 12 février 2007, étude 2038.

Périnet-Marquet (H.), « Régularisation, contentieux et préemption : trois difficultés d'interprétation de la loi ENL », *Constr. & Urb.*, n° 10, octobre 2006, ét. 9.

Périnet-Marquet (H.), « Permis précaire ou permis dérogatoire », *Constr. & Urb.*, n° 12, décembre 2006, ét. 21.

Pisani (C.), « Le champ d'application du permis de construire et de la déclaration de travaux », *J.-Cl. Coll. terr.*, n° 7, 12 février 2007, étude 2030.

Traoré (S.), « Les instruments d'application de l'ordonnance relative aux autorisations d'urbanisme », *Constr. & Urb.*, n° 2, février 2007, ét. 2.

INDEX

TABLE DES MATIÈRES

Photocomposition et mise en page : Image in Air, Carsac-Aillac (24)
Achevé d'imprimer sur les presses de Jouve à Mayenne
N° d'imprimeur : 432825U
Dépôt légal : juin 2007
Imprimé en France